苏州大学人文社会科学
学术专著出版资助计划
资助出版

国家社会科学基金项目"我国自发性群众体育组织的政府培育研究"
（项目批准号：16BTY033）

自发性群众体育组织的
政府培育

理论探索与实践模式

戴俭慧 ◎ 著

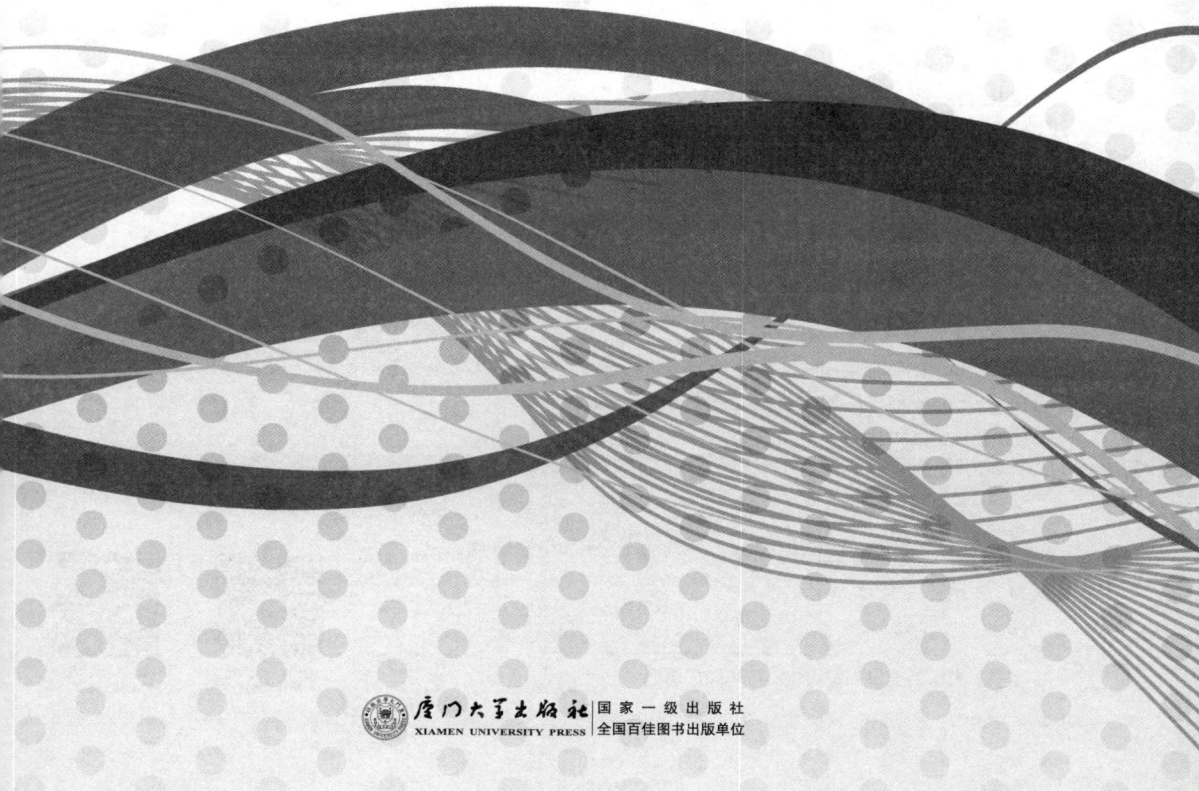

厦门大学出版社　国家一级出版社
XIAMEN UNIVERSITY PRESS　全国百佳图书出版单位

图书在版编目（CIP）数据

自发性群众体育组织的政府培育：理论探索与实践模式 / 戴俭慧著. -- 厦门：厦门大学出版社，2023.12
ISBN 978-7-5615-9285-4

Ⅰ.①自… Ⅱ.①戴… Ⅲ.①群众体育-体育组织-研究-中国 Ⅳ.①G812.4

中国国家版本馆CIP数据核字(2023)第255543号

责任编辑　林　鸣
美术编辑　李夏凌
技术编辑　许克华

出版发行　厦门大学出版社
社　　址　厦门市软件园二期望海路39号
邮政编码　361008
总　　机　0592-2181111　0592-2181406(传真)
营销中心　0592-2184458　0592-2181365
网　　址　http://www.xmupress.com
邮　　箱　xmup@xmupress.com
印　　刷　湖南省众鑫印务有限公司

开本　720 mm×1 020 mm　1/16
印张　20.5
字数　350千字
版次　2023年12月第1版
印次　2023年12月第1次印刷
定价　98.00元

本书如有印装质量问题请直接寄承印厂调换

厦门大学出版社
微信二维码

厦门大学出版社
微博二维码

序

受戴俭慧教授邀请，再为她的新书写一篇序。

看着书稿的内容，一时间许多回忆涌上心头。2017年，她的第一本专著《政府购买体育公共服务的理论与实证研究》一书出版时，我就曾受邀为她的新书作序，这次能再为她的第二本专著作序，我感到非常荣幸！作为她的师长和同行，这么多年来，一直看着她在体育学术领域里不断地辛勤耕耘并产生了一系列有价值的成果，从参与政府有关政策的研制、指导研究生完成一系列专题的学位论文、主持课题研究、发表科研成果、研究成果获省部级奖，一直到这本新专著的出版，真的为她高兴。她对研究的专注和坚持，以及勤奋好学的态度一直是我非常欣赏的，同时她经常带领学生深入一线调研，了解体育发展的实际情况，她对科研工作的务实行为是我更加佩服的。

戴俭慧教授是国内较早从政府角度关注自发性群众体育组织培育问题的学者之一，希望借由她这本专著的出版，为推动我国自发性群众体育组织的发展提供有力理论支撑，并期望更多的学者加入自发性群众体育组织的研究中，为体育事业从单一主体的政府管理到多元公共治理的转变，为满足人们日益增长的体育需求、推进体育治理体系和治理能力现代化做出贡献。

政府培育发展社会组织是中国社会组织发展政策的一项重要突破。近年来，我国社会组织的制度环境发生重大变化，与以往的管控约束和双重管理等特征不同，当前政府更倾向于引导、支持和规范社会组织的发展，但目前这项政策执行尚处在起步、探索和尝试阶段。政府培育自发性群众体育组织的工作主要是通过一系列宏观政策来推动的，表现为以政策倡导方式为主，可操作性、具体性政策措施少，因此在政策执行过程中面临一些困难。从理论研究的角度来看，这既与缺乏对政府培育自发性群众体育组织实践经验的总结有关，也与缺乏对政府培育自发性群众体育组织的理论指导有关。因此，在推进政府培育自发性群众体育组织的过程中，既需要从理论上找到支撑，又急需在实践中不断总结并调整培育策略。然而，目前关于政府培育自发性群众体育组织的理论与实践问题的研究还非常薄弱，因此学术界必须积极开展研究，更好地提升政府培育自发性群众体育组织的规范性、科学性和有效性，为深化政府治理改革和优化体育公共服务供给机制提供有价值的研究成果。

戴俭慧教授的《自发性群众体育组织的政府培育——理论探索与实践模式》作为一本系统研究我国政府培育自发性群众体育组织理论与实践的专著，以国家—社会关系理论为分析框架，以组织生命周期理论、资源依赖理论、支持型组织理论、公益组织孵化器理论、公益创投理论、枢纽型社会组织理论等为基础，从政府培育主体的角度对我国自发性群众体育组织的培育进行了系统的理论和实证研究。该书对培育主体、培育客体、培育方式和培育效果进行了系统性理论构建，回答了要不要培育、谁来培育、培育什么、如何培育、培育效果等一系列理论和实践问题，探寻了政府培育自发性群众体育组织的特点和规律，弥补了我国在这一领域研究的不足，为指导我国政府培育自发性群众体育组织的实践及对培育作用的评价提供了理论参照和支撑；该书对我国政府培育自发性群众体育组织的案例进行了梳理和分类，通过系列专题的研究，对每个运行模式的特点、培育效果、存在问题进行了深入的分析，并针对性地提出了进一步完善的措施，为政府培育行为的选择提供了实践依据；该书从过去、现在和未来三个角度系统地梳理了政府与自发性群众体育组织的关系，明确了政府培育自发性群众体育组织的趋势和阶段性特点，为政府培育行为的选择明确了方向。

该成果对完善我国自发性群众体育组织政府培育的理论，指导我国政府培育自发性群众体育组织的实践具有重要价值。

政府培育自发性群众体育组织的研究是个系统性的研究课题，需要多角度、多学科、多名学者间的碰撞与对话，从而不断激发与提升课题研究的生命力。在目前该领域研究基础较为薄弱的情况下，希望戴俭慧教授的研究能够起到抛砖引玉的作用，吸引更多的学者进一步开展对该领域的深入研究，不断促进政府培育自发性群众体育组织的理论和实践的完善。

2023 年 1 月 21 日于北京

（序者系首都体育学院教授）

前　言

近年来，我国社会组织的制度环境发生了重大变化，与以往的管理方式不同，当前政府更倾向于引导、支持和规范社会组织的发展，其中最为明显的转变是，政府培育发展社会组织已成为一项重要政策。同时，为了推动社会治理重心向基层下移，政府对基层社会组织的培育更加重视。我国自发性群众体育组织的蓬勃兴起，很大程度上缓解了人民日益增长的美好生活的需要和不平衡不充分的供给之间的矛盾，满足了人民群众多元化、个性化、多层次的体育需求，为全民健身事业发展与体育强国建设注入了新的活力。政府培育自发性群众体育组织是满足人民群众的体育需求、化解社会矛盾、转变政府职能与释放激发社会活力的重要途径。

在这样的社会背景下，围绕着政府培育自发性群众体育组织这一理论和现实问题，2016年，笔者承担了国家社会科学基金项目"我国自发性群众体育组织的政府培育研究"，以国家—社会关系理论为分析框架，围绕培育主体、培育客体、培育方式等政府培育的要素，运用案例研究、文献研究和访谈调查等方法展开了对政府培育自发性群众体育组织的理论探索与实践模式的系统研究，回答了要不要培育、谁来培育、培育什么、如何培育、培育效果等一系列理论和实践问题，并形成了《自发性群众体育组织的政府培育——理论探索与实践模式》这本书。本书研究的主要内容和主要结论如下。

一、对关键概念和理论基础的研究，为研究的进一步展开提供理论支撑

首先，明确了自发性群众体育组织概念、基本属性和形成特点。本书认为，自发性群众体育组织是人们以强身健体、休闲娱乐为目的，"自下而上"自发成立的、具有成员普遍认可的行动规范和较为稳定的组织结构，并实行自主运作管理的群众体育组织。其具有自发性、非政府性、非营利性、组织性、志愿性、专业性、共益性/公益性等基本属性。自发性群众体育组织的特点，从形

成上来讲，体现为"自下而上"和非官方性；从与政府的联系上来讲，体现为政府干预较少，相对自治；从功能特征上来讲，体现为满足成员强身健体、休闲娱乐需要，主要回应社会需求而不是回应政府、政治需求；从运作上来讲，体现为自主发展和自我治理。

其次，明确了政府培育的概念、构成要素和培育模式的类型。本书认为，政府培育是指政府通过规划和采取一系列的政策、措施，有组织地、系统地对自发性群众体育组织进行扶持和帮助的过程，目的在于推动和促进自发性群众体育组织的发展。政府培育包括三个关键性要素——培育主体、培育客体和培育行为，本书对这三个要素的内涵进行了分析。按照培育主体参与培育的程度不同，可将政府培育模式分为政府主导的直接培育模式和支持型社会组织主导的间接培育模式，本书对这两种培育模式的特点进行了解释。

最后，确立了以国家—社会关系作为本书的分析框架，并对这一框架在本书中的适用性进行了证明。本书认为，国家—社会关系与政府—社会组织关系具有一致性、主导性、互动性的特点，自发性群众体育组织作为社会组织的一种，通过国家—社会关系解释政府与社会组织的关系，可以进一步明确政府与自发性群众体育组织的关系。

二、对政府培育自发性群众体育组织必要性的研究，主要回答了"要不要培育""谁来培育"等问题

在国家—社会关系理论分析框架下，依据国家—社会关系、政府—社会组织关系间的联系，解释了要不要培育和培育主体等问题。

首先，探讨了自发性群众体育组织的正负功能。本书认为，自发性群众体育组织不仅能对社会、政治、市场发挥积极的作用，更与民众自身的体育权利紧密相连，能够在公民与社会、公民与政府、公民与市场中起到重要的权利保障作用。不可否认，自发性群众体育组织也存在侵占公共资源、业余、低效和影响社会稳定等失范的负功能。但是，自发性群众体育组织的积极作用是主要方面，因而需要对自发性群众体育组织进行培育扶持；自发性群众体育组织的消极作用是次要方面，是自发性群众体育组织发展过程中的"偏离"现象，因此在积极培育自发性群众体育组织的同时，仍然要对自发性群众体育组织进行监管。对自发性群众体育组织正负功能的价值判断，是对自发性群众体育组织全面、理性的审视。

其次，探讨了自发性群众体育组织的生存现状以及发展中面临的困境。本书认为，虽然自发性群众体育组织的发展存在一定的自生性，但是由于总量大，增速快，类型多，未登记、未备案组织占比高，所面临的制度困境、资源困境和能力困境等问题，是自发性群众体育组织自身难以解决的，因而迫切需要培育扶持。

再次，明确了政府应是培育自发性群众体育组织最重要的主体。本书认为，政府与社会组织关系的理论、政府体育职能转变的内在需要、自发性群众体育组织自身的外在需要以及政府与自发性群众体育组织关系的历史演变过程都可以反映出，在中国，不管是过去、现在还是未来的一段时间，自发性群众体育组织的培育与发展的最主要力量还是政府的扶持，社会的力量固然重要，但是其缺乏历史基础与现实基础。因此，政府作为培育主体培育自发性群众体育组织具有必要性。

最后，阐释了政府与自发性群众体育组织关系的未来走向以及政府培育的力度在不同时期的特点，为政府培育行为的选择明确了方向。本书认为，政府与自发性群众体育组织从过去的控制与依附关系，到现在的"政府主导式"的合作型关系，未来将走向相对独立的合作型关系。但政府培育的力度在不同时期会有不同的选择：从近期来看，政府培育的力度将加大；从中期来看，政府培育逐渐转向政府支持；从长远来看，"培育"逐渐淡化，自发性群众体育组织自我发展能力形成。

三、对政府培育自发性群众体育组织的基本特征与主要矛盾的研究，主要解释了"为何培育"的问题

从实践层面明确目前政府培育的行为状况，回答为何要培育，并为进一步解释政府如何培育提供依据。

首先，描述了政府培育自发性群众体育组织的基本情况。本书认为，目前的政府培育以政策倡导方式为主，可操作性、具体性政策措施少，对非正式的自发性群众体育组织采取"底线管理"，以直接培育模式为主，同时按照政府的需求与偏好进行选择性培育，培育整体效应发挥不足，因此需要加强培育。

其次，总结了政府培育自发性群众体育组织的基本特征。主要表现在政府的主动性和自发性群众体育组织的被动性，政府在培育过程中会对培育对象进行选择性培育和鼓励性培育，要求培育对象在公益性、互益性与需求性方面并

重，对自发性群众体育组织采取培育发展与监督管理并重的方式等。

最后，分析了目前政府在培育自发性群众体育组织过程中面临的矛盾。主要表现为"社会自治"与"政府主导"的矛盾，不同管理部门之间的矛盾，制度供给与需求的矛盾，组织类型多样与政府选择的矛盾，利益满足与精神满足的矛盾等多重矛盾。这些矛盾造成了政府培育行为选择的困难。

四、对政府培育自发性群众体育组织运行机制的研究，主要解释了理论上"如何培育"的问题

对培育主体、培育客体和培育行为的分析是从静态结构的视角探讨政府培育自发性群众体育组织的要素组成，这些要素的具体运作及其互动关系构成了政府培育自发性群众体育组织的动态过程，从而形成了政府培育自发性群众体育组织的运行机制。

在政府培育自发性群众体育组织过程中，机制起着基础性作用。本书认为，动员机制、激励机制、合作机制以及保障机制是政府培育自发性群众体育组织应遵循的规律，是政府培育目标实现的保证。本书尝试从运行机制的构成要素和运行方式两个方面对各个运行机制进行阐述。

五、对基层政府培育自发性群众体育组织作用的模型设计和实践考察，主要解释了"培育什么"和"培育效果"的问题

从理论和实证两个层面探讨了基层政府培育自发性群众体育组织的作用路径与作用效果。

首先，在自发性群众体育组织的培育过程中，基层政府是十分重要的培育主体，是自发性群众体育组织问题最直接的面对者，目前国家已明确将基层社区社会组织作为重点培育对象。基层政府培育行为为组织的形成提供了一定的制度环境，一些培育行为弥补了组织形成过程中的不足，起到了一定的激励作用。

其次，通过构建的基层政府激励模型解释了政府激励作用的反应路径：政府通过合法性激励弥补内在制度的惰性问题，通过资源性激励缓解组织成本问题，从而对基层社区内的自发性群众体育组织的形成和发展起到正向激励效应。

再次，为了进一步测量政府的培育行为，从合法性激励和资源性激励两个维度构建了基层政府培育自发性群众体育组织的测量指标，并通过实证检验的方式，验证了政府培育对自发性群众体育组织的生成具有正向激励作用。政府

激励模型的构建与政府培育行为测量指标的构建，不仅可以体现政府培育作用和行为的价值趋向，也为政府培育自发性群众体育组织的实践指明了方向。

最后，从选择性培育的角度对政府培育作用进行了案例研究，解释政府培育的内容、方式和效果。本书认为，政府培育对自发性群众体育组织的生长具有重要的积极作用，政府培育并不影响组织的自主性，但政府的选择性培育使不同的自发性群众体育组织在竞争中所处的地位发生变化，在客观上约束了部分未受培育或培育程度较低的组织的发展。由于政府的资源有限，不可能对所有的组织进行培育，选择性培育是政府有效利用公共资源的一种手段，但如何准确衡量不同组织的效用并进行有效的选择，是政府需要面对的一个问题，也是研究者应关注的一个问题。

六、对政府培育自发性群众体育组织的实践模式和地方个案的研究，主要解释了实践中"如何培育"的问题

通过对江苏和上海两地政府的典型培育模式进行深度描述式的专题研究，探讨不同模式的个性特点，进而反映政府培育政策和政府行为的共性规律。

首先，地方政府采用的四种典型培育模式对自发性群众体育组织的生成和发展都起到了重要的激励作用。

其次，公益组织孵化器和公益创投的作用机理都是通过公益组织来协调自发性群众体育组织与政府之间的关系，改善自发性群众体育组织与企业的关系，并提高自发性群众体育组织自身的能力而产生培育的效果。公益组织孵化器模式更适合初创期自发性群众体育组织的培育，而公益创投则适合不同生长周期的自发性群众体育组织的培育，但两者对自发性群众体育组织的公益性要求较高。以奖代补这种政府直接资助全民健身活动站点这类非正式组织的方式，通过强有力的行政力量推动，迅速完成了对自发性群众体育组织的奖励，促进了自发性群众体育组织的发展，但本身也存在涉及面窄、作用有限、监管缺乏、一奖即止等问题。枢纽型体育社会组织培育自发性群众体育组织的政社合作方式，通过政府和枢纽型体育社会组织共同培育形成的合力产生了良好的培育效果，但仍存在政社合作的整体作用发挥不足等问题。

公益组织孵化器、公益创投、建立枢纽型体育社会组织这几种模式从培育主体来看都属于政社合作模式，只是政府介入的程度有差异，从而形成了政府直接培育与间接培育模式。政府与支持型社会组织共同合作培育，这类模式将

是培育我国自发性群众体育组织的适宜选择。

最后，由于每种培育模式都有优缺点，政府不能过于依赖某种单一化的政策工具，而应该有大量具有针对性、个性化的政策工具，综合运用多种政策工具对自发性群众体育组织进行整体培育。

七、研究思考

目前，从政府这一主体对自发性群众体育组织进行培育开展的研究极少，本书试图将自发性群众体育组织中有关培育主体、培育客体、培育行为、培育效果等基本理论问题进行较系统的梳理，但一个课题所要解决的问题是有限的，还有一些值得进一步拓展的地方，有待今后做进一步的尝试与努力，也希望能为未来的研究者提供思路。

（一）研究广度上的拓展

1. 研究内容的拓展

本书将政府培育作为影响自发性群众体育组织生成与发展的一个重要因素，在研究过程中紧紧围绕政府培育这个自变量，探讨其对自发性群众体育组织这个因变量的作用。在我们看来，由于目前自发性群众体育组织主要处于政府培育阶段，政府培育是其主导的生存和发展路径，因而研究政府培育比其他影响因素更有理论和现实意义。但是影响自发性群众体育组织生成和发展的因素绝不止于此，未来的研究可以考虑将更多的自变量纳入分析框架，如经济发展状况、人口素质、体育意识等，以更全面地揭示自发性群众体育组织形成和发展的影响因素。

2. 研究问题的拓展

本书的一个重要结论是，目前基层政府所采取的合法性激励和资源性激励在自发性群众体育组织形成初期具有显著的激励效应，但随着组织的发展，政府的上述培育策略的效应就会弱化，尤其是合法性激励。所以，一个现实的问题就是自发性群众体育组织进入发展期后，其主要的制约因素是什么，怎样的培育策略是合宜而高效的，这有待于我们今后进一步地深入研究。

3. 研究范围的拓展

本书主要是针对国内自发性群众体育组织的研究，虽然在综述部分对国外有关自发性群众体育组织的发展状况和研究状况进行了述评，但并未对其培育主体、培育客体、培育行为、培育效果等进行专门的比较研究。因此，今后应加强对国外自发性群众体育组织培育的比较研究。一方面，发达国家体育社会组织的生成均是自发的，与本书的自发性群众体育组织的形成具有共性特征，因而在我国推进体育治理体系和治理能力现代化的进程中，我们需要拓展国际视野，吸纳并借鉴发达国家体育社会组织培育的理论成果及先进经验和做法，丰富我国自发性群众体育组织政府培育的理论体系。另一方面，我国自发性群众体育组织的类型多样，基于发展的历史背景和基本国情，与国外体育社会组织的发展既具有共性特征，也体现出各自不同的个性特征，因此需要通过系统的比较研究，提炼出具有针对性的适合我国自发性群众体育组织培育的对策与方法。

(二)研究深度上的拓展

1.进一步加强对政府培育的作用机理的研究

本书虽构建了一个基层政府激励模型来解释政府激励作用的反应路径，并从合法性激励和资源性激励两个维度构建了基层政府培育自发性群众体育组织的测量指标，但从现有理论来看，政府介入组织培育的作用具有两重性，既有可能存在激励作用，也有可能存在约束作用，但本书未对政府培育的约束作用进行深入研究，因此对案例研究结果发现的政府培育并未影响组织的自治性这一结论无法进行深入的理论阐述。同时，本书仅对基层社区政府的培育行为进行了专门研究，而未对其他不同层级的政府以及其他不同培育主体的培育行为进行专门研究。应针对政府培育的行为从激励和约束两个维度，进一步构建政府培育的激励—约束理论模型，并且对不同层级政府及不同培育主体的行为进行专门研究，深入解释政府培育的作用机理，为政府培育行为的选择提供理论依据。

2.进一步加强对政府培育的运行机制的研究

本书虽对我国政府培育自发性群众体育组织的运行机制分别从动员机制、激励机制、合作机制以及保障机制四个方面进行了初步解释，但并未对四个机制发展的共性和内在联系进行深入研究，以解释它们共同作用的规律，因此对政府培育自发性群众体育组织机制的解释不够完整、深入。自发性群众体育组织是改革开放以来我国群众体育实践中逐渐兴起的一种群众体育组织形态。如何把握政府培育的运行机制，以准确地揭示政府在培育自发性群众体育组织过程中各工作部门或环节之间相互作用的机理与方式是非常困难的。困难主要来自三个方面：其一，我国自发性群众体育组织虽已显示出强大的生命力，但就其发展过程来看，还处于初期发展阶段，其本身的内在规律尚未充分暴露，对其如何培育还不是非常清楚；其二，政府培育自发性群众体育组织的实践刚刚开始，还处于摸索阶段，政府培育的运行机制正在形成过程中；其三，政府培育的理论研究落后于实践的发展，理论的滞后性也影响到了对政府培育自发性群众体育组织机制的认识。但是，在政府培育自发性群众体育组织过程中，机制起着基础性作用，随着政府培育实践的深入开展，政府培育的运行机制也将逐渐完善，因此未来的研究可以进行得更为深入。

目 录

第一章 导论：政府培育自发性群众体育组织研究前沿 …………… 1
  第一节 政府培育自发性群众体育组织的研究背景 ………… 2
  第二节 政府培育自发性群众体育组织研究综述 …………… 9
  第三节 自发性群众体育组织及政府培育的概念分析 ……… 31

第二章 政府培育自发性群众体育组织的理论阐释与动力逻辑 …… 39
  第一节 自发性群众体育组织功能的理论基础与主要表现 … 40
  第二节 自发性群众体育组织的生存现状与现实困境 ……… 54
  第三节 政府培育自发性群众体育组织的现实诉求与任务指向 … 66
  第四节 政府培育自发性群众体育组织的演进历程与阶段特征 … 69

第三章 政府培育自发性群众体育组织的基本特征与主要矛盾 …… 79
  第一节 政府培育自发性群众体育组织的基本情况 ………… 80
  第二节 政府培育自发性群众体育组织的表现特征 ………… 88
  第三节 政府培育自发性群众体育组织的主要矛盾 ………… 91

第四章 政府培育自发性群众体育组织的运行机制与学理分析 …… 97
  第一节 政府培育自发性群众体育组织的动员机制 ………… 98
  第二节 政府培育自发性群众体育组织的激励机制 ………… 106
  第三节 政府培育自发性群众体育组织的合作机制 ………… 111
  第四节 政府培育自发性群众体育组织的保障机制 ………… 117

第五章　基层政府培育自发性群众体育组织作用的模型设计与实证考察 … 123

  第一节　政府培育作用的理论阐释 …………………………… 124

  第二节　基层政府培育自发性群众体育组织的激励模型 ………… 128

  第三节　基层政府培育自发性群众体育组织的测量指标 ………… 135

  第四节　基层政府培育自发性群众体育组织作用的实证考察

     ——基于选择性培育视角 …………………………… 150

第六章　政府培育自发性群众体育组织的实践模式与地方个案 …… 175

  第一节　政府直接培育模式（一）：以奖代补 ……………… 176

  第二节　政府直接培育模式（二）：公益组织孵化器 …………… 190

  第三节　政府间接培育模式（一）：公益创投 ……………… 214

  第四节　政府间接培育模式（二）：建立枢纽型组织 …………… 241

第七章　政府培育自发性群众体育组织的政策建议与实践方略 …… 269

  第一节　政府培育自发性群众体育组织的基本原则 …………… 270

  第二节　政府培育自发性群众体育组织的政策建议 …………… 275

  第三节　自发性群众体育组织健康持续发展的实践方略 ………… 288

参考文献 ……………………………………………………………… 294

后　记 ………………………………………………………………… 309

第一章

导论：政府培育自发性群众体育组织研究前沿

改革开放40多年来，随着国家宏观环境的深刻变化，我国各类体育社会组织都有了一定程度的成长与发展，为促进我国体育事业的发展发挥了积极作用。尤其是党的十八大提出"加快形成政社分开、权责明确、依法自治的现代社会组织体制"，是对社会组织改革发展的总要求、总基调和总目标。其深刻思想表明，推进国家治理体系和治理能力现代化改革总目标的确立，使培育发展社会组织的强烈现实需求日益凸显。占我国体育社会组织90%以上、活跃度最高[①]的自发性群众体育组织，是我国群众体育事业的重要组成部分，是体育事业多元治理结构中的一元，培育发展自发性群众体育组织，有利于推进体育治理体系和治理能力现代化，对于满足人们日益增长的体育需求，落实全民健身国家战略，加快转变体育部门职能、完善公共体育服务体系和建设体育强国具有迫切的现实意义。近年来，我国政府先后出台了一系列政策来引导、支持和规范社会组织发展，政府将社会组织定位为重要的社会治理主体之一，培育和发展社会组织成为政府的一项重要工作。我国各级政府对自发性群众体育组织的支持力度迅速加大，并主导了区域内的自发性群众体育组织的培育，因此，政府如何促进自发性群众体育组织健康可持续发展就成为目前应当重点思考的问题。

第一节　政府培育自发性群众体育组织的研究背景

一、中国社会组织发展政策的一项重要突破：政府培育发展社会组织

20世纪80年代以来，世界各国置身于一场"全球性的社团革命"中。在中国，随着改革开放以后社会主义市场经济体制的确立，以及政治、社会、文化等方面的变化，社会组织的发展拥有了一定的基础和空间，进入了一个新的历史阶段。特别是在进入21世纪，尤其是2006年党的十六届六中全会以来，国家和政府对于社会组织的政策发生了巨大变化，在原来的相对严格的双重管理的

---

① 刘国永，裘立新.中国体育社会组织发展报告（2016）[M].北京：社会科学文献出版社，2016：6.

基础上，明确了坚持培育发展和管理监督并重的方针，逐渐把加快培育发展社会组织提到了促进经济和社会发展的重要位置，标志着长期以来只注重管控社会组织的理念发生了重大改变。当前政府更倾向于引导、支持和规范社会组织的发展，其中最为明显的转变是，政府培育发展社会组织已成为一项重要政策。

2012年，民政部和财政部出台《关于政府购买社会工作服务的指导意见》，同时启动了"中央财政支持社会组织参与社会服务项目"，截至2021年，在财政部的支持与推动下，中央财政项目累计实施3546个，投入资金27.06亿元，其中中央财政资金投入15.88亿元，直接服务人数超1283万人，取得了显著的社会成效。[①]

2013年3月，《国务院机构改革和职能转变方案》指出："重点培育、优先发展行业协会商会类、科技类、公益慈善类、城乡社区服务类社会组织。成立这些社会组织，直接向民政部门依法申请登记，不再需要业务主管单位审查同意。"[②]这一方案不仅明确了培育的重点，而且首次提出了对四类社会组织实行直接登记，意味着长期以来严格社会组织发展的双重管理体制发生了根本改变，有效改进了传统的双重管理制度，提高了社会组织登记管理的效率。2013年9月，国务院发布了《国务院办公厅关于政府向社会力量购买服务的指导意见》，明确要求在公共服务领域更多利用社会力量，加大政府购买力度。[③]2014年12月，财政部、民政部和国家工商总局联合印发《政府购买服务管理办法（暂行）》，进一步规定了政府向社会力量购买服务的具体细节，加快推进政府购买服务改革。[④]2016年，中共中央办公厅、国务院办公厅印发了《关于改革社会组织管理制度促进社会组织健康有序发展的意见》，对培育发展社会组织提出明确要求，指出要为社区社会组织发展活动提供场地、经费、人才等多方面的支持。[⑤]2017年底，民政部发布了《民政部关于大力培育发展社区社会组织的意

---

① 民政部. 中央财政支持社会组织参与社会服务项目10年成就巡礼[EB/OL].（2022-07-04）[2022-09-10]. https://www.mca.gov.cn/n152/n166/c46777/content.html.
② 国务院. 国务院机构改革和职能转变方案（全文）[EB/OL].（2013-03-10）[2022-09-10]. http://theory.people.com.cn/n/2013/0310/c40531-20738452.html.
③ 国务院办公厅. 国务院办公厅关于政府向社会力量购买服务的指导意见[EB/OL].（2013-09-30）[2022-09-10]. https://www.gov.cn/zhengce/zhengceku/2013-09/30/content_4032.htm.
④ 财政部，民政部，工商总局. 关于印发《政府购买服务管理办法（暂行）》的通知[EB/OL].（2017-10-09）[2022-09-10]. http://www.cgpnews.cn/articles/24891.
⑤ 中共中央办公厅，国务院办公厅. 中共中央办公厅、国务院办公厅印发《关于改革社会组织管理制度促进社会组织健康有序发展的意见》[EB/OL].（2016-08-21）[2022-08-15]. http://www.gov.cn/xinwen/2016-08/21/content_5101125.htm.

见》，促进社区社会组织发展。①2018年，各地方逐渐落实这一政策，充分发挥社会组织的积极作用，按照社区社会组织分类扶持、分类管理机制的思路，健全社区社会组织管理服务和培育机制。2020年12月，民政部办公厅印发了《培育发展社区社会组织专项行动方案（2021—2023年）》的通知，该方案中再次强调要为社区社会组织发展提供政策支持和资源保障，为社区社会组织开展活动提供场地支持，并且要培养一批骨干人才，提升社区社会组织能力。②

这一系列针对社会组织的政策文件，反映了中央政府对于社会组织发展的政策导向有了重大突破。一方面，将社会组织视为现代社会治理的重要主体，对其由以管控思维为指导的"双重管理"，转向了"培育与监管并重"，显示了国家和政府对社会组织的性质、功能、作用的认识不断加深。另一方面，社会治理重心向基层下移，对基层社会组织的培育更加重视。这为我国"自下而上"形成、培育主要服务于城乡社区居民的自发性群众体育组织提供了良好的发展环境和发展契机。在以上政策支持下，我国各级政府不断加大对自发性群众体育组织的培育力度。

二、自发性群众体育组织是我国群众体育事业的重要组成部分

群众体育事业是我国体育事业不可或缺的发展基础，是贯彻落实全民健身和健康中国国家战略的前端要地，也是《体育强国建设纲要》提出2035年建成体育强国目标的重要支撑。③

新中国成立70多年来，我国政府高度重视群众体育的发展。70多年的发展历程中，群众体育工作始终坚持以服务党和国家发展任务为目标，以满足人民群众体育健身需求为出发点，以全面深化改革为动力，走出了一条具有中国特色的发展道路，并取得了令人瞩目的辉煌成就。"以人民为中心"的工作思路更加明确，顶层设计、长远规划更加清晰，工作机制改革创新更加有力，以"六边工程"为抓手的公共体育服务体系建设更加完善。这些成就的取得得益于治理制度的不断完善、准确定位发展目标任务、实施群众体育发展综合配套

---

① 民政部.民政部关于大力培育发展社区社会组织的意见[EB/OL].（2017-12-27）[2022-08-15]. https://xxgk.mca.gov.cn:8445/gdnps/pc/content.jsp?mtype=1&id=116380.
② 民政部办公厅.民政部办公厅关于印发《培育发展社区社会组织专项行动方案（2021—2023年）》[EB/OL].（2020-12-07）[2022-08-15].https://www.gov.cn/zhengce/zhengceku/2020-12/08/content_5568379.htm.
③ 陈丛刊.群众体育治理现代化的现实挑战与应对举措[J].体育文化导刊，2020（12）：64-70.

改革、实现群众体育发展的上下联动等工作经验。我国群众体育发展取得的成就离不开各类体育社会组织的广泛参与，其中，自发性群众体育组织作为联系群众间活动的纽带，成为群众体育中的重要组成部分，在推动群众体育发展中肩负着重要责任。

1995年颁布的《全民健身计划纲要》中明确指出，"要充分发挥各群众组织和社会团体在开展群众性体育活动中的重要作用"，提出"城市社区普遍建有体育健身站（点），50%以上的农村社区建有体育健身站（点）。形成遍布城乡、规范有序、富有活力的社会化全民健身组织网络"。2009年颁布的《全民健身条例》中第3条规定，"国家推动基层文化体育组织建设，鼓励体育类社会团体、体育类民办非企业单位等群众性体育组织开展全民健身活动"。第18条规定，"鼓励全民健身活动站点、体育俱乐部等群众性体育组织开展全民健身活动，宣传科学健身知识；县级以上人民政府体育主管部门和其他有关部门应当给予支持"[1]。2021年7月，最新颁布的《全民健身计划（2021—2025年）》中又再次强调要"重点加强基层体育组织建设"，"对队伍稳定、组织活跃、专业素养高的'三大球'、乒乓球、羽毛球、骑行、跑步等自发性全民健身社会组织给予场地、教练、培训、等级评定等支持"，[2]特别提出了对"自发性全民健身社会组织"的支持，体现了自发性群众体育组织在全民健身目标达成中的重要地位。

"三个身边"工程（建好群众身边的场地、抓好群众身边的组织、搞好群众身边的活动）作为全民健身的有力抓手，在贯彻落实《全民健身计划纲要》工作中发挥了重要作用。进入21世纪以来，特别是2008年北京奥运会后，人民群众的健身意识和健身理念有了极大改观，我国已进入名副其实的全民健身时代。为了适应社会发展趋势、满足人民群众健身需求、全面推动全民健身和全民健康的深度融合，国家体育总局经过科学规划和缜密部署，在原"三个身边"工程基础上提出了全民健身"六个身边"工程（完善群众身边的体育健身组织、建设群众身边的体育健身设施、丰富群众身边的体育健身活动、支持群众身边的体育健身赛事、加强群众身边的体育健身指导、弘扬群众身边的体育健身文化）[3]。无论是"三个身边"工程还是"六个身边"工程，"群众身边的

---

[1] 国家体育总局群众体育司.新中国群众体育工作发展研究[J].体育文化导刊，2019（11）：1-10.
[2] 国务院.国务院关于印发全民健身计划（2021—2025年）的通知[EB/OL].（2021-08-03）[2022-08-12]. http://www.gov.cn/zhengce/zhengceku/2021-08/03/content_5629218.htm.
[3] 刘国永，戴健.中国群众体育发展报告（2018）[M].北京：社会科学文献出版社，2018.

体育健身组织"始终都是发展我国群众体育事业的重要组成部分,"自下而上"形成的自发性群众体育组织作为"群众身边的体育健身组织",以贴近群众现实生活的基本特征,对满足群众日益多元化的体育发展需求,实现我国群众体育的发展目标发挥了重要作用。

三、培育自发性群众体育组织是满足人们日益增长的体育需求的必然要求

党的十九大对中国社会主要矛盾做出了重大政治判断,认为"新时代中国社会主要矛盾已经转化为人民日益增长的美好生活需要和不平衡不充分的发展之间的矛盾"①。这是中国特色社会主义进入新时代的重要标志,是准确认识体育发展的时代坐标,也是做好群众体育工作的重要依据。党的二十大报告再次重申,要"明确我国社会主要矛盾是人民日益增长的美好生活需要和不平衡不充分的发展之间的矛盾,并紧紧围绕这个社会主要矛盾推进各项工作"②。社会主要矛盾的转化反映在体育领域中,就突出表现为群众体育有效供给难以满足多元化、生活化、个性化的群众体育需求。社会主要矛盾转化背后的深层逻辑是社会需求的转型和升级,体现了人们对高质量、高品质美好生活的向往和对体育情怀、体育梦的执着追求。③新时代破解群众体育事业发展中遇到的矛盾需要群众体育组织发挥作用,也对着力培育更亲民、更利民、更惠民的群众体育组织提出了更高的要求。我国自发性群众体育组织的快速形成,对解决人民日益增长的美好生活的体育需要和不平衡不充分的体育供给之间的矛盾具有重要作用,群众体育日益多元化的发展需求及自发性群众体育组织类型繁多、活动多样、贴近群众现实生活的基本特征,要求我们重视"自下而上"的民间力量,充分认识自发性群众体育组织在满足人们体育需求中的价值及重要地位,把培育发展自发性群众体育组织放到推动社会进步、满足社会需求、体现社会公平的高度来认识,竭诚为社区民众提供便捷、优质的体育公共服务。

---

① 习近平.决胜全面建成小康社会 夺取新时代中国特色社会主义伟大胜利:在中国共产党第十九次全国代表大会上的报告[EB/OL].(2017-10-27)[2022-08-15].https://www.mca.gov.cn/n152/n162/c82901/content.html.
② 习近平.高举中国特色社会主义伟大旗帜 为全面建设社会主义现代化国家而团结奋斗:在中国共产党第二十次全国代表大会上的报告[EB/OL].(2022-10-25)[2022-12-15].https://www.gov.cn/xinwen/2022-10/25/content_5721685.htm.
③ 陈丛刊.群众体育治理现代化的现实挑战与应对举措[J].体育文化导刊,2020(12):64-70.

四、培育自发性群众体育组织是我国体育体制改革不断深入的必然要求

随着我国社会、政治、经济体制的转轨，体育体制改革的不断深入，许多原本由国家承担的群众体育工作逐渐交由社会承担。单位体制的解体，社区体育的兴起及公民社会的发展，使大量的自发性群众体育组织出现并承担了基层的群众体育工作。近年来，我国体育管理体制不断改革，特别是北京奥运会后，我国确立了由"体育大国"向"体育强国"迈进的战略。2017年，党的十九大报告明确要求"加快推进体育强国建设"。2019年9月，《体育强国建设纲要》明确并细化了建设体育强国的任务，提出要落实全民健身国家战略，助力健康中国建设；强调在竞技体育领域中，要弱化金牌意识，逐步提高对群众体育的重视；2022年10月，党的二十大报告再次明确要求"促进群众体育和竞技体育全面发展，加快建设体育强国"。

我国体育管理体制改革的重点在于转变高度集中管理的模式，改变一切由政府包揽的做法。这样，体育体制逐渐由非市场导向转化成以市场为导向的模式，进一步明确政府和社会的事权划分，实现政事分开，管办分离，把不应由政府行使的职能和社会能够办理的事逐步转移给事业单位、社会团体及社会中介组织。"市场经济背景下，体育的资源配置改变了过去单纯依赖政府、依靠行政手段办体育的模式，发展和依托社会网络，调动社会力量办体育，加快建立体育组织，承担不应由国家直接管理的体育事务。从政府直接管理向社会管理型过渡。"[1] "改革的关键是政府应改变'包揽一切'的做法，适当合理地向社会'分权'或'还权'"[2]，而独立于政府、企业之外的公民社会组织就成为这项职能最好的接纳者。

2022年10月，党的二十大报告提出了"完善社会治理体系。健全共建共治共享的社会治理制度，提升社会治理效能""健全城乡社区治理体系"的重要战略决策。处理好政府与自发性群众体育组织的关系是新时代体育改革发展的内在诉求，也是建设现代社会组织体制、完善社会治理体系的外在要求。厘清各级政府的权责边界，积极培育和扶持自发性群众体育组织，营造政府与自发性群众体育组织互动、互助、互依的良好关系，帮助自发性群众体育组织更好地承接政府转移的公共体育服务职能。

---

[1] 黄桑波.我国体育体制转轨与全民健身活动的角色转换[J].体育文化导刊，2004（5）：6-8.
[2] 卢元镇，张新萍，周传志.2008年后中国体育改革与发展的理论准备[J].体育学刊，2008，15（2）：1-6.

五、培育自发性群众体育组织急需科学的理论指导

我国自发性群众体育组织由于是"自下而上"形成的,大多没有"体制内"的制度基础。尽管我国自发性群众体育组织作为新生事物在改革中逐渐诞生,数量庞大,但在我国体制改革转轨仍在进行中、行政权力仍非常强势的情况下,这些不在过去行政体制中的自发性群众体育组织由于根基不牢、资源不足而倍显脆弱。由于培育自发性群众体育组织是政府发展体育社会组织的重要任务,各级政府必须承担起培育自发性群众体育组织的时代责任,如何培育自发性群众体育组织就成为我国体育体制改革必须思考和探索的实践命题。

随着政府加快培育和发展社会组织政策的执行与推进,各级体育部门逐步认识到培育自发性群众体育组织的重要性,一些地方政府立足实际,积极探索政府培育自发性群众体育组织的模式,把培育自发性群众体育组织与机构改革、简政放权和职能转变联系起来,采取措施加以推进并取得了良好效果,积累了宝贵经验。但目前这项政策执行尚处在起步、探索和尝试阶段,在政策执行中面临着一些难题和问题。从理论研究的角度来看,这既与缺乏对地方政府培育自发性群众体育组织的理论指导有关,也与缺乏对政府培育自发性群众体育组织实践经验的总结有关。作为中国社会组织发展政策的一项重要突破,在推进政府培育自发性群众体育组织的过程中,既需要从理论上找到支撑,又急需在实践中不断总结并调整培育策略。然而,目前关于政府培育自发性群众体育组织的理论和实践的研究还非常薄弱,一方面,由于受文化、体制等多种因素的影响,我国与西方国家的体育社会组织在生成机制方面有所不同,因此,在体育社会组织培育方面,尤其是自发性群众体育组织培育方面,我国目前可借鉴的经验相对较少,我国自发性群众体育组织培育工作更多地要从我国社会治理的需求出发,依托于我国自发性群众体育组织发展的实践基础,不断加以健全和完善;另一方面,对地方政府开展的培育自发性群众体育组织的实践还缺乏经验性总结;同时,有关政府培育自发性群众体育组织的基本理论研究还非常不足。目前,学界更多的是关注"自上而下"形成的官办的或已注册的体育社会组织的研究,而对于发展水平尚不完善,法律地位尚不明确,管理尚不规范,对应的管理制度还未出台的自发性群众体育组织的研究较少,尤其是,目前对政府这一培育主体进行的专门研究极少,对政府为什么要培育(甚至要不要培

育)、哪些组织需要培育、培育什么及如何培育等一系列基本问题仍缺乏清楚的认识与准确的把握，因而难以在理论层面对我国目前自发性群众体育组织的发展进行有效的理论描述和阐释，也难以在实践层面选择有效的培育模式发展自发性群众体育组织。

第二节 政府培育自发性群众体育组织研究综述

本书关注的核心问题是培育主体、培育客体、培育行为和培育效果等要素，从政府的角度对我国自发性群众体育组织的培育进行系统的理论和实证研究。在对研究问题展开讨论之前，应首先分析当前的研究状况，如已经在多大程度上回答了本书所关注的问题、还存在哪些不足和有待探讨的空间。已有研究成果能够为本书提供扎实的理论依据和分析线索。

一、关于自发性群众体育组织的研究

(一)国内相关研究

自发性群众体育组织是我国体育社会组织的一个重要组成部分，也是我国群众体育活动的重要载体。目前，国内有关自发性群众体育组织的研究主要集中在自发性群众体育组织的概念、成因、发展现状及相关理论基础等方面。

1. 关于自发性群众体育组织概念的研究

自发性群众体育组织的概念与内涵在学界尚未统一。近年来，一些学者尝试对这一概念进行了界定。

孟凡强通过讨论"体育社团""体育俱乐部"与自发性群众体育组织的关系，明确了自发性群众体育组织的性质、内涵与外延，认为自发性群众体育组织是基于人们的共同爱好、利益、感情与友谊，在体育实践的基础上，不受任何外界"建制"部门的影响和制约的情况下自发形成的、自主管理的、非正式的、结构松散的、利用公共场所进行以健身、娱乐、交际、休闲为目的的体育

活动组织。[1]刘建中认为，社区自发性群众体育组织是指在社区范围内，由具有共同兴趣爱好的社区居民自发形成的、自主管理的、非正式的群众体育活动组织。[2]宋雅琦按照体育组织的性质，认为自发性群众体育组织的性质为非正式组织。[3]修琪认为，自发性群众体育组织是建立在人们共同的体育运动爱好和追求的基础上，依靠地缘、人缘和业缘关系维系自发组成的，自主管理、结构松散、灵活多样，较少受到外界"建制"部分束缚的体育休闲娱乐交际组织。[4]但就组织结构而言，自发性群众体育组织既可以是正式组织，也可以是非正式组织。虽然这些概念界定的侧重点各有不同，但都突出了自发性群众体育组织的共性——自发性与自愿性。但对自发性群众体育组织的组织结构认识方面仍存在争议。

2. 关于自发性群众体育组织成因的研究

自发性群众体育组织的形成并非偶然，学者们从理论角度、社会发展背景角度剖析并阐释了自发性群众体育组织形成的原因。

从理论视角来看，孟凡强运用自组织理论、市场失灵理论和政府失灵理论及社会学互动理论解释了自发性群众体育组织的成因，认为自发性群众体育组织的形成是处于离散状态的体育人口从无序走向有序的自组织过程；是不断增长的大众体育需求与市场或政府供给不足的矛盾产物；是处于离散状态的体育人口之间及体育人口与环境之间互动的过程和结果。[5]不仅如此，孟凡强还从社会心理学的视角，根据马斯洛需求层次理论与交换理论，判断出与社会发展同步增长的大众体育需求及其目的取向的多元化是自发性群众体育组织形成的内部动因，而人们通过体育健身实现其交际、娱乐、学习、提高等需求就是区别于个体健身的"回报"，是自发性群众体育组织形成的直接动机。[6]刘建中从协同学理论的视角为探索自发性群众体育组织的发展规律和运作特点提供了理论依据与支撑，得出自发性群众体育组织不隶属于某个单位或团体，不受外力

---

[1] 孟凡强.自发性群众体育组织成因的理论探讨：兼论后继实证研究面临的主要课题[J].体育学刊，2006，13（2）：59.

[2] 刘建中.协同学与社区自发性群众体育组织形成与发展机制[J].体育学刊，2009，16（8）：40-43.

[3] 宋雅琦.我国城市社区自发性群众体育组织研究：以回龙观足球联赛为例[D].北京：北京体育大学，2016.

[4] 修琪.公民社会视野下自发性群众体育组织研究[D].北京：北京体育大学，2013.

[5] 同①.

[6] 孟凡强.自发性群众体育组织成因的社会心理学诠释[J].乌鲁木齐成人教育学院学报，2008，16（4）：104-108.

驱使，是开放的系统，其成员具有相同的体育兴趣、爱好和需求，其形成是处于离散状态的潜在体育人口从无序走向有序的自组织过程的结论。①

从社会发展背景的角度来看，李宏印认为，我国自发性群众体育组织兴起的社会背景有五个方面：一是经济发展及市场经济体制的确立与完善，二是政治改革与政府职能转变，三是民间组织的迅速发展，四是我国群众体育法规、制度的完善，五是各类体育组织社团的发展。②晁铭鑫将自发性群众体育组织形成的原因归纳为社会经济的发展，大众体育需求，兴趣和情感交流，群众体育法规、制度的完善这四个方面，即良好的社会经济发展为自发性群众体育组织的形成提供了重要的人力、物力和财力方面的支持，以及人们日益增长的体育需求需要通过自发性群众体育组织来实现，同时，共同的兴趣和情感交流是自发性群众体育组织形成过程中必不可少的重要因素之一，群众体育法规、制度的完善也为自发性群众体育组织的形成提供了法律保障。③

3. 关于自发性群众体育组织发展现状的研究

对自发性群众体育组织发展现状的研究主要包括自发性群众体育组织发展的基本状况、面临的困境及发展对策等方面。

（1）自发性群众体育组织发展的基本状况的研究

包括自发性群众体育组织发展规模的研究，以及不同地区、不同类型的自发性群众体育组织的研究。

第一，关于自发性群众体育组织发展规模的研究。在全国群众体育现状调查中，政府部门统计了自发性群众体育组织的发展规模。《中国群众体育现状调查与研究》数据显示，1998年，在城市社区各类群众体育活动点的形成方式中，由锻炼者自发组成的占57.5%。④ 2001年，我国城乡居民体育活动点的数量较1998年的调查数据有所上升，由锻炼者自发组成的占60.3%。⑤随着全民健身活动的开展，我国自发性群众体育组织的数量得到了飞快的增长。2008年，《中国民间组织报告（2008）》一书中提到，全国未登记的社会组织数量是已

---

① 刘建中. 协同学与社区自发性群众体育组织形成与发展机制[J]. 体育学刊，2009，16（8）：40-43.
② 李宏印. 自发性群众体育组织兴起的社会背景[J]. 搏击（武术科学），2011，8（7）：106-108.
③ 晁铭鑫. 自发性群众体育组织的形成与发展探究[J]. 当代体育科技，2014，4（26）：112-113.
④ 中国群众体育现状调查课题组. 中国群众体育现状调查与研究[M]. 北京：北京体育大学出版社，1998：213.
⑤ 中国群众体育现状调查课题组. 中国群众体育现状调查与研究[M]. 北京：北京体育大学出版社，2005：89.

登记社会组织数量的10倍。[1]2014年底，我国正式登记的体育社会组织数量为32749个，据推算，活跃在城乡基层社区以健身团队为主体的未登记的体育社会组织数量超过百万个。同时，据不完全统计，我国网络体育组织已有80多万个，并且仍呈快速发展之势。[2]

第二，关于不同地区的自发性群众体育组织的研究。杨帆、邱先丽、施大伟等分别以北京市、武汉市、石家庄市的自发性群众体育组织为样本进行了案例研究，认为地区性的自发性群众体育组织发展存在公共体育场地不足、经费短缺、缺少社会体育指导员、管理模式单一等问题。[3-5]王厚雷等指出，非正式群众体育组织是新疆多民族地区群众体育健身活动的主要载体，但由于历史、地理、经济等因素导致了村落分布分散，县级以下乡镇基本未设置相应的组织管理机构，体育活动的组织多为成员自发组成，组织能力不够成熟，管理效率相对低下等问题。[6]刘路等以江苏、河南两地的乡镇体育组织为研究对象，对基层体育组织的机构设置、人员情况、场地设施、活动开展及经费来源等方面进行调查，发现江苏、河南两省组织机构有着各自鲜明的地域文化特征，但农村体育经费差距较大；两省间农村体育活动的开展多借助学校、机关等单位的体育设施，且大部分乡镇缺乏体育场地。[7]

第三，关于不同类型的自发性群众体育组织的研究。黄亚玲等对北京、广东、江苏等省、直辖市的自发性群众体育组织及开展活动的情况展开了调研，对自发性健身活动站点的概念、发展历程、法律地位等进行分析讨论，指出处于社会转型期的自发性健身活动站点在运行、发展和管理等方面还存在诸多问题。[8]赵少聪等、李凤成等，对体育健身团队负责人的特征、胜任力水平与评

---

[1] 黄晓勇.中国民间组织报告（2008）[M].北京：社会科学文献出版社，2008：6.
[2] 刘国永，裴立新.中国体育社会组织发展报告（2016）[M].北京：社会科学文献出版社，2016：204.
[3] 杨帆.北京市区公园内自发性群众体育组织发展状况调查[D].北京：北京体育大学，2009.
[4] 邱先丽.武汉城市社区体育草根组织生存环境调查研究[D].武汉：武汉体育学院，2011.
[5] 施大伟，张雪莲，王威，等.石家庄市自发性群众体育组织发展现状及影响因素研究[J].湖北体育科技，2012，31（5）：509-511.
[6] 王厚雷，张怡，王强，等.新疆多民族地区群众体育政策导向及组织开展现状[J].首都体育学院学报，2013，25（3）：214-218.
[7] 刘路，马永明.不同地域农村体育发展现状的对比研究：以江苏、河南两省为例[J].沈阳体育学院学报，2012，31（2）：31-34.
[8] 黄亚玲，郭静.基层体育社会组织：自发性健身活动站点的发展[J].北京体育大学学报，2014，37（9）：10-16.

价进行了探讨。[①][②]孟欢欢等运用嵌入性理论，分析各级政府嵌入自发性健身团队的运行机制、存在的问题，并提出发展路径。[③]张铁明等将研究视角聚焦到农村非正式结构体育社团，对农村非正式结构体育社团的发展历程、存在的问题进行了梳理，分析了政策法规滞后、缺乏活动场地、资源获取困难及与基层地位对接困难等因素导致农村非正式结构体育社团发展缓慢。[④]谭延敏等从社会治理视角对非正式结构体育社团成员的社会资本与群体凝聚力关系进行研究，为研究非正式结构体育社团提供了新的角度。[⑤]

（2）关于自发性群众体育组织发展困境的研究

经济、政治、社会及科技等外部环境的变迁，为自发性群众体育组织的发展带来了机遇。但不能忽略的是，自发性群众体育组织在发展过程中仍面临许多困境。目前，有关自发性群众体育组织的发展困境主要体现在资源困境、管理困境、制度困境等方面。

刘瑞军指出，政府在公共服务职能工作、社会组织提供公共服务方面的工作安排不到位导致了自发性群众体育组织面临发展困境。[⑥]晁铭鑫、施大伟等分别从理论与实证研究出发，对自发性群众体育组织在形成和发展过程中的人员困境与管理困境及影响其发展的自身困境、资源困境方面进行分析，认为制约自发性群众体育组织发展有人员结构不合理、缺乏有效的管理、自我管理不完善、缺乏人财物方面的资源、缺乏社会公信度等方面的原因。[⑦][⑧]贺晓燕以自组织理论、社会互动理论为基础，指出城市自发性群众体育组织存在身份认同困境、资源困境、动力困境、治理困境，认为城市自发性群众体育组织的身份认同困境主要体现在政府认同、社会认同及自身认同，资源困境体现在场地设

---

① 赵少聪，王凯珍.北京市六城区体育健身团队负责人的特征研究[J].首都体育学院学报，2019，31（1）：22-27.
② 李凤成，赵少聪.体育健身团队负责人胜任力水平影响因素分析[J].福建师大福清分校学报，2019（5）：96-103.
③ 孟欢欢，祝良，张伟.嵌入性治理理论下自发性健身团队的发展：以上海市洋泾太极拳队为例[J].体育学刊，2017，24（6）：43-47.
④ 张铁明，谭延敏，刘志红，等.农村非正式结构体育社团的发展研究[J].体育科学，2009，29（11）：23-40.
⑤ 谭延敏，张铁明，金宁，等.非正式结构体育社团成员社会资本与群体凝聚力关系的实证研究[J].北京体育大学学报，2019，42（5）：109-119.
⑥ 刘瑞军.太原市公园内自发性群众体育组织现状调查及发展对策研究[D].太原：山西师范大学，2015.
⑦ 晁铭鑫.自发性群众体育组织的形成与发展探究[J].当代体育科技，2014，4（26）：112-113.
⑧ 施大伟，张雪莲，王威，等.石家庄市自发性群众体育组织发展现状及影响因素研究[J].湖北体育科技，2012，31（5）：509-511.

施、经费、管理指导人才，动力困境体现在外部性与内部性动力不足，治理困境突出表现在自我管理、控制及监督方面。[①]

（3）关于自发性群众体育组织发展对策的研究

关于自发性群众体育组织的发展对策研究，众学者从实证研究出发，针对研究对象的现状及问题，概括、归纳自发性群众体育组织发展的影响因素，提出具有针对性的对策。

蒋博认为，自发性群众体育组织的发展要完善政策法规、规范组织管理、加强宣传、拓宽资金来源、大力支持培养专业体育人才、完善场地设施等。[②]邱先丽从组织自身角度出发，认为若要改善社区草根体育组织生存环境，首先，应发展组织横向与纵向关联，加入社区体育组织的网络中去，同时要注重社区体育草根组织的互助性特征，整合资源建立服务于社区的体育俱乐部或中心，继而带动周边小而分散的活动；其次，对项目内容进行更新，增加其吸引力；再次，在保持"亲民性"基础上更要加强组织化程度的建设；最后，推进对体育场地闲置资源的整合，积极创建多元的经费筹集方式。[③]刘瑞军认为要解决组织的发展困境，政府在提出培育与监督并行的同时还要加大培育力度。一是在制定与落实相关方针政策的同时，完善管理的框架，加强信息技术的支持与场地设施的服务管理；二是完善组织内从业人员的保障措施，招聘更有能力的管理人才，加强组织成员自身的建设。[④]

4. 关于自发性群众体育组织理论基础的研究

关于自发性群众体育组织理论基础的研究，主要涉及自组织理论、社会互动理论、资源依赖理论等。

自组织常与"他组织"一起被提及，二者的主要区别在于"组织力"来源于外部还是内部。贺晓燕从组织的外部环境与内部环境两个方面对城市自发性群众体育组织的发展环境进行了剖析，同时也主张基于"互动"的视角来解释社会现象，分析社会问题。[⑤]社会互动可能发生在两个及两个以上的个体之间，可能发生于群体之间，也可能存在于个体与群体之间。组织的形成是基于地缘，在初始核心成员的带动下逐步吸引附近居民加入，逐渐显现群体效应。根据社

---

① 贺晓燕.城市自发性群众体育组织的发展困境与应对措施[D].成都：成都体育学院，2016.
② 蒋博.自发性群众体育组织现状调查及对策研究[D].新乡：河南师范大学，2014.
③ 邱先丽.武汉城市社区体育草根组织生存环境调查研究：以郑州金水区为例[D].武汉：武汉体育学院，2011.
④ 刘瑞军.太原市公园内自发性群众体育组织现状调查及发展对策研究[D].太原：山西师范大学，2015.
⑤ 贺晓燕.城市自发性群众体育组织的发展困境与应对措施[D].成都：成都体育学院，2016.

会互动理论，传统型自发性群众体育组织的核心层的结构相对稳定，但新型自发性群众体育组织的适应能力更强，成员间的互动关系网络更为密集。

组织生存发展的动力是资源。依据资源依赖理论，组织想要维持生存发展，必须从社会环境中获取资源。胡科等认为草根体育组织为了获取发展资源，会同时采取一种或多种依附形式来依附政府，获取政府支持，并通过对个案的考察，将这种依附形式概括为"同构"、"寄生"与"挂靠"，同时也提出草根体育组织不能为了获取资源而牺牲组织运行的自主性。①石爱悦从资源依赖的视角出发，对农村草根体育组织的生存策略进行研究，认为资源问题是关乎草根体育组织生存状态的关键问题，发现农村草根体育组织获取社会资源的能力较低，绝大多数的农村草根体育组织会采取依附式的生存策略。②

（二）国外相关研究

"自发性群众体育组织"是一个具有中国特色的体育组织概念，国外与其内涵相似的组织类型有草根体育组织、基层体育组织、非营利性体育俱乐部等。体育俱乐部是大众体育最基层的组织形式，是大众体育活动最有效的载体，充分发挥体育俱乐部的作用对稳定和拓展体育人口有很大帮助。国外关于这类组织的研究主要涉及理论研究与实践研究两个方面。

1. 关于草根体育组织概念的研究

2011年，欧盟委员会（European Commission）指出，草根体育涵盖了由非职业人员进行的所有体育项目。非职业人员是指那些在体育运动上花费大量时间但并不从体育运动中获利的人。③2015年，为了进一步推动草根体育的发展，评估草根体育运动在欧洲社会中的地位和作用，加强草根体育组织之间的联系，欧盟委员会成立了草根体育高级小组。该小组对草根体育的定义为：草根体育是指在基层专业水平下，以健康、教育、社交为目的，定期有组织或无组织进行的体育休闲活动。④

---

① 胡科，虞重干.依附：资源约束下草根体育组织的生存策略：3个个案的表达[J].武汉体育学院学报，2012，46（9）：25-29.
② 石爱悦.资源依赖视角下农村草根体育组织的生存策略研究[C]//中国体育科学学会.2015第十届全国体育科学大会论文摘要汇编：二.北京：中国体育科学学会，2015：2.
③ European Commission. Study on the funding of grassroots sports in the EU: final report, vol. I (Brussels: European Commission, 2011) [EB/OL]. (2013-04-25) [2022-08-15]. http://ec.europa.eu/internal_market/top_layer/docs/FinalReportVol1_en.pdf.
④ ANDREEVA M, BALOGH G, BAUMANN W, et al. Grassroots sport-shaping Europe: report to commissioner tibor navracsics[R]. Commission européenne, 2016.

欧盟委员会对草根体育做出的官方界定为后续学者研究草根体育、草根体育组织奠定了基础。欧洲学者认为，草根体育组织是为促进群众参与体育活动、推动业余体育发展的组织，包括地方体育俱乐部、地方体育联盟、地方体育场馆等。这些组织在其所在的社区或地区有着深厚的根基，并经常依靠政府资金、企业赞助及社区志愿者的支持来运行。就其本质而言，草根体育组织不仅被视为地方社会结构的核心，而且是自愿性体育系统的支柱。[1]在国际非营利性组织分类（ICNPO）中提到了要发展理想型的体育俱乐部，这里所指的理想型的体育俱乐部即能够提供业余体育、训练、身体健身和体育竞赛服务与活动的体育组织，这类体育组织的特点是机构化的、私人的、自治的、志愿的且非营利性的。[2]

2. 不同国家自发性群众体育组织的发展现状

（1）英国基层体育组织发展现状

英国是现代体育运动的发源地之一，英国体育传统的建立对国际竞技体育产生了重要影响。不仅如此，英国的体育组织在国际竞技体育中扮演着重要角色，其影响力不容忽视。2013年，英国的社会体育组织——体育与娱乐联盟发布了关于体育俱乐部的统计数据。调查结果显示，截至2013年，英国有15.1万个基层体育俱乐部，并向大众提供了100多种不同的运动项目。[3]

英国政府针对草根体育的发展制定颁布了一系列的政策。2008年，英国政府颁布了《英国体育发展战略（2008—2011）》，提到现代化的体育俱乐部将成为人们体育活动的主要载体，这反映出体育俱乐部对发展基层体育的重要性。[4]2012年，英国政府出台了《英国体育理事会青少年和社区战略（2012—2017）》，该战略中提到将有10亿英镑的彩票公益金和财政拨款投入其中，目标是使英格兰的每所中学都拥有一个体育俱乐部，并与一个或多个国家体育管理机构建立直接联系，使3/4的18~24岁青少年获得参与一项新运动项目的机会，尤其是帮助离开学校的毕业生有机会继续他们在学校时参与的体育活

---

[1] MAZODIER M, PLEWA C. Grassroots sports: Achieving corporate social responsibility through sponsorship[M]. Routledge handbook of sports marketing, 2015: 317-326.

[2] VAMPLEW W. Theories and typologies: a historical exploration of the sports club in Britain[J]. The international journal of the history of sport, 2013, 30（14）: 1569-1585.

[3] Sport and Recreation Alliance. Sports club survey 2013[R]. London: Sport and Recreation Alliance, 2013.

[4] Sport England. Sport England strategy 2008-11[EB/OL]. (2008-03-26)[2022-09-11]. https://www.sportsthinktank.com/uploads/sport-england-strategy-2008-11.pdf.

动。①2015年，英国体育与娱乐联盟颁布了一项关于发展基层体育的指南——*Get your kit on—A guide to grassroots sport and rereaction*，该指南为未来几年更广泛的体育发展建立了框架，确定了草根体育和娱乐可以在身体健康、心理健康、个人发展、社会和社区发展及经济发展方面发挥的作用。②同年，英国政府出台了*Sport future：A new stratrgy for an active nation*，该文件中阐述了草根体育在未来的发展、草根体育的资金来源。③

在资金方面，传统意义上，英国基层体育组织的资金来源于赞助、出售媒体版权等方面。同时，英国政府部门积极出台税收优惠政策以保障业余体育俱乐部能从中获益。此外，英国政府规定至少有30%的赛事转播权收入用于发展基层体育。除了传统意义上的资金来源方式，慈善和筹款、众筹、发行社会影响债券或与私营部门的合作等方式，也是英国基层体育组织获得资金来源的重要方式。④

（2）德国非营利性体育俱乐部发展现状

在德国，非营利性体育俱乐部不仅为民众提供了参与体育运动的机会，而且构成了德国志愿体育制度的基础。德国奥林匹克体育联合会是德国志愿体育部门的伞状组织，16个联邦州体育联合会和60多个国家体育管理机构是其成员，而联邦州体育联合会与国家体育管理机构共同代表着非营利性体育俱乐部的利益。⑤德国学者Heinz-Dieter Horch认为，非营利性体育组织具有志愿性、民主性、自治性且成员拥有共同爱好等特点。⑥

在政策方面，德国政府重视并致力于非营利性体育俱乐部的培育与监管，先后制定了《有关公共俱乐部权利的相关法令》《人人受益计划》等政策，保障社会体育组织的发展。但由于国家的联邦制结构，德国政府在支持草根体育

---

① Sport England. Sport England strategy 2012-17[EB/OL].［2022-09-11］. https://sportengland-production-files.s3.eu-west-2.amazonaws.com/s3fs-public/a-sporting-habit-for-life-a4-1.pdf.

② Sport and Recreation Alliance. Get your kit on：A guide to grassroots sport and recreation[EB/OL].（2016-09-12）［2022-09-11］. https://www.sportandrecreation.org.uk/news/grassroots/alliance-calls-for-mps-to-get-your-kit-on.

③ UK Goverment. Sporting future: a new stragegy for an active nation[EB/OL].（2015-12-17）［2023-09-11］. https://assets.publishing.service.gov.uk/government/uploads/system/uploads/attachment_data/file/486622/Sporting_Future_ACCESSIBLE.pdf.

④ 同③.

⑤ WICKER P, BREUER C. Scarcity of resources in German non-profit sport clubs[J]. Sport management review，2011，14（2）：188-201.

⑥ HORCH H D. Does government financing have a detrimental effect on the autonomy of voluntary associations？Evidence from German sports clubs[J]. International review for the sociology of sport，1994，29（3）：269-285.

发展方面的作用是有限的。除此之外，每个联邦州和直辖市都可以自主地制定体育联合会的政策与计划。德国的体育政策基于三个主要原则：体育自治、体育资助的辅助性及公共机构和体育组织之间的合作伙伴关系。

德国非营利性体育俱乐部的收入来源可以分为内部收入与外部收入。与营利性组织相比，非营利性体育俱乐部有许多不同类型的收入。所有来自会员的收入构成了内部收入。典型的内部收入包括会员费和场地活动费。外部收入是指来自组织外部环境中的收入，包括公共补贴、赞助费用、转播权收入等。然而，来自捐赠、基金、体育赛事等类型的收入很难判断为内部收入还是外部收入，但这些收入来源也是非营利性体育组织资金来源的重要组成部分。[1]

（3）日本综合性社区体育俱乐部（Comprehensive Community Club）发展现状

日本的体育组织主要包括职业体育联盟与俱乐部、私人体育俱乐部、社区体育俱乐部等。[2]在日本，综合性社区体育俱乐部一直受到政府的关注。自1995年以来，日本文部省一直在推动综合性社区俱乐部的发展。综合性社区体育俱乐部是指由当地居民独立经营的体育俱乐部，通常建在对公众开放的公共设施或学校设施内，具有多运动类别、面向多年龄段、多用途等特点。[3]日本《综合社区体育俱乐部发展情况调查（2018）》显示，自2002年以来，综合性社区体育俱乐部的数量在10年间增加了6倍，2013年，综合性社区体育俱乐部总数为3599个，其中开业俱乐部3445个，筹建俱乐部154个。[4]

在政策方面，日本政府很早就认识到群众体育组织在群众体育发展中的作用，并通过立法保障群众体育组织的地位和作用。1961年，日本国会审议通过了《日本体育运动振兴法》，在社会体育方面形成了政府援助制度和体育指导委员制度，明确了振兴日本体育的总体思路和日本体育事业发展的未来计划及所要达到的目标。但随着时代的发展，《日本体育运动振兴法》不再适应日本社会发展。2010年，日本文部科学省提出了"体育立国战略"，把"尽快制定体育基本法"作为实施战略目标必须进行的体育体制建设核心内容。2011年，日本政府颁布了《日本体育基本法》，该法案是日本体育领域的基本法，是制

---

[1] WICKER P, BREUER C. Scarcity of resources in German non-profit sport clubs[J]. Sport management review, 2011, 14（2）：188-201.

[2] MATSUOKA H. Progression of sport management in Japan[J]. Asian Sport Management Review, 2007, 1（1）：42-47.

[3] SASAKAWA SPORTS FOUNDATION. White paper on sport in Japan 2020[R/OL].（2020-12-30）[2022-09-12]. https://www.ssf.or.jp/en/files/swp2020_eng.pdf, 2020.

[4] 同[3].

定其他体育政策的基础和指导体育工作的根本依据，据此，日本文部科学省于2012年重新修订并颁布了以2012—2021年为总目标阶段并包含近5年目标的新计划，而且顺应《日本体育基本法》的新名称，将新计划命名为"体育基本计划"。该计划认为社会体育发展的根本在于综合性体育俱乐部的发展，指出一方面要提升对综合性体育俱乐部经费支持的稳定性和持久性，另一方面要提高综合性体育俱乐部的自给能力与自立能力，同时要加大力度、放宽范围支持综合性体育俱乐部的成立。[①]

在资金方面，日本群众体育组织的资金主要来自政府补贴、会员费、注册收入、募捐广告收入、彩票发行等方面。例如，日本大阪市的"体育公社"是一个公共服务组织，主要负责大阪市公共体育设施的管理和维护。政府提供的资金占消费的90%，并根据相关业绩，政府会给予奖励。[②]

二、关于政府培育的研究

（一）国内相关研究

1. 关于政府培育社会组织的研究

（1）关于政府培育社会组织的意义与价值研究

政府培育社会组织不仅是实现政府治理和社会调节、居民自治良性互动的题中之义，而且有利于激发社区社会组织活力，推进社区社会组织参与社会治理。谢宇等、邱梦华、林丽芳认为在我国政府的改革时期，社会组织将成为社会管理工作的关键力量，加强社会组织的政府培育是政府职能转型的应有之义，也是必经之路，政府培育社会组织能健全社会管理体制、完善社区服务功能、维护基层社会稳定、促进经济繁荣等。[③-⑤]陈友华等指出有计划、有针对性地引导并培育社会组织，既是应对社会问题的需要，也是对社会组织承接力不足的应对，更是在为中国社会健康发展选择一条明智之路。[⑥]张有、戚小倩、姜

---

① 景俊杰，黑田勇.日本体育基本计划解析[EB/OL].（2022-05-23）[2022-09-11].https://www.baywatch.cn/a/lunwenziliao/wentilunwen/tiyu/2013/0523/23124.html.
② 国家体育总局政策法规司.他山之石：国外、境外体育考察报告选编[C].北京：国家体育总局政策法规司，2000：301.
③ 谢宇，谢建社.政府培育发展和规范管理社会组织研究[J].城市观察，2012（2）：55-61.
④ 邱梦华.制约与培育：农村基层社会组织的制度环境[J].云南行政学院学报，2013，15（1）：55-59.
⑤ 林丽芳.转型期我国社会组织的培育与发展对策探析[J].求实，2012（S2）：201-203.
⑥ 陈友华，祝西冰.中国的社会组织培育：必然、应然与实然[J].江苏社会科学，2014（3）：90-95.

海宏等分别以兰州市、南通市、威海市的社区社会组织和孵化园为实例，认为社区社会组织是为社会成员提供服务的重要载体，能够提升社会组织的公共服务水平，并且能够促进其健康持续发展，对实现政府的职能转型能够起到非常大的促进作用；政府培育社区社会组织是基层建设的工作重点，这不仅有助于促进社会组织自身的成长和发展，而且有助于推进我国社会结构与社会管理现代化。[1]-[3]

（2）关于政府与社会组织关系的研究

徐永光认为，目前政府与社会的权利对比格局中，政府始终处于绝对主导地位，因而非营利组织还没有能力自主选择和开辟自己的生存与发展空间。[4]胡晓认为，我国非政府组织与政府是一种附庸的合作关系。在这种合作关系中，政府处于主导地位，非政府组织的活动受到政府较大的干预。[5]田凯通过对慈善协会进行个案研究，认为慈善组织拥有的权力越大，政府行动的权力越小。政府越把处理权力转移到慈善组织手中，政府项目的实施就越困难。因而，在行为没有被制约的情况下，政府会尽可能扩大它的权力范围，甚至直接干预慈善组织。但这将会出现"组织外形化"的问题，导致慈善组织的形式与实际运作严重背离。[6]

（3）关于政府培育社会组织的政策与制度研究

近年来，我国社会组织的制度环境已发生重大变化，与以往的管控约束和双重管理等特征不同，当前政府更倾向于引导、支持和规范社会组织的发展。[7]

谢宇等从社会组织培育和规范管理的层面，对政府培育和发展社会组织的相关政策进行了研究，指出在新的社会体制下社会组织在社会管理中的功能和作用愈加明显，为了更好地发挥社会组织在社会服务、调节与疏导及和谐发展方面的功能，政府部门应加大对社会组织的扶持力度、完善管理体制、建立健全政府购买服务机制、为社会组织提供税收优惠政策、加强专业人才队伍建设、

---

[1] 张有.兰州市城市社区体育组织研究[D].北京：北京体育大学，2008.
[2] 戚小倩.政府科学培育社会组织的对策研究[D].上海：华东理工大学，2012.
[3] 姜海宏，宋琳璘.政府培育社会组织的新路径：基于威海市社会组织孵化园的个案观察[J].城市学刊，2015，36（2）：26-29.
[4] 徐永光.中国第三部门的现实处境及我们的任务[J].中国青年科技，1999（3）：7-10.
[5] 胡晓.合作与制衡：非政府组织与政府良性互动关系研究[J].理论研究，2011（2）：41-43.
[6] 田凯.非协调约束与组织运作：中国慈善组织与政府关系的个案研究[M].北京：商务印书馆，2004.
[7] 郁建兴，滕红燕.政府培育社会组织的模式选择：一个分析框架[J].政治学研究，2018（6）：42-52.

完善社会组织相关的法律法规。[①]

吴素雄等从制度结构和政策选择的角度分析了杭州市社区社会组织培育的经验与局限，发现社区社会组织发展的主要瓶颈在于社区社会组织非规模化与规范化悖论，并指出突破这一瓶颈的关键在于将社区社会组织的管理剥离出来，实现枢纽性社区社会组织的社会化。[②]邱梦华在《制约与培育：农村基层社会组织的制度环境》一文中提到，目前我国还没有专门的社会组织法律，对于社会组织的管理主要集中在行政法规和规章及以下层面。现有的关于社会组织的行政法规和规章构建了具有以"归口登记、双重负责、分级管理"为主要特点的社会组织管理制度，并指出这种管理体制非常不利于农村基层社会组织的发展，必须进行体制改革与制度创新。[③]

（4）关于政府培育社会组织模式的研究

政府对社会组织的培育和支持引起了学术界对政府培育发展社会组织模式的关注与探讨。已有研究对政府培育发展社会组织的模式有不同的界定方法。一些研究以培育主体类型和相互间的关系为标准来界定政府培育模式。在政府培育发展社会组织的早期实践探索中，有学者根据政府部门的类型，将政府的培育模式界定为民政主导模式、基层政府主导模式、业务主管部门主导模式和专门机构主导模式。[④]随着政府培育规模的扩大和购买服务的全面推行，社会培育主体开始承接政府培育项目并在其中发挥了越来越重要的作用。一些研究根据政府在培育中是否引入社会培育主体，将政府对社会组织的培育界定为政府主导的培育模式和政社合作的培育模式等类别。[⑤⑥]这种分类方式虽界定标准清晰，但没有区分当政府选择与社会合作培育时，由于政府对社会组织培育介入程度不同而产生的培育模式的多样性。另一些研究根据政府行政力量介入社会组织培育过程中的程度，将政府对社会组织的培育界定为行政培育模式和社会培育模式。[⑦⑧]该分类方式与第一种分类方式相比，都包括了"政府出资—政

---

① 谢宇,谢建社.政府培育发展和规范管理社会组织研究[J].城市观察,2012(2):55-61.
② 吴素雄,杨华.政府对社区社会组织培育的制度结构与政策选择：以浙江省杭州市为表述对象[J].湖北行政学院学报,2012(2):92-96.
③ 邱梦华.制约与培育：农村基层社会组织的制度环境[J].云南行政学院学报,2013,15(1):55-59.
④ 邓国胜.慈善组织培育与发展的政策思考[J].社会科学研究,2006(5):119-123.
⑤ 许小玲,马贵侠.社会组织培育：动因、困境及前瞻[J].理论与改革,2013(5):39-43.
⑥ 张海.我国社会组织培育模式的历史演变及发展趋势[J].湖北社会科学,2015(10):52-60.
⑦ 栾晓峰."社会内生型"社会组织孵化器及其建构[J].中国行政管理,2017(3):44-50.
⑧ 马庆钰,廖鸿.中国社会组织发展战略[M].北京：社会科学文献出版社,2015.

府直接运行"的政府主导培育模式。两者的差别在于，根据政府是引导性的培育还是直接参与式的培育，该分类方式对政府和社会合作培育的模式做了进一步的区分，因而更能反映实践中培育模式的本质特性，但这些研究未提出明确的区分不同培育模式的标准。在此基础上，郁建兴等根据政府介入社会组织培育程度的差异，进一步明确了政府培育模式的界定标准，根据培育需求的导向、培育主体间关系和资源配置机制等标准，将政府培育模式界定为两种类型：由政府主导、以行政机制配置培育资源的直接培育模式和政府赋权支持型社会组织、以市场和社会机制配置资源的间接培育模式（见表1-1）。[①]需要强调的是，以上对政府培育模式概念的界定和分类主要是从培育方的视角切入的，反映的是某一区域范围内政府促进社会组织发展政策的总体特征。

表1-1 政府培育社会组织的两种模式特征比较

模式	特征				
	培育方案的主要设计者	培育的需求导向特征	资源配置机制	培育主体间关系	培育社会组织的资源结构	支持型社会组织参与治理的层次
政府主导模式	政府	政府的需求和偏好	行政机制	业务指导与执行关系	单一资源支持	操作与执行层次
支持型社会组织主导模式	支持型社会组织	社会组织发展的需求和偏好	社会机制+市场机制	基于契约的合作伙伴关系	多个委托方与多个承接主体间的复合结构	规制和政策制定层次

本书认为，郁建兴等对政府培育模式的分类较适用于解释目前我国政府培育自发性群众体育组织的方式，因而将主要依据该分类模式对我国自发性群众体育组织培育模式进行研究。

（5）关于政府培育模式的效果评估研究

由于培育模式的差异，带来其不同的培育效果。政府对社会组织的直接培育模式在某种程度上体现了政府对于社会组织培育工作的重视和发展社会组织的积极态度，促进了社会组织的成长和发育，特别是给社会组织初期的建立和成长提供了便利，也给社会组织提供了大量的资源，但同时也强化了政府对社会组织的控制，存在着一些弊端。[②]对社会组织的自身发展而言，政府刻意为

---

① 郁建兴，滕红燕.政府培育社会组织的模式选择：一个分析框架[J].政治学研究，2018（6）：42-52.
② 谢菲.地方政府对社会组织培育的政治嵌入：基于广州市级政府层面的实证研究[J].广州大学学报（社会科学版），2015，14（6）：31-36.

社会组织培育营造一个"温室环境",容易使社会组织变成"温室花朵"。[①]社会组织数量激增,但其质量却得不到保证。政府主导培育方案会导致培育方案缺少针对性和专业性,效果难以保证。此外,政府主导模式还存在系统性风险。[②]政社合作培育模式特别是政府主办、民间运营的模式最能承担培育功能,有较多的包括资金在内的各种资源,自身发展也较为成熟,但一个社会组织从萌芽到正常发展需要很长时间,培育方若没有合理规划,结果很可能是不该培育或成熟的组织入驻、应培育的组织发展畸形、培育成熟的组织迟迟不离开。[③]

(6)关于政府培育模式的内生机制研究

国内外社会组织的培育模式不同是由于其内生机制的不同造成的。在国外,更多是通过支持型社会组织对其他社会组织进行"孵化",而不是政府直接培育,专业社会工作发展历史悠久且效果卓越。在我国,早期社会组织是在政府主导推动下成立的,根据所承担的政府职能及组织宗旨,向社会提供公益性服务,与政府之间具有较强的隶属关系。在国外,政府更多扮演的是服务者和监管者的角色,而不是直接强力介入培育的角色。国外社会组织的培育模式主要有两种,一种是分类培育模式,一种是统一培育模式。[④]从发展趋势来看,统一培育模式是国外社会组织培育的发展方向和趋势。[⑤]和国外不同,我国许多地方的社会组织培育工作呈现出行政主导的特点。[⑥]"自上而下"的行政取向是我国社会组织培育的基本取向,培育主导方是政府,政府通过将社会组织纳入行政体制,依托行政资源,通过行政手段和行政关系对社会组织实行领导与管理。但行政主导模式的作用是有限的,政府需要妥善处理好自身的多重角色。[⑦]要推动从行政培育向社会培育转变,构建社会内生型社会组织孵化器。[⑧]

(7)关于政府培育社会组织的问题与对策研究

政府培育社会组织的问题主要集中在资源、制度、能力建设和运行机制等

---

① 陆小成.城市公共服务绩效评价指标体系研究:以北京为实证分析[J].广东行政学院学报,2016,28(3):24-30.
② 郁建兴,滕红燕.政府培育社会组织的模式选择:一个分析框架[J].政治学研究,2018(6):42-52.
③ 陈友华,祝西冰.中国的社会组织培育:必然、应然与实然[J].江苏社会科学,2014(3):90-95.
④ 叶小瑜,李海.德、澳、英三国政府培育体育社会组织的特征及启示[J].体育文化导刊,2018(9):33-37.
⑤ 邓国胜.慈善组织培育与发展的政策思考[J].社会科学研究,2006(5):119-123.
⑥ 谭志福.公益孵化器:正确的诊断与错误的药方:兼论地方政府在社会组织培育中的角色[J].中国行政管理,2014(8):62-66.
⑦ 同⑥.
⑧ 栾晓峰."社会内生型"社会组织孵化器及其建构[J].中国行政管理,2017(3):44-50.

自发性群众体育组织的政府培育
——理论探索与实践模式

方面。

对于政府培育社会组织的资源问题，表现在社会组织发展过程中政策、资金、人才资源等方面。黄建在针对河南社区社会组织培育的研究中指出，社会组织发展需要一定的制度资源和体系资源，当前培育与发展中存在的问题主要表现在政策落实效果不理想、整体培育机制不健全、资金支持不够、治理结构不完善及面临监管难题等方面，要发挥多元培育主体的作用，建立行政、市场、社会和教育四元协同的培育机制。[1]

关于政府培育社会组织的制度问题，主要表现在法律法规制度、管理制度等方面不够完善。王雪婷认为，社区社会组织法律法规应根据其特点制定，在确保规范性的基础上发挥各个社区社会组织的优势。[2]王名、彭忠益等认为社区社会组织的注册登记流程较烦琐，应为社区社会组织提供具有包容性和较有弹性的制度环境，适当简化社区社会组织登记管理体制、降低准入门槛，同时建立街道、社区的备案制度，在培育社区社会组织的同时推进组织规范管理，进而促进其健康快速发展。[3][4]陈志卫等、葛道顺认为创新的登记管理制度与备案制度应遵循"三简、四免、五宽、六许"的管理办法，各地方政府可根据国家出台的相关法律适当附加地方性规范，降低组织登记备案的门槛，促进社区社会组织发展的同时强化街道和居委会的管理责任。[5][6]朱振淮认为社会组织发展规模和能力不足，对此提出适当降低社会组织成立门槛、加强社会组织自身发展、有重点地培育组织、加快政府职能转变等对策。[7]

对于政府培育社会组织的能力问题，表现在专业能力不足、资源依赖性强等方面。孙录宝认为，社会组织参与社会管理创新具体表现在服务领域、服务能力、服务质量等方面，指出应根据评价社区社会组织的价值、影响力等相关指标建立完善的政府购买服务制度，以政府购买服务的方式，对社会公信力高的组织给予资金补助。[8]程静婷、王园园分别在对重庆市、南京市的社区社会组织研究中指出，当前社区社会组织专业性不强、资源整合能力较弱，应优化

---

[1] 黄建.河南社区社会组织培育和发展研究[M].郑州：郑州大学出版社，2019.
[2] 王雪婷.浅析我国社区组织存在的问题及其对策[J].福建论坛（社科教育版），2010（6）：61-62.
[3] 王名.社会组织论纲[M].北京：社会科学文献出版社，2013.
[4] 彭忠益，粟多树.组织意识培育：城市社区社会组织发展的有效路径[J].长白学刊，2015（6）：99-104.
[5] 陈志卫，赵军，张志勤.城乡社区社会组织实用工作手册[M].北京：中国社会出版社，2010.
[6] 葛道顺.中国社会组织发展：从社会主体到国家意识：公民社会组织发展及其对意识形态构建的影响[J].江苏社会科学，2011（3）：19-28.
[7] 朱振淮.培育和发展社会组织的思路与对策[J].唯实（现代管理），2012（10）：29-31.
[8] 孙录宝.关于鼓励扶持社会组织参与社会管理创新的若干思考[J].山东社会科学，2012（9）：60-63.

多主体培育协同机制，形成政府、培育机构与社区社会组织的多向互动机制，促进社区社会组织的培育工作，助力社区社会组织的发展。①②

关于政府培育社会组织运行机制的问题，陈志卫等、马福云等认为社会组织的发展仍存在运行管理、培育与监管方面的问题，指出社会组织的培育是其发展的根基，是当前推进政府转型、促进社会参与、推动社会治理的重要内容。与此同时，要强化社会组织的运营监管，保障其发挥正当功能。③④易轩宇认为，在社会组织参与社会治理的机制方面缺乏对社会组织扶持机制的保障，对于社会组织的培育扶持没有整体性的规划、缺乏扶持的持续动力、扶持政策的内容缺乏针对性、各项扶持政策联动与支持不足。⑤

2. 关于政府培育自发性群众体育组织的研究

（1）关于政府培育自发性群众体育组织的困境与路径研究

自发性群众体育组织虽自然生长，但其发展受制于外部环境。张丽等对自发性群众体育组织的外部困境与内部冲突进行了理论分析，认为政治、经济、信息技术是其发展的外部困境；组织数量少、结构不完善、资源不丰富是其发展的内部冲突，并指出，可通过政府购买来加强与政府的合作、积极引导社会资本广泛参与以拓宽资金来源、加强制度管理建立自组织的运行框架、运用信息技术手段发挥网络功效的方式来培育自发性群众体育组织。⑥

金余囡指出，在我国人口老龄化的背景下，自发性群众体育组织的存在有其合理性，但不具有合法性将会导致自发性群众体育组织无法获得政府部门政策和资金的支持，而在社会上，自发性群众体育组织的公信度不高则不能共享一些社会资源，这些问题暴露出自发性群众体育组织的管理亟待规范。⑦政府要对自发性群众体育组织的培育加以重视，加强对组织者的培训，也可适当组织一系列"优秀自发性群众体育组织"评选活动，激励为组织增添活力的人，通过这些手段增强自发性群众体育组织的外在动力。与此同时，强化自发性群众体育组织的自身建设，以实现自发性群众体育组织在"自我管理、自我服务、

---

① 程静婷.城市社区社会组织培育路径研究[D].重庆：重庆工商大学，2019.
② 王园园.培育机构在社区社会组织培育过程中的角色研究[D].南京：南京大学，2013.
③ 陈志卫，赵军，张志勤.城乡社区社会组织实用工作手册[M].北京：中国社会出版社，2010.
④ 马福云.社会组织发展需培育与监管并重[J].中国党政干部论坛，2017（3）：87-90.
⑤ 易轩宇.社会组织参与社会治理的机制创新研究[D].湘潭：湘潭大学，2015.
⑥ 张丽，徐永峰，于超."健康广西"背景下自发性群众体育组织培育研究[J].大连大学学报，2020，41（6）：59-63.
⑦ 金余囡.老龄化背景下自发性群众体育组织的培育机制研究[J].浙江体育科学，2016，38（3）：17-19.

自我监督"方面的能力，加强对社区居民的吸引力、促使居民能够积极参加组织活动是增强自发性群众体育组织的内在动力。

（2）政府培育体育社会组织的方式研究

对于政府培育体育社团的研究，主要包括运行机制、内容、方法方面。黄彦军等针对培育发展民间体育社团运作机制研究提出，政府在体育社会组织的培养过程中应遵循多元化、市场化、人员专业化、监管社会化四大原则。要选择性培育体育社会组织，建立健全人才引进、培养和奖励的运行机制。[1]张宏从规范性角度对政府培育体育社团的内容和方式方法进行了研究。他认为，体育社团面临的困难和需要解决的问题是确定培育内容的依据，政府对体育社团的培育应该从资金、场地设施、人力资源、政策法规和事权职能五个方面入手。[2]梁枢在市场化转型背景下对体育社会组织如何改革进行了相关研究，认为随着体育市场化进程不断深入，体育"政府—社会—市场"三元模式逐步形成，这为体育社会组织改革提供了契机。[3]张立波以昆山市周庄镇政府购买社区体育俱乐部体育公共服务为个案，指出政府采取鼓励性培育的方式，对社区体育俱乐部进行了选择性培育，但仍然存在政策法规不健全、资金支持不充足、监管力度不到位、人才引进机制不完善等方面的问题。[4]

（二）国外相关研究

1. 国外关于政府培育社会组织的研究

（1）关于支持型社会组织的研究

国外的社会组织通常称为"非营利性组织"（Non-profit organization，NPO）或"非政府组织"（Non-governmental organization，NGO）。萨拉蒙等将非营利组织分为四类，他最关注的是第三类组织——公益组织，它们存在主要是为别人服务，为那些需要的人们提供商品或服务，或者为大众福利服务。这包括教育机构、文化机构、社会福利机构、医院等。这些组织直接提供服务，专注于提升社区福利或服务于广泛的公共或教育目标。[5]由于这些国家社会自治是

---

[1] 黄彦军，徐凤琴.国家体育行政部门培育发展民间体育社团运作机制研究[J].体育科学研究，2007（2）：1-3.
[2] 张宏.政府如何培育体育社团：来自广东的调研[J].成都体育学院学报，2014，40（11）：16-21.
[3] 梁枢.市场化转型背景下体育社会组织改革研究[J].体育与科学，2015，36（1）：108-112.
[4] 张立波.苏州市社区体育俱乐部政府培育的研究[D].苏州：苏州大学，2016.
[5] 萨拉蒙.公共服务中的伙伴：现代福利国家中政府与非营利组织的关系[M].田凯，译.北京：商务印书馆，2008：56.

自生性现象，结社自由是一项基本的公民权利，[1]部分国家的社会组织甚至早于现有国家政权的产生。[2]因此，国外社会组织直接培育的研究相对而言比较少。虽然这些国家没有像我国那样直接培育社会组织，但它们会为社会组织的成长提供更多的环境和空间，或通过支持性组织（中介型组织、伞形组织、非营利部门联盟等）为其他的非政府组织、非营利组织提供服务和资源。[3]

支持型社会组织是非营利部门支持体系的重要组成部分。[4]与操作型社会组织相对应，支持型社会组织又称"中介组织"和"志愿组织协会"，是指"不直接服务于目标人群，而是以提供活动经费、公益需求信息、能力培训、政策咨询等方式服务于另一些中小型社会组织、草根社会组织的一类组织"[5]。发达国家支持型社会组织经过较长时间的发展，已形成数量繁多、类型多样的态势，并在实现社会自治、推进第三部门发展等方面发挥着重要作用，一般将其冠以中介型组织、社团联盟、志愿组织联合会、非营利部门联盟、伞形组织等名称。支持型社会组织有五大功能：第一，增强个人和组织能力；第二，调动物质资源；第三，提供信息和学术资源；第四，建立组织间相互支持的联盟；第五，加强部门间的联系。[6]

在美国，支持型社会组织可划分为四大类。一是具有综合代表性的组织，该类组织的宗旨和活动贯穿整个非营利部门，能够代表社会组织的共同要求；二是"看门狗组织"，该类组织是对非营利组织的行为进行监督和专业评估的独立民间组织；三是数据库组织，该类组织的基本功能是向草根和操作型社会组织及公众提供相关信息；四是行业和区域的伞形非营利组织。[7]支持型组织也被形象地称为"孵化器"。布朗等认为，社会组织孵化器的五大基本功能是：赋能、材料供应、提供信息情报资源实现信息共享、建立组织联盟获得多方支持、桥梁功能。[8]康纳等指出，支持型社会组织直接向某一领域或多个领域的

---

[1] 陆明远.培育与规制：中国政府的社会组织管理模式研究[M].天津：天津人民出版社，2010：10.
[2] 布尔斯廷.美国人：建国的历程[M].谢延光，等译.上海：上海译文出版社，1997：367-413.
[3] 周秀平，刘求实.以社管社：创新社会组织管理制度[J].中国非营利评论，2011，7（1）：55-70.
[4] CLARKE L, ESTES C L. Sociological and economic theories of markets and nonprofits: Evidence from home health organizations[J]. American journal of sociology, 1992, 97（4）: 945-969.
[5] 清华大学公共管理学院NGO研究所.中国非营利评论：第7卷[M].北京：社会科学文献出版社，2011：3.
[6] BROWN L D, KALEGAONKAR A. Support organizations and the evolution of the NGO sector[J]. Nonprofit and voluntary sector quarterly, 2002, 31（2）: 231-258.
[7] 清华大学公共管理学院NGO研究所.中国非营利评论：第7卷[M].北京：社会科学文献出版社，2011：3.
[8] 同[6].

社会组织提供服务和资源,应该在各部门之间发挥召集和推动的作用。[①]

英国的支持型社会组织包括两种类型,一种是独立型,它是为提供某种特殊服务而结合在一起的,会员同质性相当高;另一种是综合型,主要是把各种不同的服务整合在一起,范围很广,会员性质也各异。在联邦制下,"英格兰、苏格兰、威尔士、北爱尔兰都分别成立了自己的大型伞形组织,对志愿组织进行管理和服务"[②]。

(2)关于政府培育社会组织模式的研究

发达国家的社会组织相对成熟,但仍需要政府的支持。[③]政府支持社会组织有两种主要模式。一是政府直接资助社会组织提供公共服务。例如,通过财政拨款、政府购买等方式帮助社会组织开展公共服务。政府补贴成为社会组织发展的主要动力。据统计,在一些国家,政府资助平均占社会组织收入的35.3%。在法国、德国等许多国家,政府资助甚至超过60%,成为社会组织发展的主要支撑力量。[④]特别是在社会福利领域,政府资助一般占社会组织收入的50%左右。政府主要以财政拨款、合同、费用等形式支付社会组织提供的服务费用。除此之外,政府还通过设立独立运作的公共基金、资助支持型社会组织等方式配置一部分资金,以间接方式培育发展社会组织。二是政府通过成立专门的公益基金和支持型社会组织等方式进行资源整合,来培育社会组织。国家政府与支持型社会组织合作成为一种普遍现象,[⑤]能力建设项目将更多地通过合作网络形式的支持型社会组织来实施。例如,美国联邦政府的多个部门经常通过支持型社会组织赋予社会权力,并促进第三部门的发展。[⑥]英国政府设立了能力构建者、未来建设者、基层社区建设基金等项目,通过政府与支持型社会组织的合作促进第三部门的能力建设。[⑦]

[①] CONNOR J A, KADEL-TARAS S, VINOKUR-KAPLAN D. The role of nonprofit management support organizations in sustaining community collaborations[J]. Nonprofit management and leadership, 1999, 10(2):127-136.

[②] 陈昶崴.国外社会中介组织概况及对我国启示[J].中国政府采购,2011(12):25-27.

[③] 萨拉蒙.公共服务中的伙伴:现代福利国家中政府与非营利组织的关系[M].田凯,译.北京:商务印书馆,2008:56.

[④] SALAMON L M, SOKOLOWSKI S W, HADDOCK M A. Explaining civil society development: A social origins approach[M]. Baoltimore: JHU Press, 2017.

[⑤] 萨拉蒙,等.全球公民社会:非营利部门视界[M].贾西津,等译.北京:社会科学文献出版社,2007:24.

[⑥] SHEA J. Taking nonprofit intermediaries seriously: A middle - range theory for implementation research[J]. Public administration review, 2011, 71(1):57-66.

[⑦] 王浦劬,萨拉蒙,等.政府向社会组织购买公共服务研究:中国与全球经验分析[M].北京:北京大学出版社,2010.

（3）关于政府培育社会组织作用的研究

关于政府培育社会组织作用的研究主要包括了两个方面，一方面是支持政府培育社会组织，另一方面是对政府培育社会组织产生怀疑。首先，以萨拉蒙为代表的学者支持政府培育社会组织。萨拉蒙认为，社会组织本身资源有限，没有营业收入或强制征税。当社会的自发机制无法获得足够的资源时，社会组织的局限性就开始显现。此时，需要政府给予资源上的支持，并产生政府—社会组织的合作模式。政府为实现自己的目的可以将提供公共服务的任务委托给社会组织来承担，政府负责对公共资金的支持并掌握全局，第三部门负责提供服务，二者之间达成一种依赖各自比较优势的分工，发挥出自己的特长。[①]黑格尔认为，公民社会的各个组成部分之间没有必要的一致性和协调性。相反，由于个体的特殊性和多样性，公民社会内部会发生冲突，从而导致自我弱化的趋势。因此，需要一个代表更普遍利益、更高精神、绝对理性的国家来安排公民社会，否则公民社会就无法实现其"文明"。[②]

然而，围绕政府培育社会组织这一问题，也伴随着质疑的声音。费希尔认为，福利国家的成长是对自由民主的侵犯，政府是对自由民主的最大威胁。一个社会管理自己的事务越多，政府管理得越少，这个社会就越完善。费希尔提出社会组织与政府之间的合作能够促进公民社会的发展，同时也能够促进政治的发展。[③]政府部门提供公共服务的能力是非常有限的，而市场则会过多地追求利益，这样就在公共服务领域产生了"政府失灵"和"市场失灵"的现实问题。根据资源依赖理论，没有组织是自给自足的。为了生存，一个组织必须从外部环境中获取资源。如果政府成为组织关键资源的唯一或最重要的提供者，从长远来看，组织从其他渠道获取资源的能力会变得迟钝，变得高度依赖政府，不利于组织的独立发展。

（4）关于政府培育社会组织运行机制的研究

关于政府培育社会组织的运行机制主要涉及激励机制与维护机制两个方面。1998年，在英国政府与非营利性组织的广泛协商下，政府部门与非营利性组织代表联合签订了具有里程碑意义的《政府与志愿及社区组织关系协定》。该协定是英国政府与志愿及社会组织之间确立合作伙伴关系的法律协议，阐明了英国政府和非营利性组织之间合作关系的原则框架，成为政府和非营利性组织

---

① SALAMON L M. Of market failure, voluntary failure, and third-party government: Toward a theory of government-nonprofit relations in the modern welfare state[J]. Journal of voluntary action research, 1987, 16(1-2): 29-49.
② 黑格尔.法哲学原理[M].范扬，张企泰，译.北京：商务印书馆，2017：8.
③ 费希尔.NGO与第三世界的政治发展[M].邓国胜，赵秀梅，译.北京：社会科学文献出版社，2008.

合作的指导性文件。为了保证该协定的顺利实施，英国政府和非营利性组织合作，建立了一套有效的运行机制。在这套运行机制中，该协定的实施动力与纠纷处理机制两个方面非常重要。激励机制是该协定作为国家政策的效力，是通过"建议+资金"的方式生效的。纠纷处理机制主要包括：第一，该协定倡导在志愿及社区组织感到政府部门或机构违背协议或准则时提供帮助；第二，该协定委员会在监督、协调的同时，也负责处理纠纷；第三，地方政府调查员可以调查地方政府的舞弊情况；第四，公共法律组织负责提供相关的法律救济。①李璐认为，德国、美国等发达国家培育社会组织发展的氛围主要依靠法律制度引导，从而形成良好的捐赠氛围与志愿风气。为参与社会组织建设的社工提供更多的专业上升通道，以合理的税收优惠政策促使企业参与社会组织建设。给予社会组织税收优惠，减轻社会组织的运营成本与负担。②

2. 关于政府培育自发性群众体育组织的研究

欧洲国家特别重视培育草根体育组织。草根体育是欧洲的一项重要的体育运动，它的广泛发展为欧洲国家带来了巨大的经济价值与社会价值。为了使人们更好地参与体育运动，欧洲各国制定了较为完善的政策。为了发挥其服务社会的潜力，草根体育的发展需要得到充分的支持和充足的资源。

英国政府的基本职能之一是促进各种非政府组织的发展，并为促进其发展提供充裕的资金，建立与之相匹配的支持和监督体系。英国的非政府组织主要依靠政府提供的公共资金来运行。除此之外，还有其他更多元化的资金来源。中央政府的拨款由议会决定，部分年度拨款由英国体育委员会用于资助高水平体育协会和高水平运动员。另外一部分由英格兰体育分配给地方议会和体育俱乐部。剩下的就是地方政府建设和维护自己的体育基础设施。③2010年，英国体育与娱乐联盟引入了一项行为准则，根据该准则规定，英国主要体育项目的赛事转播权净收入中，至少有30%再投资于草根体育组织。④

德国政府将培育发展体育俱乐部视为一项重要的公共事务。在政策方面，先后制定了《第二道计划》《黄金计划》《有关公共俱乐部权利的相关法令》等一系列连续性的政策，鼓励德国人加入体育俱乐部，参与体育运动，这极大地

---

① 廖鸿, 石国亮, 朱晓红. 国外非营利组织管理创新与启示[M]. 北京：中国言实出版社, 2011：5.
② 李璐. 社会组织培育机制研究[J]. 合作经济与科技, 2017（22）：130-133.
③ 徐通, 孙永生, 张博. 英国"社会投资型国家"体育政策研究[J]. 沈阳体育学院学报, 2008（5）：28-30.
④ European Union Committee. Funding and supporting grassroots sports[EB/OL].（2011-03-29）[2022-09-11]. https://publications.parliament.uk/pa/ld201011/ldselect/ldeucom/130/13007.htm.

推动了体育俱乐部的发展。在资金方面，成立了体育社会组织发展专项基金，每年都有固定的经费投入体育社会组织培育中。除了专项经费，政府还会通过发行彩票、购买服务和减免税费等多种方式为体育社会组织发展广筹资金。除此之外，德国政府十分注重培育社会组织志愿者。德国政府将每年的12月5日设定为德国志愿者日，以鼓励更多的德国人充当志愿者。德国政府规定必须为志愿者购买意外事故保险等险种，保障志愿者参与体育活动的合法权益。德国奥体联设立了"支持体育志愿服务奖"，每年定期举办隆重的颁奖仪式，以广泛表彰德国各个领域积极支持体育志愿者服务的个人及单位机构。[1]

在丹麦，国家出台相关法律确保体育俱乐部免费使用公共体育设施或支付少量使用费。首先，在丹麦宪法中有允许自由自愿结社的法律权利。其次，《休闲法》规定体育俱乐部有权获得公共补贴和使用市政当局拥有的社会保障基金，或获得补贴以获得自己的社会保障基金或租用社会保障基金。[2]

第三节 自发性群众体育组织及政府培育的概念分析

自发性群众体育组织及政府培育作为本书的两个关键概念，对这两个概念的分析是本书的逻辑起点。只有在明确概念的情况下，才能厘清现实中自发性群众体育组织复杂多样的组织形态，明确政府培育的各种行为方式，把握本书的研究范围。

一、自发性群众体育组织

自发性群众体育组织是指人们以强身健体、休闲娱乐为目的，"自下而上"

---

[1] 叶小瑜，李海. 德、澳、英三国政府培育体育社会组织的特征及启示[J]. 体育文化导刊，2018（9）：33-37.
[2] FORSBERG P, BUNDGAARD IVERSEN E. The influence of voluntary sports clubs on the management of community sports facilities in Denmark[J]. International journal of sport policy and politics, 2019, 11（3）：399-414.

自发成立的、具有成员普遍认可的行动规范和较为稳定的组织结构，并实行自主运作管理的群众体育组织。

（一）自发性群众体育组织的基本属性

认识事物的基本属性是界定概念的基础。只有在清楚概念和属性的情况下，才能确定这一概念所涵盖的基本范围，为研究的开展提供重要的理论基础。学界一般认为，自发性、非政府性、非营利性、组织性、志愿性、公益性/共益性和专业性是体育社会组织的基本属性。[①] 自发性群众体育组织具有体育社会组织的基本属性。

1. 自发性

自发性是自发性群众体育组织的主要特性之一，即自发性群众体育组织既不因行政指令而设立，也不因企业的营利目的而成立，而是由有着共同体育兴趣、爱好及需求的人们聚集在一起，经过平等协商后自愿发起成立的。自发性主要表现在组织成员对该项运动的热爱，有参与该项运动的意愿，不论职业、年龄和性别，只要有共同的爱好，就可以一起进行身体锻炼。[②] 一般来说，由人们自愿发起的组织具有较强的活力与凝聚力，民众参与积极性较高。自发性的显著特点就是发起者的主观行为不取决于外部压力，而是由有着共同意愿的人们聚合产生，这种意愿可以是相同的体育爱好，也可以是为了促进某项体育运动的发展，并以此联系形成一个共同利益的群体，组织成员地位平等，可以自由进入或退出。

2. 非政府性

非政府性（民间性），是指自发性群众体育组织的非官方性和纯粹民间性，强调的是其自主性。非政府性是社会组织的本质属性。政府与社会组织之间应该是一种合作互补的关系，政府提供一般公共产品（也称"基本公共服务"），而社会组织提供的是"差异性"公共服务。自发性群众体育组织能够持续提供"多样化"的体育公共服务，满足人民群众对体育的不同需求。政府与自发性群众体育组织在设立基础、治理结构、经费来源、功能作用、运作方式等多个方面仍存在差异。

3. 非营利性

自发性群众体育组织的非营利性，是指其发展不以营利为目的，运营所得

[①] 刘国永，裴立新.中国体育社会组织发展报告（2016）[M].北京：社会科学文献出版社，2016：11.
[②] 唐新发.对我国自发性群众体育组织的再认识[J].当代体育科技，2019，9（11）：189-190.

不能用任何方式进行分配。不以营利为目的并不意味着限制或禁止自发性群众体育组织开展经营活动，自发性群众体育组织可以通过开设收费性服务或开展营利性活动获得利润，但不能以营利为组织存在的目的。自发性群众体育组织与企业不同，从本质上来说企业以营利为目的，实现经济利益最大化；而自发性群众体育组织不以营利为目的，为的是实现社会效益最大化。

但"非营利性"不等于"免费"。从国际上来看，非营利组织的非营利性经历了"禁止营利""不以营利为目的""非分配约束"三个阶段。世界上只有少数国家对非营利组织采取全面禁止营利的态度，大多数国家对非营利组织的经营活动采取有限禁止的态度，并主要通过税收政策来调节和监控非营利组织的经济活动，以确保其非营利性的合理性。在我国，社会组织的"非营利"经历了从"禁止营利"到"不以营利为目的"的过程。2019年4月23日修订的《中华人民共和国企业所得税法实施条例》中明确了公益性社会组织是"以发展公益事业为宗旨，且不以营利为目的"，"收益和营运结余主要用于符合该法人设立目的的事业"的组织。

4. 组织性

自发性群众体育组织的组织性，是指自发性群众体育组织是一个有着自身宗旨目的、依靠自治自律的自我运作的组织。依法自治是社会组织组织性的显著特征。自发性群众体育组织具有一定的组织性，首先，明确的目标是自发性群众体育组织产生发展的前提。任何一个自发性群众体育组织成立首先都要向政府、公众阐明组织目标，以此来获得政府、社会的认同，从而继续发展下去。同时，明确的目标也将成为组织今后发展的主要方向，具有稳定性的特点，不得随意更改。其次，为了实现组织目标，自发性群众体育组织需要在内部构建合理的分工协作体系，形成稳定的结构。最后，自发性群众体育组织具有独特的价值观。组织成员要对组织目标有高度的认同感，并要具有奉献精神和社会责任感。

5. 志愿性

自发性群众体育组织是公益性组织，对于参与者特别是发起人或组织者提倡的是志愿精神、奉献精神，追求的是公共利益。自发性群众体育组织的志愿性，是指人们根据自己的兴趣与意愿，自愿发起成立或加入的组织，利用闲暇时间自愿参与维护体育权益、普及体育知识、传授体育技能、组织开展运动等公益活动。志愿性是自发性群众体育组织的显著特性。

6. 公益性/共益性

公共利益包括公益与共益两个方面。公益具有普遍性、非排斥性等，是指不特定多数人的利益。共益具有一定的空间属性与群体特性，是指在特定范围内某些人的共同利益。公益与共益分别代表了公共利益的最高层次和最低层次。公益和共益都有"利他"的性质，但二者在受益对象范围上有所不同。社会组织提供的是竞争性的公共物品或服务。竞争性公共物品或服务包括两个方面的内容。一是面向社会不特定成员提供公益性公共服务，其受益对象是社会全体成员，对受益人没有界定划分。例如，体育类民办非企业单位是具有代表性的公益性体育社会组织，作为实体性、专业性服务机构，主要是向社会不特定成员提供体育专业服务。二是面向社会特定成员提供共益性公共服务，其受益对象是在特定条件下的特定成员，但这对于社会团体的会员不具有排他性，只要是会员都可以参加，并获得服务。大多数自发性体育社会团体谋取会员这一群体的利益，是共益性组织。也有少数自发性体育社团不谋求会员自身的特殊利益，而是面向社会不特定多数提供服务，如体育志愿者协会，社区社会体育指导员协会等。

7. 专业性

体育运动实践性强，需要一定的运动技巧。掌握合理的、必要的运动技术技能，是完成动作、获得乐趣、取得活动效果和减少运动损伤的基础，同时每个运动项目亦有统一的活动规则和技术标准要求，其专业化程度较高，需要通过专门化的培训和练习加以掌握。自发性群众体育组织是专门从事各种体育运动、健身活动的组织，专业性是自发性群众体育组织区别于其他社会组织的特有属性。目前，大部分自发性群众体育组织都是按照运动项目把各种人群聚集在一起来满足人们体育需求的组织。

（二）自发性群众体育组织的分类

1. 根据登记或备案状态划分

根据登记或备案状态可分为三类：第一类是在民政部门正式注册登记的自发性群众体育组织，如市、县、区级及以下的体育社团、体育类民办非企业单位；第二类是在经属地民政部门授权备案管理的乡（镇、街道）或村（居）居委会或其他企事业单位备案的自发性群众体育组织；第三类是在社会上开展活动但尚未登记也未备案的自发性群众体育组织。

第二类和第三类又称草根体育组织，如全民健身站点（健身团队）、基层体育协会、基层健身俱乐部、业余体育赛事组织、社区体育志愿者组织、网络体育组织等。

2. 根据受益面划分

根据受益面可分为两类：一类是互益性的自发性群众体育组织，如各类运动项目协会、人群体育协会、全民健身站点（健身团队）等；另一类是公益性的自发性群众体育组织，如体育志愿服务组织、社会体育指导员协会、青少年体育俱乐部等体育类民办非企业单位等。

3. 根据开展业务的渠道划分

根据开展业务的渠道可分为两类：第一类是通过网络平台开展活动的网络自发性群众体育组织，如QQ跑团、网络徒步俱乐部等；第二类是通过现实空间开展活动的非网络自发性群众体育组织，如各类人群协会、项目协会、体育俱乐部等。

4. 根据组织方式划分

根据组织方式可以分为五类，但各类型的组织之间并没有清晰的界线，某一个自发性群众体育组织可以属于一种以上的组织类型。[①]

①地缘组织：在共同生活区域内的人群组成的自发性群众体育组织，能够更好地利用共同生活区域内的体育活动场地、场馆设施，方便快捷地组织活动。

②业缘组织：在单位同事间自发形成的群众体育组织，可以有效提升单位成员身体健康素质，提高单位劳动生产效率。

③人缘组织：基于家庭、亲属、同学、朋友等人缘关系形成的自发性群众体育组织，往往具备较为稳定的组织结构和成员构成。

④网络组织：通过互联网突破地域及现实关系的限制建立的自发性群众体育组织，一般采用"线上交流互动+线下参与体育活动"模式。

⑤趣缘组织：因人们共同的体育兴趣和体育爱好而结成的群体，是为了满足人们精神生活需要的结群形式。

5. 按照体育活动项目进行分类

按照体育活动项目可分为广场舞、长跑、羽毛球、乒乓球和武术等项目协会、俱乐部等。

6. 按人群分类

按人群可分为老年人、青少年、妇女等人群协会、俱乐部等。

---

① 修琪. 公民社会视野下自发性群众体育组织研究[D]. 北京：北京体育大学，2013.

由于我国社会组织双重管理体制的制约，能够在民政部门注册获得合法身份的组织只占自发性群众体育组织中的小部分，大部分自发性群众体育组织缺乏合法身份。有鉴于此，本书的研究对象侧重于那些缺乏合法身份的自发性群众体育组织及有合法身份但处于成长初期的自发性群众体育组织，它们更迫切需要政府的培育从而获得成长。

（三）自发性群众体育组织的特点

第一，从形成上来讲，体现为自下而上和非官方性。

第二，从与政府的联系上来讲，体现为政府干预较少，相对自治。

第三，从功能特征上来讲，体现为满足成员强身健体、休闲娱乐需要，主要回应社会需求。

第四，从运作上来讲，体现为自主发展和自我治理。

二、政府培育

（一）政府培育的概念

政府培育又称为"政府协助""政府支持""政府发展"。主要指政府通过规划和采取一系列的政策、措施，有组织地、系统地对培育客体进行扶持和帮助的过程，目的在于推动和促进培育客体的发展。[①]自发性群众体育组织作为社会组织的一种，也是政府培育的重要对象。

（二）政府培育的模式

政府培育社会组织的模式，是指政府在采取措施扶持社会组织发展中的一系列政策和机制设计的总体特征。具体而言，其包括与哪些培育主体合作、培育主体间的决策权限和职能分工的设置、所采取的资源配置机制类型及培育的主要目标等内容。[②]

由于政府介入社会组织培育程度存在差异，根据培育需求的导向、培育主体间关系和资源配置机制等标准，可以将政府培育模式分为两种类型：由政府主导、以行政机制配置资源的直接培育模式，和政府赋权支持型社会组织、以

[①] 郑琦.论公民共同体：共同体生成与政府培育作用研究[M].北京：中国社会出版社，2011：27.
[②] 滕红燕.合作抑或控制：政府培育模式对政府与社会组织关系发展的效应[D].杭州：浙江大学，2022.

市场和社会机制配置资源的间接培育模式。[①]依据这一划分标准,目前我国自发性群众体育组织的培育也存在这两种模式。

1. 政府主导的直接培育模式

政府主导的直接培育模式是指以政府为主要培育主体、以行政机制为主要手段配置财政资金和其他各类资源的培育自发性群众体育组织模式。

在这种培育模式中,政府起主导作用,直接或通过支持型社会组织培育自发性群众体育组织;支持型社会组织主要扮演辅助角色,是政府培育和发展自发性群众体育的抓手,作为政府业务的执行部门主要在操作和执行层次上发挥组织自主性;培育方案、培育需求及自发性群众体育的发展规划等,主要反映的是政府的需求和偏好;支持型社会组织与政府形成相对单一的资源支持结构,在资源上依赖政府。政府直接培育的具体方式,如政府财政直接支持的以奖代补、政府购买服务等。政府通过支持型社会组织培育的具体方式,如各地由政府出资组建、以政府资金为主要来源的孵化器、公益园,以及各类具有官方背景的支持型社会组织,大多属于该类型。

2. 支持型社会组织主导的间接培育模式

支持型社会组织主导的间接培育模式是指以支持型组织为培育主体、以社会机制和市场机制为配置资源主要手段的培育自发性群众体育组织模式。

在这种模式中,政府主要扮演辅助性角色,为自发性群众体育的培育发展提供资源、政策和合法性支持,并监管自发性群众体育组织系统的规范运行;支持型社会组织在培育方案选择、培育效果评估等方面发挥主要作用,以政策倡导等方式影响政府政策,是自发性群众体育组织培育的主动方、主导方;培育方案和培育方式主要反映自发性群众体育组织本身的发展需求及偏好,政府与支持型社会组织之间的资源结构并非一一对应关系,往往是多个委托方与多个承接主体的复合结构,政府与支持型社会组织之间更多体现基于契约的合作伙伴关系。例如,政府赋权支持型社会组织的公益创投模式、公益组织孵化器模式、建立枢纽性组织模式等。

[①] 郁建兴,滕红燕.政府培育社会组织的模式选择:一个分析框架[J].政治学研究,2018(6):42-52.

第二章

政府培育自发性群众体育组织的理论阐释与动力逻辑

本章在国家—社会关系理论分析框架下，依据国家—社会关系、政府—社会组织关系之间的联系，解释了为什么要培育、谁来培育（培育主体）的问题。首先，对自发性群众体育组织进行客观、理性的分析，阐释这一新型体育社会组织对社会发展的正功能（积极作用）和负功能（消极作用），并给出相对完整的分析和清楚的判断，以明确自发性群众体育组织的积极作用是主要方面，因而必须对自发性群众体育组织进行培育扶持。其次，了解自发性群众体育组织的生存现状及发展中面临的困境，明确自发性群众体育组织的发展虽然存在一定的自生性，但仍需要一定的培育扶持。同时，依据我国国情和政府、群众及自发性群众体育组织的需要，阐释培育是政府管理自发性群众体育组织的重要任务，明确政府培育自发性群众体育组织的必然性。最后，阐释了政府与自发性群众体育组织合作型关系的未来走向及政府培育自发性群众体育组织的趋势，为政府培育行为的选择明确了方向。

第一节 自发性群众体育组织功能的理论基础与主要表现

作用是对事物产生的影响。自发性群众体育组织的功能是对其进行认识的重要维度。判断自发性群众体育组织对个人、社会、政府等方面产生的影响，是回答为什么要培育，即培育必要性的逻辑起点。

一、理论基础：社会组织功能的相关理论

了解有关社会组织功能的理论，对我们完整准确地把握自发性群众体育组织的功能具有重要的指导意义。社会组织功能主要包括正功能和负功能两个方面。社会组织又称"民间社会组织""非营利组织"，国外一般称为"非政府组织"，还有"草根组织"等称谓，关于社会组织功能的探讨将会涉及这些不同的概念，但其内涵基本一致。

第二章　政府培育自发性群众体育组织的理论阐释与动力逻辑

(一)社会组织的正功能

不同的学科有不同的视角，从而形成不同的学科理论，但这些理论并没有本质上的区别，同时各理论随着时代的发展不断得到丰富。我们选择从政治社会学、新公共管理学和公共经济学三个视角进行介绍。

政治社会学视角有两个出发点。一个是从国家权力与公民权利之间的关系出发，探讨草根组织在影响两者关系中的功能，代表人物有黑格尔、托克维尔、尤尔根·哈贝马斯。这一视角认为基于自愿结社而形成的民间独立的组织具有重要的作用和意义，它们能够在一定程度上平衡强大的国家权力，保护公民的权利和利益。另一个是从民主机制的有效运转出发，探讨基于自愿参与而形成的民间参与网络有助于强化普通公民间的互惠和信任的规范，而这被看作使民主有效运转起来的"社会资本"。这一研究的代表人物是罗伯特·帕特南。此外，还有一种是从政治学角度特别是宪政理论的角度出发，探讨在宪政体制下，公民的权利不一定能得到保障。当公民权利未得到保障时，民间自发形成的组织将代表公民的权利诉求，并为此努力。

新公共管理学认为，基于自愿需求形成的非营利部门组织更了解自身需求，同时限于自身的资源会更加注重效率和质量，与福利国家的公共部门相比，具有一定优势。该理论认为，政府应退回到"守夜人"的角色。在同样的逻辑下，另外一种观点认为志愿部门组织不仅效率和质量高，而且在提供公共物品方面政府是"志愿失灵"之后的衍生性制度角色。后者的主要理论是志愿失灵理论和第三方治理理论，代表人物是莱斯特·M.萨拉蒙。

公共经济学从效率和满足社会需求的角度出发，探讨在提供公共物品方面，非营利部门、公共部门和私营部门之间的优劣势。它们所说的非营利部门的组织，尤其是基于社区需求形成的自发的、独立的组织即本书所指的草根组织。在这一视角下，有的研究着重探讨在提供公共物品方面，非营利部门与公共部门间的优劣势，指出公共部门在提供公共物品方面存在局限性，需要非营利部门进行弥补；有的探讨非营利部门与私营部门间的优劣势，指出市场机制不能充分发挥作用，需要非营利部门进行弥补和监督。其中，前者的主要理论有公共选择理论、政府失灵理论，代表人物分别是詹姆斯·布坎南、伯顿·韦斯布罗德；后者的主要理论为契约失灵理论，代表人物是亨利·汉斯曼。[①]见表2-1。

[①] 冯利，章一琪.中国草根组织的功能与价值：以草根组织促发展[M].北京：社会科学文献出版社，2014：11.

表2-1　与社会组织正功能相关的代表人物、理论及主要观点

社会组织正功能	代表人物/理论	主要观点
对个人的正功能	托克维尔	集结而成的草根组织使公民有能力与政权抗衡，保护公民自身权利，公民社团的发展可以培养其成员的合作与团结习惯及公共参与的志愿精神
	哈贝马斯	草根组织能在"市民社会中日常生活的私人利益与国家权力领域之间形成一种对抗无端的、压迫性的国家与公共权力力量，从而维护总体利益和公共福祉"
对社会的正功能	托克维尔	激发独立自主的理念和公民精神；是公民结社的载体
	柯亨（多中心治理学派）	是公民结社的载体
	阿拉托（新公共管理学派）	是公民结社的载体
	罗伯特·帕特南	社区中的个人自愿共同为增进集体利益（或公共利益）所做的努力（常常是一种志愿组织的实践）能够产生和积累"信任"（社会资本）
	弗朗西斯·福山	草根组织是凝聚社区社会资本的纽带和社区社会资本发展的表征
对政府的正功能	托克维尔（公民社会理论）	是公民结社的载体，制约政府权力
	布坎南（公共选择理论）	弥补政府失灵
	伯顿·韦斯布罗德（政府/市场失灵理论）	政府在提供公共物品方面存在局限性，需要非营利组织进行功能弥补
	萨拉蒙（志愿失灵理论）	与政府合作，弥补志愿失灵
对市场的正功能	伯顿·韦斯布罗德（政府/市场失灵理论）	市场在提供公共物品方面存在局限性，需要非营利组织进行功能弥补
	亨利·汉斯曼（契约失灵理论）	弥补契约失灵，监督制约市场

纵观上述不同学科的不同观点，对社会组织理论上的功能探讨，可将社会体育组织的正功能归纳为对个人、社会、政府和市场等四个方面的正功能。对个人的正功能包括保障和维护公民权利、激发与支持公民参与和激发公民精神三个方面；对社会的正功能是指可作为公民结社的载体，还可以增加社会资本；对政府的正功能包括弥补政府失灵和制约政府两个方面；对市场的正功能包括弥补市场失灵和制衡市场两个方面。①

---

① 冯利，章一琪.中国草根组织的功能与价值：以草根组织促发展[M].北京：社会科学文献出版社，2014：14-22.

（二）社会组织的负功能

国内外学者针对社会组织的负功能也进行了探讨。

关于社会组织的腐败问题。蔡陈聪指出，腐败是一个社会、政治、法律和经济现象，会出现在党、国家和其他社会公共机构中。[①]王栋等认为，我国政府反腐取得了阶段性成效，但社会组织的腐败现象却越来越突出。[②]关于社会组织侵占公共资源的问题，我国有多位学者研究了草根体育组织侵占公共资源的现象。梁勤超等针对近年来广场舞扰民事件指出，基于自愿形成的草根组织在开展活动时缺少公共基础设施的支持，会因为占用公共场地、发出噪声，而引起社区纠纷和扰乱治安，造成草根组织利益主体与城市居民享有的基本权利之间的冲突。[③]袁继芳等通过广场舞扰民现象，指出城市体育休闲公共空间缺失的现状，建议城市体育休闲公共空间向人本需求、适于居住的方向发展。[④]丁自豪等认为，新时代草根体育组织是有着巨大潜力的基层社会体育服务力量，但不可避免地会出现负面效应，如马路暴走团占用机动车道扰乱交通秩序，跳广场舞的人群与青少年产生冲突等现象。[⑤]

关于社会组织业余和低效的问题。赫茨琳杰等认为，社会组织受各种因素影响存在着严重的业余和低效现象，而效率与效益问题，往往无人问津。[⑥]陆明远认为，社会组织的业余和低效问题主要表现在组织过分拘泥于陈旧的组织管理制度；政府公务人员兼任社会组织负责人；"官本位"和"按资排辈"等官僚主义现象严重；公益项目执行效率低下，阻碍人才发展等。[⑦]

关于社会组织专制的问题。佐藤幸治认为，结社的巨大化、官僚化使结社同时化为个人不自由的源泉，重视社会控制功能的倾向往往容易引起无视个人自由的公权力监督与干涉的强化。[⑧]

[①] 蔡陈聪.腐败定义及其类型[J].中国青年政治学院学报，2001（2）：47-51.
[②] 王栋，朱伯兰.社会组织腐败治理：政社分开的逻辑进路[J].国家行政学院学报，2018（5）：100-105.
[③] 梁勤超，李源，石振国."广场舞扰民"的深层原因及其治理[J].北京体育大学学报，2016，39（1）：26-31.
[④] 袁继芳，陈建国.从广场舞扰民看城市体育休闲公共空间的缺失[J].武汉体育学院学报，2014，48（9）：34-38.
[⑤] 丁自豪，王鹤.新时代草根体育组织高质量培育发展研究[J].湖北体育科技，2021，40（6）：515-517.
[⑥] 赫茨琳杰，等.非营利组织管理[M].北京新华信商业风险管理有限责任公司，译校.北京：中国人民大学出版社，2000.
[⑦] 陆明远.培育与规制：中国政府的社会组织管理模式研究[M].天津：天津人民出版社，2010.
[⑧] 佐藤幸治.结社的法律性质及其制约[M]//古特曼，等著.吴玉章，毕小青，等译.结社：理论与实践.北京：生活·读书·新知三联书店，2006：76-77.

关于社会组织妨碍公正的问题。古特曼等指出，社会组织的歧视性行为越来越受到社会各界的关注。[1]辻中丰指出，强势团体导致的政策公正性丧失在很多国家的转型期中尤为明显，很可能出现权钱交易等严重腐败行为，会激化社会矛盾。[2]侯登华指出，我国社会组织提起诉讼时可能会偏向于表达某一群体的利益，存在随意退出或无故缺席，造成司法资源浪费的现象。[3]

关于社会组织威胁社会政治稳定的问题。李普塞特指出，社会问题积累到一定程度会引发一系列分类和冲突，人群聚集会牵扯到很大的范围。[4]赵志等指出，社会组织有威胁社会政治稳定的危险，如非法宣传、集会和游行示威等现象。[5]潘修华等认为，虽然社会组织在社会治理中的地位越来越重要，但不可避免地会出现扰乱社会治安等违法行为，如用暴力手段牟取组织利益，邪教组织严重扰乱社会治安等现象。[6]见表2-2。

表2-2 与社会组织负功能相关的代表人物及主要观点

社会组织负功能	代表人物	主要观点
腐败	蔡陈聪	公职人员滥用公共权力，侵犯公共利益以谋取私人利益
	王栋等	社会组织腐败问题日益突出
占用公共资源	梁勤超等/袁继芳等/于自豪等	草根体育组织占用公共场地
业余和低效	陆明远	组织过分拘泥于陈旧的组织管理制度；政府公务人员兼任社会组织负责人；"官本位"和"按资排辈"等官僚主义现象严重；公益项目执行效率低下，阻碍人才发展等
	赫茨琳杰等	因社会组织效率与效益问题，往往无人问津
专制	佐藤幸治	大型社会组织忽视和干涉个人自由
妨碍公正	侯登华	社会组织表达诉求和公益诉讼偏袒某一群体
	古特曼等	女性在社会组织无权参与选举、决策和得到晋升
	辻中丰	社会组织破坏政策公共性，忽视弱势群体行为

---

[1] 古特曼, 等. 结社：理论与实践[M]. 吴玉章, 毕小青, 等译. 北京：生活·读书·新知三联书店, 2006.
[2] 辻中丰. 利益集团[M]. 赫玉珍, 译. 北京：经济日报出版社, 1989.
[3] 侯登华. 试论社会组织提起民事公益诉讼[J]. 政法论坛, 2013, 31（6）：183-187.
[4] 李普塞特. 共识与冲突[M]. 张华青, 等译. 上海：上海人民出版社, 2011.
[5] 赵志, 孙先伟, 栗长江. 我国非政府组织存在的问题及对策：以维护国家安全和社会稳定为主要视角[J]. 江南社会学院学报, 2011, 13（4）：11-14.
[6] 潘修华, 庞鹏翔. 社会组织违法行为及其监管[J]. 团结, 2016（1）：38-40.

续表

社会组织负功能	代表人物	主要观点
威胁社会政治稳定	李普塞特	社会问题积累会引发冲突
	赵志等	社会组织非法宣传、集会和游行示威
	潘修华等	用暴力手段牟取组织利益，邪教组织严重扰乱社会治安

二、自发性群众体育组织的功能

作用是功能与客观需求相结合而产生的实际效能，自发性群众体育组织具备的正、负功能使其成为积极作用与消极作用共生的社会现象。认识自发性群众体育组织作用的双重性，并对其主要方面做出评价，是明确能否培育及政府对其进行培育的重要依据。

（一）自发性群众体育组织的正功能

1. 对个人的正功能

（1）保障和维护公民参与体育的权利

体育权是每个人参与或从事体育运动的权利，是受到国际普遍认可的一项基本人权。自古希腊时期开始，参与体育活动早已是城邦居民的一项基本权利。1996年，国际奥委会《奥林匹克宪章》提到从事体育运动是一项人权，每个人都有能力根据自己的需要进行体育活动的可能性，[①]可以看出，国外自古希腊时期就流传下来的重视城邦居民进行体育活动的思想至今仍备受推崇。在我国，为了保障公民参与体育运动的权利，国家颁布了一系列的政策法规。1982年，《中华人民共和国宪法》第21条明确规定"国家发展体育事业，开展群众性的体育活动，增强人民体质"，宪法在我国拥有最高法律效力，所有法律必须服从宪法的意志，因此从法律角度来看，我国公民参与体育活动受到强有力的法律保护。1995年，《全民健身计划纲要》中提到"更广泛地开展群众性体育活动，增强人民体质，推动我国社会主义现代化建设事业发展"。同年颁布的《中华人民共和国体育法》中第1章第2条提到"国家发展体育事业，开展群众性的体育活动，提高全民族身体素质"。2009年颁布的《全民健身条例》中

---

① 熊斗寅. 新版《奥林匹克宪章》解读[J]. 体育文化导刊，2004（2）：32-35.

提到公民有依法参加全民健身活动的权利。[①]在一系列政策法规的实施过程中，各类体育社会组织积极宣传政策法规，并积极组织人们开展体育活动。现阶段来看，我国公民对于自身体育诉求的表达渠道少，但表达内容多，农民工、妇女、儿童、残疾人等弱势群体容易受到忽视，缺乏对其基本的参与体育活动权利的保障，自发性群众体育组织扎根于社区，在体育意识的宣传、健身活动的指导、群众意见的反馈等方面，可强化部分体育权利，为保障和维护公民参与体育的权利起到了重要作用。

（2）激发与支持公民参与体育活动

在2016年召开的全国卫生与健康大会上，习近平主席提出了"没有全民健康就没有全面小康"[②]，同年在国务院公布的《"健康中国2030"规划纲要》中，"全民健身"被设定为推进人民健康的前置关口，强调体育与医学的融合。2021年7月1日，习近平总书记在庆祝中国共产党成立100周年的大会上庄严宣布，在中华大地上全面建成了小康社会，小康社会从不全面、不平衡的小康上升到了全面小康的高度，第一个百年任务的完成最大限度地消除了贫困人口，享受替代生存与发展资料消费的进程加快，同时在最大限度地消除不同地区人民生活水平差距的过程中，一方面，我国人民生活水平整体正在提高，闲暇的时间增多，社会保障体系也在逐步完善，经济发展使我国社会大众分化出了不同的职业、爱好和人际关系；另一方面，经济发展水平的提高致使我国社会大众生活压力加大，久坐时间增加，加之摄入的高热量食物增多，我国患慢性病及有慢性病隐患人群的数量增加，我国青少年近视率不断上升，自身身体状况受到个人及其家人、朋友的重视，对自身身体状况的认识加之社会宣传的影响，参与体育活动逐渐成了公民生活的一部分。

自发性群众体育组织本身灵活多样的规章制度赋予了个人极大的自主性，不同职业的人群根据各自闲暇时间，可自由安排并有组织地参与活动；自发性群众体育组织为人们参与体育活动提供了组织与场地支持，帮助具有锻炼意愿却缺少同伴的人群寻求归属，抵消孤独感；自发性群众体育组织往往依赖声望良好、能力卓越的组织者，使离散无序、缺乏积极性的体育锻炼人群拥有了主心骨；自发性群众体育组织可以通过活动宣传锻炼的好处，激发和支持公民参

---

① 国务院.全民健身条例[EB/OL].（2009-09-07）[2022-09-12]. https://www.sport.gov.cn/n315/n331/n400/c573856/content_3.html.

② 新华社.全国卫生与健康大会19日至20日在京召开[EB/OL].（2016-08-20）[2022-09-12]. https://www.gov.cn/xinwen/2016-08/20/content_5101024.htm?eqid=8e5c333200010c68000000066486dd7e.

与体育活动。①

2. 对社会的正功能

（1）激发公民精神，在体育活动中培育服务精神

从公民社会的角度来看，公民精神的含义是社会成员基于公民身份参与社会政治生活应具有的品性、能力与资质，它既是一种行为态度，也是一种行为模式，公民精神具体表现为公民在处理其社会关系时的理念、态度和行为模式。②有学者认为，中国人在私域中是无私的，在超出私域的"公域"内，中国人又是自私的。③因此，为保障民主制度，我国须通过政府培育、学校教育和社会组织等形式积极培育公民精神，促进公民追求公共利益④，相比于政府与学校，社会组织以实践的形式培育可突破宣传精神和理论传授的层面，一方面，从社会组织的自发建设者来看，部分建设者与组织者是持有服务社区和实现个人人生价值的动机的，呼应了社会组织的公益性特征；另一方面，从组织成员的角度来看，公民精神指引下的居民会从较为专业的角度审视自身享受到的公共服务是否足够，认定自己"既是服务的享受者，又是服务的提供者"的身份，会更加关注自身的建言献策能对公共服务质量的改善产生怎样的影响，做出更为真实的评价。

自发性群众体育组织在开展社会体育指导与管理过程中体现的服务精神正是公民精神的良好体现。虽然现阶段我国自发性群众体育组织在提供公共体育服务方面的能力有限，但假以时日，我国自发性群众体育组织在组织活动、开展培训和提供服务的过程中，会有更多的会员有更高尚的行为态度，熏陶更多的非会员加入这一集体，在权、责、利方面引领群众体育的方向。⑤

（2）便利公民自由结社成体育组织

我国正处于第三次社会转型的过程中，国内社会结构变化给予个人极大的自主性，全球在我国第三次社会转型的同时也在兴起结社革命。从法律的角度来看，1954年，我国宪法第35条规定了我国公民有依法结社的权利，宪法从最高法律的角度呼应了马克思对于社会主义和共产主义称为"自由人联合体"的论断，肯定了公民结社的重要性。结社自由是指公民为一定宗旨组成某种社

---

① 冯炎红，张昕.城市自发性群众体育组织形成与发展特点[J].辽宁体育科技，2007，29（3）：21-22.
② 张镇镇.公民精神与中国社会的现代变革[D].上海：上海大学，2010.
③ 吴鹏森.社会重建视阈下的公民精神培育[J].探索与争鸣，2013（8）：22-24.
④ 罗爱华，曾俊森.当代中国公民社会构建与公民精神培育[J].法制与社会，2019（1）：135-136.
⑤ 修琪.公民社会视野下自发性群众体育组织研究[D].北京：北京体育大学，2013.

自发性群众体育组织的政府培育
——理论探索与实践模式

会组织的自由,但单独的个体独自行动,即使数量再多,产生的社会效用仍会不足,只有给予结社自由的权利组成职业团体,才可产生团结的力量。受制于传统社会遗留下来的政府可包办一切的传统印象,以及过去社团"双重管理体制"的限制,公民忽视结社及自发结社后难以成为正式组织的现象严重,人群难以将分散的权力整合起来,现今为了推进中国民主政治的发展、建设法治化国家,我国需要社会组织作为载体吸引更多的公民结社填补政府权力空白,在建言献策上发挥作用的同时,向社会宣传已有政策精神,联系各方的同时化解矛盾,建构共同的价值取向。[①]我国公民对于体育的相关需求正在提高,虽然人均专业性的体育社会组织数量不如发达国家,但我国公民可因地缘、业缘、人缘、趣缘和网络组成各种类型的自发性群众体育组织,可以自由地通过线上、线下结社的方式结成组织。线下结社属于传统结社,成员以此为载体在一定的地域内可开展活动;线上结社以网络为载体,是信息化的产物,有着门槛低、适应环境能力强、无障碍沟通、挖掘成员潜力的特点,成员可以根据自身时间灵活地开展活动,这一团体可在网络上用虚拟的身份讨论涉及体育运动的方方面面,网络信息的交流为线下聚集开展活动提供了便利的渠道,满足了多人参与体育活动的愿望。

(3)产生社会资本,在体育活动中建立信任与交流

社会资本这一概念最早于1977年由社会学家皮埃尔·布迪厄提出,他认为社会资本是指现实或潜在的资源的集合体,其来源于社会关系的建立、维持和社会交换,是社会关系的总和。[②]此理论的集大成者帕特南指出:"与物质资本和人力资本相比,社会资本指的是社会组织的特征,例如信任、规范和网络,它们能够通过推动协调和行动来提高社会效率,提高投资于物质资本和人力资本的收益。"[③]"交流在人与人之间进行可拓展为更密集的联系,此举与将自我封闭相比,对非重复资源的获取较为便利。"[④]此观点是帕特南"社会资本"理论的一部分,将视角转向我国社会,我国正处于并将长期处于社会转型阶段,每个人都不是单独的个体,单一的个体缺乏与外界交流不利于其全面发展。以自发性群众体育组织为载体可将同一社会阶层的人联系起来,社会大众在自发性群众体育组织中会逐渐追求与其他组织交流,拓展自身关系网,渐进形成坚

---

① 张昊,蒋巍.论结社权的保护与我国社团立法的建构[J].广西政法管理干部学院学报,2006(2):85-88.
② 布迪厄.文化资本与社会炼金术[M].包亚明,译.上海:上海人民出版社,1997:202.
③ 帕特南.使民主运转起来[M].王列,赖海榕,译.南昌:江西人民出版社,2001:195.
④ 同③198.

固的社会认同,维护自身既得利益,追求更多合乎情理而政府购买的体育公共服务尚未触及的领域。参与自发性群众体育组织的活动有助于形成相互交集的网络。例如,身处草根体育组织中,自身经过培训掌握体育知识,推广锻炼方法,以一定的受众人群聚集为基础,组织开展体育活动、提供个性化需求,[1]此举可拓宽人际网络,使没有交集的个体组成一个主体,产生信任、建立规范,提升社会效率,依托社会资本的增加搭好、搭牢社区大众体育的根基。[2]

3. 对政府的正功能

(1) 弥补政府提供体育公共服务的不足

政府在公共服务方面缺位的现象已引起关注。[3]而我国社会大众在自发地根据其动机、地缘、社会阶层组成社会组织参与活动之余,依托社会组织合理地表达自身诉求与期望,为政府在公共服务方面由缺位到归位奠定了社会基础。

自发性群众体育组织在一定程度上弥补了政府在提供体育公共服务上的不足。多年来,"举国体制"下的群众体育发展缓慢。在建设体育强国的过程中,群众体育的发展理应受到高度重视。而今,惠及全体人民的体育公共服务再由政府"一手抓",已不符合新时代多元主体协同治理的理念。自发性群众体育组织的成员作为体育公共服务的直接受益主体,对政府购买的体育公共服务与自身实际期望的落差有独到的理解,不仅能从数量和质量方面反映体育公共服务存在的问题,为政府相关决策提供依据,而且能自发地解决群众体育开展过程中衍生出的部分实际问题。

(2) 制约权力与监督政府的体育职能

新中国成立后,在较长时间的计划经济体制下,社会的一切资源由政府统一管理。改革开放激发了个人和企业的活力与创新性,"社会"和"市场"这两个角色开始被重视。但其依旧由政府引领,由政府制定前瞻性的政策和法律,激励、限制与保障"社会"和"市场"的发展。1992年,我国提出建设社会主义市场经济,市场经济条件下政府职能开始转变,自十六届六中全会以来,党中央提出了创新社会管理体制,在十八届三中全会上更是提出了推动社会管理向社会治理转变,政府的部分职能开始转移给社会,社会组织的地位得到加强,但职能转变得不彻底,政府、市场和社会组织之间的关系、职能范围依旧没有被明显界定。

---

[1] 李静.北京市草根体育组织在市民科学化健身中的价值研究[D].北京:首都体育学院,2015.
[2] 吴鹏森.社会重建视阈下的公民精神培育[J].探索与争鸣,2013(8):22-24.
[3] 王百峰.我国政府职能转变问题研究[D].青岛:中国海洋大学,2008.

体育治理和体育治理能力现代化是国家治理的重要组成部分。体育社会组织是体育多元治理的主体之一，我国体育社会组织的数量虽有增长，但受制于我国人口基数大、地域辽阔，均数较少，仍有政社不分、内部结构混乱和专业性不足等缺陷，实现这一任务需要未进行官方注册的庞大的体育组织助力，我国未登记注册的自发性群众体育组织的数量远远多于官方登记注册的体育社会组织，培育自发性群众体育组织参与公共政策制定、通过合作共治、参与立法过程，有助于构建良好的伙伴关系和政策环境，起到制约政府权力和监督体育职能的作用，在服务公民的同时也会从非公益性角度出发，为公民争取最大的体育利益。

4. 对市场的正功能

（1）弥补市场失灵

西方经济学家认为，市场失灵是指市场失去效率，当市场配置资源出现低效或无效率时，就会出现市场失灵。[①]2013年，在十八届三中全会上，国务院将市场在资源配置中发挥的作用从基础性提升到了决定性的高度，重视市场可发挥的作用，[②]但目前我国市场发育很不充分，表现为市场主体发育未达到足够规模，现代企业横向、纵向组织网络不发达，市场法律与保障体系不健全，价格和竞争机制不完善，生产经营者追求利益最大化，而这些不足不应只由政府进行监管，需要有另外一个团体站出来助力政府，弥补市场失灵，实现社会良好运转。

面对日益增长的体育需求与体育公共服务供给间的不平衡，自发性群众体育组织因其非营利性和公益性的特点，有其优越性，可作为政府和市场之间的中介组织，替代政府和市场提供两者无力提供与不愿提供的公共体育产品，政府应在资金、场地等方面给予自发性群众体育组织大力支持，其规模达到一定程度可与企业合作，共同弥补体育公共服务供给的不足。我国政府要实现2035年基本公共服务均等化的目标，也需要自发性群众体育组织在体育这一领域扮演更重要的角色。

（2）制衡市场

市场经济可有效地激发企业和个人的创新能力，然而市场的触角容易避开

---

① 王冰.市场失灵理论的新发展与类型划分[J].学术研究，2000（9）：37-41.
② 中共中央关于全面深化改革若干重大问题的决定[EB/OL].（2013-11-15）[2022-09-12].https://www.gov.cn/zhengce/2013-11/15/content_5407874.htm

政府的监管，触碰到其监督的盲区。十七届六中全会和十八届三中全会后，社会组织的活力开始被激发，政府将介于政府和市场之间的社会组织设定为缓冲二者之间关系的角色，公共服务本身具有非营利性和公益性，而企业在竞争机制下与同行竞争承接政府资源的同时，盈利在较长一段时间内仍会是其主要目标。因此，政府在促使社会组织与企业合作、监督企业的同时，期望两者形成一种相互制约、保持相对平衡的状态。

我国体育市场的发展刚刚起步，相关的法律规制、监管、保障体系极不完善，急需建立政府、体育市场、体育社会组织多元主体参与的体育市场监管主体体系，依照强有力的法律明确各参与主体的监管范围，理顺相应监管职责，[①]同时在加快形成监管主体的进程中，自发性群众体育组织可发挥向企业提供技术、规则、器材、人员等方面的指导和服务作用，实现与企业的沟通，促进体育经济的发展，进行内部利益的均衡，维护市场经济运行的整体秩序，这种自发性群众体育组织的功能应在市场经济中充分发挥出来，不仅是对政府职能转变的有力支持，而且对于调动企业、行业创新积极性，规范市场秩序都将起到积极作用。但目前我国自发性群众体育组织参与的能力和热情有待提高。

（二）自发性群众体育组织的负功能

1.侵占公共资源

自改革开放以来，我国城市化进程加快，城镇人口大幅度增加，在此过程中，我国城市也出现了空间紧张、交通不便利、街道拥堵的现象，虽然建设了广场、公园和体育活动中心，但是利用率和便民性有待提高，大量居民选择在广场、小区里跳广场舞的现象折射出我国忽视公共休闲空间的建设。[②]因无固定场地锻炼、开展活动，草根体育组织会非理性介入争取公共资源，如屡上热搜的马路暴走团占用机动车道扰乱交通秩序。[③]近年来，活跃于全民健身舞台的广场舞组织，因缺乏外部管理和监督，产生了噪声扰民、哄抢场地、妨碍交通等问题，频频引发社会不满，[④]如果对其缺乏控制，可能会挤占公共空间，对自发性群众体育组织造成负面影响。

---

① 李刚，张林.中国现代体育市场体系发展的历史溯源、现实审视与路径选择[J].体育科学，2020，40（9）：3-13.
② 袁继芳，陈建国.从广场舞扰民看城市体育休闲公共空间的缺失[J].武汉体育学院学报，2014，48（9）：34-38.
③ 丁自豪，王鹤.新时代草根体育组织高质量培育发展研究[J].湖北体育科技，2021，40（6）：515-517.
④ 陈丛刊.网络化治理：体育社会组织治理新模式[J].山东体育科技，2020，42（4）：7-10.

2. 业余和低效

服务型政府的建设需要与社会组织形成合作关系，改变仅由政府单一提供服务的渠道，通过政社合作使服务更加优质，自然而然引出了各界对于社会组织专业水平的审视，专业化恰好是保证社会组织能够发挥应有作用的关键。2013年，在政府开始出台向社会力量转移公共服务的细则后，有关部门评定2014年广东省仅有15%的社会组织有承担政府转移职能的能力，[①]而仅有的具有政府职能转移的社会组织尚不能完全发挥作用，浪费了政府提供的资源，唤起了各界对社会组织专业化程度的讨论。有学者对兰州市的自发性群众体育组织进行了调查，2016年，兰州市自发性群众体育组织的人均文化程度仅有20%达到了大专水平，非体育专业的会员达到了85%，46岁以上的社会体育指导员占总人数的65%，资金来源于组织内人员交纳的会费。[②]自发性群众体育组织缺乏公益资源，人员的非专业性又会极大地浪费公益资源，因此用于服务的资金在管理和其他事务上不得不分流。长此以往，自发性群众体育组织虽不偏离强身健体的初衷，但业余和低效可能会产生一些负面影响。一方面，可能会失去政府支持。政府在选择购买服务的对象之前会对自发性群众体育组织进行评估，长此以往，政府可能会放弃扶持这些低效的组织。另一方面，会降低社会公信力。如果自发性群众体育组织缺乏持续为人群提供健身指导、健康知识、运动技能传授等志愿性服务的意愿和能力及动员与整合社会资源的能力，将会弱化其作用，甚至失去社会信任和支持。

3. 影响社会政治稳定

我国社会组织在实现人民当家作主、推动基层治理和提供公共服务方面起到了积极作用，但也有部分社会组织本身的结社动机并不是服务社会，而是自建立之初就秉持着异化的办事理念，偏离社会主义核心价值观，依托社会组织进行群体性冲突，利用国家给予的依法结社权利行违法之事。有学者指出，部分非政府组织对于社会政治的稳定造成了不利影响。打着为"弱势群体"维权的旗号，境外敌对势力利用非政府组织进行反华活动，达到文化渗透的目的，非法集会传播邪教，致使潜在的矛盾堆积，激化社会矛盾。[③]

---

① 郭修金，戴健.政府购买体育社会组织公共体育服务的实践、问题与措施：以上海市、广东省为例[J].上海体育学院学报，2014，38（3）：7-12.
② 朱惠平.兰州市自发性群众体育组织发展研究[D].兰州：西北师范大学，2016.
③ 赵志，孙先伟，栗长江.我国非政府组织存在的问题及对策：以维护国家安全和社会稳定为主要视角[J].江南社会学院学报，2011，13（4）：11-14.

在我国群众体育开展的历史上也不乏类似事件。例如，打着"健身气功"幌子的"法轮功"组织，其在社区自发形成，最后变成邪教组织，极大地影响了社会稳定，导致政府部门在1996—1999年的相关文件中提出了禁止设立气功功法类组织。①此外，部分线上结社的自发性群众体育组织同样隐藏着危害社会政治稳定的可能性。因网络内容传播具有开放性，难以得到有效监控。近年来，我国不断加大打击和整治非法社会组织的力度，对非法社会组织"零容忍"，2019年，民政部依法关停多家非法社会组织网站，微信、微博等新媒体账号。②仅2021年4—7月，民政部就向社会公布了六批依法取缔的部分非法社会组织，共计433个，其中涉及约15个非法体育社会组织。

（三）对自发性群众体育组织功能的评价

通过对自发性群众体育组织功能的分析，我们对自发性群众体育组织做出如下判断。

首先，自发性群众体育组织的正功能是主要方面。自发性群众体育组织不仅能对社会、政治、市场发挥积极作用，更与民众个人切身的体育权利紧密相连，能够在公民与社会、公民与政府、公民与市场中起到重要的权利保障作用。将上述四个正功能结合在一起，可以证明自发性群众体育组织对其他各个社会领域都能起到不可忽视的积极作用。而决定自发性群众体育组织这些正功能的因素，不仅包括组织自身在结构、功能上的优势，更包括经济、社会、文化等外部环境的支持，因此，本书认为，自发性群众体育组织是以正功能为主要方面的，这是由目前社会发展的需要及自发性群众体育组织的特点共同决定的。

其次，自发性群众体育组织的负功能是次要方面。在强调自发性群众体育组织正功能的同时必须承认，自发性群众体育组织也存在违法、失范现象，如果置之不理，将对社会发展产生消极影响。但这些问题是受特殊条件影响所产生的，有悖于自发性群众体育组织的基本目标，是自发性群众体育组织发展过程中的"偏离"现象，因此，在积极培育自发性群众体育组织的同时，仍然要对自发性群众体育组织进行监管。

事物的性质是由主要矛盾的主要方面决定的。总体来说，自发性群众体育组织的存在与发展，对于我国群众体育事业的开展和全民健身国家战略的实施是利大于弊的。对自发性群众体育组织作用的评价，不仅是对这类组织全面、

---

① 韩俊魁.1949年以来中国社会组织分类治理的发展脉络及其张力[J].学习与探索，2015（9）：25-29.
② 黄晓勇.中国社会组织报告（2020）[M].北京：社会科学文献出版社，2020：8.

理性的审视，而且将作为重要的价值判断依据，对政府管理方式的选择产生直接影响。

第二节 自发性群众体育组织的生存现状与现实困境

在对自发性群众体育组织积极作用与消极作用的评价中，其积极作用是主要方面。然而，要回答自发性群众体育组织"要不要培育"这个问题，仅对其作用进行判断是不够的，还需要进一步审视自发性群众体育组织的生存现状及现实困境，才能较为准确地了解其发展状况及需求，为判断自发性群众体育组织"要不要培育"提供现实依据。

一、自发性群众体育组织的生存现状

（一）规模：总量大、增速快

近年来，自发性群众体育组织数量的增长是有目共睹的，其组织类型多种多样，但很难掌握这类组织目前的总体数量。国家正式公布的社会组织的统计数字仅限于法定类社会组织，数量庞大的未登记的社会组织（草根社会组织）尚未包括在内。有研究人员根据自己的研究与调查数据推测，认为全国未登记社会组织的数量是已登记社会组织数量的10倍，与实际应该差别不大。[1] 目前，未登记的体育社会组织数量也远高于登记注册的体育社会组织。根据民政部发布的社会组织数量信息，截至2018年底，全国社会组织数量为81.70万个，比上年增长7.30%，体育社会组织数量为5.38万个，[2] 总体来看，无论登记类还是未登记类体育社会组织数量均保持快速增长。一方面，根据民政部公布的数据，全国正式登记的体育社会组织数量从2013年的2.82万个增加到2018年底的5.38

---

[1] 黄晓勇.中国民间组织报告（2008）[M].北京：社会科学文献出版社，2008：6.
[2] 民政部.2018年民政事业发展统计公报[EB/OL].（2019-08-15）[2022-09-12].https://www.mca.gov.cn/images3/www2017/file/201908/1565920301578.pdf.

万个，年均增幅达到13.70%，远高于同一时期全国其他社会组织5.41个百分点（见表2-3），说明社会化程度大幅提高，体育需求旺盛，体育社会组织发展迅速。另一方面，活跃在城乡基层社区的未登记体育社会组织超过百万个，以健身团队为主。城乡基层社区文体类社会组织快速发展。现阶段，基层社区社会组织十分活跃，特别是文体类组织，有的社区仅健身组织就十几个。据不完全统计，我国网络体育组织至少已超80万个，并且仍呈快速发展之势。[1] 仅以跑团为例，全国范围内的跑团数量已超过12万个，常年参与跑团活动的总人次超过1000万。[2] 从正式登记的体育社会组织与未登记的体育社会组织总体数量和增幅来看，即使忽略正式登记的自发性群众体育组织，仅从未登记注册的自发性群众体育组织总体数量来看，依然非常庞大，增速快。例如，江苏省县级体育总会实现全覆盖，正式登记的乡镇老年人体协、农民体协和单项协会5900个，未正式登记的城乡全民健身活动站点从2016年的3.9万个增长到2020年的5.7万多个（江苏省体育局2020年官方统计数据），平均每万人拥有7.1个全民健身活动站点，比正式登记的组织数量多，增长速度较快，基本形成以基层体育社会组织为点，体育社团为线的点线结合、覆盖各类人群的体育社会组织网络。

表2-3 2014—2018年全国社会组织和体育社会组织数量及增长率比较

指标		2013年	2014年	2015年	2016年	2017年	2018年
全国社会组织	数量/万个	54.70	60.60	66.20	70.20	76.20	81.70
	增长率/%	—	10.80	9.20	6.00	8.40	7.30
体育社会组织	数量/万个	2.82	3.27	3.70	4.20	4.80	5.38
	增长率/%	—	15.96	13.15	13.51	14.29	11.86

注：体育社会组织年均增长13.70%，高于全国社会组织年均增长幅度5.41个百分点。

（二）类型：丰富多样

自发性群众体育组织类型多样，根据空间分布划分，可以分为网络空间组织和现实空间组织。网络空间组织主要依托互联网，以线上交流为基础，形成线下体育参与实体；现实空间组织广泛分布在公共体育场地、居民住宅小区空

---

[1] 刘国永，裴立新.中国体育社会组织发展报告（2016）[M].北京：社会科学文献出版社，2016：37.
[2] 跑团说：作为中国12万跑团的一份子，我们的跑团该何去何从？[EB/OL].（2018-07-03）[2022-09-12]. https://www.sohu.com/a/239066440_551555.

地、全民健身路径、街道两侧、公园、广场等活动场所。根据组织方式划分，可以分为三类：第一类是在民政部门正式登记的自发性群众体育组织，如自发形成的体育社团、体育类民办非企业单位；第二类是在街道或社区居委会（村委会）或其他企事业单位备案的自发性群众体育组织；第三类是在社会上开展活动但尚未登记也未备案的组织，未登记的组织主要有全民健身活动站点、健身团队、基层体育协会、基层健身俱乐部、业余体育赛事组织、网络体育组织等。根据运动项目划分，一切体育运动都可以成为自发性群众体育组织的活动内容。从既有的相关调查和研究中可以看到，其几乎涵盖了所有的奥运项目、非奥运项目和民间传统体育项目。

（三）身份：未登记、未备案组织占比高

近年来，民政部社会组织管理局为适应公共管理和服务重心下移，大力推广备案管理，支持各地探索、实行由县（区、市）民政部门统一备案，街道办事处（镇政府）作为业务主管单位并履行指导监督职责的备案管理制度。根据国家目前实行的双重管理的社会组织登记管理制度，如果达不到制度规定要求，就不能进行登记注册。备案制度主要是解决不具备法人资格的非正式组织的合法性问题。2005年，民政部提出对民间组织实施备案制，2005年12月出台的《民政部关于促进慈善类民间组织发展的通知》（民函〔2005〕679号）中提出："引导慈善类民间组织开展医疗、教育、住房、法律援助等专项救助，体现社会关怀。在农村乡镇和城市社区中开展这些活动的慈善类民间组织，不具备法人条件的，登记管理机关可予以备案，免收登记费、公告费。"这可以看作民政部对备案制的首次公开肯定。2007年，国家发展和改革委员会和民政部联合发布了《"十一五"社区服务体系发展规划》，该规划指出"大力发展社区互助协会、老年协会、体育协会和法律援助协会等，鼓励和支持社区民间组织开展社会捐助、文体健身、科普宣传、就业服务、社会求助等服务活动。加强引导和管理，根据社区民间组织的性质实行分类指导。对符合登记条件的社区民间组织，完善注册程序，使其纳入正常管理范围；对于尚未达到注册条件，但已正常开展活动且符合社区发展需要的社区民间组织，要加强备案管理"。该规划首次从政府层面提到对社区类草根体育组织的备案管理。[1]2009年，北京市民政局颁布了《北京市城乡社区社会组织备案工作规则（试行）》，其中不

---

① 王凯珍，汪流，戴俭慧.体育社会组织建设与管理[M].北京：高等教育出版社，2016：256.

仅定义了社区社会组织，还确定了社区类草根体育组织的备案制度。①2017年，北京市体育局、北京市体育总会专门针对健身社会组织和健身团队制定了《关于健身组织备案工作的指导意见》，该文件对健身组织的备案范围、备案程序进行了详细规定。②但在实际中，备案的组织数量非常少，以社区非营利组织为例，孙立海调查的479个社区体育非营利组织中，只有21.92%的组织进行了登记注册，26.51%的组织进行了备案登记，而未登记注册或备案登记的比例为51.57%。社区体育健身团队和QQ体育群组织到民政部门的登记注册率为0，没有在基层备案的比例超过80%。③

在民政部门登记注册的社会组织只是冰山一角，我国还存在大量未注册的社会组织，它们的数量远超已注册的社会组织。根据民政部2019年8月公布的《2018年民政事业发展统计公报》的数据，截至2018年底，我国以行政区域为基本单位的城乡社区基层自治组织（包括居民委员会和村民委员会）共计670.4万个，全国未登记社会组织数量是登记社会组织数量的10倍，④城乡基层社区未登记体育社会组织数量远远超过百万个，这些组织基本属于自发性群众体育组织。此外，截至2018年6月，我国网民数量达8.02亿户，⑤其中中青年网民数量超过70%，农村人口占26.3%，30～49岁的中年网民群体占比由2017年末的36.7%扩大至39.9%，互联网普及已逐渐从青年向中老年扩散，中老年群体成为网民增长的主要来源。而网络体育组织是近年来兴起并发展迅速的新兴体育组织，通过各种网络方式把素不相识、具有共同体育兴趣和需求的人联系在一起，从虚拟空间发展为现实生活中的体育活动伙伴，满足社交及体育需求，这些网络组织也是自发性群众体育组织的组成部分。由此可见，未登记注册和未备案的自发性群众体育组织所占比例非常高。未登记注册和未备案的组织比例高的原因在于，第一，政府没有要求强行登记，很多组织负责人怕麻烦，觉得没有必要进行登记和备案；第二，部分组织负责人认为组织刚成立不久还没有来得及或是对国家政策不了解，不知道要到哪里进行登记注册和备案；第三，

---

① 北京市民政局. 关于印发《北京市城乡社区社会组织备案工作规则（试行）》的通知[EB/OL].（2009-12-08）[2022-09-12]. https://mzj.beijing.gov.cn/art/2009/12/8/art_9368_22934.html.
② 北京市体育局，北京市体育总会. 北京市体育局 北京市体育总会关于健身组织备案工作的指导意见[EB/OL].（2017-06-20）[2022-09-12]. http://tyj.beijing.gov.cn/bjsports/zcfg15/fgwj/dffg/1508606/index.html.
③ 孙立海. 我国社区体育非盈利组织建设与发展研究[D]. 武汉：武汉体育学院，2012.
④ 黄晓勇. 中国民间组织报告（2008）[M]. 北京：社会科学文献出版社，2008：6.
⑤ 中国互联网络信息中心. 第42次《中国互联网络发展状况统计报告》[EB/OL].（2018-08-20）[2022-09-12]. http://www.cac.gov.cn/2018-08/20/c_1123296882.htm.

网络体育组织的数量庞大，发展迅速，但网络体育组织脱开区域管理，无法按照现有的区域管理方式找到备案制度进行注册。[1]

二、自发性群众体育组织的现实困境

（一）制度困境

行政法规是国务院制定颁布的规范性文件，其法律地位和效力低于法律，但在国家行政机关颁布的规范性文件中享有最高级别。我国社会组织的行政法规中最重要的"三大条例"，即《社会团体登记管理条例》《民办非企业单位登记管理暂行条例》《基金会管理条例》。由于在普通法层面我国至今没有一部针对非营利组织的专门法律，使得这三大条例具有特别重要的地位。[2] 这三大条例在一定程度上解决了归口登记及分级管理的问题，但是对于自发性群众体育组织而言，准入门槛高、多重限制及监督管理不全面等问题依然存在。具体到管理自发性群众体育组织的制度方面，还包括《体育类民办非企业单位登记审查与管理暂行办法》等。按照现行的制度管理自发性群众体育组织，显得既不适应，也不完善。首先，自发性群众体育组织的整体发育还不成熟，因此，单纯依靠组织自我发展、自我管理既不现实也不可靠，需要国家或相关部门进一步完善政策法规，强力推进组织的社会化管理。其次，现行制度设置的准入门槛高导致大多数组织无法取得法律上的合法身份，应考虑建立和完善基层备案制。最后，与组织发展紧密相关的财政政策、税收政策、捐赠政策、监督和评估政策等还处在缺失或模糊状态。这种不稳定的状态对自发性群众体育组织发展十分不利。

1. 自发性群众体育组织缺乏系统的建设规划和法律制约

"重点培育、优先发展行业协会商会类、科技类、公益慈善类、城乡社区服务类社会组织。成立这些社会组织，直接向民政部门依法申请登记，不再需要业务主管单位审查同意"[3]，大多数自发性群众体育组织是国家重点培育的组织类型，但在实际培育过程中，缺乏对其建设的整体规划、法律约束及问责机

---

[1] 刘国永，裴立新.中国体育社会组织发展报告（2016）[M].北京：社会科学文献出版社，2016：37.
[2] 金锦萍，葛云松.外国非营利组织法译汇[M].北京：北京大学出版社，2006：1.
[3] 国务院.国务院机构改革和职能转变方案（全文）[EB/OL].（2013-03-10）[2022-09-12]. http://theory.people.com.cn/n/2013/0310/c40531-20738452.html.

制，在税收优惠、经费自主等方面也缺乏明确规范，这些政策只起到了倡导性的作用，真正落实起来非常困难，难以执行。加之近年来，对社会组织注册登记审核越来越严格，2018年以来，注册登记社会组织出现一定困难，这主要体现为三个方面：一是严格控制直接登记范围；二是在直接登记范围之外的社会组织找业务主管单位十分困难；三是在成立登记时，严格把关直接登记或找到业务主管单位的社会组织。"2018年社会组织注册登记审核把关之严格为近二十年所未有"[①]，自发性群众体育组织依法申请登记面临更大的困难。

2. 自发性群众体育组织大多没有"体制内"的制度基础

长期以来，我国以行政机构为主的体育管理组织都是建立在县级以上政府之中，享有经费支持及专业的管理人才、领导人等。而自发性群众体育组织大多来自民间、基层，缺乏制度和政策支持，没有专门的体育管理机构。尽管自发性群众体育组织作为新生事物在改革中逐渐诞生，但在我国目前体制改革仍在进行中、行政权力仍非常强势的情况下，这些不在过去行政体制中的自发性群众体育组织由于基础不牢而倍显脆弱。

3. 多数自发性群众体育组织还存在身份合法性问题

自发性群众体育组织只有得到政府或法律的认可才能得到合法性身份。目前，我国对社会组织采取的是"双重管理"模式，实行登记管理和业务管理双管齐下，即民政部门负责宏观登记，各行业部门进行微观的业务管理。当前社团登记如此困难是由于"双重管理"体制实行时间较长，演变为多重管理、缺位管理和无人管理并存的局面，这种制度供给导致现实中很多自发性群众体育组织缺乏"法律合法性"，难以获得法律的保护和政府的认可。我国现行的《社会团体登记管理条例》对在城乡基层建立的社会团体有所规定，要求它们必须具备业务主管部门和一定会员数量、有固定住所和专职工作人员、三万元以上的活动资金及经费来源等独立法人的条件。有研究指出，在城乡基层社会组织中，合法登记注册的组织占总数的不到20%，而且这些大多是民办非企业单位。[②]这种情况在自发性群众体育组织中更为严重，由于注册合法社团的门槛过高，许多实际运行的社团类自发性群众体育组织未能进行合法的登记注册，也就不能被国家法律所保护，从而成为法律监管的盲区。

[①] 黄晓勇.中国社会组织报告（2019）[M].北京：社会科学文献出版社，2019：17.
[②] 鲁可荣.城乡基层社会组织发展管理中存在的问题分析与政策建议[J].武汉科技大学学报（社会科学版），2012，14（3）：281-285.

4. 自发性群众体育组织的法律性质和定位模糊

一些自发性群众体育组织的法律性质和定位在政府与民间、公益与经营、实体单位与社会团体等方面的界限并不清晰，组织的结构和运行较为无序，组织的状态、惯常做法及相关内部文件规则与目前的法律法规之间缺乏联系和沟通，甚至存在着一些矛盾。目前，关于自发性群众体育组织法律定位的问题，只有国务院颁布的一些条例中涉及，但还没有上升到国家法律的层面。虽然国家体育总局先后颁布了行业管理办法与暂行规定，但其中大部分与国务院、民政部门及相关职能部门通过和颁布的法律、条例、办法类似，专业性不足，给各个主管部门带来实施上的不便。这样的一种立法状况已远远落后于自发性群众体育组织的发展步伐。

（二）资源困境

《社会团体登记管理条例》中明确规定，"未经批准，擅自开展社会团体筹备活动，或者未经登记，擅自以社会团体名义进行活动，以及被撤销登记的社会团体继续以社会团体进行活动的，由登记管理机关予以取缔，没收非法财产"[①]。在这种制度约束下，缺乏"合法性"身份的自发性群众体育组织，其活动的开展很难取得政府的支持，先天的"自发性"与"群众性"，决定了这样的组织处于资源匮乏的低水平发展中。[②]自发性群众体育组织获取场地、设施、信息、人才等资源的途径主要来自市场和社会，在国家管控社会资源的背景下，自发性群众体育组织获取资源的方式变得越来越狭窄。虽然少部分自发性群众体育组织能得到政府的扶助，但这也是自发性群众体育组织通过努力获得的，这种扶助不具有稳定性，不是通过制度保障获得的。[③]由于自发性群众体育组织在内部治理结构上不完善，专业人才匮乏，社会资源不足，法律政策环境严峻，面临制度化资源难以获取等资源困境，这些在客观上制约了组织在动员、组织、协调资源上的能力，以及提供公共体育服务的能力。体制的限制与资金的瓶颈，往往使自发性群众体育组织将注意力从完成职责转移到维持生存上。

1. 经费来源不足

经费问题是影响社会组织发展的核心问题。在资金方面，自发性群众体育

---

① 国务院.社会团体登记管理条例[EB/OL].（2016-02-06）[2022-09-12]. https://flk.npc.gov.cn/detail2.html?ZmY4MDgwODE2ZjNjYmIzYzAxNmY0MGVlZDI3ZjBjMTk.
② 黄亚玲.自发性群众体育组织管理要创新[N].学习时报，2013-05-06.
③ 汪流，李捷.社区草根体育组织：生存境遇及未来发展[J].武汉体育学院学报，2011，45（2）：17-21.

组织理论上可以通过政府招标、创投、资助、补贴、购买服务或通过企业赞助、基金会资助、个人捐赠等得到资金。之所以难以获得相关各方的资金支持或资金获得额度较为有限,是因为大部分自发性群众体育组织缺乏"合法性"的身份,加上自身服务供给能力十分有限,政府与企业对其重视度并不高。比如,目前陕西省有79.03%的草根体育组织的主要经费来源为会费,最高的会费收取标准为20元/月,最低的是5元/月;陕西省有18.5%的草根体育组织通过个人赞助、政府或单位资助、有偿服务等方式获取经费,但数额均不大。[①]不同类型的组织之间在获取资金渠道上存在较大差异,且都不稳定。社区草根健身团队的发展资金短缺,活动经费不足的问题也较为明显,一是政府公共投资的强度和金额跟不上群众体育的发展速度,资金规模不能满足地方社区体育健身队伍的需要。二是在体育消费的观念尚未成熟的情况下,人们对体育运动的投入很少,仅靠会员费不足以支撑体育健身团队的发展强盛。三是基层健身组织本身"造血"能力不足,对外依附性高,资金来源不稳定。[②]

2. 活动场地设施不足

自发性群众体育组织区别于其他社会组织的一个重要特征是组织活动的开展需要依靠场地设施,而场地设施的缺乏影响了自发性群众体育组织的发展。目前,我国每32.1万人拥有一个非标准公共体育场地,人均1.03平方米公共体育场地面积。我国已有公共体育设施用地面积,只达到《城市公共体育运动设施用地定额指标暂行规定》(以下简称《暂行规定》)下限标准的32.4%;公共体育设施数量,只达到《暂行规定》下限标准的27%;而农村公共体育场地更加短缺,分别只达到《暂行规定》要求在县城、镇建设的小运动场和训练房数量的1%、16%。[③]场地缺乏的原因包括以下几个方面:首先,面对人民群众日益增长的体育需求,我国公共体育场地设施总量明显不足;其次,由于一些场地在建设初期缺乏合理规划与布局,导致建成后因扰民或质量不合格等问题而影响使用;最后,学校及公司单位体育场地对外开放度不高,体育场馆实行经

---

① 安儒亮,郑文海,曾玉华,等.陕西省草根体育组织发展现状与管理创新研究[J].西安体育学院学报,2017,34(4):447-452.
② 肖玉华,王凯珍,汪流.当前社区草根体育健身团队发展面临的新问题及原因分析:基于丁市806位体育健身团队负责人的调查[J].西安体育学院学报,2018,35(5):548-553.
③ 黄亚玲,郭静.基层体育社会组织:自发性健身活动站点的发展[J].北京体育大学学报,2014,37(9):10-16.

营化管理，免费或低偿向居民开放的较少，造成场地资源浪费。[1]目前，社区的体育场地设施无论在数量上还是质量上，与自发性群众体育组织快速发展的需求相比，都有很大差距。全民健身工程的设施单一，许多自发性群众体育组织没有固定的锻炼场所，导致一旦遭遇恶劣天气便无法开展体育活动，也有很多主要依靠社区居委会提供的社区空地或活动室的自发性群众体育组织。并且在场地器材方面，只有少数自发性群众体育组织能够拥有部分健身器材。很多场地的场馆建设比较缺乏，如足球场、羽毛球馆、篮球馆及一些其他项目的场地，农村自发性群众体育组织很容易受到天气影响不能开展活动，从而不能满足人民群众对体育健身的需要。[2]孙立海等通过对国内41个城市中的479个草根体育组织进行调查，发现拥有独立活动场地的组织占比只有1.88%。[3]汪流在对体育健身团队的调查中显示，"场地器材得不到保证"的人数占47.9%。[4]由此可见，场地器材的匮乏是限制和阻碍自发性群众体育组织开展活动的重要原因。

3. 专业人员不足

在民间体育组织生成与发展的过程中，组织结构的形成、组织成员的"流入"较大程度上是依靠组织内部的社会精英动员而实现的。对于非正式的、结构松散、规模较小的民间体育组织而言，由于没有明确的组织规程，组织的生成与壮大，组织成员的加入与动员，较大程度地依靠了组织内部社会精英的个人能力、关系。由于基层社区的民间体育组织中，绝大部分是以非正式的、结构松散、规模较小的组织形态出现的，因而基层社区的民间体育组织的成员发展较大程度上是以社会精英为主体的精英动员模式来实现的。[5]自发性群众体育组织中的精英人物一般由成员推荐产生，是民心所向，因此在组织中具有较高的权威性。这些精英人物在成员管理、事务决策方面处于主导地位，但由于其自身能力有限容易引发一些问题，主要表现为：首先，不利于组织的稳定，一旦精英人物的理念发生变更，往往会带来组织使命、组织意愿等方面的变动；

---

[1] 肖玉华，王凯珍，汪流.当前社区草根体育健身团队发展面临的新问题及原因分析：基于丁市806位体育健身团队负责人的调查[J].西安体育学院学报，2018，35（5）：548-553.
[2] 马龙润.我国乡镇基层政府对农村自发性群众体育组织培育现状研究：以凤阳县乡镇基层政府为例[D].苏州：苏州大学，2018.
[3] 孙立海，吕万刚，罗元翔，等.机会与约束：我国社区体育非盈利组织发展的条件分析[J].当代体育科技，2013，3（29）：10-11.
[4] 汪流.草根体育组织与政府关系向度研究[J].西安体育学院学报，2014，31（1）：6-11.
[5] 胡科.社会精英、民间组织、政府之于群众体育运行研究[D].上海：上海体育学院，2012.

其次，影响组织持续发展，一旦精英人物发生更替，相当多的追随者可能会退出该自发性群众体育组织；最后，由于精英人物自身水平有限，很难确保自发性群众体育组织决策的科学合理性。[1]

自发性群众体育组织由于没有建立必要的吸纳、管理和激励机制，真正留在组织里工作的志愿者和社会体育指导员数量极为有限，组织内也缺乏运动技能的指导者和懂体育、懂管理的组织者。此外，自发性群众体育组织因缺乏人才支撑而活力不足。目前，自发性群众体育组织普遍缺乏专业管理人才，吸纳新人的管理机制也没有成形，组织成员管理较为松散。

（三）能力困境

1. 内部治理机构不完善

一个组织若要规范有序地运行，合理有效的规章制度是必不可少的条件机制，一个组织在其正确轨道上的规范运行需要合理有效的规章制度进行控制及鞭策方能得以实现。作为一类相对自由自治的组织，自发性群众体育组织内是否存在或存在何种形式的规章制度对该组织的建设和发展有着至关重要的作用。目前，大多数草根体育组织高度依赖政府、社会与市场资源，同时，它们还存在着诸多问题，如自身的"造血"和"输血"功能较弱，组织的自律能力不强，而且组织内部的规章制度与管理章程并不健全，其成员素质参差不齐，尚未形成合理的法人治理结构，未能建立起有效的内部权力制衡机制和自治体系，使得这些草根体育组织只能处于一种依附式发展的状态。[2]以广州为例，草根体育组织的发展并不是一帆风顺的。一方面，"非法身份"使其在资源获取过程中面临许多尴尬与难题；另一方面，在没有法律保护的条件下，一些不法组织很容易借其进行非法活动，使体育社会组织的整体形象受到损坏。在内部监管方面，由于缺乏规章制度，草根体育组织大多处于一种比较松散的组织状态，不仅无长远的发展规划，也无明确的发展目标，工作开展较为随意；由于没有明确的财务监管机制予以约束，往往陷入入不敷出的困境；由于缺乏监督与评估机制，导致自身治理疲软。例如，在新媒体时代下诞生的"黎明脚步组织"，由于其治理体系是建立在具有不稳定性的、集"传统、感召与理性于一体"的

---

[1] 付兴文.南京市城市社区自发性群众体育组织运行机制研究[D].南京：南京师范大学，2016.
[2] 陈丛刊，纪彦伶.体育社会组织多元治理的现实困境与推进路径[J].湖北体育科技，2019，38（12）：1035-1038.

"领袖"身上，因此，组织的发展往往受到个人的影响。[1]

大多数自发性群众体育组织成员都是以默认的形式约束自己的行为，具有自我规范意识较弱，自我管理能力不强，随意性较大，结构较为松散的特点，普遍没有建立以章程为核心的内部治理机制、民主决策制度、信息公开制度，组织的日常运作主要依靠负责人及精英人物进行分工与管理，理事会形同虚设，对重大问题进行表决时，看似履行了民主程序，但在履行程序的细节上有很多不规范的地方，常常陷入无序化发展的窘境中。

2. 组织不健全，缺乏战略管理能力

战略管理能力是指体育社会组织使命、愿景和战略规划的能力。战略管理目标能指导体育社会组织的工作，确认利益相关方并与之保持良好关系，为开展项目和服务指明方向，同时引导体育社会组织制定长期及短期目标并评估项目进展。对组织能力的自我评估是体育社会组织战略管理的基础。对于现存的自发性群众体育组织而言，虽然数量庞大，但多数发育不健全，在组织机构设置方面还存在较大的随意性、盲目性，往往处于一种比较松散的组织状态，大多缺乏长远的发展规划，缺乏专业的人力资源管理人才，工作开展较为随意，常常是走一步看一步。自发性群众体育组织的发展目标普遍是建立平台，但大部分自发性群众体育组织都没想过要发展成什么样的组织、组织接下来的发展领域、可以承接什么样的服务等问题，缺乏战略管理能力。

3. 组织自我发展能力弱

生成路径、发育程度和运作模式的不同，在很大程度上决定了草根体育组织所承载的功能和发挥的作用不尽相同。[2]有学者认为，参与性不足、参与范围受限、参与程度不深是现代社会组织发展中普遍面临的重要问题。[3]自发性群众体育组织由于资源不足，发展不成熟，加上缺乏有力的政策措施，面临的一个非常重要的问题是自我发展能力较弱，自我"供血"能力差。自发性群众体育组织大多拥有一名或不超过三名的领导核心人物，他们或多或少具有运动能力强、组织能力强、德才兼备等个人魅力，以及对群众有较高的吸引力和威望，这样的核心人物能否胜任他们的角色是组织发展的关键因素。组织的活动地点、范围和频率的选择也取决于领导核心，领导核心的存在与否甚至决定了

---

[1] 冯晓丽，李秀云.新媒体时代草根体育组织发展的困境与路径选择：以"黎明脚步组织"为例[J].上海体育学院学报，2015，39（2）：36-39.
[2] 汪流，李捷.社区草根体育组织：生存境遇及未来发展[J].武汉体育学院学报，2011，45（2）：17-21.
[3] 蔡潇彬.中国社会组织高质量发展：困境与路径[J].新视野，2020（3）：101-106.

组织的存在与否。相对于全国性的体育社团和其他成熟的非营利组织来说，自发性群众体育组织缺少专业人才，在资源动员能力、组织管理能力、协调互动能力和危机应对能力等方面都存在着明显的不足，自我发展能力较弱。

4. 社会公信力不高

自发性群众体育组织因自身特点和局限性，其生存与发展所需的资源获取与其合法性是息息相关的，其发展空间取决于普通民众的健身需求，赢得成员及普通民众的信任与支持是其取得社会合法性的基础。我国草根体育组织在资金、场地等方面存在一定困难，多数组织难以达到登记注册的条件，致使其只能先从社会中获取发展资源和基于合理性的支持，再努力获得政府的认可，获取合法性地位。此外，由于草根体育组织管理规范化程度不高，健身赛事组织发展的地点、时间和形式往往得不到保障。城市社区公共空间的有限资源不可避免地导致组织不规律地出现"闪转腾挪"等行为，不仅影响社会信任水平，而且不利于形成稳定成熟的外部氛围。[①]在对普通参与者对于草根体育组织的社会信任度的相关调查中，回答"做得很好"的占8.4%，"较好"的占13.2%，"一般"的占46.8%，"做得不好"的占31.6%。可见，普通民众对草根体育组织的工作认可度不高，自然影响其对组织的信任度。[②]造成这一现象的原因主要有两个：一方面，组织的制度建设不足，没有明确而健全的规章制度，缺乏规范的自我管理，一些组织时常沦为精英贯彻和维护自我意志、获取资源、谋取私利的工具；另一方面，组织的发展定位产生"偏差"，相当一部分组织因组织者个人利益或为迎合某一利益集团而使组织定位理念发生"错位"，民主参与决策形同虚设，开展的活动与大众的体育需求不符。

---

① 陈丛刊，肖磊.草根体育组织参与社区治理的动因、困境与突破[J].南京体育学院学报，2020，19（5）：20-25.
② 郑柏武，钟兆祥，林丽芳.乡村精英与农村草根体育组织的建设研究[J].河北体育学院学报，2016，30（6）：45-53.

第三节 政府培育自发性群众体育组织的现实诉求与任务指向

生存困境限制自发性群众体育组织积极作用的发挥,因此,对自发性群众体育组织的培育是基于现实判断的阶段任务和必由之路。在回答完培育必要性的问题后,紧随而来的便是"谁来培育",即培育主体的问题。由于自发性群众体育组织的作用包括积极与消极两个方面,因而形成政府管理的两个重要任务,即培育与监管。培育是政府管理自发性群众体育组织的重要任务之一,这是由我国国情及发展阶段、政府职能转变、群众体育需求的逐渐增长,以及自发性群众体育组织发展初期的需要共同影响和决定的。

一、由我国国情及发展阶段决定

我国正处于并将长期处于社会主义初级阶段。社会主义初级阶段是一个矛盾激增、不断革新的阶段,国家与社会改革和发展的任务都很重,需要充分发挥国家职能,协调好改革、发展与稳定三者的关系。社会组织必须在国家主导下发展,这是社会主义初级阶段的国情、世情、目的和任务所要求的,符合社会转型期的现实政治需要。[①]

在社会主义初级阶段,解决自发性群众体育组织发展中的各项问题,关键并不在于组织自身,而在于政府对其管理方式。政府与自发性群众体育组织由主导关系变成合作关系,需要不断尝试、不断磨合以获取经验、创造条件。政府主导的方式、方法、力度和范围的大小可以调整,自发性群众体育组织的自主性可以逐步扩大,但后者完全依法自主发展并不现实,其发展在很大程度上依赖政府对其的培育。

二、政府职能转变的客观要求

转变政府职能、建设人民满意的服务型政府是新时代党和国家机构改革的

---

① 白平则.强社会与强国家:中国国家与社会关系的重构[M].北京:知识产权出版社,2013:194.

重要任务。政府职能的转变不只是政府内部的调整，还需要有一定的社会基础作为条件。例如，政府职能转移是政府职能转变的重要方式，转移的职能意味着政府不再直接提供，而需要合适的社会组织来承接。为此，政府需要主动培育职能转移承接的客体市场，以避免政府职能转变所产生的社会管理问题和公共服务供给的不足。从某种意义上来说，社会组织的发达程度决定了政府职能转型的成功与否。[1]因此，满足社会治理的现实需求成为我国社会组织发展的基本定位和主要方向。也正是鉴于社会组织的现实发展尚无法满足我国深化体制改革和创新社会治理对其角色期待，社会组织培育才会作为一个重要议题纳入公共视野。在这一框架下，政府成为社会组织培育的责任主体。

因此，将"管不好"和"管不了"的体育治理职能转移给自发性群众体育组织是政府职能转变的客观要求，有利于降低政府治理成本，扩大体育公共服务供给规模。而要深入推进政府体育治理职能的转移，并确保职能转移的高效运行，需要政府承担培育自发性群众体育组织的责任。

三、群众体育需求的逐渐增长

近年来，全民健身国家战略深入实施，全民健身参与程度不断提高。为进一步满足人民群众日益增长的体育健身需求，《关于构建更高水平的全民健身公共服务体系的意见》强调"政府引导，多方参与"的工作原则，提出"完善支持社会力量发展全民健身的体制机制"。[2]自发性群众体育组织已越发成为推动全民健身、满足群众体育需求的重要力量。

自发性群众体育组织作为中介组织，可以在基层沟通政府与社会大众之间的信息，推进基层体育社会组织优化治理，逐步满足群众对于体育的需求。同时，我国社会组织的相关政策发生着深刻变化，体育事业的管理面临着许多新情况、新问题，需要处于基层的自发性群众体育组织辅助解决，以提高体育事业管理的效率，因此政府应加强对自发性群众体育组织的培育。

---

[1] 付建军，高奇琦. 政府职能转型与社会组织培育：政治嵌入与个案经验的双重路径[J]. 理论与现代化，2012（2）：108-114.

[2] 中共中央办公厅，国务院办公厅. 中共中央办公厅 国务院办公厅印发《关于构建更高水平的全民健身公共服务体系的意见》[EB/OL].（2022-03-23）[2022-09-12]. https://www.gov.cn/zhengce/2022-03/23/content_5680908.htm.

四、自发性群众体育组织发展初期的需要

从我国体育社会组织发展的现实情况来看，无论是自上而下形成的体育社会组织，还是自下而上形成的自发性群众体育组织，政府都是其获得发展资源的重要来源。自发性群众体育组织的发展，要依托政府扶持体育公共服务的政策导向，遵循政府通过法规、政策、规范建立起的制度框架，依靠政府项目支持和政府购买服务的推动。因此，政府成为自发性群众体育组织培育的实践主体。尤其是目前我国自发性群众体育组织处于发展初期，不可避免地存在自身缺陷和发展不完善之处，也是造成其制度、资源、能力等发展困境的重要原因。解决这些问题最直接有效的方法是调整政府对自发性群众体育组织的管理模式，将对自发性群众体育组织管理的重点转移到培育上来。

在制度方面，自发性群众体育组织合法身份的获得使其与政府直接或间接地紧密联系在一起。自发性群众体育组织的身份合法性主要包括官方合法性和社会合法性。首先是官方合法性的获取。由于当前严格的登记管理制度，多数自发性群众体育组织无法成为具有法律身份的组织。而获得政府认同是自发性群众体育组织发展的最基本的条件。政府也可以将官方合法性用某种特定的方式提供给当地有一定影响力的自发性群众体育组织。人民群众基于对政府的信任，会连带信任相关组织，继而产生组织的社会合法性。尽管自发性群众体育组织的自主性较高，但合法性身份的获取仍对其至关重要，"毕竟在现在中国的社会里，人们仍然很看重一个组织受政府认可的合法性程度"[1]。

在资源方面，自发性群众体育组织在资金、场地设施、人员等方面的匮乏也迫切需要政府给予培育。在资金方面，民间资本对自发性群众体育组织的投入普遍不足，因此自发性群众体育组织往往需要政府在财力上对其进行支持。在场地设施方面，目前社区的体育场地设施无论从数量还是质量上都无法满足自发性群众体育组织活动的需求。例如，全民健身工程的设施相对单一，不适合自发性群众体育组织的集体活动；没有固定活动地点，一旦遇到特殊情况便无法开展活动；社区居委会提供的社区空地环境条件较差。而政府通过直接或间接提供场地设施，能在一定程度上满足自发性群众体育组织活动开展的需求。在人员方面，政府对自发性群众体育组织的培育可以提高组织人员的专业

---

[1] 陈天祥，徐于琳. 游走于国家与社会之间：草根志愿组织的行动策略：以广州启智队为例[J]. 中山大学学报（社会科学版），2011，51（1）：155-168.

能力水平，通过社会体育工作专业人才建设，大量培养和使用专业的社会体育工作者。

在能力方面，自发性群众体育组织在自我治理、自我管理、自我发展等方面的不足制约其在满足群众健身需求等社会治理任务中发挥理想作用，从而导致其社会公信力不高。自发性群众体育组织自我能力的形成并非一朝一夕、一蹴而就的事情，提高自发性群众体育组织提供公共服务的质量与效率离不开政府的培育。例如，政府鼓励自发性群众体育组织承办各种赛事活动，给予自发性群众体育组织展示服务能力与组织能力的平台机会，在此过程中，考察、锻炼自发性群众体育组织承接其职能、资源的能力，自发性群众体育组织的责任意识与社会服务意识也将得到相应的培养。

第四节　政府培育自发性群众体育组织的演进历程与阶段特征

政府与社会组织的关系是构建社会管理格局和实现国家治理能力现代化的一对十分重要的关系，是改革社会管理主体单一、社会公共服务供给主体单一、党和政府权力"越位"和"错位"，实现多元主体共治格局的主要内容。[①]自发性群众体育组织只有与政府保持相对独立，才能实现双方合作。近年来，随着政府职能转移的加快与社会体制改革的深化，政府与社会组织的关系也发生了变化。在制度层面上，政社关系发生了从"控制"到"合作"的深刻转变，政府不断放开制度空间、放松管制力度，并将部分职能、资源逐步转移给社会组织。[②]但从目前的实际情况来看，中国仍处于"强国家–弱社会"的阶段，自发性群众体育组织的积极作用、发展困境及政府管理自发性群众体育组织的任务表明了目前自发性群众体育组织的发展需要依赖政府。在经过一定的发展阶段后，政府将自己"不该管、管不好"的职能交还给自发性群众体育组织，自发性群众体育组织的职能权力逐渐增多，政府的控制能力逐渐削弱，最终真正实

---

① 郑超.服务·治理·协商：中央财政支持社会组织履行三大职能[J].中国社会组织，2015（7）：8-21.
② 彭少峰.依附式合作：政府与社会组织关系转型的新特征[J].社会主义研究，2017（5）：112-118.

现政府与自发性群众体育组织的合作型关系。在这一过程中，正确认识政府培育自发性群众体育组织所处的历史地位和发展阶段，是明确阶段性中心任务、制定路线方针政策的重要依据。因此，需要在明确政府与自发性群众体育组织未来合作型关系的基础上，对政府培育自发性群众体育组织的趋势进行判断，以发展的眼光看待政府培育自发性群众体育组织的必要性问题。

一、政府与自发性群众体育组织合作型关系的构建

（一）过去：控制与依附

新中国成立后至改革开放前期，由于中国社会处于高度集中的计划经济体制下，政府对社会事务进行各方面的管理与控制，此时自发性群众体育组织尚处于萌芽期，政府与其是控制型关系。

新中国成立初期，群众体育是面向基层、以基层组织为中心开展的。在城市，随着职工体育的兴起，各行业系统的运动队纷纷组建起来，但都是业余运动队、基层运动队。例如，据1951年10月的数据统计，沈阳市有男子业余篮球队346个，男子业余排球队281个，工人业余足球队4个，职工业余足球队8个。在农村，随着农村合作社的发展和劳动组织的变迁，农村体育活动开始在众多乡镇中开展起来，以球类项目为主的运动队在乡镇中出现，并发展壮大，据对辽宁省金州区县187个村的统计，共有89个足球队、212个篮球队和64个排球队。[①]新中国成立初期，国家鼓励基层体育组织的建立，这些基层体育组织是自发性群众体育组织的萌芽，不仅丰富了人民群众的生活，而且推动了群众体育的发展，对促进我国体育事业的发展起到了重要作用。

从新中国成立至20世纪50年代中期，自发性群众体育组织保持较快的发展势态，数量不断增长，并在群众体育工作中发挥着重要作用。1953年，我国开始实行计划经济体制，政府成为唯一的社会管理主体，对经济社会事务实行全方位管理，其职能覆盖社会生活各个方面，体育事业也不例外。计划经济体制下的政府是社会事业发展的单一责任主体，社会组织被弱化、被边缘化，只能在政府特许下成立，实行政府化管理，最终实现政社合一。然而，尽管社会组织被政府化了，但其并不具有政府的职能。这一时期各地各级自发性群众体育组织的发展情况基本相同。从1952年成立中央人民政府体育运动委员会

---

① 傅砚农.中国体育通史：第5卷[M].北京：人民体育出版社，2008：89.

到1957年形成高度集中的体育行政管理体制，体委包揽一切，管办不分，自发性群众体育组织的功能被弱化，组织体系被虚化。1966—1976年，受"文化大革命"的影响，我国自发性群众体育组织的发展滑向低谷，整个社会的组织发展基本处于停滞状态。

总体来说，新中国成立初期至"文化大革命"时期，虽然在新中国成立初期，国家积极鼓励自发性群众体育组织的成立，这一阶段，是自发性群众体育组织形成的萌芽期，但是结合国情来看，新中国成立后国家经济萎靡低下、社会秩序不稳定及其他自然灾害、社会活动等多方面因素，影响着自发性群众体育组织的发展。自发性群众体育组织总体上还是受政府管控，没有适宜的生长环境，政府与自发性群众体育组织之间是控制型关系。这种控制型关系表现为，这一时期，在高度集中的计划经济体制下，社会领域也采取了高度集中统一的管理模式，建立起了"政府包管一切、高度集中的社会组织体制"[1]。政府掌握了社会中绝大部分资源，并对这些资源有着控制权和支配权，然后进行分配，大量的政治、经济、社会事务由政府发包给各个单位负责管理实施。教育、卫生、社会福利服务等"公共产品"基本上由政府办的事业单位提供。自发性群众体育组织也不例外，基本都是适应党和政府工作，自上而下、在政府特许下建立的，实行政府化管理。

改革开放后，由于改革带来了新的发展机遇，国家对社会组织的管理相对宽松，自发性群众体育组织的数量在这一时期快速增长。比如1981年，28个省区市的城市中建立了各种体育技术辅导站1800多个；1982年，城市中这类体育技术辅导站就达到3570个，较上一年翻了一番。[2]

自发性群众体育组织的数量大幅度增长，其与政府之间是依附型关系——自发性群众体育组织需要依赖政府的资源进行成长，而政府也需要通过培育自发性群众体育组织参与体育公共事业来实现政府职能改革与转变。

资源包括有形的人力、财物及无形的权力等，单一的组织不可能拥有各种类型的资源，因此组织必须通过"交换"进行合作。依赖就是组织在资源有限且组织内部难以自给自足时，与环境中控制关键资源或要素的他人或组织进行交换的一种关系。[3]社会组织为了生存和发展，需要从政府手中获取重要资源，

---

[1] 李培林.我国社会组织体制的改革和未来[J].社会，2013，33（3）：1-10.
[2] 刘鹏.改革开放30年的中国体育[M].北京：人民体育出版社，2008：53.
[3] 何艳玲，周晓锋，张鹏举.边缘草根组织的行动策略及其解释[J].公共管理学报，2009，6（1）：48-54.

这些资源大致可分为"物质—制度资源"和"社会—结构资源"等。[①]

从自发性群众体育组织的角度来看，有资源匮乏下依附的需要。对于自发性群众体育组织而言，既需要合法性激励也需要资源性激励。尽管自发性群众体育组织自主性较高，但在合法性身份的获取、资金及人力等社会资源的动员等方面必须依赖政府，因为"毕竟在现在中国的社会里，人们仍然很看重一个组织受政府认可的合法性程度"[②]。自发性群众体育组织不但资金短缺，而且场地设施短缺，这也使得自发性群众体育组织需要政府的资源性激励。

从政府的角度来看，在内外因共同驱动下政府需要自发性群众体育组织依附。资源依赖是相互的。对于政府而言，自发性群众体育组织是精神文明建设的重要成果，与此同时，居民的个性化需求及政府职能转移的需要等各方面因素的相互作用，形成了政府培育自发性群众体育组织的内在动力与外在压力。首先，建立与发展新的体育组织是社区体育活动开展的重要载体。单位体育向社区体育的转移需要在社区形成新的组织纽带，而原有的以行政组织为主体的组织体系难以适应现实需求。其次，培育自发性群众体育组织是政府应对管理任务的必然选择。发展自发性群众体育组织，是政府完成公共体育事业管理任务和解决资源矛盾的途径之一。面对不断增长的公共体育管理和公共体育服务需求，培育包括自发性群众体育组织在内的社会力量参与公共体育事业是现阶段政府职能转变的重要方向和途径。

（二）现在："政府主导式"的合作型关系

本书提出的政府与自发性群众体育组织的合作型关系，从目前阶段来看，是一种"政府主导式"的合作关系，这种关系是依附型关系与合作型关系的中间形式，处于过渡阶段，也是探讨政府培育自发性群众体育组织必要性的现实起点。

造成二者"政府主导式"合作关系的原因有两个方面。一方面，政府与自发性群众体育组织均有促成合作的意愿和需求。随着自发性群众体育组织的数量越来越多，发展越来越好，在弥补政府职能不足方面的作用越来越大，政府对自发性群众体育组织的需求在不断增加。自发性群众体育组织也在积极谋求与政府的合作，与其他草根组织一样，都在尝试参与政府的决策，影响政府

[①] PARK H H, RETHEMEYER R K. The politics of connections: Assessing the determinants of social structure in policy networks[J]. Narnia, 2014, 24（2）: 349-379.

[②] 陈天祥，徐于琳. 游走于国家与社会之间：草根志愿组织的行动策略：以广州启智队为例[J]. 中山大学学报（社会科学版），2011，51（1）：155-168.

的行为。[①]另一方面,政府与自发性群众体育组织尚未达成平等的合作型关系,主要是由于双方在资源拥有上的不对称。在一个政府占据主导地位的社会中,政府的权力和拥有的资源在社会的各个领域发挥着巨大作用。自发性群众体育组织的生存与发展在很大程度上仍然依附于政府,自治能力的不足也制约其在社会治理中发挥重要作用。同时,政府对于自发性群众体育组织肩负的管理任务也使其不得不处于强势地位,在这段合作关系中起主导作用。

对于政府来说,虽然按照职能转变的要求,政府把自己"管不好"和"管不了"的体育治理职能交给自发性群众体育组织,但在政社合作过程中,政府仍然处于强势地位,可能会损害自发性群众体育组织的合法权利,造成权责不明。因此,政府应尽快制定相关的法律法规,规范环境,明确与自发性群众体育组织在合作治理过程中的权利、责任及治理边界。从自发性群众体育组织的角度来看,要加强组织自身的自治、自律与他律。我国自发性群众体育组织在发展中自治能力不足使其难以在社会治理中发挥重要作用,因此要加强组织自身的自治、自律与他律,形成自发性群众体育组织自我发展、自我协调的治理机制。

(三)未来:相对独立的合作型关系

近年来,随着政府职能转变的加快与社会体制改革的深化,政府与社会组织的关系也发生了变化。一方面,政社关系在制度层面上发生了从"控制"到"合作"的深刻转变,政府不断放开制度空间、放松管制力度,并将部分职能、资源逐步转移给社会组织,最终形成相对独立的合作型关系。

1. 政府与社会组织合作型关系的特征和优势

根据国家与社会关系理论,政府与社会组织的合作型关系,是指在符合我国具体国情和社会组织发展的特殊性的基础上,对政府与社会组织在社会各领域进行合理的分工,政府把不属于自己的社会公共事务完全过渡给社会组织,政府的主要任务是在宏观上制定政策和进行调控,社会组织的主要任务是负责具体公共服务的供给。政府与社会组织合作是政府和社会组织基于实现共同的公共目标而建立并维护的相互依赖关系。[②]

(1)政府与社会组织合作型关系的特征

第一,权责清晰。在我国传统的社会组织参与社会治理的不对等合作的模

---

① 乔松,王乐芝.中国草根组织与政府关系模式的探讨[J].吉林建筑大学学报,2009,26(4):114-116.
② 敬义嘉.从购买服务到合作治理:政社合作的形态与发展[J].中国行政管理,2014(7):54-59.

式中，由于社会组织受到双重管理体制的制约，社会组织与政府之间在权责方面并不清晰，在所要承担的责任方面相互推诿。在这种情况下，政府和社会组织的合作型关系使双方有了合理的分工，明确了双方的权利与责任，避免了双方在权利与责任上的纠葛。只有明确了社会组织与政府的权利和责任，社会组织在参与社会治理方面的效率和质量才会显著提高，人民群众的公共利益才能得到根本保障。

第二，地位平等。我国社会组织从成立之初，国家就对其实行了双重管理的制度体系，这就使我国的社会组织直接受制于政府，社会组织在参与社会治理时会受到政府的压力。在双重管理体制下，社会组织成为政府的一个从属机构，其与政府之间在参与社会治理方面的地位并不平等。而如今的社会组织在参与社会治理方面与政府之间的合作式治理明确规定了双方在合作过程中处于平等地位，只是政府在一定程度上需要起到监督社会组织正常运行的职责。只有双方地位平等的合作式治理才能使人民群众的公共利益得到最大限度的满足，社会组织才能真正体现出自身的价值。

第三，分工明确。在合作型关系下，政府的主要职责是从宏观方面制定政策，调控及提供一定的资金支持，最大限度满足人民群众的基本公共需求。社会组织的主要职责是根据政府的宏观政策为人民群众处理具体的社会公共事务和提供公共物品与服务。这样就能从根本上提高公共物品与服务的质量和效率。

第四，彼此信任。相互信任是资源共享的基础，政府要将"不该管""管不好"的事务交给社会组织，并提升社会组织自我管理能力；社会组织应努力成为政府推广各类新兴体育活动的"帮手"，培养社会责任意识，提升社会服务能力，推动政社关系的建立。[1]在我国传统的社会组织参与社会治理的不平等合作模式中，正是由于政府在社会公共领域对非政府组织的不了解、不信任，才导致政府不敢轻易放权给社会组织，造成了公共服务和公共物品供给效率低下。如今，合作式治理模式的一个首要前提就是社会组织与政府之间需要互相信任，只有彼此信任，政府才能在社会公共领域把应该由社会组织去治理的事务交还给其去处理，社会组织在参与社会治理方面的效率才能得到一个质的提高，人民群众的公共利益才能得到根本保障。

（2）政府与社会组织合作型关系的优势

第一，弥补资源空缺。目前，我国社会组织成长的政策环境、资源环境与

---

[1] 陈丛刊，肖磊.资源依赖关系下政府培育新兴体育社会组织的路径探索[J].四川体育科学，2021，40（4）：79-82.

文化环境远不能满足社会组织发展的需要。在这种情况下培育社会组织，要根据社会组织发展的需求与阶段提供服务，不能一味地追求数量。在政府职能转移的背景下，政府与社会组织合作型关系可以表现为：提供办公场地等基础设施、提供适当的资金支持等，帮助刚成立的社会组织应对资金短缺和人员不足等方面的困难，降低社会组织的创业风险与创业成本，提高社会组织的存活率。与此同时，这种合作型关系有助于政府与社会组织之间进行沟通，有针对性地对需要外部力量支持的社会组织提供帮助，为社会组织的发展创造良好的环境。

第二，规范组织建设。政府与社会组织的合作，可以提高人员与组织的专业能力水平。一方面，通过对组织人员进行培训，提高人员的专业性。通过社会工作专业人才建设，大量培养和使用专业社会工作者。另一方面，社会组织培育中心可以作为信息咨询平台，为社会组织提供各方面的专业咨询服务。通过对组织的服务能力、资源获取的动员能力、组织治理能力、战略管理和运作等基本能力建设的学习与培训，帮助社会组织逐步建立起规范的管理制度，形成清晰的业务发展模式与较强的服务能力。

第三，促进政社交流。政府和社会组织通过合作，可以建立政府行政管理与社会组织之间的互动关系。政府与社会组织密切合作，分工明确，政府提供政策与资源保障，社会组织负责专业运作。社会组织通过与政府合作，可以促进其与多部门沟通、合作，更好地推动公益事业在全社会内的发展。加大政府与社会组织的信息分享力度，着力解决信息不对称问题，强化政府、社会组织与人民群众之间的联系，提升政府对社会组织的培育效果，满足人们日益变化的需求，不断增强人民群众的获得感和幸福感。[①]

2. 政府与自发性群众体育组织合作关系的形成

推动自发性群众体育组织实现自主、自立、自律的发展，是实现组织可持续发展的前提，顺应了"构建小政府、强社团、大社会的体育发展新格局"[②]的总体思路，这与中国国家与社会关系由"强国家－弱社会"向"强国家－强社会"发展的历史趋势是相吻合的。

当前，自发性群众体育组织与政府资源依赖关系中存在的诸多矛盾，主要是由于政府与自发性群众体育组织之间在依赖上不对称。尽管由资源交换带来的自发性群众体育组织与政府合作已经存在于各地的实践中，但由于中国目前

---

① 陈丛刊，肖磊. 资源依赖关系下政府培育新兴体育社会组织的路径探索[J]. 四川体育科学，2021，40（4）：79-82.
② 同①.

缺乏制度化的渠道来保障自发性群众体育组织与政府之间的沟通，从而带来两者合作的非常态化，这需要政府提高支持政策的可操作性。

首先，构建政府与自发性群众体育组织双方的独立性。政府与自发性群众体育组织保持相对独立，是实现双方互动合作的前提。政府是社会权利和资源的控制者，因此在这一过程中应当表现得更加积极、主动，逐渐放弃对自发性群众体育组织的控制，承认其独立性，并以制度性的法律规范作为保障，使自发性群众体育组织拥有一个合法的活动空间，防止政府权力的越位和对自发性群众体育组织的不法侵害；而自发性群众体育组织也要充分利用改革的有利条件和机遇，积极主动地回应社会需求，强调公民社会组织的特性，完善自治的功能，减少对政府的依赖和附庸，保持独立自主，有意识地自下而上推动公民社会的构建。[①]

其次，建立完备的自发性群众体育组织登记管理制度，完善自发性群众体育组织管理的法律法规，简化自发性群众体育组织的注册程序，切实保障自发性群众体育组织成员的根本利益。要建立一套科学合理的监督评估机制，坚持政社分开，管办分离；坚持客观公正，公开透明，确保评估公信力；坚持引导激励，促进自发性群众体育组织健康有序地发展。

最后，鼓励自发性群众体育组织承办各种赛事活动，给予自发性群众体育组织展示服务能力与组织能力的平台和机会，完善政府对自发性群众体育组织的监管体系。

今后，自发性群众体育组织与政府会逐渐走向双方保持相对独立的合作关系，二者共同开展体育公共服务，进行良性互动，而不是目前的"政府主导式"合作关系。

二、政府培育自发性群众体育组织的阶段性特征

（一）从近期来看，政府培育的力度将加大

中国目前的改革路线是坚持推进社会体制的改革及公共服务供给机制的转型，自发性群众体育组织作为城乡社区服务类社会组织的一种，依据"重点培育、优先发展行业协会商会类、科技类、公益慈善类、城乡社区服务类社会组

---

① 乔松，王乐芝.中国草根组织与政府关系模式的探讨[J].吉林建筑大学学报，2009，26（4）：114-116.

织"[1]这一政策规定，在最近一段时间内，各地方政府对自发性群众体育组织的培育会在法律完善、政策引导、资源输入、人才培养等多个方面进一步加强，力度会进一步加大。目前，对社会组织的培育力度不断加大的过程中，如何培育扶持社会组织发展壮大仍将成为今后各地政策创新的重要方向。[2]在该阶段，政府应提高培育自发性群众体育组织举措的可操作性，以避免非常态化局面的出现。

第一，政府要与自发性群众体育组织保持相对独立。双方的相对独立是实现互动合作的前提。政府应逐渐放弃对自发性群众体育组织的控制，非使其成为政府事实上的从属机构，并以制度性的法律规范作为保障，使自发性群众体育组织拥有一个合法的活动空间，防止政府权力越位对自发性群众体育组织的侵害。第二，政府应与自发性群众体育组织合理分工，明确双方的权利与责任。合理分工要求政府主要从宏观层面制定政策、调控及提供支持，自发性群众体育组织依据宏观政策，处理具体的社会体育治理事务，提供体育公共服务。因权利与责任造成的纠葛是影响培育效率及质量的关键因素，政府应着力避免传统的社会组织进入社会治理的不对等合作模式中。第三，政府要建立一套科学合理的监督评估机制。这主要体现在三个坚持上，分别是：坚持政社分开，管办分离，调动各方积极性；坚持客观公正，公开透明，确保评估公信力；坚持引导激励，合理容错，营造创新导向性。

（二）从中期来看，政府培育逐渐转向政府支持

当政府培育自发性群众体育组织到一定程度时，政府"培育"会逐渐转变为政府"支持"。目前，从政府培育自发性群众体育组织所发挥的作用来看，重点还是在于向自发性群众体育组织提供经费、政社分立、政府购买服务、完善人事制度政策、提供税收优惠等，在人、财、物、政策等方面对自发性群众体育组织进行培育。当自发性群众体育组织自身能力提升、运作成熟后，政府支持自发性群众体育组织发展，不仅可以促进政府治理理念的变化，而且可以与自发性群众体育组织建立互助合作的关系。

---

[1] 国务院.国务院机构改革和职能转变方案（全文）[EB/OL].(2013-03-10)[2022-09-12].http://theory.people.com.cn/n/2013/0310/c40531-20738452.html.
[2] 许芸.社会治理视角下的社会组织培育与发展研究[D].南京：南京大学，2015.

（三）从长远来看，"培育"逐渐淡化，自发性群众体育组织自我发展能力形成

从长远来看，当自发性群众体育组织自身优势得到增强并充分发挥时，政府与自发性群众体育组织在关系上的角色又会发生改变，政府与自发性群众体育组织的关系会越来越趋向于双方都具有独立性的合作伙伴关系。在这种情况下，政府主导的地位会逐渐淡化，自发性群众体育组织的地位会逐渐提高。政府主导自发性群众体育组织发展的方式会慢慢退出，不会再对自发性群众体育组织进行培育，而是转为支持，最终形成与自发性群众体育组织的合作关系。因此，培育只是政府阶段性的任务，并不是长期任务。

经过培育和发展，政府与自发性群众体育组织最终会建立起保持相对独立的合作关系，只有这种合作型关系才能真正实现政府与自发性群众体育组织的双赢。

第三章

政府培育自发性群众体育组织的基本特征与主要矛盾

在明确政府培育自发性群众体育组织的必要性后，了解目前政府培育自发性群众体育组织的现状，深入分析政府在培育过程中面临的矛盾，既是全面认识自发性群众体育组织的需要，更是进一步明确政府如何培育的需要。本章从政府培育的基本情况、表现特征及主要矛盾三个角度出发进行研究，明确目前政府培育的状况，为政府的培育提供依据。

第一节 政府培育自发性群众体育组织的基本情况

一、培育政策：以政策倡导方式为主，操作性、具体性政策措施少

从政策执行的效果分析，理想化的政策执行，既需要表态性和倡导性的政策，也需要操作性和具体性的政策措施，这样才能完成预设的政策目标。但如果只有倡导性的政策呼吁引导，没有具体细化的配套措施，就难以实现预期的目标。

中央部委发布倡导性、鼓励性政策，需要明确操作性细则，而如果没有明确规定，往往这些好的政策倡议很难落地见效，如一些关于大力发展全民健身基层组织有关的政策。2009年，国务院颁布的《全民健身条例》非常突出地对全民健身基层组织建设进行了规范，明确"国家推动基层文化体育组织建设，鼓励体育类社会团体、体育类民办非企业单位等群众性体育组织开展全民健身活动"，后又在"全民健身活动"一章，对基层文化体育组织、全民健身活动站点、体育俱乐部等群众性体育组织开展全民健身活动做出规定。2012年，国务院颁布的《国家基本公共服务体系"十二五"规划》中把"健全基层全民健身组织服务体系，扶持社区体育俱乐部、青少年体育俱乐部和体育健身站（点）等建设"确定为"十二五"期间发展群众体育的重点任务。虽然明明存在这样一些政策，但在实际执行过程中，对全民健身基层文化体育组织的管理和建设仍然缺乏具体的操作性措施，导致我国仍存在大量未登记注册的健身站点，其普遍面临缺少工作指导、活动阵地和经费支持的状况，不能充分发挥其维护社会稳定和谐的作用，也无法做到可持续发展，更没有力量成为体育部门

的助手。政策实施效果不好。同样的，2016年，中共中央办公厅、国务院办公厅明确提出要重点培育、优先发展行业协会商会类、科技类、公益慈善类、城乡社区服务类社会组织。①2019年8月，国务院办公厅颁布了《体育强国建设纲要》②，体育社会组织建设作为9项重大工程之一列入其中，充分体现了体育社会组织在体育强国建设背景下扮演着重要角色。但审视其发展现状，这些政策在实践中并未得到贯彻落实，仍处于倡导向执行的过渡阶段。

与操作性细则同样重要的是，地方政府需出台相应的配套政策与实施方案，形成自上而下的系统性的实施方案与操作性细则，否则预期的政策目标很难实现。比如，我国政府出台了许多重视基层体育组织的政策，同样和自发性群众体育组织有关。1997年，国家体委联合有关部委制定的《关于加强城市社区体育工作的意见》中，提出要逐步建立健全以社区体育组织为主体的社会体育组织网络，发挥街道文化站的作用，组建街道内的体育协会、文体中心、体育指导站、健身俱乐部，建设好晨、晚练指导站。2002年，国家体育总局和农业部发布的《农村体育工作暂行规定》，对县、乡镇、村和居民小区分别建立社会体育指导中心、体育指导站、体育健身点进行了规范。③2011年，国务院颁布的《全民健身计划（2011—2015年）》将"全民健身组织网络更加健全"作为重要的目标任务，并提出相关的建设措施。④但在执行过程中，各地方政府更多的是传达中央政府文件内容，并未根据当地实际情况，制定出因地制宜的具体实施细则。比如关于国务院颁布的《全民健身条例》《全民健身计划（2011—2015年）》《全民健身计划（2016—2020年）》等政策文件，各地在执行这些文件的过程中，也只是照搬原政策内容，在这些文件名前加上各省、市、县的名字，如《××省（市、县）全民健身条例》《××省（市、县）全民健身计划（2011—2015年）》《××省（市、县）全民健身计划（2016—2020年）》等，而政策内容几乎没有任何变化，也没有任何相应的配套政策方案，因此政策执行不具有可操作性。

---

① 中共中央办公厅，国务院办公厅.中共中央办公厅　国务院办公厅印发《关于改革社会组织管理制度促进社会组织健康有序发展的意见》[EB/OL].（2016-08-21）[2022-09-12]. http://www.gov.cn/zhengce/2016-08/21/content_5101125.htm.
② 国务院办公厅.国务院办公厅印发《体育强国建设纲要》[EB/OL].（2019-09-02）[2022-09-12]. http://www.gov.cn/xinwen/2019-09/02/content_5426540.htm.
③ 国家体育总局，农业部.农村体育工作暂行规定[EB/OL].（2002-04-12）[2022-09-12]. https://www.sport.gov.cn/gdnps/files/c25528594/25528626.pdf.
④ 国务院.国务院关于印发全民健身计划（2011—2015年）的通知[EB/OL].（2011-02-15）[2022-09-12]. http://www.gov.cn/zwgk/2011-02/24/content_1809557.htm.

二、培育态度：优先培育与"底线管理"

正式自发性群众体育组织主要是指已注册登记的组织，这些组织具有合法身份，是目前我国政府培育的主要对象，政府会优先培育已注册登记的自发性群众体育组织（如体育社团、民办非企业单位和基金会），对非正式自发性群众体育组织更多的是注重管控而非培育。

控制与合作是我国政府对社会组织政策的两大典型特征。一方面，我国政府培育发展社会组织的重要政策目标之一是建立良性健康的政社关系，其要义既包含政社分开，也更加强调如何推动社会组织发挥积极作用，从而使政府能有效借助社会组织的跨部门优势提升社会治理绩效。另一方面，有效地控制社会组织可能带来的潜在风险和挑战一直是政府各项政策中首要且反复强调的目标。这意味着在政社合作之外，政府的政策目标同样包括在政社关系中保留对社会组织必要的风险控制。我们从政府对未登记注册的非正式自发性群众体育组织采取"底线管理"的态度也可以看出，政府对这类组织的管控明显多于培育。

现阶段，我国政府多对未登记注册的非正式自发性群众体育组织采取"底线管理"的策略，体现在保证社会安全的前提下任其发展。"底线管理"具体体现在"不承认、不干预、不取缔"几个方面。[①]

"不承认"主要与未登记注册的自发性群众体育组织不具有法律合法性、其所有的消极作用及政府传统观念中对社会组织的负面认识有关。

首先，未在民政部门登记的社会组织，从法律范畴上来讲是非法组织，正是因为这个特殊身份，政府对一些自发性群众体育组织的态度是相当谨慎和微妙的。

其次，自发性群众体育组织具有的消极作用，对社会稳定造成潜在威胁（如"法轮功"的前车之鉴），是政府部门非常担心的，导致政府对其具有强烈的戒备心。同时，当前大多数自发性群众体育组织和政府的联系比较松散，即使是在民政部门登记了的合法组织，与登记之前寻找的挂靠的业务主管单位之间的关系，也是处于一个较为松散的状态，并没有在财政支持和人员指导等方面有依赖交叉的关系。而大量的自发性群众体育组织尚未在民政部门登记，这种联系就显得更为松散了。某些自发性群众体育组织规模达到了一定程度，会

---

① 刘国永，戴健. 中国群众体育发展报告（2016）[M]. 北京：社会科学文献出版社，2017：192.

引起政府的注意，而大量的自发性群众体育组织在目前管理体制下，因规模比较小而无法获得合法登记的资格，政府根本无法对它们的情况有全面的了解。[1]

最后，传统观念中政府对社会组织存在负面认识。改革开放前，我国政府发挥社会主义能够集中力量办大事的优越性，统筹处理社会各项事务；而在建设社会主义市场经济的过程中，政府依旧采用计划经济遗留下来的行政化手段处理事务，忽视了社会组织在国家治理中的主体位置。因部分社会组织出现扰乱社会治安与稳定的事件，民政部分别于1989年、1996年和1999年对社会组织进行了三次清理整顿，致使部分政府官员对社会组织存在固有的负面认识，并对社会组织持有敌对的态度，担心其壮大对政府本身行政造成影响。[2]我国在20世纪90年代中后期也对体育社会组织进行了两次清理整顿，这期间一些管理与自律机制不完善的组织及非法的气功类社会团体等被大规模注销和取缔，从而强化了对体育社会组织尤其是对自发性群众体育组织的管控。

"不干预、不取缔"与自发性群众体育组织本身的积极作用有关，同时与政府职能转变需要自发性群众体育组织也有关。

首先，自发性群众体育组织具有对个人、社会、政治、经济等多方面的积极作用。在基层，自发性群众体育组织是社区居民组织自主性的结社，在一定区域内的人群可以进行有组织的体育健身、互相传授体育技能，在社会上可以起到积极的作用，这恰好是政府需要的。当前，政府虽然掌握着大量的社会资源和体育资源，但在体育体制改革的大背景下，加之自身的能力有限，不可能全面介入所有的体育公共服务。

其次，政府需要自发性群众体育组织承接政府转移的职能。社会大众的体育与利益需求随着市场经济的发展越发多元化，同时为了降低政府管理的成本，政府与社会大众之间的信息交流需要中介性组织——体育社会组织进行传递、沟通。2004年，国务院提出建设"服务型政府"的目标，为改变以往全能政府的旧面貌，政府主动向社会转移职能，由直接提供转向间接提供，而职能的转移需要一定的社会基础，否则有限政府的新角色只能是一纸空谈，转移的体育职能仍然需要体育社会组织承担。大多数自发性体育社会组织扎根于基层，受到社区居民和居委会的认可，因而具有社会合法性，部分自发性群众体育组织因在社区扮演更为重要的角色，而具有了一定的政治、行政合法性，是对公共

---

[1] 张金桥.我国自发性体育社会组织的合法性及其发展中的政府职责[J].天津体育学院学报，2013，28（3）：213-218.
[2] 黄晓勇.中国社会组织报告（2020）[M].北京：社会科学文献出版社，2020：4-5.

体育服务供给的有益补充。因此，政府需要围绕职能转变，针对性地对自发性群众体育组织加以培育，以满足民众对于公共体育服务供给的需求减少公共服务低效的现象。

因此，政府对未登记注册的自发性群众体育组织的管理存在着一个非常矛盾的心理，"不承认、不干预、不取缔"的"底线管理"策略成为政府目前的必然选择，这种策略也被称作"有限放任"管理。客观评价政府对自发性体育社会组织的"有限放任"管理，并不只是产生负面效应，也产生了一定的正向作用。一方面，因长期以来政府职责的"缺位"，自发性体育社会组织的发展未得到良好的引导；另一方面，因其对组织发展的"放任"，从某种意义上来讲，"宽松"的环境为自发性群众体育组织保持原有的自主性提供了土壤。①

三、培育对象：以政府的需求与偏好为主进行选择性培育

当前我国政府培育社会组织的主流模式以政府的需求与偏好为主，工具性、选择性地培育和支持某一类社会组织。②③在我国自发性群众体育组织培育过程中也是如此，主要是顺应国家发展需要，培育政府急需的自发性群众体育组织，因此政府会通过选择性培育手段进行培育。选择性培育是指政府在培育社会组织的过程中，有选择地对某些或某类组织进行培育。通过"选择性发展"来加强对组织的控制是指筛选与政府目标相契合的社会组织进行资助。④

因自发性群众体育组织类型多样，考虑到资源有限性和效益最大化，难以使每类组织都充分发展，为减少成本支出，会对政府本身和社会所倡导培育的自发性群众体育组织进行选择。

就组织类型而言，现阶段我国重点培育和优先发展行业协会商会类、科技类、公益慈善类、城乡社区服务类等社会组织，"公益性、互益性"是这些组织的本质特征，其中，政府培育城乡社区服务类社会组织可使其提高协助政府提供公共服务的能力，这点恰好是政府所急需的，是基本职能在社会的延伸，

---

① 张金桥.我国自发性体育社会组织的合法性及其发展中的政府职责[J].天津体育学院学报，2013，28（3）：213-218.
② 黄晓春.中国社会组织成长条件的再思考：一个总体性理论视角[J].社会学研究，2017，32（1）：101-124.
③ 栾晓峰."社会内生型"社会组织孵化器及其建构[J].中国行政管理，2017（3）：44-50.
④ 郎维，戴健.中国群众体育发展报告（2019）：中国群众体育发展70年[M].北京：社会科学文献出版社，2019：84.

因此可得到更多的扶持。我国大多数自发性群众体育组织属于城乡社区服务类的组织，其将是重点培育的对象。同时，基层自发性群众体育组织也是政策要求重点培育和扶持的对象，党的二十大报告提出"健全城乡社区治理体系，及时把矛盾纠纷化解在基层、化解在萌芽状态"[①]。近年来，社区社会组织成为我国各级政府重点培育和扶持的社会组织类型，《民政部关于大力培育发展社区社会组织的意见》中就提出"发挥社区社会组织在源头治理方面的积极作用，协助提升社区矛盾预防化解能力"，这为未来重点培育和扶持基层自发性群众体育组织提供了政策依据。

就组织性质而言，政府会优先培育具有公益性的自发性群众体育组织，如志愿服务类的体育社团（如体育志愿者协会）、民办非企业单位类的青少年体育俱乐部等。其次是互益性体育组织，如老年人体育协会、农民体育协会等。

就组织的合法性而言，目前政府优先培育已注册登记的自发性群众体育组织（如体育社团、民办非企业单位和基金会），其次是备案登记的自发性群众体育组织（如体育健身指导站、社区体育协会等）。既未登记也未注册的自发性群众体育组织则面临着"底线管理"。

就组织的合作关系而言，政府优先选择具有官方背景的体育社会组织进行合作。以常州市体育局购买全民健身赛事活动为例，2017年共有35家中标单位，其中24家单位属于体制内组织（市、区级体育协会），其余的除8家企业外，仅有3家单位是草根体育组织。[②]对于自发性群众体育组织来说，只有依附政府或体制内的自发性群众体育组织才易于获得政府选择培育。当前政府培育自发性群众体育组织以政府的需求与偏好为主，工具性、选择性地培育和支持某一类自发性群众体育组织，容易导致自发性群众体育组织结构单一、多样性和活力不足，难以形成多样的、具有自主培育和相互促进功能的自发性群众体育组织生态系统。

当然，需要明确的是，选择性培育与对社会组织的监管不同，其是可以双向选择的，而政府、民众和第三方机构对于社会组织的监督是强制性的，在选择性培育的过程中，政府作为培育主体，会选择性地培育某类组织中的某些组织。对社会组织而言，对政府的培育也拥有一定的选择性，可以选择接受也可以选

---

① 习近平.高举中国特色社会主义伟大旗帜　为全面建设社会主义现代化国家而团结奋斗：在中国共产党第二十次全国代表大会上的报告[EB/OL].（2022-10-25）[2022-12-15].https://www.gov.cn/xinwen/2022-10/25/content_5721685.htm.
② 郎维，戴健.中国群众体育发展报告（2019）：中国群众体育发展70年[M].北京：社会科学文献出版社，2019：84.

择不接受。[1]自发性群众体育组织作为众多的培育客体之一，同样可以选择是否接受培育。

四、培育模式：以直接培育模式为主，间接培育模式为辅

近年来，我国各级政府积极推进对自发性群众体育组织的培育，并给予大力支持。目前，培育自发性群众体育组织主要采取提供税收优惠、建立公益组织孵化器、列入政府规划、政府购买服务、给予财政支持、公益创投、组织培育倡导、提高组织工作人员社会保障水平、建立枢纽型体育社会组织等具体方式。

当前，培育和发展社会组织成为政府的一项重要工作。各级政府对社会组织的支持力度迅速加大，并主导了区域内的社会组织培育，政府对社会组织培育和支持的各种方式引起了学术界对政府培育发展社会组织模式的关注与探讨。根据政府在培育中是否引入社会培育主体及政府介入社会组织培育程度的差异，可将政府培育模式分为两种类型：由政府主导、以行政机制配置培育资源的直接培育模式，和由政府赋权支持型社会组织、以市场和社会机制配置资源的间接培育模式。[2]我国自发性群众体育组织的政府培育也分为这两种模式。

首先，政府主导的培育模式是当前社会组织培育的主流方式。[3][4][5]我国自发性群众体育组织的培育也主要是由政府主导的，政府直接或通过支持型社会组织培育自发性群众体育组织。前者如中央和地方财政支持自发性群众体育组织参与公共体育服务示范项目，方案的评审、申报资料审查和专家评审主要由各省级民政部门与体育行政部门负责组织实施，政府在这个过程中起主导作用。例如，江苏省体育局采用以奖代补的财政补贴方式培育全民健身活动站点，各地政府向自发性群众体育组织购买体育公共服务等。后者较为典型的是政府与支持型社会组织合作、以政府为主导的培育方式。例如，张家港市民政局出资建立张家港市公益组织培育中心（以下简称"张家港培育中心"）是支持型社会组织培育自发性群众体育组织的政社合作培育方式。在这种方式中，支持型

---

[1] 徐家良.社会团体导论[M].北京：中国社会出版社，2011：79.
[2] 郁建兴，滕红燕.政府培育社会组织的模式选择：一个分析框架[J].政治学研究，2018：42-52.
[3] 李培志.规范增能与协同治理：推动建设"伙伴式"街道社区社会组织联合会[J].学习与探索，2017（12）：42.
[4] 周俊，赵晓翠.脱钩改革后行业协会商会的转型发展：模式与挑战——基于S市A区的实证分析[J].治理研究，2018（4）：30.
[5] 马庆钰，廖鸿.中国社会组织发展战略[M].北京：社会科学文献出版社，2015：203.

社会组织与政府是单向的非制度性依赖关系，政府直接资助或以购买服务委托业务的方式实际上确定了支持型体育社会组织的重点任务和目标，嵌入政策、管理、经济和结构等多个层面，对自发性群众体育组织的培育进行控制。当前，各地由政府出资组建、以政府资金为主要来源的孵化器、公益园，以及具有各类官方背景的支持型社会组织，大多属于该类型。

其次，一些地方在实践探索中走出了不同路径，政府赋权支持型体育社会组织的间接模式正成为地方自发性群众体育组织培育的新兴形式。例如，上海市通过建立上海市社区体育协会，政府赋权这类枢纽型（支持型）体育社会组织，培育自发性群众体育组织的政社合作培育方式，使上海市社区体育协会成为社会治理创新和体育社会组织培育的重要枢纽。该协会在形式上虽与其他地区的官办支持型社会组织差异不大，但其实际运行逻辑存在明显差异。该协会与不同层级的政府部门之间形成了基于购买服务的合作伙伴关系，在自发性群众体育组织培育、资源配置等方面更多地体现了自发性群众体育组织的需求和偏好。这种与实际需求紧密结合的培育模式能够实现培育方案的迭代升级。北京市体育总会、安徽省体育总会、江苏省各级体育总会都在体育社会组织发展中充分发挥枢纽型组织的作用来培育自发性群众体育组织，这些枢纽型组织与政府之间呈现了一种合作伙伴关系。一方面，枢纽型组织通过制度化途径参与政府有关重要会议并发表意见，从而影响政府对社会组织的政策；另一方面，枢纽型组织认为其与政府之间是一种基于购买服务合同的平等合作关系，组织独立运行、自主确定目标和重点工作。在自发性群众体育组织培育中，该支持型组织体现了较大的包容性和多元性支持，为自发性群众体育组织的培育发展设立了"缓冲带"，从而有效支持了自发性群众体育组织发展的多元化。此外，深圳、杭州等地也涌现了一些政府赋权支持型社会组织的间接支持案例，但当前这些地方实践较少得到学界重视，更缺乏对这些不同于以往的培育模式的系统性研究。本书将在第七章选取部分典型模式案例进行专门探讨。

五、培育效果：总体成效不足

政府培育社会组织的方式多种多样，一些地方政府正在不断探索运用多种培育方式并将一些自发性群众体育组织纳入培育对象。但与社会组织培育的多种方式相比，自发性群众体育组织的培育手段较单一，目前主要是政策倡导的方式，培育扶持政策工具单一化，难以发挥培育的整体效应。而政府购买服务、公益创投、公益组织孵化器、枢纽型社会组织等培育方式，主要针对的是正式的自发性群众体育组织，并且门槛较高，仅有极少数自发性群众体育组织能够获得培育机会。加之当前政府培育社会组织的主流模式以政府的需求与偏好为主，政府的选择性培育方式也会导致很多自发性群众体育组织无法获得培育机会；同时工具性、选择性地培育和支持某一类自发性群众体育组织，使得自发性群众体育组织结构单一、多样性和活力不足，难以形成复杂多样、具有自主培育和相互促进功能的自发性群众体育组织生态系统，在这种模式中，政府往往成为培育方案的实际设计者，培育方案缺少针对性和专业性，效果难以保证。更为严重的是，这种依附政策资源支持的发展模式具有系统性风险，一旦政府政策调整，自发性群众体育组织系统的发展将会遭遇重创。当前，这种政府培育模式存在的缺陷使其培育的自发性群众体育组织系统难以实现结构合理、功能完善、充满活力的目标。

目前，自发性群众体育组织仍呈现总量不足、发展不均衡及整体发展质量不高等问题。政府培育自发性群众体育组织的目的是增强自发性群众体育组织的能力，承接市场和政府的相关职能，提供行业规范和行业标准，服务群众，促进自发性群众体育组织健康发展。从政府的培育目的来看，目前自发性群众体育组织培育的总体成效不足，达成政府培育自发性群众体育组织的目的有待政府培育政策、培育手段、培育模式等的不断完善。

第二节 政府培育自发性群众体育组织的表现特征

一、政府的主动性

自发性群众体育组织的培育主体是政府，根据政府职能转变、体育事业发展、市场经济秩序的需要，政府积极主动地进行培育，体现出特有的能动性。因此，政府拥有较大的自由裁量权，决定应该对哪一类自发性群众体育组织进行培育，在培育过程中采取何种培育策略、投放多少资源等。

但政府应明确培育目标。政府在社会组织形成过程中具体可划分为政府培育和政府控制两种不同的作用方式，政府培育社会组织表现为政府使用可支配的资源和权利，帮助、扶持体育社会组织的形成和发展；政府控制是指政府通过一些机制和措施，有意识地影响组织的决策和行为，从而达到政府的目标。[①]目前，政府对于自发性群众体育组织的培育是培养社会力量、鼓励民众积极参与，这是培育自发性群众体育组织的基本目标之一。因此在政府培育自发性群众体育组织的过程中，应始终明确这个目标，避免政社不分，行政干预太多，形成以政府为核心的严格控制，以及"社会自主"与"政府主导"的矛盾。要让政府培育成为体育社会组织发展的主导路径。

二、自发性群众体育组织的被动性

自发性群众体育组织是政府培育的客体和工作对象，在自发性群众体育组织的培育过程中表现为一定的被动性。这是一种被动性地"接受资源和服从命令"的状况。当然，在特定的条件下，自发性群众体育组织也有一定的主动性，通过表达与呼吁，使自发性群众体育组织的需求被政府认识和感知，再吸纳到政府所采取的措施中。

政府在培育自发性群众体育组织的过程中应维护相对公正、公平的组织发展环境。市场经济是公平经济和竞争经济，政府在采取培育自发性群众体育组织的法律法规、政策措施时，要维护相对公正、公平的组织发展环境，不能由于需要培育某类自发性群众体育组织，而出现扭曲法律的基本精神和造成自发性群众体育组织之间出现极度不平等的现象。

三、选择性培育

根据社会发展需要，政府有重点、有选择地培育公益性、互益性的体育组织和城乡基层自发性群众体育组织，同时鼓励社会力量兴办民办非企业单位，使这一类自发性群众体育组织在比较短的时间内，不仅在数量上，而且在规模

---

① 郑琦.论公民共同体：共同体生成与政府培育作用研究[M].北京：中国社会出版社，2011：54.

和能力上都有较大改观。对自发性群众体育组织而言,对政府的培育也拥有一定的选择性,既可以选择接受,也可以选择不接受。这与自发性群众体育组织的登记、监督管理的限制性和不可选择性有重大区别。

政府在选择培育某类自发性群众体育组织并给予一定政策资源时,需要对该类自发性群众体育组织的实际状况有一个清晰的了解,以保证培育的某类自发性群众体育组织确实是需要进行培育的,培育所提供的资源是该自发性群众体育组织确实需要的。

四、公益性、互益性与需求性并重

并不是所有的自发性群众体育组织都在培育管理的范围内,要对自发性群众体育组织进行选择,根据各地的实际需要,满足社会公众和社会经济发展的不同需求。接受培育的自发性群众体育组织一般都具有公益性或互益性。

五、鼓励性培育

自发性群众体育组织培育所使用的手段不是惩罚和约束,而是给予一定的资金、授权和委托相应的职能等,是一种鼓励性的活动。[1]其目的是提高自发性群众体育组织的能力和公信力,承接政府转移的体育职能。

六、培育发展与监督管理并重

社会组织既能对社会产生积极作用,也能在现实生活中产生消极作用,当然社会组织的积极作用是主要方面,社会组织的双重作用决定了政府在管理过程中的双重任务。[2]因此,对自发性群众体育组织的管理来说,既需要政府对自发性群众体育组织进行培育,发挥自发性群众体育组织的积极作用,也需要政府对自发性群众体育组织进行监督,抑制自发性群众体育组织的消极作用,培育发展和监督管理是政府要完成的两个任务。

---

[1] 徐家良.社会团体导论[M].北京:中国社会出版社,2011:74-96.
[2] 陆明远.培育与规制:中国政府的社会组织管理模式研究[M].天津:天津人民出版社,2010:10-11.

第三节 政府培育自发性群众体育组织的主要矛盾

一、"社会自治"与"政府主导"的矛盾

目前，政府对于自发性群众体育组织的管理是培养社会力量，激活公民及社会组织参与社会建设和管理的动力与责任感。可见，鼓励民众积极参与是目前培育自发性群众体育组织的基本目标之一，是政府培育自发性群众体育组织的基本指导思想，但目前的实际管理模式是以政府为中心的严格管理，这就造成了政府管理一个核心任务的矛盾，即"社会自治"与"政府主导"的矛盾。其主要是指"社会自治"发展目标与目前中国自发性群众体育组织所处的"政府主导"的管理模式之间的矛盾。

我国自发性群众体育组织的生成是一个"自下而上"的过程，虽在形式上完全符合社会组织的逻辑原理，即具有民间性、自治性、公益性等共性特征，同时还具有广泛性、群众性的个性特征，但在现实中却很难保持自治性。对社会组织严控的观点仍然在影响着政府对自发性群众体育组织的态度，如"政府仍以计划经济时代的思维对待社区新兴的体育草根组织，将其纳入行政体系管理的旧框架，重视对其的管理"[1]。同时，自发性群众体育组织对政府也有一种矛盾心理，一方面希望政府能够在政策上或资金上给予一定的支持；另一方面担心政府给了支持后会介入组织的运作，进而影响到组织的自治性，从而被政府控制。[2]

目前，我国自发性群众体育组织更多地受到双重管理体制的限制，政府与社会的职能界限仍未厘清，2019年颁布的《体育强国建设纲要》中虽提出"降低体育社会组织的准入门槛"的条款，[3]但缺乏明确的操作方法，未为各级政府、

---

[1] 汪流.草根体育组织与政府关系向度研究[J].西安体育学院学报，2014，31（1）：6-11.
[2] 张金桥.我国自发性体育社会组织的合法性及其发展中的政府职责[J].天津体育学院学报，2013，28（3）：213-218.
[3] 国务院办公厅.国务院办公厅印发《体育强国建设纲要》[EB/OL].（2019-09-02）[2022-09-12].http://www.gov.cn/xinwen/2019-09/02/content_5426540.htm.

部门采取具体行动提供具体的指导方案。我国各地体育事业发展水平不一，需从其实际出发，由各地自主探索达成一个统一、有效的路径。"降低体育社会组织的准入门槛"更多地体现我国"社会自治"的实质仍是由政府主导，自发性群众体育组织仍是居于被动地位，可见"社会自治"与"政府主导"这对基本矛盾在体育部门同样存在。

当然，对于自发性群众体育组织中的草根体育组织来说，正是依附性关系和不可或缺的政府培育与扶持（便是一种默许）造就了各地基层草根体育组织发展的繁荣局面。然而，基层草根体育组织大发展的背后是其"社会自治"与"政府主导"相矛盾的尴尬局面。[1]

二、不同管理部门之间的矛盾

不同管理部门之间的矛盾主要有两个方面，一方面是业务主管部门和登记管理机关之间的矛盾，另一方面是不同层级部门管理机关之间的矛盾。

首先是业务主管部门和登记管理机关之间的矛盾，这两个部门之间的矛盾是正式的、在民政部门登记的自发性群众体育组织要面对的。我国现行政府管理社会组织的法律主要是《社会团体登记管理条例》和《民办非企业单位登记管理暂行条例》，这两个法律对于主管单位和登记机关的职能范围做出了规定，但两者在筹备、审查和监督等方面的职能有所交叉，造成了两者各自负责的范围有所重叠。[2] 为了在民政部门注册，获得合法身份，未注册的体育社会组织必须先寻找挂靠单位，而体育行政部门本身事务繁重，不愿作为体育社会组织的主管单位，这对自发性群众体育组织的登记注册和管理产生了不必要的障碍。

其次是不同层级部门管理机关之间的矛盾，体现在中央政府与地方政府出台法规政策的不一致上。除了我国国务院规定的三大条例外，我国各省、市都有相应的社会组织管理规章，不同层级、不同职能的政府部门都要从本职工作出发制定社会组织的管理制度。[3]

比如，2016年，民政部对1998年颁布的《社会团体登记管理条例》进行了修订，提出行业协会商会类、科技类、公益慈善类、城乡社区服务类等四类社

---

[1] 汪流.草根体育组织与政府关系向度研究[J].西安体育学院学报，2014, 31（1）: 6-11.
[2] 陆明远.培育与规制：中国政府的社会组织管理模式研究[M].天津：天津人民出版社，2010: 199.
[3] 同②.

会组织可在民政部门直接登记。[①]但民政部门实行直接登记的法案后,对登记管理机关、行业管理部门和原业务主管单位三部门的各自工作内容、相互关系都未做出新的界定与解读,这给予地方政府极大的自主操作空间,[②]导致部分地区的主管部门对于直接登记的问题持"畏首畏尾"的态度,[③]也出现了"哪类体育社会组织是可以直接登记"的问题,有些地市对于体育社团的登记与监督,仍以双重登记管理制度为工作支撑,本可直接登记的体育社会组织仍要受到民政部门与体育行政部门的管理,[④]也正因如此,我国大量的自发性群众体育组织要在社会组织制度的冲突和矛盾中寻求合法的身份。

针对未达到登记条件的社会组织,我国民政部门提出了备案制,根据这个制度,未达到法人登记条件的自发性群众体育组织应根据其活动范围在属地民政部门授权备案管理的乡(镇、街道)或村(居)委会做备案登记;没有授权的应到属地管理机关进行备案登记。但在实际执行过程中,目前只有少数省市进行了备案制的探索,如北京、广东、南京、青岛等。2017年,北京市体育局、北京市体育总会还专门针对健身社会组织和健身团队制定了《关于健身组织备案工作的指导意见》,但大部分省市并没有实行备案制尤其是专门针对自发性群众体育组织的备案制,即使实行了备案制的省市,备案的组织数量也非常少,调查显示,在社区体育非营利组织中,只有26.51%的组织进行了备案登记,[⑤]这与地方政府在政策执行过程中不具有强制性有关,"政府没有要求强行登记,很多组织负责人怕麻烦,觉得没有必要进行登记备案"[⑥]。因而,出现了不同层级部门管理机关在政策制定和政策执行过程中的矛盾。

三、制度供给与需求的矛盾

自发性群众体育组织的发展需要制度支持,政府管理同样需要合理、合法的制度支持。我国现阶段有大量未登记的草根体育组织未获得合法的身份,而

---

① 中共中央办公厅,国务院办公厅.中共中央办公厅 国务院办公厅印发《关于改革社会组织管理制度促进社会组织健康有序发展的意见》[EB/OL].(2016-08-21)[2022-09-12].http://www.gov.cn/zhengce/2016-08/21/content_5101125.htm.
② 王帆宇.社会组织参与社会治理:现实困境与优化策略[J].湖北社会科学,2018(5):38-45.
③ 马金芳.我国社会组织立法的困境与出路[J].法商研究,2016,33(6):3-12.
④ 王凯珍,汪流,戴俭慧.体育社会组织建设与管理[M].北京:高等教育出版社,2016:67.
⑤ 吕万刚,孙立海.我国社区体育非盈利组织建设与发展研究[M].北京:北京体育大学出版社,2015:74.
⑥ 同⑤.

相关制度尚未涉及草根组织的身份界定，以及相关的行为规范，造成了制度供给与需求的矛盾。数量庞大的草根体育组织远远超过登记的体育社会组织的数量。从政府培育的视角来看，存在着政府管理触及不到的地方，有些组织，政府管不到、无法扶持培育，但这类组织更需要制度支持，特别是一些在群众体育活动中具有重要影响的组织，它们尚未在民政部门登记，无法获得法人的身份，工作的进一步开展缺少制度支持。可见，现有管理体制的局限性限制了草根体育组织的发展，由此导致了大量未登记的草根体育组织无法获得政府的扶持和培育，这两个方面因素共同构成了制度的有限供给和旺盛需求之间的矛盾，使得政府的培育难以与大量草根体育组织的需求相适应。

四、组织类型多样与政府选择的矛盾

我国自发性群众体育组织有着数量多、类型多的特点，在政府培育过程中，造成了组织类型多样与政府选择的矛盾。

从不同层级的自发性群众体育组织来看，有市、县、区层级的自发性群众体育组织；从自发性群众体育组织的形成来看，有在实践活动中自发形成的组织，有通过网络平台形成的组织；从组织的登记情况来看，有在民政部门正式注册登记的，有在街道和居委会等地备案的，有既未备案也未登记的组织；从组织的受益面及程度来看，有公益性组织和互益性组织等。

尽管政府拥有较大的自由裁量权，在培育过程中具有主动性，但面对种类如此繁多的自发性群众体育组织，应该对哪一类自发性群众体育组织进行培育，在培育过程中采取何种培育策略，投放多少资源等，将使政府面临选择性困难。

五、利益满足与精神满足的矛盾

有学者指出，在"利益满足与精神满足之间的矛盾"层面上可以反映草根体育组织与政府之间关系的矛盾，体现在社会大众追求利于自身的公共利益，而政府从绩效出发可能会忽视公共利益。[1]政府在保持质量的前提下趋向于提高效率和管理能力，但因缺少足够的国家大政方针的引导，地方政府的绩效评估仍是僵化的，绩效的评估指标存在偏差、不科学，且多为结果性指标，忽视

---

[1] 汪流.草根体育组织与政府关系向度研究[J].西安体育学院学报，2014，31（1）：6-11.

了各部门在服务过程中民众反馈的结果。以"全国文明城市"的评比为例,"业余群众文体活动团队数量、区级大型广场文化活动次数、每万人拥有社会体育指导员人数和经常参加体育锻炼人数"等四个指标分列其中[①],在基层进行的体育活动已然成为基层政府绩效评估的一部分,这些可量化的指标都可以由政府采取"行政化"的手段增加,于是社会大众进行的休闲、娱乐体育活动所追寻的公共利益缺少了自主性,淡化了和谐、祥和的氛围。

---

① 中央精神文明建设指导委员会. 全国文明城市数据指标[EB/OL].（2021-08-12）[2022-09-10]. http://www.ciudsrc.com/webdiceng.php?id=157271.

第四章

政府培育自发性群众体育组织的
运行机制与学理分析

在政府培育自发性群众体育组织的过程中，机制起着基础性作用。在理想状态下，良好的机制可以使一个社会系统接近于自适应系统，在外部条件发生不确定变化时能自动迅速地做出反应，调整原定的策略和措施，实现优化目标。因此，探究政府培育自发性群众体育组织的机制，把握政府培育自发性群众体育组织应遵循的规律，是政府培育目标实现的保证。

机制就是为实现某一功能、发挥某种作用，事物或系统内部各要素相互作用、协调运行的原理、方式和过程。[①]在本书中，"机制"的内涵主要倾向于组织内部各要素之间相互作用的过程与方式。由此，政府培育自发性群众体育组织的运行机制可以理解为政府在培育过程中，各工作部门或环节之间相互作用的机理与方式。我国政府培育社会组织的运行机制主要围绕政策、激励、动员、人才、治理、合作、组织等维度展开，结合我国政府培育自发性群众体育组织的过程特征，我国政府培育自发性群众体育组织的培育机制包含动员机制、激励机制、合作机制及保障机制四个层面。本章尝试从培育机制的构成要素和运行方式两个方面对各个机制进行阐述，从理论上解释政府如何培育。

第一节 政府培育自发性群众体育组织的动员机制

动员机制是动员主体为实现特定动员目标对动员客体所采用的动员策略、手段的总称。《中共中央关于制定国民经济和社会发展第十四个五年规划和二〇三五年远景目标的建议》中明确将坚持系统观念作为"十四五"时期经济社会发展必须遵循的原则之一。[②]在系统观视域下，社会动员是一个由动员主体、动员客体、动员关系、动员方式及动员环境构成的有机系统。[③]政府培育自发性群众体育组织的动员机制构成要素主要包括动员主体、动员客体，各要素之间相互作用、协调运行。

[①] 卫兴华, 洪银兴, 魏杰. 经济运行机制概论[M]. 北京: 人民出版社, 1989: 39.

[②] 中共中央关于制定国民经济和社会发展第十四个五年规划和二〇三五年远景目标的建议[EB/OL]. (2020-11-03)[2021-03-27]. http://www.gov.cn/zhengce/2020-11/03/content_5556991.htm.

[③] 玉苗. 中国草根公益组织培育机制研究[M]. 武汉: 武汉大学出版社, 2017: 65.

第四章 政府培育自发性群众体育组织的运行机制与学理分析

一、动员机制的构成要素

(一)动员主体

我国社会组织的动员是自上而下的动员,在政府培育自发性群众体育组织的动员机制中,动员主体自然是政府。本书对政府的概念限定在狭义的范围内,主要指与自发性群众体育组织生成相关的国家行政机关,包括中央和地方的行政机关。与自发性群众体育组织相关的政府部门主要是民政部门、体育部门、乡镇、街道及城乡社区、行政村。社区居委会、村民委员会也是政府行政权力延伸的组织,承担着培育自发性群众体育组织的职责和任务。

1. 民政部门

国务院民政部门拟订社会团体、基金会、社会服务机构等社会组织登记和监督管理办法,按照管理权限对社会组织进行登记管理和执法监督,指导地方对社会组织的登记管理和执法监督工作。根据《社会团体登记管理条例》的规定,国务院民政部门和县级以上地方人民政府民政部门是本级人民政府的社会团体登记管理机关。[1]因此,县级以上地方人民政府民政部门是自发性群众体育组织的登记管理机关,负责自发性群众体育组织的登记、年检及日常管理。

2. 体育行政部门

《社会团体登记管理条例》《体育类民办非企业单位登记审查与管理暂行办法》规定,全国性社会组织,在两个以上省、自治区、直辖市开展活动的其相应的业务主管单位应当是中央一级的党政机关及中央人民政府授权的机构。[2][3]目前,全国性体育组织的业务主管单位是国家体育总局,地方性社会组织的业务主管单位是所在地人民政府授权的机构,[4]因此,自发性群众体育组织的业务主管单位应当是其所在地的体育行政部门。业务主管单位负责组织筹备申请、成立登记、变更登记和注销登记前的审查,监督指导社会组织遵守法律法规和国家政策,依据章程开展行动,负责社会组织年检初审,协助登记管理机关及

---

[1] 柳望春.社会组织培育与监管研究[M].北京:中国社会出版社,2019:84.
[2] 国务院.社会团体登记管理条例[EB/OL].(2016-02-06)[2022-09-12].https://flk.npc.gov.cn/detail2.html?ZmY4MDgwODE2ZjNjYmIzYzAxNmY0MGVlZDI3ZjBjMTk.
[3] 国家体育总局,民政部.体育类民办非企业单位登记审查与管理暂行办法[EB/OL].(2000-11-10)[2022-09-12].https://www.gov.cn/zhengce/2000-11/10/content_5713129.htm.
[4] 王凯珍,汪流,戴俭慧.体育社会组织建设与管理[M].北京:高等教育出版社,2016:102.

其他部门查处社会组织违法行为，会同有关部门指导非营利组织的清算事宜。[①]因为体育行政部门是自发性群众体育组织的业务主管单位，所以体育行政部门负责自发性群众体育组织筹备申请、成立登记、变更登记和注销登记前的审查，监督指导自发性群众体育组织遵守法律法规和国家政策，依据章程开展行动，负责自发性群众体育组织年检初审，协助登记管理机关及其他部门查处自发性群众体育组织违法行为，会同有关部门指导组织的清算事宜。

3. 乡镇、街道及社区居委会、村民委员会

自发性群众体育组织有较大一部分活跃在乡镇、街道及城乡社区、行政村。这些组织很多不具备登记条件，像这类组织应根据其活动范围在经属地民政部门授权备案管理的乡（镇、街道）或村（居）委会做备案登记，实行备案制。[②]因此，乡镇、街道及城乡社区、行政村是被授权管理基层社会组织的机构。各地根据当地的情况会有所不同，北京市体育局规定，健身组织的备案工作和日常管理、服务由街道乡镇负责。[③]江苏省民政厅、江苏省体育局印发《关于培育发展基层体育社会组织的指导意见的通知》中明确表示，对于尚未达到注册登记条件，在乡镇、街道范围内活动的体育社会组织，可按照有关规定办理备案手续；乡镇政府（街道办事处）、村（居）委会是备案登记的乡镇、街道及城乡社区、行政村体育社会组织的业务指导单位，负责业务指导和监督管理。[④]南京市贯彻落实江苏省民政厅《关于加强社区民间组织培育发展与登记管理工作的意见》中指出，暂不具备登记条件的社区民间组织经社区居委会确定后，报街道（镇）和区（县）民政部门备案。因此，乡镇、街道及城乡社区、行政村是自发性群众体育组织备案管理的主体。

在我国主要依靠政府的政策和公信力来发动社会成员，因此目前政府培育自发性群众体育组织中动员主体还是政府，但在当前由"全能型政府"向"服务型政府"转型的大背景下，社会力量有义务承担更多社会责任。高效的动员机制不仅要由政府主导，还要有社会组织和成员的参与。如公益创投模式、公益组织孵化器、枢纽型体育社会组织都是在政府政策的引导支持下，由政府和

---

① 柳望春.社会组织培育与监管研究[M].北京：中国社会出版社，2019：92.
② 刘国永，裴立新.中国体育社会组织发展报告（2016）[M].北京：社会科学文献出版社，2016：20.
③ 北京市体育局，北京市体育总会.北京市体育局 北京市体育总会关于健身组织备案工作的指导意见[EB/OL].（2017-06-20）[2022-09-12]. http://tyj.beijing.gov.cn/bjsports/zcfg15/fgwj/dffg/1508606/index.html.
④ 江苏省体育局，江苏省民政厅.省体育局省民政厅联合出台培育发展基层体育社会组织指导意见[EB/OL].（2013-07-01）[2022-09-12]. http://jsstyj.jiangsu.gov.cn/art/2013/7/12/art_79371_9396102.html.

社会力量共同参与的政社合作的典型案例。

（二）动员客体

动员客体是动员主体的活动对象，即被动员者。动员客体并不只是一个组织，个人也是被动员者之一，组织和个人构成了被动员者的两个要素。动员组织化群体的难度和成本比动员个人的低，因为组织化的群体有一定的规章制度，有趋同的利益追求，而个人的分散性是动员活动效率提高的极大阻碍。动员活动的客体结构及客体素质决定其开展的质量，因为组织和个人的人员构成与受教育水平不一，思想和行动各异，这些都会影响动员活动能否顺利开展乃至最终成功。我国政府在培育自发性群众体育组织的过程中，政府显然是培育主体，是动作的发起者，自发性群众体育组织与组织成员则是培育客体，即动作的接受者。

在培育自发性群众体育组织的过程中，必须注意拓展动员客体，以确保政府的培育服务活动能够辐射更多的自发性群众体育组织和组织成员。自发性体育社会组织是指人们以强身健体、休闲娱乐为目的，自下而上自发成立的、具有成员普遍认可的行动规范和较为稳定的组织结构，并实行自主运作管理的非政府的群众体育组织。自发性群众体育组织的类型多样，有在民政部门正式登记的自发性群众体育组织，也有在街道或社区居委会（村委会）或其他企事业单位备案的自发性群众体育组织，还有大量在社会上开展活动但尚未登记也未备案的组织，这要求政府工作者要对自发性群众体育组织的组织群体进行分层发动，扩大培育客体范围。

二、运行方式

（一）动员关系

培育自发性群众体育组织中的动员关系是指作为动员主体的政府与作为动员客体的自发性群众体育组织之间的关系性质，二者之间的这种内在关系往往决定着动员手段与动员方式。从整体上来看，动员主体与动员客体之间的关系有静态和动态之分。[1]

静态关系是指动员主体与动员客体之间保持着稳定不变的关系，在政府培

---

[1] 玉苗.中国草根公益组织运行机制研究[M].武汉：武汉大学出版社，2017：66.

自发性群众体育组织的政府培育
——理论探索与实践模式

育自发性群众体育组织基本形成稳定的运行模式情形下,政府与自发性群众体育组织之间的关系也日趋稳定。例如,政府对于全民健身活动站点的培育,当站点每年按照固定的运行模式运行时,政府与其关系也走向稳定。然而,政府与自发性群众体育组织之间的关系也有平等和不平等之分。当政府与自发性群众体育组织之间处于平等关系时,政府对自发性群众体育组织的命令往往容易被执行,动员往往基于自愿原则,以宣传、引导、说服、教育等为主。政府与自发性群众体育组织之间的不平等关系有两种。当政府处于强势地位,自发性群众体育组织处于无从选择的弱势地位时,动员则可能滑向强制、压迫;当政府处于弱势地位,而自发性群众体育组织处于强势地位时,动员则考验智慧和耐心。以具体案例来讲,在现代化进程中,民间传统龙舟活动的开展举步维艰,标准化的商业竞技赛事取代了传统的龙舟竞渡活动,龙舟竞渡的生存空间受到严重挤压,逐渐呈现出"脱域"倾向。为响应国家"繁荣优秀传统文化,推进乡村文化振兴"的号召,政府开始介入重新培育自发性群众体育组织开展龙舟竞渡活动,当政府处于强势地位时,基层组织被迫接受政府的领导,这时自发性群众体育组织的培育工作有可能流于形式;而当政府与基层组织处于平等关系时,政府提供资金与政策,基层组织内部自发组织,这时自发性群众体育组织的积极性将被高度激发,对于政府命令的执行也表现出高度的认同。

动态关系是指政府与自发性群众体育组织之间是一种动态变化的关系。事实上,一切事物都在变化之中,所谓的不变只是相对的,而变才是绝对永恒的。政府作为主体,对于作为客体的基层组织往往实施自上而下的压力型动员模式,即只管单方面地发布行政号令,未能充分考虑到基层的实际情况。由此,在这一模式下,自发性群众体育组织的自发性将逐渐淡化,最后要么解散要么由政府直接接管,政府与自发性群众体育组织之间的关系也走向紧张。然而,这一态势并非一成不变,由于政府是以具体的行政人员为表现形式的,随着行政领导人员的变更,领导风格也随之发生变化。不同的领导风格,对于基层组织的管理也表现出不同的态度与力度,显然,在缓和型领导下,政府并不只是发号施令的政府,而是合作的有为政府。此时,基层组织的自发性与积极性再度回归,政府与自发性群众体育组织之间的关系也开始走向缓和。可见,政府与自发性群众体育组织之间的关系是一种动态演进的关系。

（二）动员环境

动员环境是指社会动员所面对的环绕在动员对象周围并对其产生影响的客观现实，主要来自政治、经济、文化和社会等各个领域。

在政策导向上，中央不断加大对社会组织的培育力度。2012年，党的十八大将培育社会组织作为推进社会体制改革的重要内容，强调加强和创新社会管理，引导社会组织健康有序发展。2013年，《国务院机构改革和职能转变方案》指出，重点培育四类社会组织，成立这些社会组织，直接向民政部门依法申请登记，不再需要业务主管单位审查同意。①2016年，中共中央办公厅、国务院办公厅印发了《关于改革社会组织管理制度促进社会组织健康有序发展的意见》，对培育发展社会组织提出明确的要求，指出要为社区社会组织发展活动提供场地、经费、人才等多方面的支持。②2020年12月，民政部办公厅印发了《培育发展社区社会组织专项行动方案（2021—2023年）》的通知，该方案中再次强调要为社区社会组织发展提供政策支持和资源保障，为社区社会组织开展活动提供场地支持，并且要培养一批骨干人才，提升社区社会组织能力。③在这样的政策环境下，自发性群众体育组织将迎来蓬勃发展的春天。

在经济环境方面，当前我国处于百年未有之大变局中，中国经济发展面临着新的国际形势与压力，以美国为首的"逆全球化"行径，给全球经济造成了重大影响，2019年暴发的新冠疫情更是让本就薄弱的经济雪上加霜。在中国共产党的坚强领导下，中国人民团结一致，共同战胜了疫情，并率先取得了世界经济发展的主动权，成为全球经济发展的领跑者。可以说，中国当前处于世界经济发展的前列，这也为我国体育产业的发展创造了机遇。《体育强国建设纲要》明确指出，我国力争到2035年将体育产业发展为国民经济支柱性产业，预计到2035年占GDP比重达4%。④在这样利好的国内经济环境下，中国体育

---

① 国务院.关于国务院机构改革和职能转变方案的说明[EB/OL].（2013-03-10）[2022-09-12]. http://www.gov.cn/2013lh/content_2350848.htm.
② 中共中央办公厅，国务院办公厅.中共中央办公厅　国务院办公厅印发《关于改革社会组织管理制度促进社会组织健康有序发展的意见》[EB/OL].（2016-08-21）[2022-09-12]. http://www.gov.cn/xinwen/2016-08/21/content_5101125.htm.
③ 民政部办公厅.民政部办公厅关于印发《培育发展社区社会组织专项行动方案（2021—2023年）》[EB/OL].（2020-12-07）[2022-08-15]. https://www.gov.cn/zhengce/zhengceku/2020-12/08/content_5568379.htm.
④ 国务院办公厅.国务院办公厅关于印发体育强国建设纲要的通知[EB/OL].（2019-08-10）[2022-09-12]. https://www.gov.cn/zhengce/zhengceku/2019-09/02/content_5426485.htm.

发展将迎来一波新的浪潮。因此，政府在培育自发性群众体育组织过程中，经济环境将给其培育与发展带来极大便利。

在文化环境方面，随着我国经济社会深刻变革、对外开放日益扩大、互联网技术和新媒体快速发展，各种思想文化交流交融交锋更加频繁，迫切需要深化对中华优秀传统文化重要性的认识，进一步增强文化自觉和文化自信；迫切需要深入挖掘中华优秀传统文化价值内涵，进一步激发中华优秀传统文化的生机与活力。①2019年，《体育强国建设纲要》指出，要加强对优秀民俗体育的保护、推广和创新，推进传统体育项目文化的挖掘和整理。②一系列文化保护与传承指导文件的陆续出台，无不彰显着国家对于文化的高度关注。自发性群众体育组织是基层群众体育的践行者，也是重要的文化传承与传播者。在国家高度重视文化自信、文化自强的背景下，自发性群众体育组织俨然处于一个良好的文化环境中。

在体育需求方面，改革开放以来，中国经济社会的发展取得了巨大进步，人民生活水平不断提升，闲暇时间也越来越多。随着生产力的发展，生产效率的提高，人们双手实现真正的解放，但体力活动的减少使得处于当代社会的人们正面临着各种慢性疾病的严峻考验。上至老人，下至儿童和青少年，无不面临着体质下降的问题。也正是在这样的社会背景下，人们对于健康体魄的追求日益提升，由此，体育参与开始成为备受人类社会青睐的休闲方式。自发性群众体育组织作为一种非正式体育组织的存在形式，具有广泛性与自发性等诸多优势，能够在基层群众体育开展过程中发挥重要作用。因此，在体育需求日益上升的社会环境下，自发性群众体育组织的发展也面临着前所未有的重大机遇。

（三）动员方式

动员方式是动员主体为实现特定动员目标对动员客体所采用的动员策略、手段的总称。动员方式是连接动员者和被动员者的中间桥梁，在动员活动中起着黏合剂的作用。动员方式存在的必要性在于，动员主体自身的力量、资源相对不足，以致无法实现组织目标，而作为动员客体的社会相关成员积极性和主

---

① 中共中央办公厅，国务院办公厅.中共中央办公厅　国务院办公厅印发《关于实施中华优秀传统文化传承发展工程的意见》[EB/OL].（2017-01-25）[2022-09-12]. http://www.gov.cn/zhengce/2017-01/25/content5163472.htm.

② 国务院办公厅.国务院办公厅关于印发体育强国建设纲要的通知[EB/OL].（2019-08-10）[2022-09-12]. https://www.gov.cn/zhengce/zhengceku/2019-09/02/content_5426485.htm.

动性欠缺，处于不活跃的状态。动员方式是指通过连接动员主体与动员客体，凝聚、塑造并直接决定动员活动结构，它实质上反映了动员主体与动员客体之间消弭隔阂、填补鸿沟、趋向认同和一体化的过程。动员方式影响、制约和规范着动员目标，并决定着动员功能的发挥。日常用语中的"宣传、教育、发动、组织、鼓动、控制、运动"等词语正是关于动员方式的形象化描述。现代社会的动员方式主要有宣传动员、组织动员、参与动员、教育动员、引导动员、示范动员、竞争动员等。在自发性群众体育组织的政府培育过程中，动员方式则主要体现在宣传动员、引导动员、示范动员及竞争动员四个方面。

宣传动员是指政府为基层群众宣传群众体育文化，培育基层群众体育参与意识，同时通过对自发性群众体育组织重要性、建设方式及后续运行等环节的讲解，提高基层群众自发成立群众体育组织的积极性。宣传动员的主要内容为群众体育文化，通过提升基层群众对体育文化的理解与认知，从而提高群众的体育参与动机，进而为自发性群众体育组织的成立夯实群众基础。

引导动员有别于宣传动员，前者比后者的动员程度要更深，力度要更大。宣传动员止步于意识形态上的建设层面，而引导动员则指向微观操作的具体实践层面。引导动员是指政府出台相应的引导政策，同时下派公职人员到基层开展自发性群众体育组织建设的实践指导。引导动员虽然直接指导基层实践，但并不直接干预基层组织建设，这有利于自发性群众体育组织的稳定发展。

示范动员的核心在于充分发挥典型个案的模范作用，例如，通过对优秀全民健身活动站点的评选、宣传，达到示范引领的作用，进而增强基层建设群众体育组织的内在动力，以及为其他自发性群众体育组织的自我完善提供经验。示范动员与前面两种动员方式的区别在于，示范动员更加注重对自发性群众体育组织内生动力的培育，充分彰显其"自发性"特点。

竞争是个体或群体间力图胜过或压倒对方的心理需要和行为活动，即每个参与者不惜牺牲他人利益，最大限度地获得个人利益的行为，目的在于追求富有吸引力的目标。竞争动员是一种较为常见的动员机制，通过竞争机制的确立，提高基层自发性群众体育组织建设的积极性。例如，基层组织每年都会进行绩效考核评价，同时展开横向比较，分析与其他组织间的差距，通过竞争提高自身完善意识，进而达到完善自发性群众体育组织的目标。

第二节 政府培育自发性群众体育组织的激励机制

激励理论主要存在两条道路：一条是注重外在激励的"成本—效益"的经济学道路，另一条是注重内在激励的"需要—动机"的心理学道路。[①]从经济学视角来看，人都是一切行为决策为了利益最大化的理性人。激励机制通过调整行为成本与效益之间的关系，增加行为的选择性收益，从而促成人做出趋利避害的行为。[②]

新制度经济学家诺斯（又译诺思）[③]提出"诺斯悖论"，一方面，国家权力构成有效产权安排和经济发展的一个必要条件，没有国家就没有产权；另一方面，国家权力介入产权安排与产权交易是对个人财产安全的限制和侵害，会造成所有权的残缺，导致无效的产权安排和经济衰落。政府作为外在制度的供给者，其在制度变迁过程中发挥着重要作用。基于"诺斯悖论"我们可以看出，政府与经济存在相互矛盾的关系，既是经济增长的推动力，也是经济增长衰退的根源。

在政府培育自发性群众体育组织的过程中，政府有获得最大效益的需求，自发性群众体育组织有政府扶持的需求，根据"成本—效益"与"需求—动机"理论，以及"诺斯悖论"，政府培育的激励机制主要体现在政策激励、资源激励、使命激励及荣誉激励四个层面，并形成外激励与内激励两种运行方式。

一、激励机制的构成要素

（一）政策激励

激励是规则的结果。[④]政策作为一种较为正式的规章制度，能够起到激励作用。政策激励机制能够为行为主体提供充分的利益动机和内在动力，同时从

---

① 丰霏.论法律制度激励功能的分析模式[J].北方法学，2010，4（4）：108-116.
② 李克武，聂圣.论我国公租房使用退出激励机制的立法构建[J].华中师范大学学报（人文社会科学版），2021，60（2）：71-81.
③ 诺思.经济史中的结构与变迁[M].陈郁，罗华平，等译.上海：上海三联书店，上海人民出版社，1994：98.
④ 奥斯特罗姆，施罗德，温.制度激励与可持续发展[M].陈幽泓，谢明，任睿，译.上海：上海三联书店，2000：54.

内在的激励和外在的激励两个维度为行动主体提供所需的动力与政策支持。[①]

首先，从内部激励来看，政策激励的效果直指自发性群众体育组织内在动力的提升。内部激励是指内在的激励，即通过政策的颁布与引导，提升自发性群众体育组织生存的内在动力。从需要理论来看，有需要才会产生动机。需要是人的"天然必然性"，是一种"内在必然性"，即人的本质。从需要的产生来看，人的需要是社会生产出来的需要。人的需要以自然生理需要为基础，社会环境决定了人以自然生理为基础的需要，自发性群众体育组织内部构成主体就是以健身、娱乐交流为目的的个体。所以，人的需要得到满足是自发性群众体育组织赖以生存的根本。基层有成立自发性群众体育组织的内在需要，而国家在政策层面予以激励，能够有效增强其内生动力。

其次，从外部激励来看，政策激励的效果指向自发性群众体育组织利益动机的增强。自发性群众体育组织的运行需要一定的外部保障，如资金、技术、管理理念、法规制度、政策等。政策激励的核心是政策保障，通过将自发性群众体育组织生存、运行所需的核心外部支持写入相关政策法规文件，能够为后续运行提供政策便利，因为政策往往具有倡导性。有了政策激励，自发性群众体育组织就能有机会实现与相关职能部门的平等对话。合法性激励也是政策激励的一种，通过一些具体措施，例如，实行备案制度；借用政府名义举办活动；建立合作关系；帮助宣传；领导参与自发性群众体育组织开展的活动；放宽准入制度等，为自发性群众体育组织获得合法身份提供便利。同时，政策支持也能为自发性群众体育组织的运行提供科学的方向指引。正是有了政策支持，自发性群众体育组织自身的利益追求才能逐步实现，由此也就进一步激励了自发性群众体育组织的建设与发展。

（二）资源激励

经济人假设理论认为，人基本上是受经济性刺激物激励的，金钱及个人奖酬是人们努力工作最重要的激励。目前，自发性群众体育组织生存与发展的难题是资金、人员和场地设施，因此政府提供的资金支持、人员支持、场地支持等对自发性群众体育组织的吸引力极强。要想提高自发性群众体育组织的积极性，资源性激励是行之有效的方法。自发性群众体育组织的成立虽是自发的，但具有不稳定性，通过政府的积极培育与引导，能够较好地为自发性群众体育

---

① 王怀勇，邓若翰. 后脱贫时代社会参与扶贫的法律激励机制[J]. 西北农林科技大学学报（社会科学版），2020，20（4）：1—10.

组织的成立创设情境。自发性群众体育组织主要承担基层群众体育活动开展、赛事举办、文化宣传等工作，是基层群众体育发展的基石。自发性群众体育组织的本质是由多个个体共同构成的组织，其生存与运行需要资源的保驾护航，没有资源的流入，自发性群众体育组织对于活动、赛事的开展将失去动力来源。因此，政府培育自发性群众体育组织，需要从资源层面予以激励，从而提升其发展动力。物资保障是自发性群众体育组织生存与发展的基础，能够解决组织资金、人员、场地等问题，依据满足需要原则，首先应自行筹集，但是初创期自发性群众体育组织资金匮乏，政府的资源帮扶就极其重要。

（三）使命激励

政府需要激发社会组织的责任担当。依据人的完整发展原则，人的发展应是多向度的，并且每个向度都是互相联系的，知识向度与品德向度的桥梁便是积极劳动，主体自发的积极劳动能够让人体会参与其中的乐趣，产生改变现状的责任感，进而培养建设未来的勇气和担当。使命激励也是激励的一种重要方式，属于意识形态上的建设。从效果层面来看，使命激励是一种内在作用的激励方式，能够从意识形态层面提升自发性群众体育组织中成员的使命感与责任感。如果资金激励是一种诱导性的短期激励机制，使命激励则是一种非功利性的成就激励方式。

使命激励是一种抽象的激励方式，使命激励的方式有很多种，总的来讲，主要有以下三种分类方式。

依据激励的程度来看，可以分为强使命激励和弱使命激励。强使命激励是具有高强度的使命激励方式，主要适用于较为成熟的自发性群众体育组织，这些组织基本形成了稳定的运行模式，具有较明确的使命目标，因而适合高强度的使命激励方式。弱使命激励主要用于成立初期的自发性群众体育组织，在初期，组织尚未形成稳定的组织构架，它们更迫切得到实质性的资源支持，因而这一阶段的组织适合弱使命激励方式。

依据激励的对象来看，可以分为组织使命激励和个人使命激励。组织使命激励主要面向组织，这一激励方式旨在提高自发性群众体育组织的内部凝聚力，加强组织成员间的相互信任。从整体上来看，组织使命激励的作用远远显著于个人使命激励，组织使命激励是预设性地将组织中的个人定义为一个整体，在这一共同体理念下，组织中的个体都应自发地为这个组织服务。个人使命激励主要应用于自发性群众体育组织中的中高层次的个体，通过个人使命激励提升个体的使命感，从而增强个体对组织的忠诚度。

依据激励的主体来看，可以分为政府使命激励与社会使命激励。政府使命激励是一种高强度的使命激励方式，往往具有行政色彩，也正因此，政府使命激励的效果较为显著，通过政府的介入，能够较为稳固地增强自发性群众体育组织的稳定性。与政府使命激励不同，社会使命激励是一种柔和型的激励方式，主要通过赋予自发性群众体育组织社会使命，强化其社会服务的意识，从而强化其使命感。

（四）荣誉激励

荣誉激励是介于工具理性与价值理性之间的一种特殊激励机制，它既没有使命激励方式的那种抽象，也没有政策激励及资金激励方式的那种具体，是介于二者之间的一种激励方式。资金激励往往容易导致自发性群众体育组织建设的逐利倾向，不利于其稳定发展；而使命激励由于拘泥于意识形态上的应然抽象中，无法较为透彻地激励基层组织工作开展。荣誉激励是一种实至名归的激励方式，针对正式体育社会组织：大部分省份都进行了体育类社会团体的考核评估工作。例如，江苏省印发了《江苏省体育类社会团体评估考核细则》，明确将以基础条件、内部治理、工作绩效、社会评价四大板块为指标对体育类社会团体进行评估。[1]针对非正式体育社会组织：政府会开展体育类社会组织的荣誉称号评选工作。例如，苏州市体育局每年都会开展"双十佳"优秀晨晚练站点荣誉称号评选工作，徐州市"十佳"全民健身活动站点的评选。[2]这些都是政府对体育社会组织的一种荣誉激励。被荣誉激励的对象既能收获"名"，也能收获"利"，只是这种"利"并不像资金那样直接。荣誉激励依据不同的划分依据，同样可以分为以下几种类型。

依据荣誉激励的级别来划分，可以分为高级荣誉激励、中级荣誉激励及初级荣誉激励。高级荣誉激励自然具有高效能，激励效果也最显著，如国家级的荣誉奖励。从高级到中级，再到初级，荣誉激励的数量是依次增加的。自发性群众体育组织由于数量众多，因而初级荣誉激励多。

依据荣誉激励的性质来划分，可以分为官方荣誉激励和非官方荣誉激励。

---

[1] 江苏省民政厅，江苏省体育局. 省民政厅 省体育局关于印发《江苏省体育类社会团体评估办法（试行）》的通知 [EB/OL].（2011-07-20）[2022-09-12]. http://jsstyj.jiangsu.gov.cn/art/2011/8/2/art_79626_9389898.html.

[2] 2017年苏州市"双十佳"优秀晨晚练站点公布 [EB/OL].（2017-10-21）[2022-09-12]. https://www.wjdaily.com/news/19013.

官方荣誉激励具有权威性，级别高，获取难度大；非官方荣誉激励来自社会与市场，权威性相对较低，基层组织也容易获得。在中国现行体制下，官方荣誉激励的效果比非官方的更加显著，因而，在对自发性群众体育组织进行荣誉激励的过程中，要充分权衡基层组织的现实需要，并给予合理的荣誉激励。

依据荣誉激励的对象来划分，可以分为组织荣誉激励和个人荣誉激励。组织荣誉激励主要用于建设较好的自发性群众体育组织，以荣誉激励的方式来肯定基层组织建设的成果；个人荣誉激励则用于激励自发性群众体育组织中的优秀个人，以此来勉励其继续投身基层组织建设工作。

二、运行方式

根据激励要素和激励形式的不同，政府培育自发性群众体育组织的激励方式包括两种：外激励与内激励。

（一）外激励的运行

所谓外激励是指由外酬引发的、与工作任务本身无直接关系的激励。外酬是指工作任务完成后或在工作场所以外所获得的满足感，它与工作任务不是同步的。如果一项又脏又累、谁都不愿干的工作有一个人干了，那可能是因为完成这项任务，将会得到一定的外酬——奖金或其他额外补贴，一旦外酬消失，他的积极性可能就不存在了。所以，由外酬引发的外激励难以持久。

政府培育自发性群众体育组织的外激励手段主要是政策激励与资金激励。

在政策方面，首先，需要加快立法进度和深度。目前，我国关于社会组织的立法深度与广度还远远不够，针对自发性群众体育组织的立法行动也要朝细致化、人性化、深层次等方面发展，只有形成健全的法律政策体系才能真正保障自发性群众体育组织事业的顺利推进。其次，降低自发性群众体育组织的法人注册门槛。目前，社会组织的注册与管理依据主要是2016年修订的《社会团体登记管理条例》，其中，社会组织注册的必要条件是"业务主管单位"同意，但找"业务主管单位"却成为自发性群众体育组织成功注册的障碍。为了大力培育扶持社会组织发展，2013年，《国务院机构改革和职能转变方案》明确了四类社会组织可以直接向民政部门依法申请登记，不再需要业务主管单位审查同意。在遵守条例基本精神的前提下，采取降低门槛、简化程序的办法，是解决自发性群众体育组织注册登记困难的有效方法。

在资金激励方面,第一,建立税收优惠政策,加大资金支持力度。谢宇等从社会组织培育层面,对政府培育和发展社会组织的相关政策进行研究后提出:为了更好地发挥社会组织在社会管理方面的功能,政府部门应该加大扶持力度,完善管理体制、建立健全政府购买服务机制、为社会组织提供税收优惠政策、加强专业人才队伍建设、完善社会组织相关法律法规。[①]第二,运用多样化的资金激励方式。如政府购买服务、提供税收优惠、创立公益组织孵化器、以奖代补、公益创投等科学多样化的激励方式。

(二)内激励的运行

所谓内激励是指由内酬引发的、源自工作人员内心的激励。内酬是指工作任务本身的刺激,即在工作进行过程中所获得的满足感,它与工作任务是同步的。追求成长、锻炼自己、获得认可、自我实现、乐在其中等内酬引发的内激励,会产生一种持久性的作用。

政府培育自发性群众体育组织的内激励手段主要是使命激励与荣誉激励。使命与荣誉也是激励的一种重要方式,属于意识形态上的建设。从效果层面来看,使命与荣誉是一种内在作用的激励方式,能够从意识形态层面上提升自发性群众体育组织中成员的使命感与荣誉感。如果资金激励是一种诱导性的短期激励机制,使命与荣誉激励则是一种非功利性的成就激励方式。其具体运行方式分为三个步骤。第一步,政府在培育自发性群众体育组织过程中,将使命教育纳入培育体系,使自发性群众体育组织逐渐明确自身的使命。第二步,针对自发性群众体育组织建立科学的考核评价体系,对表现好的自发性群众体育组织进行表彰。第三步,政府引导自发性群众体育组织创建组织文化,帮助组织成员在实现组织目标的活动中形成共同的价值观、行为规范和思维方式。

第三节 政府培育自发性群众体育组织的合作机制

合作机制就是要求在各利益相关者之间建立全过程、全领域的高效沟通渠

[①] 谢宇,谢建社.政府培育发展和规范管理社会组织研究[J].城市观察,2012(2):55-61.

道，降低协调沟通产生的交易费用，团结各方关系。从本质上来看，我国政府培育自发性群众体育组织就是一个政府、社会组织与企业建立协同合作的过程。合作机制涉及合作的目标、内容、模式、组织及文化等。[1]政府培育自发性群众体育组织的合作机制主要体现在合作主体、目标定位、任务内容等构成要素及其形成的政府直接培育模式、政社合作培育模式和社会参与培育模式三种运行方式。

一、合作机制的构成要素

（一）合作主体

自发性群众体育组织的培育在很大程度上取决于利益相关者的影响，利益相关者通过协调合作，构成政府培育自发性群众体育组织的合作主体。政府培育自发性群众体育组织的合作主体主要包括政府、社会组织、企业。

1. 政府

政府是培育自发性群众体育组织工作中的合作主体之一，这里的政府主要是与自发性群众体育组织相关的国家政府部门，也是自发性群众体育组织的管理者与监督者。现阶段我国主要公共资源由国家相关行政部门掌握。政府积极主动地帮助自发性群众体育组织发展，在培育初期极大地促进了自发性群众体育组织的数量快速增长，但由于政府单一管理的存在，部分领域存在垄断资源供给的情况，从而限制了其发展。因此，政府要积极调动社会力量和社会资源的参与，而不要包揽培育自发性群众体育组织的所有工作，即形成政府、市场和企业的跨界合作。

2. 社会组织

为了维护社会的基本稳定，除了需要政府的政权发挥作用外，也需要社会组织发挥部分公共管理职能，这是一种政府与社会组织的互动。在政府培育自发性群众体育组织工作中，政府无法完成所有工作，需要在其主导下与社会组织进行合作，将自发性群众体育组织的培育工作委托给社会组织。在政府培育自发性群众体育组织的过程中，社会组织作为合作主体之一主要指承接培育任

---

[1] 祝红艺.开放科学视角下图情机构与智库组织合作机制研究[J].图书馆，2020（12）：14-19.

务的社会组织,充当具体操作者与执行者。

3. 企业

针对企业而言,利润和效率是企业的根本所在。企业的效率与服务质量之所以比较高,很大程度上得益于企业的管理得当。企业基于国家政策法规的压力、社会舆论的期许,以及提升企业核心竞争力的利益驱动等多重因素,在培育自发性群众体育组织的过程中加强与政府、社会组织合作,不仅可以提升企业形象和扩大自身社会影响力,而且可以提升其销售业绩与市场占有率。政府、社会组织与企业可以通过建立战略联盟,彼此达到共赢。虽然目前在自发性群众体育组织培育的工作中,企业的参与程度还不是很深,但企业的加入是不可逆转的趋势。

无论是从政府自身职能转变还是从社会问题的日益复杂化而言,在培育自发性群众体育组织的工作中,政府都应加大与各种社会力量的合作力度,拓展合作的范围,探索更具多样性的合作途径。政府只有不断加强与社会组织、企业的全方位合作,完善培育工作,才能充分激发自发性群众体育组织的创造力和活力。

(二)目标定位

张康之认为,合作行为根源于人的共生共在的要求,合作的基本目标是为人的共生共在提供一种合作秩序。[1]因此,政府与自发性群众体育组织合作的目标是建立二者合作的秩序,政府与自发性群众体育组织的合作秩序是随着时代的发展而变化的。根据目标属性,可分为短期目标、中期目标、长期目标。

从短期来看,如何快速提高自发性群众体育组织的数量成为政府培育自发性群众体育组织的首要任务。习近平总书记多次公开强调"没有全民健康就没有全面小康,要广泛开展全民健身活动,促进全民健康"。而数量庞大的自发性群众体育组织是实现全民健康的重要力量。

从中期来看,政府与自发性群众体育组织合作的目标要致力于构建自发性群众体育组织稳定运行的科学发展长效机制,为自发性群众体育组织的运行创建一个良好的环境。

从长期来看,政府要通过前期的技术介入在自发性群众体育组织形成稳固

---

[1] 张康之.合作的社会及其治理[M].上海:上海人民出版社,2014:311.

结构后，逐渐退出培育过程，使自发性群众体育组织实现自发的稳定运行。资源依赖理论认为：组织要生存就必须从外界环境中获取资源，在与外界资源进行交换的过程中，组织对环境产生依赖。若政府培育项目使政府成为自发性群众体育组织资源的重要提供者，那么长期发展下去，自发性群众体育组织会对政府产生高度依赖，钝化组织独立生存能力，不利于组织的自主发展。因此，政府培育项目在稳固组织结构后，就要有序退出，使自发性群众体育组织独立自主地发展壮大。

（三）任务内容

对于政府而言，与承接培育任务组织合作的任务内容就是通过资金支持、技术支持、场地支持等，使承接培育任务组织能够形成稳定的培育机制，同时投身于基层群众体育活动开展工作，为全民健身事业贡献力量。

政府与承接培育任务组织展开合作的一项重要任务是资金支持。一是政府直接赞助，即根据基层组织活动开展的现实需要予以资金支持；二是政府出面帮忙拉赞助，即政府作为承接培育任务组织的"营销者"，利用自身行政职务的便利，为基层组织获取企业赞助，从而确保承接培育任务组织正常运行的经费开支。2020年4月，《民政部关于调整优化有关监管措施支持全国性社会组织有效应对疫情平稳健康运行的通知》明确规定将加大社会组织资金支持，并将社会工作、社会救助、社区服务等纳入中央财政支持社会组织参与社会服务项目支持范围。[①]承接培育任务组织任何事务的正常运行都离不开资金的保障，因而，资金赞助这项任务对政府与承接培育任务组织展开合作的重要程度非同一般。

政府需要对承接培育任务组织提供专业技术支持。承接培育任务组织的成员大部分没有专业性的知识与技能，因此承接培育任务组织专业化与规范化并不是特别突出，但政府培育的最终目的是使自发性群众体育组织拥有独立运行的能力，即便政府全面退出后，组织也能自主运行。在解决社会组织专业人才缺乏问题上，民政部制定了《民政部关于加强和改进社会组织教育培训工作的指导意见》（民发〔2015〕206号）、《民政部关于加强和改进社会组织薪酬管理的指导意见》（民发〔2016〕101号），联合中国科协印发了《关于加强国际科

---

① 民政部办公厅.民政部办公厅关于调整优化有关监管措施支持全国性社会组织有效应对疫情平稳健康运行的通知[EB/OL].（2020-04-02）[2021-04-03]. https://www.mca.gov.cn/n152/n165/c39108/content.html.

技组织人才培养与推送工作的意见》(科协发外字〔2016〕31号)等政策文件。此外,民政部和各地民政部门每年均开展社会组织教育培训工作。由此得出,对于承接培育任务组织建设的方式、运行模式的选择、与政府等第三方打交道的能力较弱等问题,引入专业技术显得格外重要。

政府为承接培育任务组织的运行提供一定数量的场地是两者顺利合作的保障,承接培育任务组织对活动场地的依赖性较大,若组织没有场地的支撑,其一系列活动将无法顺利开展,如全民健身文化的宣传、活动的开展等。承接培育任务组织因其"非正式组织"的特性,在具体实践过程中并没有实际权力,寻找适合组织活动的场地较为困难;而政府作为实权组织,行政命令的权威将为承接培育任务组织的运行开辟绿色通道。因此,场地保障是政府与承接培育任务组织深入合作极其重要的一点。

二、运行方式

选择一种培育模式,意味着在培育自发性群众体育组织实践中,选择相应的培育观念、培育目标、培育结构、培育实施指导思想、培育管理思想,是加快社会组织培育改革步伐,提高社会组织改革实效的举措。形成并完善符合当前社会背景的培育模式及其理论体系,是自发性群众体育组织自我完善和可持续性发展的必要保证。在政府培育自发性群众体育组织的过程中,根据培育主体及参与程度,形成两类培育模式:政府主导的直接培育模式和社会主导的间接培育模式。这两种培育模式中的政府组织都可以形成与社会组织、企业组织之间的合作。关于自发性群众体育组织的培育需要一些必要的环节,站在生物学角度,生物有机体的培育成长过程包括:引发和指导、滋养和保障、反馈和调整,[①]参考生物有机体的培育环节,从引发和指导、投入与保障、反馈和调整几个方面解释两种培育模式中各合作主体的运行方式。

(一)政府主导的直接培育模式

政府主导的直接培育模式是指以政府为主要培育主体,政府部门与社会力量合作,委托其作为具体操作者的一种模式。自发性群众体育组织的培育主体

---

① 王晴.从"教化"到"培育":中国重教传统的演变及当代困境[D].上海:华东师范大学,2011.

是政府、社会组织、企业，在政府主导下，社会力量主要扮演辅助角色，政府以行政机制为主要手段配置财政资金和各类其他资源，如可由政府部门发起建立培育中心，然后委托给有一定资质的社会力量承担培育任务。

在引发和指导环节，政府通过行政方式完成数量目标，而承接培育任务的社会力量一方面配合政府完成考核指标，另一方面更加注重培育的质量和服务的专业性。

在投入和保障环节，政府与承接的社会力量共同为培育的自发性群众体育组织提供各种成长条件。如政府的投入包括：培育中心平台的建设、培育中心运营经费、公益创投资金等。承接培育任务的社会力量则发挥自身优势，整合部分资源。

在反馈和调整环节，政府将对自发性群众体育组织的监管和评估职责部分转交给社会力量培育机构来执行，由社会力量培育机构进行调控与评估，同时将组织面临的问题反馈给政府。

（二）社会主导的间接培育模式

社会主导的间接培育模式是指以社会力量为培育主体，以社会机制和市场机制作为配置资源主要手段培育自发性群众体育组织。社会主导的间接培育模式的主体包括政府、社会组织、企业，其中政府主要扮演辅助角色。

在引发和指导环节，针对能够落地进行培育的自发性群众体育组织，作为自发性群众体育组织培育的主动方、主导方的社会力量会依据自发性群众体育组织本身的发展需求与偏好进行培育方案和方式的选择。

在投入与保障环节，政府为自发性群众体育组织的培育发展提供资源、政策和合法性支持，并监管自发性群众体育组织系统的规范运行。政府往往可以与多个承接主体合作，其与社会力量之间更多体现为基于契约的合作伙伴关系。

在反馈与调整环节，社会力量负责培育效果的评估，以政策倡导等方式影响政府政策。政府可将自发性群众体育组织培育、管理和服务等职能全部移交给承接培育工作的社会力量进行。承接培育工作的社会力量一般通过定期例会的方式，邀请相关政府部门的工作人员与会员自发性群众体育组织参加，交流培育工作的相关情况，开展评估工作。

第四节　政府培育自发性群众体育组织的保障机制

自发性群众体育组织的政府培育是一个复杂的系统性工程，在培育环节中，涉及政府、市场及社会组织等多元主体。因此，政府培育自发性群众体育组织效果需要科学的保障机制才能得到充分发挥。有学者构建了慈善组织培育与发展的四维政策模型，认为政府要在发展空间、资金支持、人才支持、网络与信息平台等方面对社会组织进行培育。[①]保障机制的构建涉及政府培育过程中各环节的关键要素，包括人、财、物、信息等，即人才保障、资金保障、场地保障、信息保障等，同时各要素通过科学治理、监督约束和反馈评价协调运行。

一、保障机制的构成要素

（一）人才保障

自发性群众体育组织建设和运营发展离不开人力资源的保障，人才的培养具有重要意义。

2018年，我国法人登记体育社会组织较2017年增长率达12%，远超全国社会组织7.3%的平均增长率，[②]近年来，社会组织对就业的贡献保持持续增长势头。截至2017年底，我国社会组织吸纳社会各类人员就业总数达到864.7万人，约占全社会就业总人数的1%。截至2016年，全国公益性社会体育指导员总数为269.9323万人，职业社会体育指导员达到12.6254万人。[③]虽然体育社会组织的从业人员数量从表面来看比较可观，但由于组织内部人力资源管理制度的因循守旧，一些体育社会组织较难吸引并留住人才，导致体育社会组织普

---

① 邓国胜.慈善组织培育与发展的政策思考[J].社会科学研究，2006（5）：119-123.
② 民政部.2018年民政事业发展统计公报[EB/OL].（2019-08-16）[2022-09-12].https://www.mca.gov.cn/images3/www2017/file/201908/1565920301578.pdf.
③ 卢文云.改革开放40年中国群众体育发展成就与经验[J].体育文化导刊，2019（3）：23-28.

遍存在专业人才缺乏和人员流动性大的问题，鲜有职业素养突出的行家里手。[①]一项对170个体育社团的调查结果显示，其中81个体育社团没有专职人员，占47.65%；有10名以上专职人员的仅有6个，占3.53%。[②]这样的人员数量配备和人员素质严重限制了体育组织自身能力的提升。

我国自发性群众体育组织专业人才供需存在很大缺口。以社会体育指导员为例，截至2016年，全国公益性社会体育指导员总数为269.9323万人，职业社会体育指导员达到12.6254万人。[③]这些社会体育指导员大部分并不在体育社会组织工作，或仅仅在体育社会组织中兼职。

我国的社会组织人才培养难以满足需求，[④]自发性群众体育组织更是如此。目前，自发性群众体育组织人才培养主要有三种方式：高等体育院校提供的学历教育，政府为自发性群众体育组织从业人员提供的短期培训，自发性群众体育组织自己提供的业务培训。但是，由于高等体育院校毕业生择业的专业对口率低、政府培训的短期性及自发性群众体育组织业务培训不足等因素，自发性群众体育组织仍然普遍存在专业人才不足的问题。

自发性群众体育组织的人员流动性大是导致组织人才不足的直接原因。对普通员工来说，自发性群众体育组织规模小、待遇低、升职机会少、发展空间十分有限，几乎看不到前途。社会组织的管理人员，在职业生涯成长中也很容易碰到天花板，[⑤]这几乎是所有类型的社会组织都存在的问题。所以，自发性群众体育组织上到管理者下到普通员工的流动性都居高不下。

（二）资金保障

资金保障，是指用提供资金的方式达到保障目的的社会保障子系统。[⑥]经济基础决定上层建筑，经济是基础，在政府培育社会组织中资金保障占有重要地位。邓国胜认为，政府的资金支持是慈善组织培育工作中的一项重要内容。[⑦]黄建在针对河南社区社会组织培育的研究中指出，社会组织发展需要一定的制

---

① 杜晓旭.公共体育服务视角下我国社会体育组织培育及管理研究[J].湖北体育科技，2018，37（3）：193-197.
② 刘国永，裴立新.中国体育社会组织发展报告（2016）[M].北京：社会科学文献出版社，2016：58.
③ 卢文云.改革开放40年中国群众体育发展成就与经验[EB/OL].（2019-04-24）[2022-09-12].https://www.sport.gov.cn/whzx/n5588/c904543/content.html.
④ 李长文.非营利组织能力建设的几个基本问题探讨[J].青海社会科学，2014（2）：84-89.
⑤ 李良玉.新疆民间非营利组织人才队伍建设研究[D].乌鲁木齐：新疆大学，2017.
⑥ 张海鹰.社会保障词典[M].北京：经济管理出版社，1993：540.
⑦ 邓国胜.慈善组织培育与发展的政策思考[J].社会科学研究，2006（5）：119-123.

度资源和体系资源,并指出当前培育与发展中存在资金支持不够的难题。[1]因此,自发性群众体育组织的培育与发展离不开资金的保障。

但是我国自发性群众体育组织数量庞大,政府没有能力对所有自发性群众体育组织进行资金支持。金余囡以我国老龄化社会为背景,指出自发性群众体育组织虽存在合理性,但不具有合法性导致无法获得政府部门政策和资金的支持。[2]傅晓提出了社会组织培育与发展四维政策模型理论,即政治资本、经济资本、人力资本和社会资本等组织的发展资本。[3]因此,在自发性群众体育组织的培育工作中,要拓宽资金保障渠道,形成多元化的资金保障。

(三)场地保障

场地是自发性群众体育组织开展活动的条件。《关于改革社会组织管理制度促进社会组织健康有序发展的意见》对培育发展社会组织提出明确的要求,指出要为社区社会组织发展活动提供场地、经费、人才等多方面的支持。[4]2020年,《民政部办公厅关于印发〈培育发展社区社会组织专项行动方案(2021—2023年)〉的通知》中再次强调要为社区社会组织开展活动提供场地支持。[5]这些文件反映出政府在培育过程中,为组织提供场地保障是培育工作中的重要一环。

(四)信息保障

部分自发性群众体育组织能力不足,信息获取渠道窄,不能及时获取与组织自身相关的信息。陈丛刊等认为,政府在培育新型体育社会组织过程中,要加大与社会组织的信息分享力度,着力解决信息不对称问题,强化政府、社会组织与人民群众之间的联系,提升政府对组织的培育效果。[6]因此,要提高培育效果,政府需要保障自发性群众体育组织的信息获取渠道通畅,在制定与落实相关方针政策的同时加强信息技术的支持。

---

[1] 黄建.河南社区社会组织培育和发展研究[M].郑州:郑州大学出版社,2019:52.
[2] 金余囡.老龄化背景下自发性群众体育组织的培育机制研究[J].浙江体育科学,2016,38(3):17-19.
[3] 傅晓.上海市徐汇区社区社会组织培育机制研究[D].上海:上海师范大学,2014.
[4] 中共中央办公厅,国务院办公厅.中共中央办公厅 国务院办公厅印发《关于改革社会组织管理制度促进社会组织健康有序发展的意见》[EB/OL].(2016-08-21)[2022-09-12].http://www.gov.cn/xinwen/2016-08/21/content_5101125.htm.
[5] 民政部办公厅.民政部办公厅关于印发《培育发展社区社会组织专项行动方案(2021—2023年)》[EB/OL].(2020-12-07)[2022-08-15].https://www.gov.cn/zhengce/zhengceku/2020-12/08/content_5568379.htm.
[6] 陈丛刊,肖磊.资源依赖关系下政府培育新兴体育社会组织的路径探索[J].四川体育科学,2021,40(4):79-82.

二、运行方式

(一)科学治理

国家治理体系和治理能力是一个国家制度和制度执行能力的集中体现。党的二十大报告把"基本实现国家治理体系和治理能力现代化"作为到二〇三五年我国发展的总体目标之一。[①]由此可见,科学治理对于基本实现国家治理体系和治理能力现代化,把我国制度优势更好转化为治理效能具有非常重要的意义。在政府培育自发性群众体育组织的过程中,科学治理是一个重要的保障机制,因为它能及时将培育过程中出现的问题妥善处理,同时也能通过提高组织自身治理能力减少问题发生率。

习近平总书记指出,国家治理体系是在党领导下管理国家的制度体系,包括经济、政治、文化、社会、生态文明和党的建设等各领域体制机制、法律法规安排,也就是一整套紧密相连、相互协调的国家制度。[②]治理体系的构成要素包含治理目标、治理主体、治理评价、治理结构、治理机制及治理方式等。

在政府培育自发性群众体育组织过程中,治理的目标主要以满足广大基层群众的体育现实需要为出发点,以我国自发性群众体育组织改革实践为根本动力,通过借鉴国外先进体育治理的理论与实践经验、治理主体协同参与,形成由"政府、市场和社会"组成的多元主体格局,推动政社分开,明确各自职能范围,使各自分管某一领域而又有交叉,进而实现自发性群众体育组织治理体系与治理能力现代化的目标。

传统管理的主体是行政机构,统治权威必定来源于政府,不利于市场与社会组织活力的激发。[③]在"政府—市场—社会"构成的多元化治理体系中,管理主体和权力中心不再局限于体育行政部门,社会和公众逐渐开始认同各种私人机构与社会组织,由此形成了多元化的治理主体格局。

治理评价是提高治理效果的关键,在政府培育自发性群众体育组织过程中,要针对"政府—市场—社会"这一多元治理主体进行科学评价。英国体育

---

① 习近平.高举中国特色社会主义伟大旗帜 为全面建设社会主义现代化国家而团结奋斗:在中国共产党第二十次全国代表大会上的报告[EB/OL].(2022-10-25)[2022-12-15].https://www.gov.cn/xinwen/2022-10/25/content_5721685.htm.
② 习近平谈治国理政[M].北京:外文出版社,2014:91.
③ 董红刚,易剑东.体育治理主体:域外经验与中国镜鉴[J].上海体育学院学报,2016,40(4):1-8.

治理评价的显著特征是分类评价、分层评价、指标体系完备,美国体育治理评价的经验是注重效率、关注结果。[①]与发达国家相比,我国治理评价任重而道远。治理结构既是多元治理主体占有资源的组成方式及其关系格局,又是治理主体在组织机构设置、权力划分上的设计和安排。[②]科学的治理结构应当是,政府成为退居幕后的指挥者;介入公共领域、退出经营领域;强化行政服务、弱化行政管理;强化立法监督、弱化行政干预,进而构建一种多元化主体协商共治的治理结构。治理机制主要由动力机制、培育机制及约束机制三部分构成。动力机制包含内生动力及外部压力,内生动力是传统体育管理模式无法应对日益复杂的体育事务,外部压力源于国际体育组织改革动向和国内顶层设计指向。陈丛刊等认为,体育社会组织的治理方式主要有常规治理、运动式治理、参与式治理三种。常规治理解决了组织"可治性"问题;运动式治理应对了常规治理失败问题;参与式治理则充分发挥了政府的主导性作用,实现了社会资源的多元互动和自发性群众体育组织自律自治能力的提升。[③]

(二)监督约束

监督是指特定主体为了使某一事物能够正常运行,在一定规则的基础上,对该事物进行调节、监管和控制。自发性群众体育组织的监督就是监管主体对自发性群众体育组织及其行为进行调节、监督和控制。社会监督是一种非正式的监督机制,它的成本低、社会效益好,能够起到政府监管机制难以起到的作用。

当政府和公众将任务委托给自发性群众体育组织,并为其提供各种资源时,就形成了委托—代理关系。自发性群众体育组织作为代理人,与委托人之间不可避免地存在着目标和利益冲突。因此,自发性群众体育组织的发展并不能完全依靠自治和自律,必须接受政府监管和其他利益相关方的监督,与自发性群众体育组织直接相关的利益主体包括政府与社会公众。

韦伯阐述对社会组织的管理和监督有两点原因:一是政府不断加大对社会组织的支持力度,而社会组织在使用公共资金时的责任问题受到更多关注;二是社会组织和市场不断渗透,社会组织作为政府、市场与民众的中介,其行为

---

① 董红刚,易剑东.体育治理评价:英美比较与中国关注[J].武汉体育学院学报,2016,50(2):25-31.
② 张琴,易剑东.体育治理结构的域外经验与中国镜鉴[J].体育学刊,2017,24(5):41-47.
③ 陈丛刊,魏文.我国体育社会组织治理方式分析与启示[J].体育文化导刊,2018(4):10-14.

应受到严格监管。[①]首先，政府要对自发性群众体育组织进行监督，政府的监督可以多种方式并存，主要包括：章程监督、年度检查、内部管理监督、财务审查、税务审查、评估监督、行政处罚。其次，社会公众要对自发性群众体育组织进行监管。社会公众监督可以通过政府部门、评估机构与自发性群众体育组织自身设有的投诉热线和网站进行监督，为政府监管部门提供自发性群众体育组织违法与腐败的线索信息。社会监督能够有效培植社会监督氛围与社会廉洁风尚，群众能够为遏制自发性群众体育组织的腐败行为提供最广泛的监督。在自发性群众体育组织公信力不高的情况下，只有引入监督、评估体系才能更好地发展。

（三）反馈评价

政府在培育自发性群众体育组织的过程中应建立及时的反馈与评价体系。政府培育自发性群众体育组织的过程是一个动态发展的过程，在这个过程中，由于沟通机制不畅通，可能导致培育出现一些阻碍。因而，及时的反馈与评价对于提高政府的培育效果就显得尤为重要。《关于印发〈全国民政标准化"十三五"发展规划〉的通知》中指出，要开展实施效果评价，建立实时反馈通道，将评价结果及时反馈至标准立项，将民政标准实施情况纳入各级民政部门和标准归口单位绩效考核。上海市社区体育协会制定了《上海市社区体育工作表彰评比办法》，每项评选办法都有细致的评价内容、评分细则和权重。在政府培育中，鉴于目前我国政府在实行公共管理过程中的行政权力，有必要通过加强反馈与评价机制来提升自发性群众体育组织的公信力。

在反馈评价机制中，主要包括反馈评价的主体、客体及行为方式三大核心要素。反馈评价的主体是指动作的发出者，在政府培育自发性群众体育组织过程中，反馈评价的主体是多元的，既有宏观层面的政府、市场和社会，也有微观层面的具体群众。这些主体主要针对政府培育自发性群众体育组织过程中出现的问题进行及时反馈评价，以便于政府及时调整培育方式，进而提高培育质量。反馈评价的客体是指动作的接收者，在政府培育自发性群众体育组织过程中，反馈评价的客体主要包括两部分：一是政府，政府的培育行为受到监督主体的全方位评价；二是自发性群众体育组织，在接受政府的培育过程中，自发性群众体育组织自身的行为也受到监督主体的监督。

---

① 韦伯.经济与社会[M].林荣远,译.北京：商务印书馆,1997：95-97.

第五章

基层政府培育自发性群众体育组织作用的模型设计与实证考察

自发性群众体育组织的政府培育
——理论探索与实践模式

在政府培育自发性群众体育组织过程中会涉及各级政府组织，不同层级的政府组织由于职责不同，管理的范围不同，培育的内容和方法也有所差异，如何对政府培育进行测量并评价政府培育所产生的作用，选择一个合适层级的政府组织就显得非常重要。在自发性群众体育组织的培育中，基层社区政府是十分重要的主体，是自发性群众体育组织问题最直接的面对者和应对者，同时，国家颁布的一系列政策都明确将基层社区社会组织作为重点培育对象。因此，本书选择基层政府来探讨政府培育的作用和测量指标的有关问题。

本章从理论与实证两个层面探讨了政府培育自发性群众体育组织的作用路径和作用效果。首先，从理论层面构建了政府培育自发性群众体育组织的激励模型及基层政府培育自发性群众体育组织的测量指标，用于解释政府培育对自发性群众体育组织成立和发展的作用路径；其次，从实证层面验证了基层政府培育对自发性群众体育组织生成和发展的正向激励作用，对三个社区自发性群众体育组织及其成员的典型个案进行了研究，从选择性培育的角度对政府培育作用进行了研究，以解释政府培育的内容、方式和效果。

第一节 政府培育作用的理论阐释

本章将选择城市基层政府作为培育主体，研究政府培育的作用。选择基层政府的主要原因如下。

首先，在市场经济条件下，城市社区自身越来越显示出在社会生活多方面的重要作用，社区建设已经成为我国社会发展的一项重要内容。作为社区文化建设的组成部分，城市社区体育的崛起，是改革开放以来我国群众体育发展中最为突出的现象之一。我国众多的自发性群众体育组织产生于社区，并活跃在社区，在自发性群众体育组织的培育中，基层社区政府是十分重要的主体，也是组织问题最直接的面对者和应对者。

其次，国家颁布的一系列政策都明确将基层社区社会组织作为重点培育对象。主要政策有2013年《国务院机构改革和职能转变方案》[1]，2017年《民政

---

[1] 国务院.国务院机构改革和职能转变方案（全文）[EB/OL].(2013-03-28)[2022-09-12]. http://theory.people.com.cn/n/2013/0310/c40531-20738452.html.

部关于大力培育发展社区社会组织的意见》①，2020年《培育发展社区社会组织专项行动方案（2021—2023年）》等。②在体育领域中，2009年《全民健身条例》、2012年《国家基本公共服务体系"十二五"规划》、2016年《全民健身计划（2016—2020年）》都明确了重点培育发展在基层开展体育活动的城乡社区服务类社会组织，并且要"重点培育发展城乡基层社区未登记体育社会组织，这类组织数量最多作用最直接，最需要关注扶持"③。

一、政府介入组织培育的两重性

由于国内外政府培育自发性群众体育组织的相关研究比较匮乏，我们可借鉴政府培育社会组织的相关研究。对于政府在社会组织形成及发展中所起到的培育作用，从国内外的经验和理论来看，对社会组织的剖析更多侧重于支持与干预的角度，而非培育角度。对此，学界存在两种截然不同的观点，我们概括为政府介入组织的积极说与消极说。

首先，持积极作用观点的学者，大都认为社会组织本身存在一定的不足性，需要政府介入来达到社会组织形成及良好发展的目的。萨拉蒙认为，社会组织本身的资源有限，它们既没有经营收入，也没有强制性税收，当社会自发的机制无法获取足够的资源时，社会组织的局限性就开始暴露出来。这时需要政府给予资源上的支持，并产生出政府—社会组织的合作模式。因此，政府为实现自己的目的可以将提供公共服务的任务委托给社会组织来承担，政府负责公共资金支持和对全局的掌握，第三部门负责提供服务，二者之间达成一种依赖各自比较优势的分工，各自发挥出自己的特长。④郑琦等通过对北京市朝阳区1819家社区社会组织进行调查后提出，由于我国的历史背景和基本国情，社会组织的建立完全复制西方国家的自下而上的社会主导模式是行不通的，建立社会组织离不开政府部门的扶持和资助，但跟以往不同的是在政府提供资助和扶持的过程中社会组织有更多的自主性，也就是说培育社会组织的模式由以前

---

① 民政部.民政部关于大力培育发展社区社会组织的意见[EB/OL].（2017-12-27）[2022-08-15].https://xxgk.mca.gov.cn:8445/gdnps/pc/content.jsp?mtype=1&id=116380.
② 民政部办公厅.民政部办公厅关于印发《培育发展社区社会组织专项行动方案（2021—2023年）》[EB/OL].（2020-12-07）[2022-08-15]. https://www.gov.cn/zhengce/zhengceku/2020-12/08/content_5568379.htm.
③ 刘国永，裴立新.中国体育社会组织发展报告（2016）[M].北京：社会科学文献出版社，2016.
④ SALAMON L. Partners in public service：The scope and theory of government relations[C]//POWELL WW. The Nonprofit Sector，NewHaven：Yale University Press，1987.

自发性群众体育组织的政府培育
——理论探索与实践模式

的政府控制主导路径逐渐转变为政府培育主导路径。这样的模式更趋于合理，更能充分调动基层社会组织的积极性，更能发挥基层社会组织的主观能动性。这将有助于基层社会组织功能和作用的发挥。[1]朱振淮认为，从政府改革角度、社会矛盾角度、社会价值角度、经济学角度来讲，培育和发展社会组织都具有重要的积极作用。[2]贾西津通过考察三种公民参与模式及民间组织在其中所发挥的不同作用，总结了在农村、城市社区等领域形成的参与式治理模式对于公民社会发展的积极意义。[3]

其次，持消极作用观点的学者认为，政府的介入会影响社会组织的自治性，进而阻碍社会组织的正常成立和发展。哈耶克认为，一个越多管理自己的事务而越少由政府来管理的社会，就是越完美的社会，而福利国家的增长是对自由和民主的侵害，政府是对自由、民主的最大威胁。[4]费希尔提出，社会组织与政府之间的合作能够促进公民社会的发展，同时也能促进政治的发展。政府部门提供公共服务的能力是非常有限的，而市场则会过多地追求利益，这样就在公共服务领域产生了"政府失灵"和"市场失灵"的现实问题。[5]郭月楠认为，目前中国社会组织与政府关系发展中最突出的问题是社会组织的自主性在与政府的互动中受到削弱，这使得社会组织在发展中受到政府的诸多限制，缺乏独立意识，与政府形成一种主体地位不对等的依附关系。[6]王凯珍等认为，我国社团的登记设置的门槛太高，对于政府部门利用资源优势来创建社团提供了方便，而对于公民自发成立的社团造成了严格的限制和排外，这样不利于大范围的社团规模扩大。[7]徐永光认为，目前在政府与社会的权力对比格局中，政府始终处于绝对主导地位，这导致社会组织还没有能力自主选择和开辟自己的生存与发展空间。[8]胡晓认为，我国非政府组织与政府的合作是一种附庸的合作关系。在非政府组织与政府合作中，政府处于主导地位，非政府组织的活动受

---

[1] 郑琦，乔昆.论社区共同体生成的政府培育主导路径[J].北京社会科学.2010（6）：55-58.

[2] 朱振淮.培育和发展社会组织的思路和对策[J].唯实（现代管理），2012（10）：29-31.

[3] JIA X J. An analysis of NGO avenues for civil participation in China[J]. Social sciences in China, 2007, 28（2）: 137.

[4] HAYEK F. The constitution of liberty[M]. Chicago: University of Chicago Press, 1960.

[5] 费希尔.NGO与第三世界政治发展[M].邓国胜，赵秀梅，译.北京：社会科学文献出版社，2002：34.

[6] 郭月楠.中国非政府组织自主性研究：基于非政府组织与政府关系的分析[D].西安：西北大学，2008.

[7] 王凯珍，汪流，黄亚玲，等.全国性体育社团改革与发展研究：基于学理层面的思考[J].天津体育学院学报，2010，25（1）：6-9.

[8] 中国青少年发展基金会，基金会发展研究委员会.处于十字路口的中国社团：中国第三部门研究年鉴2000年[M].天津：天津人民出版社，2001：2.

到政府较大的干预。[1]田凯通过对一个慈善协会的个案研究,认为慈善组织拥有的权力越大,政府行动的权力越小。政府越把处理权力转移到慈善组织手中,政府项目的实施就越困难。因而,在行为没有被制约的情况下,政府会尽可能扩大它的权力范围,甚至直接干预慈善组织。但这样的结果是慈善组织的形式与实际运作严重背离,出现"组织外形化"的问题。[2]资源依赖理论认为:组织必须从外界获取需要的生存资源,这是对外界的一种依赖性。而资源依赖性的程度由以下三个因素决定:一是资源对组织运作的重要程度,二是其他特定群体对资源的垄断程度,三是资源的可替代程度。因此,如果政府介入并成为组织关键性资源的唯一或最重要提供者,那么长此以往,组织会钝化从其他渠道获取资源的能力,而对政府产生高度依赖,不利于组织的自主发展。

二、政府介入组织培育的机制

上述已有学者对政府介入组织的两重性进行了充分的论证。另外,我们还要探讨政府对体育组织的消极与约束作用机制,诚然有学者认为政府的介入使组织产生一定的依赖性,从而影响着组织的自治性。那么影响政府培育效果的既定因素有哪些呢?对此,我们可以从学者郑琦的研究结果中得到启示。一是组织自治性与政府培育之间并不存在零和博弈的关系,即政府培育不会影响组织的自治性。政府培育与政府控制不同,它不是以影响组织行为和决策为目的的,而是以推动和协助组织完成其目标宗旨为目的的,因而目的性的不同使政府培育与政府控制对自治性的影响截然不同。二是政府对组织消极与约束作用的体现是选择性培育及培育效果的弱化所致。[3]

现阶段,政府是各类自发性群众体育组织的培育主体。政府会根据社会发展需要,有重点、有选择地培育公益性、互益性的自发性群众体育组织、城乡基层自发性群众体育组织,鼓励社会力量兴办民办非企业单位,使这一类自发性群众体育组织在比较短的时期内,不仅在数量上,而且在规模和能力上都有比较大的改观。而选择性培育产生的根源在于政府的非中立性。[4]同时,政府能用于组织培育的资源也是有限的。因此,政府自由裁量的指挥棒决定了应该

---

[1] 胡晓.合作与制衡:非政府组织与政府良性互动关系研究[J].理论研究,2011(2):41-43.
[2] 田凯.非协调约束与组织运作:中国慈善组织与政府关系的个案研究[M].北京:商务印书馆,2004:91.
[3] 郑琦.论公民共同体:共同体生成与政府培育作用研究[M].北京:中国社会出版社,2011:27.
[4] 同[3].

对哪一类体育社会组织进行培育，以及在培育过程中采取何种培育策略、投放多少资源等，进而显现出了政府在培育体育组织过程中的选择性培育，即政府要对哪些组织进行培育，给予不同组织不同的培育力度。

　　自发性群众体育组织是体育组织的一种，其生存与发展需要依赖政府的培育。因此，自发性群众体育组织要想成为政府培育的客体和工作对象，打破被动性的束缚，就必须获得主动性，通过表达与呼吁，使其需求被政府所认知和感知，进而实现其生存与发展策略。但自发性群众体育组织也是一个生命体。按照格雷纳（Greiner）提出的生命周期理论，自发性群众体育组织同样也存在成长、发展和消亡过程的生命周期。赵黎明根据社会组织成长的规模特征，将其划分为如下阶段：种子期、初创期、发展期、成熟期、更新期和衰退期。初创期是指社会组织的初创阶段，在这一阶段，社会组织的主要目标是解决其基本生存问题，迫切需要资金、场地、能力建设等。[①]由此看来，组织在不同阶段面临的问题和需要的资源也不相同。对此，我们可以认为，组织在不同发展阶段会呈现出不同的形态特征和行为方式，会面临着不同的问题，进而产生不同的外部需求。政府虽然采取相同的培育策略和培育程度，但由于缺少对组织培育的经验，对于组织不同阶段的需求和不同行为特征的组织会产生不同培育效果。

　　政府除了对体育组织产生消极约束作用外，还存在着激励与支持作用，这也是本章的研究重点。

第二节　基层政府培育自发性群众体育组织的激励模型

一、构建的理论基础

　　"制度"是一个宽泛的概念，一般指在特定社会范围内统一的、调节人与

---

① 赵黎明.科技企业孵化器系统研究[M].北京：中国经济出版社，2014：15-17.

第五章　基层政府培育自发性群众体育组织作用的模型设计与实证考察

人之间社会关系的一系列习惯、道德、法律（包括宪法和各种具体法律）、戒律、规章（包括政府制定的条例）等的总和。美国著名经济学家诺斯认为，制度是一个社会的博弈规则，或者更为规范地说，是一些人为设计的，形塑人们互动关系的约束。因而，制度构造了人们在政治、社会或经济领域里交换的激励。从社会科学的角度来理解，制度泛指以规则或运作模式，规范个体行动的一种社会结构。从外延上来看，制度包括正式制度（如规章和法律等）和非正式制度（如习惯、行为准则、伦理规范）等。①

不管是正式制度还是非正式制度均属于制度范畴，对于本书而言，我们所要关注的是政府培育行为对自发性群众体育组织产生的影响。对此，我们以制度起源作为制度分类的依据。首先根据研究需要，将制度分为内在制度和外在制度。内在制度是指人们在交往过程中随着经验的增长在群体内部逐渐形成和演化出来的一系列规则。②我们也可以理解为，内在制度的存在取决于社会成员的相互作用和他们对某种团体习惯的自发遵从。因此，自发性群众体育组织属于内在制度范畴，是人们在长期互动中，逐渐形成的共同认同、习惯、规则等。

外在制度是指由统治组织的政治权力机构人为设计出来的，靠政治行动自上而下强加于社会并付诸实施的一系列规则。③我们可以理解为外在制度即与政治相关，由政府制定一系列政策、法规、法律等予以实施。本书中的政府培育属于外在制度的范畴。

（一）制度变迁与组织耦合

制度变迁理论是诺斯提出的，他认为制度是一个社会的博弈规则，或者更规范一点说，是一些人为设计的、形塑人们互动关系的约束。④诺斯指出，制度变迁决定了人类历史中的社会演化方式，是理解历史变迁的关键。制度是各方利益体相互妥协而形成的规则。制度变迁由社会中的供给与需求决定。因此，制度变迁可以概括理解为"一种制度的框架的创立和被打破"⑤。

诺斯还指出，组织是制度变迁的代理人，组织与制度不同，他们是为达到

---

① 诺思.制度、制度变迁与经济绩效[M].杭行,译.上海:格致出版社,上海三联书店,上海人民出版社, 2008:4.
② 柯武刚,史漫飞.制度经济学:社会秩序与公共政策[M].韩朝华,译.北京:商务印书馆,2008:80.
③ 同②.
④ 诺斯.制度、制度变迁与经济绩效[M].刘守英,译.上海:上海三联书店,1994:4.
⑤ 马广奇.制度变迁理论：评述与启示[J].生产力研究,2005(7):225-228.

自发性群众体育组织的政府培育
——理论探索与实践模式

特定目的而受某些共同目标约束的团体组织,其存在和演进受制度框架影响。[①] 组织分为政治团体、经济团体、社会团体、教育团体四类。本书所关注的自发性群众体育组织当属社会团体的一种。为了了解体育组织的形成机制,我们有必要将其置于更广泛的制度变迁背景中进行讨论。

当前,社会经济发展与体育实践的开展诸多不利因素郁积的矛盾呼唤新的制度创新,诱使体育体制进行改革与完善。随着城市经济体制改革的深入,单位制下的外在制度已经通过单位制改革这一强制性变迁在社区中瓦解,单位功能的"全能性"受到了限制,单位体育也受到了一定程度的影响。原有的单位体育已经无法满足人们多元化的体育需求。当人们的体育需求难以在单位得到满足时,其体育的利益取向就开始由单位转向社区。[②] 在单位体育向社区体育转型的过程中,急需在社区形成新的组织纽带。因而,体育组织在社区制下面临着从无到有的结构变迁,其所能承载的内容:"有效整合社区内外资源,包括成员的人力资源、社区单位的物力资源及闲置资金等有形资源,也包括成员间的信任、合作等无形资源,向社区居民提供各种机会,为居民提供表决自己所需服务的各种渠道,满足居民多元化、个性化的体育需求,提升居民幸福感,等等。"

(二)政府培育与诺斯悖论

"诺斯悖论"又叫"国家悖论",是诺斯提出的。其理论观点的核心是:一方面,国家权力构成有效产权安排和经济发展的一个必要条件,没有国家就没有产权;另一方面,国家权力介入产权安排和产权交易是对个人财产安全的限制与侵害,会造成所有权的残缺导致无效的产权安排和经济衰落。国家权力作为一种强制性的制度安排,政府必须拥有权力和强制手段才能维护社会秩序、保护私人财产、取缔掠夺行为,是保护个人权利的最有效的工具;国家作为一种参与经济活动的组织,在界定和保护产权时不是中立的,它必然可能利用手中的权力对私人进行掠夺。[③] 由此可以看出,"诺斯悖论"缘起于分析国家与社会经济相互联系和相互矛盾的关系。而目前有研究将其延展至其他应用场景,如丁煌等将"诺斯悖论"的概念应用到对海上救援领域多元主体参与效用问题

---

① 诺斯.制度、制度变迁与经济绩效[M].刘守英,译.上海:上海三联书店,1994:6.
② 汪流.草根体育组织与政府关系向度研究[J].西安体育学院学报,2014,31(11):6-11.
③ 诺思.经济史中的结构与变迁[M].陈郁,罗华平,等译.上海:上海三联书店,上海人民出版社,1994.

第五章　基层政府培育自发性群众体育组织作用的模型设计与实证考察

的解释。[①]黄晓俊等将"诺斯悖论"的概念引入对竞技体育职业化领域政府介入影响问题的分析。[②]以上学者借用"诺斯悖论"的框架,延伸至对多种社会问题与现象的讨论。但都无外乎具有同质化的一点,那就是非常重视政府作为外在制度供给者的作用。

对此,我们将政府置于重要地位,来探讨政府作为外在制度供给者的优势作用。

第一,作为主导制度变迁的政府,更具有创新的激励。邹薇认为,制度创新主体有个人、社会团体、国家机构等,以个人和社会团体为主的制度创新是微观层面的自律性制度创新,而政府主导的制度创新是宏观层面的社会制度、法律法规的创新。政府在分配社会财富、制定发展规划、推进科技创新等方面有着无法替代的优势。政府可以凭借雄厚的人力、物力、财力等推进社会制度创新。因而,由政府发起的制度创新事实上就成为选择方案的一种倾向。[③]

第二,政府在引发制度变迁的两种路径中,均发挥了重要作用。林毅夫认为,制度变迁通常被划分为强制性制度变迁和诱致性制度变迁两种类型。其中,强制性制度变迁是"自上而下"的变迁,其制度变迁的主导者是政府,通过法律、命令的形式予以实行;诱致性制度变迁是"自下而上"的变迁,由个人或群体自发倡导和组织来实现。政府在强制性制度变迁中的作用毋庸置疑。在诱致性制度变迁中政府虽然不是主导者,但是可以作为参与者促进其变迁过程。[④]

第三,规则清晰,减少信息成本和交易成本。柯武刚等认为,"目标清晰、连贯和有限的集体行动可以提供一些使新规则得以定型的固定基点"[⑤]。相比较内在制度而言,政府提供的外在制度能够以一个清晰的、容易辨识的并具有明确惩罚措施的制度呈现在人们面前。在单位制向社区转型的制度变迁过程中,政府在高的不成比例的信息成本和交易成本方面发挥着不可磨灭的作用。

综合来看,在制度变迁过程中,政府作为外在制度的供给者发挥着重要作用。基于"诺斯悖论"我们可以看出,政府与经济存在相互矛盾的关系,既是

---

① 丁煌,黄志珠.海上搜救的"诺斯悖论"及其破解:基于公共选择理论的分析[J].甘肃社会科学,2015(3):186-190.
② 黄晓俊,刘玉琴.新制度经济学视域下中国竞技体育职业化"诺斯悖论"分析与对策研究[J].天津体育学院学报,2011,26(4):360-363.
③ 邹薇.制度与经济发展:理论、历史与现实[J].武汉大学学报(人文科学版),1998(1):34-40.
④ 林毅夫.关于制度变迁的经济学理论:诱致性变迁与强制性变迁[M].上海:上海人民出版社,2002.
⑤ 柯武刚,史漫飞.制度经济学:社会秩序与公共政策[M].韩朝华,译.北京:商务印书馆,2008:80.

自发性群众体育组织的政府培育
——理论探索与实践模式

经济增长的推动力，也是经济增长衰退的根源。我们将其延伸至社会领域，由于本书关注的是政府培育自发性群众体育组织的激励作用，因而将政府培育这种制度称为"激励机制"，由此建立了制度分析框架下政府培育对自发性群众体育组织的激励作用模型。

二、基层政府培育自发性群众体育组织的理论演绎

政府培育行为为组织的形成提供了一定的制度环境，一些培育行为弥补了组织形成过程中的不足，起到了一定的激励作用。那么，若要探讨自发性群众体育组织在成立及发展过程中政府培育所起到的激励作用，则需要进行更深一步的研究，构建一个具体的政府激励模型。首先，我国城市社区正从单位管理体制向社区治理体制转型，我们必须将自发性群众体育组织置于这一背景下进行讨论。其次，在这一过程中，自发性群众体育组织也经历了一系列的变迁，从无到有，从弱变强，因此为了突出政府的培育作用，将政府作为影响自发性群众体育组织变迁过程中的独立变量，并分析政府是如何影响自发性群众体育组织的形成及发展的。

（一）内在制度的惰性与合法性激励

内在制度是指人与人之间的社会行为中逐渐形成和演化出来的规则。而外在制度是由统治阶级人为设计出来的，靠政治行动自上而下强加于社会的规则。[1]与外在制度相比，内在制度有连续、渐进、非强制性等特点，因此在制度变迁过程中具有更大的惰性。此时，新的外在体制的改变并不能带来旧的内在制度的改变，两者之间会产生一种持续紧张的关系。计划经济时期，政府实行高度集中的体育行政管理体制，体委包揽一切，管办不分，治理方式行政化。这一时期的群众体育活动基本上都是在政府有意识地组织和指挥下进行的，居民的体育活动基本上都是以单位为依托进行的。这一时期的政府成了无所不能的"全能型"政府。改革开放后，随着计划经济向市场经济过渡，经济活动的组织方式和社会服务方式发生了很大变化，政府开始由"全能型"政府慢慢走向"有限型"政府。政府的外在体制发生了彻底改变，原有的单位体育越来越不能满足人们的体育需求，在单位体育走向社区体育的过程中，社区需要形成新的

---

[1] 柯武刚，史漫飞.制度经济学：社会秩序与公共政策[M].韩朝华，译.北京：商务印书馆，2008：80.

组织纽带，这就要求建立和发展新的社区体育组织。[①]然而，在原来单位体制下，人们并没有失去对单位开展体育活动的依赖性，同时社区内的外在体制虽然逐步建立，但是人们并没有形成自主联合成立体育组织的意识。居民对于横向联系的体育社区还缺少一定的认识与信任。全球最大的独立公关公司爱德曼曾发布2017年度"爱德曼信任度晴雨表"报告，受访者被要求对本国政府、企业、媒体和非政府组织四个方面信任度进行评价。其中，中国民众对不同类型的组织信任度排序为：政府（76%）、企业（67%）、媒体（65%）、非政府组织（61%）。[②]这也表明了中国民众对政府的信任和对非政府组织的不信任。由于我国民众对政府的高度信任，使得政府对自发性群众体育组织的合法性激励成为可能。政府可以通过合法性激励将官方合法性以某种特定的方式，如提供组织场地、组织开展活动时政府部门领导现场出席或讲话或组织借用政府名义开展体育活动等延伸至这些组织中，民众基于对政府部门的信任，继而连带着信任这些组织，那么就产生了组织的社会合法性与社会影响力。

首先，作为政府来说，也有主动培育自发性群众体育组织的意愿和需求。国内部分学者研究表明，在促进社区精神文明建设和社区文化建设方面，自发性群众体育组织起到了一定的积极作用。韩松认为，草根体育NPO在增强人们内部凝聚力，丰富人们精神文化生活，提高人们生活质量，积累社会资本，促进大众体育发展，推动和谐社会建设，弥补政府体育公共服务和体育公共产品不足等方面做出了巨大贡献。[③]其次，政府为了应对日益繁多的管理任务和满足日益多样化的体育需求，也是政府培育和扶持自发性群众体育组织的必然选择。随着市场经济的推进，单位制的解体，政府的职能（如政治职能、社会职能）慢慢转移到了社区，各地自发性群众体育组织群雄并起，政府也注重利用各种措施达到基层体育活动蓬勃发展的目的。但同时各项检查、评比、考核等也成了基层政府工作的指挥棒，基层政府最重要的工作甚至就是应对来自上级的各种检查、评比及各类考核。这些繁重的考核及检查任务往往与基层政府有限的人力、财力、物力等方面产生矛盾，而自发性群众体育组织可以让基层政府从重复繁杂的事务管理中解脱出来，缓解了基层政府自身资源的欠缺与完

---

① 汪流.草根体育组织与政府关系向度研究[J].西安体育学院学报，2014，31（1）：6-11.
② 爱德曼.2017年信任度调查中国报告[J].国际公关，2017（3）：91.
③ 韩松.我国草根体育NPO发展困境及出路的探析[D].北京：北京体育大学，2010.

成考核任务之间的矛盾。[1] 此外，居民的需求逐渐多元化，对政府提出了更高的要求。因此，面对不断增长的公共体育管理和公共体育服务需求，转变政府职能，培育和调动自发性群众体育组织的积极性是政府职能改革的重要途径。

（二）组织成本和政府资源性激励

关于组织成本的概念，科斯在其经典论文《企业的性质》中提到市场运用价格机制配置资源是有成本的，即交易费用。[2] 同时，组织的成本主要分为两大类，沟通成本和物质成本。前者包括动员成员参与活动、协调组织成员间的时间、发放活动通知及组织对外联络事宜等，主要占用组织成员的时间成本；后者包括组织的资金、组织的活动场地、聘请专业师资等，主要涉及组织成员的资金成本。[3]

目前，我国基层社区自发性群众体育组织成员以老年人为主，年龄段集中在 50~70 岁，同时，自发性群众体育组织 50% 以上的成员都是邻里街坊，由地缘关系形成的组织是最基本也是数量最庞大的群体，[4] 由于绝大多数组织成员都是退休老人，有大量的空闲时间，地缘性因素使得他们相互沟通起来比较方便，而且很多老人很乐意承担组织内部的沟通事宜，以此来丰富自己的老年生活。所以他们并不太在乎付出的时间成本。因此，我们可以忽略组织的沟通成本。

在访谈过程中关于"组织目前遇到的困难有哪些"，提到最多的是资金短缺和场地不足的问题，而没有一个组织提到因为沟通成本太高而造成组织出现困难。对此，我们得出初步结论，物质成本才是影响自发性群众体育组织成立和发展的主要原因。

目前，自发性群众体育组织生存与发展的首要难题是资金和场地，政府对自发性群众体育组织资源性激励就成为一条可行的解决路径。首先，自发性群众体育组织有着自主管理、结构松散等特点，并且大部分组织在一定程度上与政府有着不可分割的关系，由于这些组织规模小，人员少，通过组织内部成员自筹资金，很难获得很好的发展，因而对于自发性群众体育组织而言政府每年的专项扶持资金具有非常大的诱惑力。其次，自发性群众体育组织有着区别于

---

[1] 汪流. 草根体育组织与政府关系向度研究[J]. 西安体育学院学报，2014，31（1）：6-11.
[2] COASE R H. The Nature of the firm[J]. Economica, 1937, 4（16）：386-405.
[3] 郑琦. 政府激励与公民共同体的形成：以北京市朝阳区为例[C]//王名. 中国非营利评论：第六卷. 北京：社会科学文献出版社，2010：179-199.
[4] 修琪. 公民社会视野下自发性群众体育组织研究[M]. 济南：山东大学出版社，2015：47-48.

其他类型组织的重要特点，就是开展体育活动必须借助一定的场地，很少有组织拥有自己固定的活动或比赛场地，大多数自发性群众体育组织都是借助政府临时提供的活动场地开展活动或比赛，而且有时存在场地冲突的情况。可以说，目前我国大中城市体育场地设施比较匮乏，还远远不能满足自发性群众体育组织大量的场地需求。因此，如果政府通过直接或间接的方式向自发性群众体育组织提供一定的资金或场地设施，在某种程度上也能满足其部分需求。

三、基层政府培育自发性群众体育组织的激励模型

根据以上内容，我们可以初步构建一个政府激励模型来解释政府激励作用的反应路径：政府通过合法性激励弥补内在制度的惰性，通过资源性激励缓解组织成本问题，从而对社区内的自发性群众体育组织的生成和发展起到正向激励效应（见图5-1）。

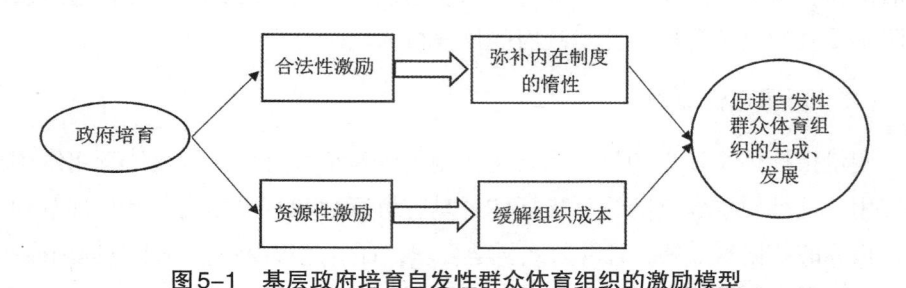

图5-1 基层政府培育自发性群众体育组织的激励模型

第三节 基层政府培育自发性群众体育组织的测量指标

上一节我们已经构建了一个基层政府培育自发性群众体育组织的激励模型，即合法性激励和资源性激励的理论框架。那么要对基层政府培育进行测量，就一定要设计基层政府培育行为的各种具体化指标，根据前文分析并结合自发性群众体育组织的特点，下面来设计符合本书需求的合法性激励与资源性激励的各项具体指标。

一、基层政府培育自发性群众体育组织测量指标体系设计的原则

（一）目标导向原则

自发性群众体育组织有一个最显著的特点是贴近普通大众，这类组织对参与者的要求比较宽松，只要你身体健康，喜爱体育运动就可以，对参与者几乎没有任何门槛限制。这类组织成立的"自下而上"性，决定了组织的决策相对比较民主，也较少受到外界"建制"部门的影响和制约。因此，根据自发性群众体育组织这一特征，我们应该着手于组织成立和发展过程中的主观性测量，而不是正式制度（政府文件、政府某部分财政预算等）如何产生、如何实施等客观测量指标。虽然制度对于自发性群众体育组织的成立和发展具有关键性的影响，但是制度本身并不能与该类组织的成立和发展产生直接对应关系，因此，我们应将注意力放到设计的指标能够更好地反映制度实施的效果上来。如参与政府活动，本书以组织一年或成立以来参与政府活动的次数为指标，通过组织实际感受到的培育程度来测量政府的培育行为。

（二）可操作性原则

测量指标体系建立的目的主要是在测量政府培育自发性群众体育组织中得到应用。这就要求建立的测量指标体系具有可行性和可操作性，易于理解和使用，指标的数据易采集，计算公式科学合理，评价过程简单，利于掌握和操作。同时，要考虑测量指标的有效性，当政府培育发生变化时能明显反映出这种变化的主要特征。

（三）完整性原则

政府培育的测量涉及多个方面的内容，对其测量必须树立整体政府理念，测量指标体系要能反映政府培育的整体特征。要从整体上把握政府培育的功能，把握影响合法性激励与资源性激励的各项具体指标的各个要素，要统筹考虑政府合法性激励与资源性激励的关系，确保每项指标都有明确的解释，体现指标设计的完整性和成本的有效性。

二、基层政府培育自发性群众体育组织测量指标内容的选择

目前，国内还没有对政府培育体育类组织程度进行定量分析的相关文章。

不过有不少学者提出了一些政府激励社会组织发展的手段，这些研究成果也为我们进行下一步的指标筛选提供了重要参考依据。

郑琦在制度分析框架下构建了一条政府培育共同体生成的理论路径，即合法性激励与资源性激励，并依据实际情况设定了政府培育行为的各种具体指标。如合法性激励包括法律法规规范、登记注册、减免税、主管单位支持……领导默许等。资源性激励包括工作经费支持、提供办公场所和工作条件、权力分配等。[①]

汪流将政府对于草根体育组织的激励分为两类：合法性激励与资源性激励，在合法性激励方面，由于我国民众对政府高度信任，政府可以通过合法性激励将官方合法性以某种特定的方式提供给在当地有一定影响力的草根体育组织。如政府可以直接或协调提供组织场地，组织开展的活动等也经常有相关政府部门的人员出席，或默认组织借政府名义为草根体育组织做一定的宣传。在资源性激励方面，他认为除了政府每年的专项资金外，政府或企业也可以通过直接或间接的方式为草根体育组织提供场地，满足其发展需求。[②]

杨志亭等认为，针对我国草根体育组织的"合法性问题"，可以借鉴发达国家的经验，应放宽草根体育组织准入制度，实行宽松的注册管理制度或取消注册制度，简化复杂的登记手续、烦琐的审批程序；实施社区或体育行政部门备案制度。在组织资金获取方面，他认为草根体育组织应与政府建立良好的合作关系，取得政府的信任和支持，开拓政府向其购买公共体育服务的渠道。[③]王劲颖在政府如何培育民间组织中提出，理顺民间组织及其相关者的关系，从培育特定民间组织入手，为其他民间组织提供人才。[④]

在前文中我们已经构建了政府的两个激励模型，即合法性激励与资源性激励。下面我们就延续这一划分，来实际设计政府培育各项具体指标。在此，我们将以上学者的研究成果尽可能地进行汇总（见表5-1）。

---

① 郑琦.论公民共同体：共同体生成与政府培育作用研究[M].北京：中国社会出版社，2011：27.
② 汪流.草根体育组织与政府关系向度研究[J].西安体育学院学报，2014，31（1）：6-11.
③ 杨志亭，孙建华，张铁民.社会转型期我国草根体育组织发展的困境与培育路径[J].沈阳体育学院学报，2016（2）：66-70.
④ 王劲颖.政府如何培育发展民间组织[J].社会科学，2001，21（8）：67-70.

表5-1 已有研究关系表明的政府培育指标内容

合法性激励	实行备案制度；借用政府名义；实行宽松的注册管理制度或取消注册制度；建立合作关系；帮助宣传；领导参与；放宽准入制度
资源性激励	直接或间接提供场地；提供专项资金；开拓公共体育服务渠道；提供人才

三、基层政府培育自发性群众体育组织测量指标体系的设计

本书的模型建立以自发性群众体育组织人数作为因变量，以政府的合法性激励和资源性激励作为自变量。

在设计合法性激励和资源性激励的具体指标前，需对政府培育的主要形式进行解释，我们研究的是自发性群众体育组织，强调"自发性"是从社会组织成立之初的角度来看的。在国外，社会组织的成立都是自发的、自愿的，但是在中国，社会组织的成立都有其特殊性，很多组织的成立并不都是自发产生的，而与政府之间是有联系的。我国体育社会组织的成立主要分为以下几种：①政府直接或间接创办；②政府扶持成立；③政府协助成立；④无政府参与建立。就第一种来说组织的成立是基于政府管理的需要，是由自上而下的体育管理机构直接或间接创办的，这类组织往往具有官方或半官方性，如国家体育总局、行业体协、训练中心等，与组织"自发性"这一特点相悖。政府"扶持"在本书中的解释是有共同体育兴趣爱好的人们有意愿地、自发地成立组织的意向时，由政府来扶持其成立，并不影响组织的"自发性"。因此，第二种和第三种组织成立方式是组织成员有共同意向，同时政府通过主动供给权力的激励，诱导这类社会组织的自愿成立和发展，而区别只是政府在扶持组织成立时所给予的培育程度不同。第四种则是无政府参与，组织成员间自愿成立组织。后三种组织从成立方式上来讲，体现为自下而上和非官方性，如晨晚练点、草根体育组织、群众体育活动点、小型健身协会等，因而与组织"自发性"这一特点相吻合。

下面结合上一部分已有学者提供的测量内容，根据自发性群众体育组织形成的特点，结合本书的研究对象来筛选建立政府培育的测量指标。

（一）合法性激励指标的初选

在苏州市调研过程中发现，目前有一部分是正式登记注册的体育社团，如苏州市乒乓球运动协会、苏州市体育舞蹈运动协会等，这些体育社团都具

有"法律合法性"。而目前活跃在城市基层社区内的自发性群众体育组织大多数都未在相关上级部门登记，没有法律地位，缺乏"法律合法性"，处在一个存在即"合理不合法"的尴尬境地。但这类组织在服务社区居民健身、增强居民凝聚力等方面发挥着重要作用。同时，《社会团体登记管理条例》对社会团体的注册设置了较高的门槛，即"双重管理体制"，目前苏州市包括体育社团、民办非企在内的体育社会组织总数为784家，苏州市体育局统计数据显示，2020年苏州市晨晚练点数量高达7090个，在对苏州市体育局领导访问和部分街道、社区居委会走访期间了解到，真正达到注册登记要求的体育社会组织非常少。苏州市民政局这些年为鼓励和帮助草根社会组织发展，启动了社区社会组织品牌项目创投活动，鼓励社区内草根社会组织积极申请，为了提升草根社会组织能力水平，深化品牌内涵，打造一批叫得出、打得响的草根社会组织品牌，给予中选的草根社会组织一定的扶持资金，目的是培育、扶持草根社会组织，将社区资源予以集中，最终实现这类组织"需求从群众中来，服务到群众中去"的发展目标。

综上所述，在政府培育方面，已登记注册的体育社团对自发性群众体育组织的影响较小，具备合法性也不是组织享有政府培育的唯一条件。就自发性群众体育组织而言，其真正享受到来自政府的合法性激励往往并不是以法律条文的形式出现的，而是以参与政府组织的活动的形式出现，比如，自发性群众体育组织开展体育活动时打着政府的旗号以获取政府部门领导的默许、承认等，政府部门领导参与组织的活动或发表讲话等都可以反映出政府的合法性激励行为。

在合法性激励方面，社区内自发性群众体育组织合法性的体现，主要来源于以下两个方面。一是组织的成立方式，如果组织在成立之初就有相关街道或居委会扶持或协助其成立，就相当于其街道或居委会认可了该组织的合法性，由于组织在成立时与街道和居委会保持了紧密的联系，因此组织在后期发展过程中，如开展体育活动就可以借用街道或居委会的名义行事。二是组织参与政府组织的活动，每年街道居委会都会举办形式多样的体育活动，那么能参加这些体育活动的自发性群众体育组织都可以说是被政府所认可的，同时政府在组织体育活动之前，对于选择哪一个组织参加是有绝对性的选择权利的，因此，只有被政府认可的体育组织才可以参加政府组织的体育活动，自发性群众体育组织也不例外。

综上所述，为了贯彻注重制度实施效果的测量原则，在合法性激励中，本书选择组织参与政府组织的活动次数及组织的成立方式作为具体指标,组织参与政府组织的活动次数分为,平均一年参加街道活动次数和成立以来参加区级及以上活动次数,组织的成立方式包括民间力量自发成立、政府协助成立、政府扶持成立三种,在数据处理方式上,由于成立方式是虚拟变量,故将民间力量自发成立作为参考值处理。

在具体指标的表述方面,如将"自发性群众体育组织参加政府组织体育活动的次数"及"自发性群众体育组织的成立方式"作为政府激励自发性群众体育组织发展的合法性激励的具体指标。

(二)资源性激励指标的初选

在资源性激励方面,我们同样也注重制度实施效果的测量原则,选择资金支持金额、场地来源和人员类型作为具体指标,其中场地来源分为政府直接提供(居委会、社区活动中心),政府间接协调(楼前空地、社区附近公园及学校活动场所)及其他方式;人员类型包括政府直接派遣(社会体育指导员、街道体协、居委会干部等),政府间接协调(离退休体育积极分子、业余在职体育积极分子等)和其他类型。

在具体指标的表述方面,如选用"自发性群众体育组织当年接收到政府的资助金额"作为资金支持的指标;将"自发性群众体育组织的活动场地类型"作为场地支持的指标;将"自发性群众体育组织当年接收到政府提供的体育指导人员类型"作为人员支持的指标等。

至此,政府培育自发性群众体育组织的初选指标已经构建完成。

四、基层政府培育自发性群众体育组织测量指标的筛选

根据政府培育自发性群众体育组织测量指标设计的基本原则,针对政府培育自发性群众体育组织的初选指标,运用德尔菲法对指标进行筛选。德尔菲法是专家调查法中很重要的一种方法,它是指就某些问题依靠有关专家的知识经验和判断能力,采用系统的逻辑方法和匿名问卷的形式请专家分别对事物进行评价预测与判断,从而获得客观可靠的意见与信息的方法。[1]这种方法是目前指标筛选中普遍采用的方法。本书采用专家选择和评判意见的量化,选择的专家为从事群众体育组织研究、管理和街道社区体育主管部门领导及自发性群众

---

[1] 郑旗.体育科学研究方法[M].北京:人民体育出版社,2007:193.

体育组织的负责人。

对专家意见的量化，采用侯定丕、王战军所著的《非线性评估的理论探索与应用》一书中的方法，以等比数列代替5分制等差数列，规定最低分为1分，最高分为50分，由c=50得等比数列，分别以1分，3分，7分，18分，50分代替1分，2分，3分，4分，5分重新对指标赋值。[①]本书按很重要（50分）、重要（18分）、一般（7分）、不重要（3分）、很不重要（1分）对初选指标进行评分，并对指标提出修改建议，同时请专家对指标的熟悉程度及指标评定的影响因素进行自我评价，经过了两轮指标的筛选，具体筛选过程不再详述，最终测量指标筛选结果见表5-2。

表5-2 政府培育的测量指标

培育维度	测量内容	指标
合法性激励	参加政府组织的活动	1. 组织平均一年参加街道活动的次数 2. 组织成立以来参加区级及以上政府组织的活动次数
	组织成立方式	1. 民间力量自发成立 2. 政府协助成立 3. 政府扶持成立
资源性激励	资金支持	1. 组织一年中从政府获得资金的数量
	场地支持	1. 收费体育场馆 2. 楼前空地 3. 社区附近公园及学校活动场所 4. 居委会 5. 其他专门房屋 6. 社区活动中心 7. 其他
资源性激励	人员支持	1. 社会体育指导员 2. 街道体协、居委会干部 3. 在职专业体育工作人员 4. 离退休体育积极分子 5. 业余在职体育积极分子 6. 其他人员

五、基层政府激励自发性群众体育组织的实证检验

为了进一步研究政府培育对自发性群众体育组织的生成是否具有正向激励

[①] 侯定丕，王战军.非线性评估的理论探索与应用[M].合肥：中国科学技术大学出版社，2001：31.

作用,下面将通过实证研究的方法进行检验。

(一)建立研究假设

前面我们已经基本构建了政府培育自发性群众体育组织生成的合法性激励和资源性激励两大作用机制,并对相关测量内容进行了指标设计,在此基础上,我们将对政府培育自发性群众体育组织生成的研究假设进行定量分析。运用多元线性回归的方法,如果能够证实提出的假设,表明我们的理论具有一定的解释力,并符合当前社区自发性群众体育组织的实际情况。

研究假设:政府培育对自发性群众体育组织的生成具有正向激励作用。

为了阐明这一假设,我们将分三步进行:

假设1:政府培育对自发性群众体育组织的规模有正面的贡献率。

假设2:政府的合法性激励对自发性群众体育组织的规模有正面的贡献率。

假设3:政府的资源性激励对自发性群众体育组织的规模有正面的贡献率。

为此我们构建了以下三个回归模型。

模型一(合法性激励):组织规模=f(年内参加过多少次街道组织活动,成立以来参加过多少次区级及以上活动,民间力量自发组织成立,政府协助成立,政府扶持成立)。

模型二(资源性激励):组织规模=f(每年组织从政府获得的资金支持,政府直接提供场地,政府间接协调场地,政府直接派遣人员,政府间接协调人员)。

模型三(总激励作用):组织规模=f(年内参加过多少次街道组织活动,成立以来参加过多少次区级及以上活动,民间力量自发组织成立,政府协助成立,政府扶持成立,每年组织从政府获得的资金支持,政府直接提供场地,政府间接协调场地,政府直接派遣人员,政府间接协调人员)。

(二)调查问卷设计与发放

遵循社会学有关问卷的设计要求,结合自发性群众体育组织自身特征,我们设计了《政府培育社区自发性群众体育组织调查问卷》,经多次修改并通过了问卷效度和信度检验。

本书所涉研究选择江苏省苏州市作为问卷调查和案例研究对象。近年来,苏州市在城市社区建设过程中,不断创新和完善社会管理模式,非常重视推动社区内草根组织的成立和发展。2007年,苏州市颁布了《关于推进社区管理体制改革的若干意见》,紧接着苏州市沧浪区按照《沧浪区人民政府关于推进社

第五章 基层政府培育自发性群众体育组织作用的模型设计与实证考察

区管理体制改革的若干意见》创立了"邻里情"幸福联盟,用于扶持培育社区内各类草根社会组织。2011年,姑苏区根据苏州市政府办公室下发的《关于进一步加强全市社会组织建设的意见》(苏办发〔2011〕63号)结合姑苏区的实际情况,制定了姑苏区社会组织培育发展工作体系。2013年,姑苏区民政局出台了《姑苏区社会组织发展扶持政策(试行)》,其中规定要在全区范围内落实扶持政策。[①] 为进一步在全市推广居民自治项目化,从2016年开始,苏州各级财政每年拿出2亿元,为1126个城市社区建立为民服务专项经费不少于20万元的党组织。苏州市委组织部、市财政局、市民政局联合出台专项经费使用管理办法,将经费统一纳入街道预算,采用项目化管理方式,重点支持解决"看得见管不着,管得着看不见"的社区治理、居民自治"头疼事",既填补了基层民政服务的"空白"和"盲区",[②] 也为培育扶持社区社会组织的发展提供了经费支持保障。2018年,苏州市又出台了《关于深入贯彻中央和省决策部署全面推进城乡社区治理现代化行动计划》,拟通过3~5年时间,以十项任务为抓手,进一步缩小城乡一体化快速发展和人民群众期盼之间的差距,全面提高城乡社区治理社会化、法治化、智能化、专业化水平,保持苏州城乡社区治理综合指标位居全省前列,城乡和谐幸福社区建设达标率分别达98%和95%以上。

对此,我们看到了苏州市政府通过一系列的政策措施积极地扶持推动社区内社会组织的发展,全面推进城乡社区治理现代化,社区各类自发性群众体育组织也得到了大力发展。因此,我们选取苏州市作为实证研究对象,重点探讨政府对自发性群众体育组织的培育作用,并重点考察政府对自发性群众体育组织的实际培育效果。

问卷的发放回收工作是在2018年3月至6月期间。苏州市共6个区35个街道646个居民委员会,我们按照一定的抽样比例共抽取了75个社区居委会作为被调查的居委会,每个社区选取10个自发性群众体育组织,通过我们组成的调查小组,将问卷发放到组织负责人手中,现场填写并回收,共计发放750份问卷,回收710份问卷,回收率为95%,其中有效问卷为700份,有效率为93%。不过部分问卷有填写不全的问题,缺少1~2个选项,但是其他的选项对于本书来说非常具有价值,因此也将这部分问卷作为有效问卷来处理。

---

① 姑苏区人民政府.姑苏区社会组织发展扶持政策(试行)[EB/OL].(2020-11-11)[2022-09-12]. http://news.2500sz.com/news/szxw/2013-9/27_2152778.shtml.
② 胡毓菁.社会工作+打造城乡社区治理创新源[EB/OL].(2018-01-03)[2022-09-12]. http://wm.jschina.com.cn/9654/201801/t20180103_4989570.shtml.

· 143 ·

(三)数据实测

1. 政府培育自发性群众体育组织各测量指标的描述

我们采用对苏州市社区自发性群众体育组织的问卷调查数据,对政府培育自发性群众体育组织的各指标进行了测量,具体实测结果见表5-3。

表5-3 政府培育的各指标统计量描述

相关指标	描述性统计		
合法性激励			
参加政府组织的活动	平均值	标准差	有效数
平均一年参加过多少次街道活动	6.91	8.239	617
成立以来参加过多少次区级及以上活动	2.93	2.017	608
组织成立方式	频数/个	百分比/%	有效百分比/%
1. 民间力量自发成立	318	45.4	47.5
2. 政府协助成立	205	29.3	30.6
3. 政府扶持成立	146	20.9	21.8
4. 缺失	31	4.4	—
资源性激励			
资金支持	平均值	标准差	有效数
组织一年从政府中获得资金的数量	349.55	120.33	675
场地类型	频数/个	百分比/%	有效百分比/%
1. 政府直接提供	264	37.7	42.2
2. 政府间接协调	199	28.4	31.8
3. 其他途径	162	23.1	25.9
4. 缺失	75	10.7	—
人员类型	频数/个	百分比/%	有效百分比/%
1. 政府直接派遣	191	27.3	29.8
2. 政府间接协调	321	45.9	50
3. 其他途径	130	18.6	20.2
4. 缺失	58	8.3	—
人员支持	平均值	标准差	有效数
组织人员人数	59.47	24.160	700

2. 组织管理者对于政府培育程度的主观评价

同时，我们通过对苏州市自发性群众体育组织管理者的调查问卷，获得了组织管理者对于政府培育程度的主观评价，结果见表5-4。

表5-4　组织管理者对于政府培育程度的主观评价

政府培育程度	频数/个	百分比/%	有效百分比/%
很大	158	22.6	24.7
较大	176	25.1	27.5
有一些	204	29.1	31.9
少许	62	8.9	9.7
几乎没有	39	5.6	6.1
缺失	61	8.7	9.5

3. 政府激励自发性群众体育组织的数据与结果

为了保证回归模型的有效性，排除因自变量之间高度相关而导致回归模型整体显著的问题，在对模型进行回归之前，我们先考察模型是否存在多重共线的问题。检验结果见表5-5。

表5-5　模型多重共线性检验表

自变量	容限度	方差膨胀因子
	Tolerance	VIF
合法性激励		
平均一年参加街道活动次数	0.404	2.404
成立以来参加区级及以上活动次数	0.408	2.408
成立方式		
政府协助成立	0.498	2.498
政府扶持成立	0.449	2.225
资源性激励		
组织一年从政府获得资金的数量	0.338	2.338
场地类型		
政府直接提供	0.391	2.391
政府间接协调	0.408	2.408

续表

自变量	容限度	方差膨胀因子
人员类型		
政府直接派遣	0.424	2.424
政府间接协调	0.461	2.461

检验结果显示，所有变量间的VIF（方差膨胀因子）均小于10，且对应的容忍度均大于0.1，故可认为模型不存在多重共线性的问题。

我们将变量根据上面的模型要求依次引入，进行回归分析，结果见表5-6。

表5-6 政府激励作用的回归分析

自变量	模型一	模型二	模型三
合法性激励			
平均一年参加街道活动次数	5.317***		3.911***
	0.176		0.168
成立以来参加区级及以上活动次数	13.224***		3.413***
	0.212		0.127
成立方式			
政府协助成立	27.135***		25.015**
	0.025		0.111
政府扶持成立	5.32		15.106**
	0.311		0.108
资源性激励			
组织一年从政府获得资金的数量		0.442***	0.512***
		0.198	0.317
场地类型			
政府直接提供		−12.989	−21.134
		−0.011	−0.022
政府间接协调		−21.335	−10.001
（其他途径为参考项）		−0.076	−0.011

第五章 基层政府培育自发性群众体育组织作用的模型设计与实证考察

续表

自变量	模型一	模型二	模型三
人员类型			
政府直接派遣		−14.114	−20.256
		−0.023	0.045
政府间接协调		−10.779	−6.573
（其他途径为参考项）		−0.029	−0.006
模型其他值			
常数项	−36.132	59.227***	32.327
模型决定系数（R^2）	0.269	0.273	0.194
调整后 R^2	0.255	0.268	0.177
F 检验值	13.076***	49.298***	36.867***
回归样本数	443	688	421

注：** 表示 $P<0.01$，*** 表示 $P<0.001$。

以上模型中，模型一表示合法性激励对自发性群众体育组织的影响，模型二表示资源性激励对自发性群众体育组织的影响，模型三表示两种激励对自发性群众体育组织的共同影响。同时，根据表5-5所示的回归结果，我们可得出以下四个结论。

（1）合法性激励和资源性激励均对自发性群众体育组织产生了正向激励作用

在模型一中，自变量成立方式中的政府协助成立和政府扶持成立对自发性群众体育组织都有显著的贡献，其显著性 P 值均小于0.001，同时参加街道活动次数和参加区级及以上活动次数的标准化系数分别为0.176、0.212，且系数通过了显著性检验，而自变量成立方式中，政府协助成立和政府扶持成立对应的系数分别为0.025、0.311，且系数显著性检验的 P 值小于0.001，故其系数也通过了显著性检验；并且该模型的显著性检验的 F 值为13.076，其对应的显著性 P 值小于0.001，故认为该模型显著。综上可得，在模型二中，自变量中政府资金支持对自发性群众体育组织产生了明显的正向作用，其标准化系数为0.198，显著性水平小于0.001，即系数显著，而场地类型和人员类型的标准化系数的显著性水平则都大于0.001，即不显著，其中政府直接提供场地和政府

· 147 ·

间接协调场地的对应系数分别为 –12.989、–21.335，而政府直接派遣人员和政府间接协调人员对应的系数分别为 –14.114、–10.779，而后模型整体显著性检验对应的 F 值为 49.298，并且显著性水平小于 0.001，即模型整体显著。综上可知，在场地类型和人员类型不显著的情况下，模型整体还得以显著，故说明资金支持这个变量的正向激励作用十分明显，即表示资源性激励也对自发性群众体育组织产生了显著的正向激励作用。

在模型三中，合法性激励和资源性激励均对自发性群众体育组织产生了正向激励作用，其中，自变量合法性激励的指标对应的显著性 P 值都小于 0.001，其标准化系数分别为 0.168、0.127、0.111、0.108；自变量资源性激励的指标中，只有政府资金支持这一项的系数显著，为 0.317，其余指标的系数都不显著，分别为 –0.022、–0.011、0.045、–0.006，该模型总体显著性检验对应的 F 值为 36.867，对应的显著性 P 值小于 0.001，故认为该模型显著，并且从三个模型对应的 R^2 可知，模型三的拟合度劣于模型一和模型二。

（2）在组织成立方式上，政府扶持成立要比政府协助成立对于自发性群众体育组织来说更加有优势

首先，根据成立方式一栏中模型一和模型三中的标准化系数可得，政府扶持成立和政府协助成立对于自发性群众体育组织的发展具有显著的正向激励作用，与完全自发成立的自发性群众体育组织相比，政府扶持成立和政府协助成立的自发性群众体育组织规模要相对大一点，同时政府扶持成立要比政府协助成立的激励作用更加显著，甚至贡献率要高出数倍。对此，我们提出一个疑问，为什么政府扶持成立对于自发性群众体育组织来说有那么大的贡献率呢？其实原因也不难分析，一般来说，组织的成立方式在一定程度上可以反映组织与政府的紧密程度，而政府扶持成立的自发性群众体育组织与政府相关职能的耦合相比于政府协助成立的自发性群众体育组织要更紧密一些，比如，政府扶持成立的自发性群众体育组织开展活动时甚至可以直接借用政府的名义，利用政府现有的行政资源开展相应的活动，同时通过政府层面也可以调动更多的社会资源，等等，可以说这对于自发性群众体育组织的发展起到至关重要的作用。

其次，在合法性激励中，根据模型三综合可得，政府扶持成立和政府协助成立的激励效果要弱于自发性群众体育组织参与政府各类活动所带来的作用，因此，如果自发性群众体育组织在发展期间能够积极参加政府举办的各类活动，完全有可能与政府扶持或政府协助成立的自发性群众体育组织在发展态势方面保持齐平，甚至有可能超越。

第五章　基层政府培育自发性群众体育组织作用的模型设计与实证考察

（3）政府的资金支持对于组织的发展具有重要意义

在资金支持一栏，模型三中的标准化系数在所有自变量指标系数中贡献率最高，因此，可以判定政府的资金激励在自发性群众体育组织的发展过程中有明显的效果，起到了非常显著的正向激励效应。但是其在模型二中的标准化系数还是要弱于组织参与政府组织活动次数一栏中的标准化系数。对此合理的解释是，政府的资金支持虽然对自发性群众体育组织有明显的激励效果，但是由于政府每年需要用钱的地方还有很多，因此，政府部门每年相对于组织拨出的财政预算就显得不足，尤其是对于社区居委会来说，自身的财政资金更加有限，每年用于文体活动的经费更是微乎其微。不过，近年来各地政府在社区建设中都很注重社区文化建设，而文化活动同时也是社区建设展示的窗口，因此，每年政府都会举办各种丰富多样的文体活动，相对于直接给予资金扶持，还不如直接邀请各类组织积极参与活动，不仅能够降低成本，而且实施起来也不难。

（4）场地支持和人员支持并没有对自发性群众体育组织的成长起到显著的正向激励作用

首先，在场地支持方面，模型二和模型三中的标准化系数显示，政府的场地支持并没有对自发性群众体育组织起到显著的激励作用。当下街道居委会向自发性群众体育组织提供的场地分为室内场地和室外场地两种，室内一般是开会场地或活动室等，室外一般是露天的体育活动场地、楼前空地等。笔者在实际走访各街道居委会的过程中发现，很多街道和居委会都有属于本单位的体育场地设施与办公场所，但是体育场地设施数量匮乏，而自发性群众体育组织由于活动项目类型的复杂性，比如，一个社区内可能会出现舞蹈队、太极拳队、武术队、乒乓球队等不同活动项目的组织，不同类型的组织对于场地的类型也有要求，而对于街道居委会来说，目前还没有能力提供多样化的场地，因此还无法满足自发性群众体育组织多样化的体育场地需求。此外，政府提供的部分场地如活动室、会议室等的容纳量比较有限，一般这些场地面积均在30~50平方米，若组织成员过多，超过30人时，场地就很难容纳，从而限制活动的组织与开展。

其次，在人员支持方面，从模型二和模型三中的标准化系数可知，政府的人员支持也并没有对自发性群众体育组织的发展起到正向激励作用，而且贡献率也很低，这可能与体育指导者的水平有很大关系。

目前，政府对于体育组织的人员支持还是以提供社会体育指导员为主，因为社会体育指导员不仅在体育活动中具备一定的运动技能传授、健身指导及组

· 149 ·

织管理能力，而且拥有相关体育部门颁发的上岗证书。2019年，苏州市共有各级社会体育指导员4.3万人，[①]苏州市体育局数据显示，一个姑苏区就有社会体育指导员2995人，万人拥有社会体育指导员35名以上，苏州市在社会体育指导员建设方面还是比较先进的，培养了很多优秀的社会体育指导员。但实际上，在街道及居委会走访了解到，这些社会体育指导员有很多都是离退休老人和兼职人员，一般都是由组织中体育运动水平相对较高的队员来担任。虽然这部分社会体育指导员在指导过程中态度认真且十分热情，但是他们往往因为缺乏专业知识与系统培训，在进行指导过程中难免会出现纰漏甚至错误指导。同时，这些体育指导者多以二、三级社会体育指导员为主，接触过高等教育及体育专业的人员很少，因此社会体育指导员个人素质与能力偏低的情况普遍存在。此类情况的存在不仅打击了锻炼者参与的积极性，还影响到自发性群众体育组织的稳定发展。除此之外，街道干部作为政府直接派遣的另一部分指导人员，本身也面临着繁重的街道管理事务及专业技能指导知识的欠缺问题，若作为社会体育指导员对自发性群众体育组织进行指导，往往起不到很好的指导效果。

六、小结

通过运用多元线性回归方法，以苏州市社区政府培育自发性群众体育组织的调查问卷为数据来源，验证了研究假设：政府培育对自发性群众体育组织的生成具有正向激励作用。回归分析的结果显示：合法性激励和资源性激励均对自发性群众体育组织规模的形成具有显著的正向激励作用。组织管理者对于政府培育程度的主观评价结果显示，组织管理者对政府培育作用的认可度较高。

第四节　基层政府培育自发性群众体育组织作用的实证考察——基于选择性培育视角

由于政府的资源有限，不能满足全部社会组织的需求，并且合法性激励和

[①] 苏州市有4.3万名社会体育指导员技能交流展示大赛开赛[EB/OL].（2019-12-16）[2021-06-14]. https://baijiahao.baidu.com/s？id=16530617.75731168268&wfr=spider&for=pc.

第五章　基层政府培育自发性群众体育组织作用的模型设计与实证考察

资源性激励的实施由政府决定，因而政府在培育自发性群众体育组织的过程中就会面临选择，培育哪些组织，培育的力度有多大，从而出现了在政府培育自发性群众体育组织形成过程中的选择性培育，即有选择地对某些或某类组织进行培育，有选择地对不同的组织施以不同的培育力度。选择性培育会对组织产生哪些效果，在前面的理论阐释中已提及，关于这一问题的讨论主要集中在两个方面，即政府的培育是否会影响组织的自治性，政府的选择性培育是否会影响公平公正的组织竞争环境？本节将通过三个案例的研究来反映政府培育自发性群众体育组织的作用。

一、个案研究设计

本书选取三个不同的案例，分别为双塔街道内的二郎巷门球队、吴门桥街道的金塘骑游队及虎丘街道的健身舞蹈队进行个案研究。

二郎巷门球队最早是由二郎巷社区内的一对已退休的居民夫妻牵头和带动，在街道和居委会帮助下而建立的一个自发性群众体育组织。建立之初，夫妻二人为了能让门球这项体育运动在社区发展起来，与其他几位门球爱好者一起主动与体育局、文广新局、街道、居委会联系，积极上访，反映困难，获得了相关部门的支持与鼓励。在发展期间，其又获得了相关部门出资帮助建立场地、免费提供比赛服装、派遣社会体育指导员等方面的扶持与帮助。如今的二郎巷门球队在社区已发展成一个具有一定规模的组织，成为二郎巷社区一张闪亮的名片。因此，二郎巷门球队的发展过程反映了一个自始至终都受到政府培育的组织，如何发展壮大的过程。

金塘骑游队最早是由几个退休的居民，在没有任何相关政府部门的帮助下，完全自发地组织起来的一个骑游体育组织。从成立最初的4个人发展到了现在的52人，组织的发展经历了队长换人、队名更改、挂靠社区、规范管理等不同阶段。虽然组织发展过程中曾有过一段停滞发展期，但是组织内部成员间的关系一直非常和谐。因此，金塘骑游队的成立和发展反映了一个处在政府边缘的组织，如何主动向政府靠拢，主动争取政府的培育与扶持并走向自治的探索历程。

清塘健身舞蹈队最早是在清塘社区的退休居民杨女士的牵头和提议下，带领社区其他几个爱好舞蹈的居民自发、自愿成立的一个自发性群众体育组织。该组织的成立和发展始终都没有政府的培育与扶持，对于这支舞蹈队的发展来说，可能并不像社区内其他组织发展得那么顺利，虽然经历过几年的辉煌时期，但是几经波折之后，现在基本上面临着随时解散的风险。

以上选取的三个案例都属于社区体育组织中的一类，分别为门球类体育组织、骑游类体育组织和健身舞蹈类体育组织。虽然这三个体育组织所开展的活动项目不一样，且各具特色，但都是自发性群众体育组织，只不过类型不一样。首先，从成立时间来看，二郎巷门球队、金塘骑游队及清塘健身舞蹈队分别成立于1992年、1995年和2005年，三个组织都经历了较长时间的发展，可以反映出组织在不同阶段的变化情况。其次，从成立方式上来看，二郎巷门球队由街道社区居委会帮助成立，而金塘骑游队和清塘健身舞蹈队是在没任何政府部门帮助下自发成立的。最后，从培育发展角度来看，二郎巷门球队自最初成立到现在一直有相关政府部门的培育与扶持。金塘骑游队只是在发展过程中得到了政府的培育与扶持。而清塘健身舞蹈队从成立至今一直没有接受到任何相关政府部门的培育与扶持。综上所述，这三个案例的选取具有较大的代表性，基本上可以涵盖目前社区自发性群众体育组织基层政府培育（重度、轻度、无培育）的体育组织类型，因而可以定性检验前文中的理论。

二、政府重点培育分析：二郎巷门球协会

（一）培育主体

二郎巷门球队最早是在二郎巷社区内、在居委会的支持下组建成立的，居委会在宣传、资金、场地及人员等方面对二郎巷门球协会进行了培育，推动了二郎巷门球协会的发展，并且，二郎巷门球队在成立之初不仅得到了居委会的牵头支持，还得到了街道及区级机关单位层面的大力支持。二郎巷门球协会的发展体现了政府对社会组织全方位的培育与扶持。

至于社区居委会的性质，正如前文第二章中所述，居委会作为政府行政权力延伸的组织，承担着培育自发性群众体育组织的职责和任务。因此，本书中将社区居委会作为政府在社区的执行部门来对待，而不作为社区自治组织来处理。

（二）培育客体——二郎巷门球协会

1. 协会的成立背景

双塔街道位于苏州市姑苏区的中心，东起东环路，西辖人民路，南至吴中东路，北枕干将河，下设锦帆路、二郎巷、网师巷等21个社区居委会。二郎巷社区地处苏州古城区东南角，在东、西、北三个方向分别与外城运河、相王路、十全街内城河相邻。二郎巷社区总面积为351000平方米，包含二郎巷小区、相王路小区、彭义里小区、竹苑小区和十全街小区等五个小区。截至2021年，二郎巷社区总住户与总居住人口数量分别是2715户、7129人。

二郎巷社区居委会历来比较重视社区文化的建设。例如，利用各类社会组织组织社区活动，《二郎巷风采》小报成为社区居民民主自治的有效平台。正是因为对社区文化建设的重视，从1999年至今社区先后获得各种荣誉称号。如今社区内文化娱乐生活更加丰富多彩，出现如歌咏队、健身操队、秧歌队、书画兴趣小组、"邻里情"周末茶座等社会组织，二郎巷门球协会也是在这一过程中诞生的。

2. 协会的成立与发展路径

二郎巷门球协会是植根于二郎巷社区的一个历史悠久的自发性群众体育组织，与社区内大多数组织一样，是由居民提议，在居委会的支持下组建成立的，唯一不同的是二郎巷门球协会在成立之初不仅得到了居委会的牵头支持，也得到了街道及区级机关单位层面的大力支持。同时，二郎巷门球协会的成立与苏州市门球发展背景有着不可分割的历史渊源，在发展过程中也与该社区门球场地的建设和改建有着紧密联系。下面我们就围绕苏州市门球发展的背景及该社区门球场地的建设来探讨二郎巷门球协会是如何成立和发展的。

苏州市最先开始出现的门球于1986年从上海引进，当时的上海已经举办过多次门球培训。苏州市派出几名中学体育老师去上海参加门球培训班，培训完以后便在苏州老年大学进行教学和推广。后来由苏州市十几名爱好门球的离休干部暂时性组成门球队，加上昆山、吴江组成的老年人门球队，就这样开创了苏州市门球发展的新历史。1986年，苏州市举办了由苏州市区、昆山、吴江三支代表队参加的苏州市第一届门球竞赛，由于没有合适的门球场地，就临时协调了苏州大学篮球场进行比赛，最终门球竞赛的冠军被苏州市区队拿下，当时何女士（原二郎巷门球队总队长）就是苏州市区队队员之一。

赛后，家住二郎巷社区的热心退伍老兵何女士觉得门球不仅有益于身体健康，而且比赛趣味性很强，对身体素质的要求也不太高，比较适合老年人参加，因而想让更多人来参与这项运动，从中受益。于是，她就找了当时二郎巷居委会朱主任，朱主任非常支持她的想法，并起草了一份通知，以居委会的名义号召大家出来参加。截至20世纪80年代末期，二郎巷社区已经形成以何女士为首的固定的3个人的门球小团体。其他两位成员分别是陈先生（已离世）、刘先生。

> 我记得1988年左右，在何队长的带领下，我们几个人在苏州市一中门球场打了一年多门球，后来学校房屋改造门球场没了，我们几个又去了人民路那个总工会的门球场打门球，打了两三年，其间也去了苏大的排球场打了两三个月，后来总觉着这样长久下去也不是办法。

> 当时居委会在帮助我们进行宣传的时候，社区内有部分居民还是很乐意参与到我们这个团队中的，但是当时社区的文体活动场所因为条件所限非常缺乏，很多居民需要跑很远的地方打球，非常不方便，后来积极性也没那么高了，就是因为我们没有固定的场地，八几年的时候苏州门球场地非常少，有的场地还是蛮远的。（访谈者：刘先生）

由于门球运动需要固定的场地，几位门球队员开始在社区寻找合适的门球场地，发现二郎巷居委会旁边有一块场地比较适合做门球场，但是这块场地产权归属于当时的沧浪区房屋局。于是在1993年左右，何××和其他两位队员找到了当时的社区居委会主任，居委会主任非常乐意提供帮助，但是居委会的力量毕竟有限。因此，居委会主任到上级街道及当时的沧浪区文体局积极地去反映困难，同时几名门球队员也分别去苏州市体育局、苏州市文广局上访。经过市区机关单位和当时街道一起与沧浪区房屋局协调，最终沧浪区房屋局同意将这块场地免费租借给门球队使用。1995年，在街道和居委会的协调与帮助下，由苏州市体育局和苏州市文广局共同出资，居委会雇工人将这片闲置场地改造成一个社区土场地式门球场，也是苏州市首家社区级标准门球场。自此，二郎巷门球队拥有了一块属于自己的门球场。

> 二郎巷社区这块场地原先是沧浪区房屋局的一个闲置仓库，用来堆放砖头、水泥等这些杂物。（访谈者：刘先生）

1995年，门球场建立以后，在街道的帮助和居委会的宣传及何××与部分门球爱好者的带动下，二郎巷门球队正式成立，消息很快在社区内扩散，球队人数由原来的两三个人增长到了十几个人，组成一支二郎巷社区自己的球队。球队的宗旨是"健康运动，快乐相伴"。

球队发展期间，又经历了三次大型的场地改造。第一次是2000年初，街道和居委会出资2万元将原来的门球土场地，改造成草坪。第二次是2012年在社区的重视下，将原有的草坪门球场改造成了进口阿联酋草坪的高标准球场。第三次是2013年汇丰计划①走向苏州市社区，二郎巷社区门球场作为增能项目之一被汇丰一期社区建设计划选中，其由姑苏区爱心家园承接，整整一年，门球场原先破旧的休息间现在翻建一新，变成了敞亮的办公室和休息间，并配上了壁式空调。墙上张贴的运动图片因为时间久远而破败不堪，这次全部换成了新的运动图片，是依据门球队员在平时打门球的规范动作来制作的，并张贴上了门球队规章制度。正面墙上还有24字的社会主义核心价值观，显得规范又气派。

2012年9月1日，苏州市进行行政区划重大调整，由原来的金阊区、沧浪区和平江区三区合并成姑苏区。紧接着，2013年，姑苏区成立了姑苏区门球协会，原来的二郎巷门球队在这次成立大会上有了一个新的名头：姑苏门协二郎巷分会。自此，二郎巷门球队除了拥有标准规范的场地外，组织的发展也开始慢慢地步入规范化、自主化，不仅制定了完善的组织章程，也制定了门球场管理制度及门球人的"三八"注意（三大纪律八项注意）等，同时还能承接区级政府部门的公共体育服务。

二郎巷门球队每年会在年底举办年会，二郎巷的队员基本上都会到场，除了个别年纪太大走不动的老队员，年会上我们的队长都会对本年度的活动做总结报告，同时规划下一年度的工作计划。（访谈者：王女士）

我记得2016年下半年的时候姑苏区民政局启动了一个公益创投活动项目，这一次应该是第五次举办了，主题是"我们入'门'吧——空巢老人关爱工程"，我们社区的门球协会是第一个中标的，他们这个组织发展得还是蛮不错的。（访谈者：社区幸福联盟方主任）

门球球友个个要牢记，三大纪律八项注意

第一，一切行动听教练团，结协作才能得胜利；

第二，尊重裁判和球友，不许蛮横和善讲真理；

第三，文明守规球风好，不良习气坚决克服掉；

---

① "汇丰计划"是国内首个在政府部门指导下，由企业发起、公益组织和社区居民合作参与的系统支持社区建设项目，也是国内目前在社区建设领域投入规模较大的公益项目。

> 三大纪律我们要做好，八项注意切莫忘记了。
> 第一，明确运动的宗旨，健体康乐文明最重要；
> 第二，赛场不要称霸道，个人英雄实在没必要；
> 第三，说话态度要和好，互谅互让理解不计较；
> 第四，参赛态度要认真，杆杆精准失误要减少；
> 第五，平时苦练基本功赛，时到位不差半分毫；
> 第六，岗位职责要记清，尽职尽责球员齐夸好；
> 第七，维护场地主动搞，走球顺畅赛球失棒少；
> 第八，从严律己讲风格，不谋私利奉献走正道。
> 遵守纪律人人要自觉，互相监督切莫违反了；
> 门球规则条条要记清，遵规守纪球赛才顺心；
> 积极锻炼常把门球打，球友家人支持又欢迎。

在政府大力培育下，2012年后的二郎巷门球场地经过第二、第三次改建及门球队的制度不断完善等，二郎巷门球队迎来了发展的高峰期，队员数量快速增加，现在的二郎巷门球协会已经拥有固定的8支门球队，固定队员人数达到100多人，而1995年二郎巷门球队成立之初一个队才十几个人，截至2011年9月，二郎巷门球队也才增长到5个队，共计54人。

二郎巷门球队内部球队之间不仅在本协会场地经常举办形式多样的比赛，如友谊赛、趣味运动会等，也经常举办邀请赛和联谊赛邀请周边社区的门球队参加，从1995年组织成立开始到2016年底，二郎巷门球队在何教练的带领下，共参加区、市比赛近20次，参赛人数达200多人次，两次荣获一等奖，优秀奖杯、证书无数。如今的二郎巷门球队不仅是社区内的一支"三高"（高水准、高素质、高龄）专业化球队，也是社区内的一张闪亮的名片。

> 2015年的时候，苏州市举办第九届沙洲优黄杯暨第27届流动杯门球比赛，每年的全市门协比赛中，都被苏州市和周边城市的门球队轮番争夺，最后我们二郎巷队全力奋起以第一名的成绩将它夺了过来，现在虽然奖杯已经很显破旧，但在我们每位队员的心里，那是一份至高无上的荣誉。因为大家盼这个奖杯已经有26年。（访谈者：现任总队长顾女士）

在此，我们看到了二郎巷门球队成立之初和30多年来大致的发展历程。首先，居民有想法，找到居委会，居委会帮助宣传，协调各方面资源帮助建设场地；其次，场地建设好以后，居委会又牵头帮助二郎巷门球队正式成立。可以说，二郎巷门球队之所以能成为现如今社区的一张闪亮的名片，与其成立初期和发展期间居委会的大力支持有着密切关系。

(三)培育方式

1. 居委会广泛宣传

在二郎巷门球队成立之初，居委会为了帮助门球队进行宣传，起草通知号召社区居民过来参加门球活动，借助新闻媒体如扬子晚报、姑苏晚报等刊登有关二郎巷门球队的报道，同时在2004年居委会主编了《二郎巷风采》杂志，每月一期，其中就有多篇文章对门球队进行了广泛的报道，用文字和图片生动地描述了二郎巷门球队的风采。

2. 资金支持

居委会对于二郎巷门球队的资金支持主要集中在2013年以前，以前每年居委会都会从微薄的经费中拿出一部分资金用来支持和鼓励二郎巷门球队的发展。2013年以后，居委会对于二郎巷门球队的支持更多的是提供比赛服装、帮助购买球杆、提供报销等。

> 以前在社区只要是二郎巷门球队有什么需求，比如，举办比赛、购买球杆等需要经费，我们都会尽力满足，有时也会从我们社区经费中拿出一部分用来支持他们的发展，在我们社区的大力支持下目前这个门球队已经发展到一定规模了，在苏州市还是蛮出名的，而且是我们社区的品牌，时不时地还有企业给予赞助，后期社区内的其他草根组织慢慢多了起来，本身经费就很紧缺，给某一个组织容易闹意见，也就不怎么提供经费了，不过我们社区经常有文体活动，我们会经常邀请他们过来参加。(访谈者：社区陈书记)

> 二郎巷门球队代表社区参加过很多比赛，拿过很多名次，为了鼓励他们，每次他们获奖我们都会送一些牙刷、毛巾、大米等生活用品，每年也提供一两次的报销机会，比如，他们自己购买服装我们就可以提供一两次的报销。(访谈者：社区幸福联盟方主任)

3. 场地支持

在运动场地方面，居委会给予了二郎巷门球队莫大的支持，不仅在成立之初帮助门球队建立场地，而且帮助门球队进行了三次门球场地的改造。

4. 人员支持

在人员支持方面，居委会偶尔会举办社区门球培训班，并邀请苏州市知名的门球教练过来指导教学,每次居委会在举办社区文体活动时都会主动邀请二郎巷门球队参加,如果他们组织中的裁判员不够,居委会也会跟周边社区进行协调,临时派遣部分裁判员过来对二郎巷门球队的比赛进行执裁。

(四)培育结果

谢宇等从社会组织培育层面,对政府培育和发展社会组织的相关政策进行了研究,他们提出,要想充分挖掘社会组织在社会管理方面的潜力,政府部门可以在培育社会组织的工作上继续深入完善管理体制、建立健全政府购买服务机制、为社会组织提供税收优惠政策、加强专业人才队伍建设、完善社会组织相关的法律法规。[①]事实上,落实到基层实践,二郎巷门球队在成长过程中,政府的重度培育参与是具有重要激励作用的。首先,在合法性激励方面,街道、居委会将合法性让渡给二郎巷门球队,在资源上保障了门球队的生存与发展,帮助其宣传、号召举办比赛等,慢慢地,组织在发展过程中得以扩大活动交流,成为社区的一块品牌,在社区形成一定的影响力;在资源性激励方面,社区在组织成立初期提供组织所需场地,后帮助其进行三次场地改造,满足了成员的场地活动需求。其次,社区在组织初期给予部分经费,后期为球队提供比赛服装、帮助球队购买球杆、提供部分报销等。最终直观呈现出组织规模的不断扩大化。

> 现在我们要成立组织离不开政府,不可能把政府抛开,政府可以提供各类扶持性政策,毕竟政府是主导者,组织有政府作为后台,组织才能更好发展。(访谈者:刘先生)

> 社区也是要鼓励健康向上的体育活动,这样扶持起来,慢慢就壮大。以后街道有什么活动社区就推它(二郎巷门球队),这样它的影响力就会越来越大。(访谈者:社区陈书记)

二郎巷门球队是政府选择性培育的一个典型案例,至于为什么选择它,我们不去探讨,不过培育的客观结果是组织就这样发展壮大了。不仅组织规模扩大化,组织自治能力也得到加强。

1. 提高人力资源管理能力

街道、居委会没有直接参与二郎巷门球队的内部管理,在日常管理方面,球队一直保持着高度的自治性。二郎巷社区在最初组建门球队时,何女士是发

---

① 谢宇,谢建社. 政府培育发展和规范管理社会组织研究[J]. 城市观察,2012(2):55-61.

起者同时也是队员们的门球教练，因而队员们就顺理成章地推举她为队长。此后，随着门球场的建立，二郎巷门球队的成员逐步增加，每增加一个球队，何女士就与队员们一起商量选举出一个队长。作为二郎巷8个分队的门球总队长和总教练，每当各个队伍之间内部比赛或外出参加比赛时，她多数都会亲临现场，给予技术指导。因而在二郎巷门球队内部，负责人是通过选举或协商的方式产生的，日常的运作由何女士和各队的负责人协调，此外，二郎巷门球队也有完善的组织章程与门球场管理制度，街道和居委会并没有介入，队员之间呈现出一种横向互动的自我管理、自我运作的良好自治状态。

2. 提高活动开展能力与公信力

邱先丽认为，政府行政干预草根体育组织会产生相反的效果，因为城市社区草根体育组织有自愿性、非强制性等特点。[①]社区居委会一直没有对二郎巷门球队成立之初的场地，包括其间经历过的三次改造进行干预。二郎巷门球队的场地成了队员联系的纽带，依托于该场地开展大小活动，举办比赛。其场地不仅用于组织内部成员举办友谊赛、趣味运动会、邀请赛和联谊赛，还积极承接区级政府部门公共体育服务。此外，信任度和公认度的提升需要组织与外界环境建立良好的关系，虽然人们对社会组织的信任度不高，但是社会可以借着政府的名义行事，继而连带提升组织的公信力。胡科等认为，"非正式依附正式"可以解释为没有官方合法身份的组织依附正式组织，这是侧重解决组织合法性的依附逻辑。[②]二郎巷门球队于2013年顺利依附于姑苏区门协，成为姑苏区门协二郎巷分会，从而进一步提升了组织的可信度。对此，我们可以看到二郎巷门球队不仅具有完善的比赛活动机制，也具有一定的名气，进而在社区形成一定的公信力和号召力。

3. 提高资金募集能力

现阶段，组织想要获得良好发展，没有充足的经费是万万不行的。也许有人说，如果能充分发挥自己的聪明才智，调动主观能动性，把各方面的事情做好，社会影响力不断扩大，各方面的赞助就会比较容易，经费问题会更容易解决。这种说法有一定道理，但会陷入"先有鸡还是先有蛋"的无谓争论。[③]对此，

[①] 邱先丽.武汉城市社区体育草根组织生存环境调查研究[D].武汉：武汉体育学院，2011.
[②] 胡科，虞重干.依附：资源约束下草根体育组织的生存策略：3个个案的表达[J].武汉体育学院学报，2012，46（9）：25-29.
[③] 谭日辉，罗军.管理创新与政策选择：政府培育扶持社区社会组织的研究[M].北京：中国社会科学出版社，2014：8.

组织成立之初，来自政府的资金支持就显得尤为重要。对于二郎巷门球队来说，居委会解决了其前期成立及发展所需的部分资金。但是像居委会这样的基层政府所能提供的资金很少，随着组织的人数增加，规模扩大，就需要组织自身在后期拥有足够的资金募集能力。事实上也证明了二郎巷门球队具有良好的"回血"能力。从2019年二郎巷社区的门球场翻新改造可以看出，共有6位老兵捐款58000多元，再加上其他100多位球友的捐款，使二郎巷球场焕然一新。此外，由于其品牌效应的附加值，举办比赛时也时常有企业给予赞助。

在这些门球爱好者的努力下，姑苏区门协办成了一件原以为不可能完成的事。这些老兵不为名利，只想为苏州门球运动的发展出一份力，加一把劲，办实实在在事，做隐姓埋名人。他们也以实际行动弘扬了门球运动的精神。（访谈者：史先生）

因此，对于二郎巷门球队而言，它接受了政府较高程度的培育（包括资源性激励和合法性激励），组织内部也一直保持了较高的自治性。除了可以证明政府培育与组织自治性之间并不存在必然联系外，政府培育作用效果也体现在组织内部自治能力的提升上。

三、政府轻度培育分析：金塘骑游队

（一）培育主体

金塘骑游队成立于金塘社区，居委会是社区管理部门。金塘骑游队在成立之初没有居委会的帮助，但是在发展过程中居委会给予了一定的培育，使金塘骑游队后期获得了快速发展，组织规模逐步扩大。

（二）培育客体——金塘骑游队

1. 骑游队的成立背景

吴门桥街道建立于1984年初。2017年3月，苏州市政府对姑苏区进行行政区划调整后，撤销吴门桥街道、友新街道，将原两街道管理区域合并设立新的姑苏区吴门桥街道。新设立的吴门桥街道，管理29个社区居民委员会，区域面积约12.19平方千米，户籍人口148091人，是一个老新村与新建住宅小区相交融，历史文脉和新城市景观亮点相辉映，经济和各项社会事业发展较快、各种城市元素丰富活跃的城市区域。社区以加强文明建设为中心，抓好群防群治工作，创建平安社区；提倡"社区共建、资源共享"，坚持"以人为本"的服务宗旨，为居民群众排忧解难，造福社区，创造便利、舒适的文明社区。目前，社区有家庭文化促进会、老年人协会，还有书画、花卉、歌咏、拳操、象棋、腰鼓等组织。金塘社区骑游队也是其中一个。

2. 骑游队的成立和发展路径

金塘骑游队最早成立于1995年，是由金塘社区的杨先生（苏钢厂退休）牵头和提议，带领其他几个爱好骑自行车的退休居民自发、自愿成立的一个自发性群众体育组织。金塘骑游队的发展大致分为两个十年，前十年是启动和初步发展阶段（1995—2005年），后十年是组织进入快速发展和不断完善的阶段。

1995—2000年属于组织的萌芽时期，组织的成立完全是自发、自愿的，没有任何政府部门的扶持和帮助，也很少参加上级协会或政府举办的活动，活动仅限于组织内部偶尔外出骑游，组织人数稳定在四五个人左右。这一期间的金塘骑游队（当时名为"解放骑游队"）的发展基本上处于停滞阶段。

2001—2005年属于组织的缓慢发展时期，2005年期间，组织的发展开始有了初步规划，如每年年初制订一整年的活动计划，制定骑游活动队章（三个原则：自愿参加、费用自理、安全责任自负）。同时，组织内部不向队友收取任何费用，也没有任何经费来源。这一时期组织开展内部骑游活动的次数逐渐增多，随着和苏州市老年协会的关系不断密切，组织开始经常性地参加苏州市老年协会组织的公益性骑游宣传活动和当地政府部门举办的骑游比赛。慢慢地，组织开始在社区产生了一定的影响力，受到了金塘社区居委会的关注，由于组织经常需要开会讨论活动计划，急缺开会场地，居委会知晓后，无偿提供会议室供骑游队成员开会之用。这一期间，组织的人数保持在10人左右。

> 在解放骑游队成立那几年，队会没有固定的时间和地点，有时需要开会讨论下活动计划，我们就借用部分队友家里的客厅开会，但是这样长久下去也不是个办法，后来殷队长加入我们骑游队后，帮我们从居委会争取到了固定的开会场地。他是个老党员，党员意识很强，虽然那时他不是队长，但是会帮着老队长做一些组织规划，起到了一定的模范带头作用。（访谈者：陈先生）

2006—2017年属于组织的快速发展时期，在苏州市体育局和苏州市体育总会的大力支持下，2005年12月15日在苏州市体育馆召开的"苏州市老年骑游总队成立大会"标志着苏州市的骑游活动进入一个新的发展时期，金塘骑游队在这一大会上有了一个新的名头：苏州市老年自行车骑游总队盘门分队。同

自发性群众体育组织的政府培育
——理论探索与实践模式

时，金塘骑游队在此时期换了新队长，新队长带领着队员们开始紧密地依靠社区，服务社区，坚持主动与社区居委会联系，主动接受金塘社区党委的领导，最终居委会领导对金塘骑游队的骑游运动非常认可。只要街道或上级政府有文体活动居委会就推荐骑游队参加，偶尔还在社区宣传骑车健身的好处。就这样你来我往，后来金塘骑游队还主动聘请了社区党委苏书记（已调离）和社区洪主任担任组织的名誉会长。

以前苏书记和洪主任经常来我们学习开会的地方讲讲话，提出一些希望和要求，并且身体力行利用节假日和我们一起骑游到西部山区、金鸡湖、阳澄湖等地，还和我们一起参加"假日自行车趣味赛"活动。慢慢地金塘社区成了我们骑游队的家。（访谈者：现任队长殷先生）

金塘骑游队在社区的影响力自此不断扩大，不仅吸引了本社区的很多居民加入，还有很多其他社区的居民慕名而来参加骑游队组织的活动，很快队员人数增长到了50多个人。截至2017年10月，殷先生带领的金塘骑游队共参加苏州市、区、地区的宣传、展示和表演活动近20次，被多家报刊广泛报道，在2007年和2009年连续两届两年一次的评先进活动中，被推举为"先进集体"，在社区形成一定的影响力。

对此，我们看到了尽管组织在成立之初没有获得街道或居委会的帮助，但是在发展过程中积极主动地依靠社区，主动联系社区，还是会获得居委会的帮助，虽然帮助仅限于讲话、参与、口头肯定、提供开会场地及推荐参加活动，但是无疑将政府的合法性传递给了骑游队，同时又激励了队员参与活动的热情，进而推动了金塘骑游队的发展。

（三）培育方式

金塘骑游队成立之初虽然没有居委会的帮助，但是在发展过程中居委会给予了一定的培育，使金塘骑游队后期获得了快速发展。

1. 宣传、参与和举办比赛

在金塘骑游队开展活动过程中，为了宣传骑车健身的好处，居委会领导亲力亲为上下班用自行车代步，同时偶尔跟随金塘骑游队参加骑游活动和比赛。

他们有一个年度活动计划，每年都会按计划骑车出游很多次。我记得2012年9月左右，那时他们组织了一次环金鸡湖骑游活动，我跟着他们一起参加了这个活动，深刻地感受到了骑游队老人们的老有所养、老有所为、老有所乐，健康向上的生活方式，很受鼓舞，他们的存在为我们社区增添

了许多正能量。（访谈者：社区洪主任）

除此之外，居委会偶尔也通过举办比赛的方式来宣传金塘骑游队，让社区更多居民了解骑游活动，从而加入骑游队。

> 组织有需要，只要社区力所能及，都会尽量满足他们的需要，比如，前段时间（2017年5月2日）我们在社区组织了一场趣味自行车比赛，那天比赛有很多社区居民过来围观，现场气氛十分热烈，赛前我简要地介绍了下金塘社区开展活力文化建设的概况，赛后我们一道又为他们颁发比赛奖品与证书，不过那天过来参加比赛的人数只有22人，奖项多，所以最终很多人都重复获奖，有很多参加比赛没有得到名次的我们也给予他们一定的纪念品。这些都不重要，重要的是多为这些老年活动做贡献，这也是我们社区工作者的心愿。（访谈者：社区党委王书记）

2. 资金支持

社区居委会虽然没有给予金塘骑游队一定的资金支持，但是骑游队每次在居委会举行队会的时候，居委会都免费提供电、水及打印资料。

> 社区对于组织扶持的专项资金实在太有限了，而且这点微薄的资金我们还不好明确说给社区内某个组织，比如，社区里有腰鼓队、舞蹈队、骑游队等，要是给骑游队，其他组织肯定要闹意见，如果都给的话，我们哪来那么多钱呢。我们曾经也帮助过社区内的其他组织向街道申请过类似的资金，结果街道也没有提供，所以很多组织参加演出、比赛，所需要的部分资金、衣服或鞋子等，很多都是企业赞助或自掏腰包。（访谈者：社区服务台）

> 居委会没有给我们提供过资金帮助，但是呢，希望以后能够给予部分资金支持我们组织的发展，有一句话这样说："给点洪水就泛滥，给点阳光就灿烂。"（访谈者：殷先生）

3. 场地支持

在场地方面，居委会为金塘骑游队提供了便利。由于骑游队队员每周五下午一点都会集中起来开队会，居委会每周都会在这个时间段腾出内部的会议室供骑游队使用。

在活动场地方面，由于骑游运动有别于其他运动项目的特殊性，骑游队的骑游活动基本上都不在本社区范围内，因此，对于社区居委会来说，也无须考虑为骑游队提供活动场地，有无固定的活动场地并不是限制骑游队发展的因素。

4. 人员支持

在人员支持方面，居委会并没有专门为金塘骑游队配备骑游类指导人员，不过居委会偶尔举办社区自行车比赛，会邀请社区内"公益坊"的大学生志愿者过来布置场地，充当骑游队的临时裁判员。

（四）内部建设与骑游队的自主发展

从1995年金塘骑游队成立到2005年这期间，组织由成立之初的4人发展到10人左右，组织人数增长比较缓慢。2005年底，居委会会议室的一次骑游队队会上，居委会领导在对骑游队提出希望和要求时，提到组织人数太少这一点，引起了队员们的重视。于是队员们展开讨论，分析原因，一致认为原队长文化水平偏低、表达能力欠缺是导致骑游队发展缓慢的主要原因。这使得居委会和队员们意识到骑游队内部能力建设的重要性。

> 我加入骑游队有将近20年了，我们原来的队长对加入的新队员的家庭住址、电话号码很少做记录，也不做骑游计划，我们有很多次骑游活动都是临时决定的，有的时候新队员也无法联系上。后来骑游总队成立后，偶尔需要向总队上报我们骑游队的队况，他上报不好，每次去总队参加会议结束回来，需要向我们传达总会的讲话精神，他也讲不清楚。（访谈者：蒋先生）

后来在一次金塘骑游队的队长选举会议上，殷××被大家选举为新队长，新队长当选后，在一次队会上为骑游队做了一个发展规划：一是积极向社区居委会靠拢，坚决服从党组织的领导；二是制定每月一次固定的队会制度（后来根据队员提议增加到每周五见面茶会）；三是完善了队章（在原来队章基础上，加进"行为自律"成了"四自原则"），即自愿参加、费用自理、安全责任自负、行为自律；四是建立了会费制度。

> 我作为一名党员，经常在我们队里宣传党的一些方针政策，就想为大家多提供一些正能量。我们队中有部分队员原来是企业职工，退休金低，偶尔会抱怨社会，发发牢骚什么的，后来居委会给我们提供开会场地，我们每次开完会后，大家都会继续在居委会的会议室里面聊聊家常，大家你一句我一句聊得非常开心，所有的那些不快全没了。所以我觉得作为退休老人，心态的调整非常重要。（访谈者：殷先生）

与原队长相比，新队长不仅非常热心、细心，而且积极进行公益宣传活动，因此在队里口碑和人缘非常好。队里只要有队员因大病、重病住院，新队长都会带领着其他队员，一起凑钱购买礼物前去医院探望。同时，自2009年起，新队长每年都会带领大家参加苏州市体育局举办的一年一次的"假日体育比赛"，派队员为每年一次的"童车赛"服务；参加"9·22无车日"骑车宣传活动、"绿色环保低碳出行"骑游宣传活动、"户外健身行"活动等。不仅如此，新队长还带领大家宣传并践行了抗震救灾、帮困助难的精神，在活动中互相关心，互相帮助。2008年，四川发生"汶川大地震"，新队长举行队会进行讨论，一致同意把刚刚得到骑游总队奖励"先进集体"的500元奖金，通过金塘社区居委会都捐赠给了灾区人民。因此，大家不仅对新队长的领导能力给予充分认可，也被他的热心、热爱公益的精神所感动，他的一言一行深深地温暖着队员的心，大家有什么事都愿意找他说说。久而久之，骑游队不仅成了大家培养爱好的地方，更成了大家沟通交流、相互关心的场所。

2010年11月，本队老队员老魏的爱人卒中住院，她是农村户口，平时生活主要靠老魏的退休金，现在病倒在医院，家庭生活一时发生困难。队长知道后在队会上一说，全队32人参加捐助活动，大家10元、20元的总共有370元，派代表送去医院慰问老魏，使老魏和他爱人很受感动。（访谈者：王先生）

每年深冬季节，队长都会带领大家一起骑车去农家烧菜饭，这个活动已经坚持了七届，深受大家喜爱，自己动手淘米洗菜，互帮互助，看着袅袅炊烟，在农家大灶里烧出香喷喷的咸肉菜饭，每人端着一大碗，围在一起吃得乐呵呵，此情此景让我们这些老年朋友感受到的是一种亲情般的温暖和孩童般的乐趣，让人久久不能忘怀。（访谈者：蒋先生）

我们外出骑游不仅仅是欣赏风景，还经常性地做环保公益宣传，每次出发前都会在自行车车头和车尾安插上公益宣传小旗，将我们骑游队的环保理念带至我们走过的每一个地方。一路上，我们不仅不会乱扔垃圾，反而遇到垃圾多的地方，我们还会主动地将垃圾捡起来，洁净我们的大自然。（访谈者：王先生）

由于社区没有专项资金扶持金塘骑游队，为了摆脱骑游队的资金困扰，新队长与大家商讨，并制定了会费制度，以建立一个长期有效的资金来源。后来金塘骑游队开始发生经济收支活动（主要来自队员队费、社会的一些支持和队员个人对骑游队活动的慷慨捐资等），于是就催生了金塘骑游队财务管理制度，在队会上讨论设立专人加以账目管理，最后由新队长和经队会选举的财务管理员共同把关，对经费的使用进行管理，并定期在队员大会上公布经费使用情况，实行民主管理监督。经费虽然不多,但是也会涉及经费如何使用的问题,于是就催生了民主议事制度。因为经费中有一部分是队员们交的队费,所以每个队员都觉得自己有发言权,大家都想把骑游队办好,于是大家都会在每周五队会上积极发言,讨论骑游队内部事宜,比如,上一次骑游活动有哪些不足,下一次活动该如何避免,下一年度的骑游计划,等等。大家通过骑游队这个平台慢慢地形成了共同的利益,并在骑游队里学习了自我管理、民主参与及技能。

> 他们这个骑游队坚持了20多年挺不容易的,队里绝大多数都是我们社区的居民。他们都是自我管理,社区不干涉,我们有的时候会联合社区内的公益驿站搞一些社区活动,通知他们参加,他们也蛮积极的。(访谈者:社区党委王书记)

虽然金塘骑游队在2005年底以前队员只有10人左右,但是经过了队长选举和内部管理制度的完善,骑游队蓬勃发展,目前,骑游队的规模已经增长至52人。大家通过金塘骑游队这个平台,互相熟悉、互相帮助、互相关爱,加深了对骑游队的认同感及归属感。

(五)培育结果

金塘骑游队是一个政府选择性培育比较成功的案例,虽然组织经历了成立至前期无政府培育的停滞和缓慢发展阶段,但是后期在政府参与培育后,组织规模逐步扩大。可以说,政府培育对组织的发展起到了非常关键的作用。金塘骑游队从1995年成立至今,分为三个不同的发展阶段,一是停滞发展期(1995—2000年),二是缓慢发展期(2001—2005年),三是快速发展期(2006年至今),其中政府参与培育的时间是2005年至今。

2005年是组织发展的一个转折点,政府开始对组织有了培育,最直观的呈现是组织中期的转变和发展。汪流认为,草根体育组织的生存与发展需要多渠道渗透、建立多方联系,以此突破体制障碍。[1]在合法性激励方面,金塘骑游队通过与社区建立联系,来实现更好地生存与发展的目的。通过依附关系,将金塘骑游队挂靠在基层政府组织下,即主动依靠社区,服务社区,坚持主动与社区居委会联系,聘请社区党委书记和主任担任组织名誉会长。其呈现的结果是居委会领导参与到组织的活动中,并且帮助其举办比赛,宣传健身的好处。在资源性激励方面,开会场地由居委会来协调,虽然有时间段的限制,但是丝毫不影响队员们的活动交流,完全满足队员的活动需要。在资金方面只是提供

---

[1] 汪流.草根体育组织与政府关系向度研究[J].西安体育学院学报,2014,31(1):6-11.

第五章 基层政府培育自发性群众体育组织作用的模型设计与实证考察

了一些简单的物质需求。由于骑游队的特殊组织性质，运动场地并不构成其发展的阻碍。

金塘骑游队属于一个不断向政府靠拢，并主动寻求培育发展的典型案例，除了组织获得一定规模的发展外，我们还要将目光聚焦于政府培育后组织呈现的自治化发展，来反映出政府培育作用的效果。

政府的培育在一定程度上提升了组织内部的规范管理意识，使组织意识到自身内部建设的重要性。主要体现在组织内部规划的制定与完善，队会制度的制定与队章的完善，加强了组织的规范性。会费制度的制定催生了民主议事制度，通过讨论，大家增强了自我管理、民主参与技能，同时实现了资金的募集。此外，政府帮助组织解决了开会场地的问题，为组织提供演出和比赛平台，帮助组织进行宣传。政府成了组织发展的必要因素。可以说，没有政府的培育和帮助，组织很难实现中期的转变和发展。从政府培育呈现的效果来看，骑游队获取自身的政策合法性以后，在社区具有一定的影响力，继而提升了组织的公信力。更重要的是，组织通过加强内部建设，使队员们形成共同的利益，实现了民主参与，最终实现了对成员的凝聚力。这也从侧面反映出政府培育非但不会让组织形成依赖，反而能够促进组织的自治化发展。

不过，随着组织成立时间的增加，政府培育并不能解决组织面临的所有问题。课题组成员在调研过程中也发现，金塘骑游队人员目前趋于老年化，其中有很多都是骑游队的元老级队员，骑游队整体平均年龄也都在70岁以上，如果没有很多新的退休居民的加入，那么骑游队后期的发展很容易进入衰退期。

> 现在身体不比以前了，由于大家年纪都大了，很多人都骑不动了，感觉越来越心有余而力不足，而现在社区的各种丰富多彩的活动也逐渐多了起来，来参加我们骑游活动的新人最近也在逐渐减少。（访谈者：殷先生）

由金塘骑游队的案例可见，虽然组织成立至前期没有政府培育，但是政府中后期给予的合法性激励及资源性激励仍对组织的发展具有重要的激励作用，这种作用在组织不同阶段会有不同的效果。培育的介入使组织获得一定规模的发展。同时，政府的培育也起到了提示组织加强内部建设的作用，从而使组织能够在政府培育过程中增强自主化发展。当然，政府培育并不能解决所有的问题，如果组织发展后期遇到瓶颈，突破不了的话，很有可能会走下坡路。因此，政府培育对于自发性群众体育组织的成立和发展的作用一定是积极的、正向的。对于组织自身在经过发展高峰期后能否经久不衰、长久保持良好发展态势，还是要客观地看待。

四、政府无培育分析：清塘健身舞蹈队

（一）健身舞蹈队的成立背景

虎丘街道地处苏州古城西北部，成立于2003年12月26日，管理区域面积6.5平方千米，截至2021年，户籍人口4.1万人，下辖6个社区居委会、2个行政村。清塘社区位于苏州古城西北部，北沿北环路，南到清洁路，西邻山塘街，东面隔河与钱万里桥相望，面积0.33平方千米，包括清塘新村、长盛花园、金阊苑、万里小区等居民住宅楼64幢。截至2009年6月，清塘社区有居民2274户5006人。

（二）健身舞蹈队的成立路径

清塘社区健身舞蹈队最早成立于2005年，是在清塘社区退休居民杨××的牵头和提议下，带领社区的其他几个爱好舞蹈的居民自发、自愿成立的一个自发性群众体育组织。对于这支舞蹈队的发展来说，可能并不像社区内其他组织那么顺利，虽然经历过几年的辉煌时期，但是在几经波折之后，现在基本上面临着随时解散的风险。下面，我们首先来谈谈这支舞蹈队是如何成立的。

2005年，退休后的杨女士闲待在家，每天非常无聊，心情非常失落。2005年左右的时候广场舞在苏州刚刚兴起，社区内每天都有几个退休居民在小区空地跳广场舞，热爱舞蹈的杨女士看到后，便经常和他们一起跳广场舞，跳了一段时间以后觉得广场舞技术含量不高，学不到什么东西，于是热心的杨女士就想带领着这帮老年人成立一个专业的健身舞蹈队，由于成立专业的健身舞蹈队需要师资，后来杨女士便报名了苏州市老年大学的舞蹈班，一边学习，一边回来教这些舞蹈爱好者。这期间，组织人数保持在5人左右。

> 我是最早一批的上海知青，原来在上海看过上海歌舞团的表演，觉得他们舞蹈跳得非常棒，自己也梦想着有朝一日能像他们一样站在舞台上面，后来从农村回到城市参加工作以后，由于那时也没有条件学习舞蹈，再加上工作又比较忙，因此学习舞蹈的梦想也一直搁在了心里面，退休以后，空闲时间多了，就想着找一个地方学习一下舞蹈，弥补年轻时留下的遗憾。
>
> （访谈者：杨女士）

就这样，组织成立了一年以后，组织人数由原来的5人左右增长到了8人。以前，苏州民政局每年都会在重阳节前夕举办苏州市老年节文艺会演，由于有

着苏州市老年大学这样一个平台,学习了一年多健身舞蹈的杨女士就和班级里的同学商量大家一起排练一个节目,希望能够登上苏州市老年节的舞台,最后班级里大部分同学都同意杨女士的提议。但是当时只有7个人同意,人数还不够,于是杨女士就主动和苏州市老年大学的张女士进行沟通,表达了想带上自己社区舞蹈队成员的想法,结果张女士很赞同,但是需要经过选拔。

回来后,杨女士的想法也得到队员的同意,于是那一段时间杨女士经常带着大家在社区的空地排练。后来,杨女士觉得这样长久下去也不是个办法,因为经常在外面风吹日晒的,总想着能有一个属于健身舞蹈队自己的室内舞蹈房。于是杨女士便去居委会找当时的居委会主任反映困难,但是当时社区本身条件有限,也没有提供帮助。后来,健身舞蹈队里面的一个队员的女儿在社区附近开了一家培训机构,大家便一起和培训机构商量,由于培训机构晚上没有课程安排,于是便租借每天晚上的时间段进行舞蹈排练。自从有了自己的室内舞蹈房,再加上队员们有着共同的奋斗目标,大家的热情很明显地比以前更加高涨了,在杨女士的耐心和细心指导下,经过层层选拔,最后成功登上了当年老年节的舞台。自此,健身舞蹈队在社区内慢慢地被人们熟知,很多人慕名而来,截至2008年,组织人数一度增长到了25人。

我记得那一年,应该是2006年6月下旬,苏州经常下雨,每次一下雨,我们的排练计划就要被搁浅,群里部分队员也和我表达了想要弄一个室内舞蹈房的想法,于是我们就四处找寻,最后还算不错找到了一家机构愿意帮助我们。不过人家毕竟是营利性的机构,就算人家不要我们的钱我们也要主动和他们谈,后来谈好了300元一个月,费用由我们成员平摊。(访谈者:杨女士)

我们的老队长那时对我们真的是尽心尽力的,无条件地教我们学习舞蹈,队里有部分肢体不协调的队员,学习得比较慢,她也非常有耐心,一直教到我们会为止,尤其是参加老年节活动前夕,她总是最早到的一个,对于我们的要求也非常严格,哪里动作不到位、表情不到位等她都会指出来,一遍一遍给我们做示范。(访谈者:樊女士)

其实那时我们组织不止25个人,要是总共算起来的话估计得有30人开外,人要是再多的话,机构场地也不大,容纳不下那么多人,而且当时有一小部分人并不是真心来学习的,只是来交朋友的,不过总体来说那两年队员们学习的热情还是蛮高涨的。(访谈者:杨女士)

(三)健身舞蹈队内部凝聚力的弱化

清塘健身舞蹈队在经过短暂高峰发展期后,从2008年后半年开始组织的发展慢慢下滑。这一原因还是要从杨××的离开说起。2008年6月,杨女士的女儿在南京诞下一个男孩,由于女儿和女婿都忙于上班,外孙没人带,于是杨女士离开苏州到南京全程照顾外孙,离开之初,杨女士组织了一次队会,在对队员提出希望的同时也提出了自己的难处,队员也表示理解,但是在说到临时改换队长这一提议后,队员们都不愿意牵头来领大家继续跳舞。

以前杨女士也找过我,让我来担任组织的队长,但是自己和其他队员都是跟在杨女士后面一起学习的,大家的学习进度都差不多,总觉着自己没有那么大的能力把这个舞蹈队撑起来。后来她又提出让我去老年大学学习舞蹈,回来再教他们,后来想了想,让我跟在后面学倒还可以,如果带领一支舞蹈队那可是要花费很多时间的,自己也没有那么多精力,后来也就委婉地拒绝了她。(访谈者:张女士)

杨女士走后,队员还是按照往常的习惯,经常互相打电话约定好一起去舞蹈房跳舞,由于没有老师教学和领舞,大家各跳各的,没有一个明确的学习目标。后来杨女士中途回来过一次,看到这种情况便主动和队员们商量请外面的老师过来上课,商量了很久大家达成一个共识:毕竟是借用别人机构的舞蹈房,如果邀请老师过来的话肯定是要付学费的,这就与机构之间牵扯到了利益关系,其中就有部分队员提出了反对意见。最后大家也没有商量出一个合理的结果。在此之后,大家的利益取向开始慢慢分散,有的队员觉得天天泡在这里还不如出去玩,有的队员则觉得在这里已经学习不到新的东西了,因此,大家过来练习舞蹈的频率也逐渐减少,舞蹈队的一部分成员已经没有了当初的那份坚定,这也导致了舞蹈队的很多队员流失,截至2010年5月,组织人数从原来的25人减少到了7人。

随着人数的减少,平摊到大家头上的租金费用比以前更多了,后来大家都从舞蹈房撤出来了,偶尔联系一下去社区的广场跳一跳。

原来杨女士都是免费教大家学习舞蹈的,反正退休以后也没有事情做,就跟着她后面学习,平摊一点舞蹈室租金也觉得是应该的,那次说要请一个老师过来,觉得就没有这个必要了,又不是要把自己学得多好多好。队长离开也觉得蛮遗憾的,不能接触到新的东西了,不过毕竟自己以前也跟着她学了不少动作,有时自己在舞蹈房跳跳也蛮好。(访谈者:张女士)

2011年，杨女士回到苏州以后，继续到老年大学学习舞蹈，就想着再次把以前的这帮队员聚合起来，于是又重新联系以前的队员，最后包括杨女士在内的能到齐的只有10个人，而且基本上都是原先最早成立的那帮老队员。后来，杨女士联合这批队员又在社区广场搞了一次内部演出。

  这也不能怪他们，刚刚退休那会儿，大家还是有一定体力和精力的，但是吧，随着年龄一天一天地增长，让他们再这样折腾来折腾去也不好。所以我回来以后就挑了几个身体稍微好点的队员，我们7个人在社区广场搞了一次演出，也是想拉拢一些新退休的老年人来参与我们这个队伍。当天的确有很多人来看，非常羡慕我们，但是都觉得要学习起来的话，太难了，最后一个都没有加入我们的队伍。因为现在不像以前，社区活动多了，他们选择也多，很多都不愿意踏实地学习了，都喜欢速成。（访谈者：杨女士）

目前，清塘健身舞蹈队在社区基本上处在一个可有可无的状态了，组织人数包括杨女士在内到齐的只有5个人，组织的生存状态基本上就是哪天大家有空了就聚在一起跳跳舞，与其成立之初那几年的情景形成了鲜明的反差。

（四）健身舞蹈队与居委会

健身舞蹈队的成立和发展期间与居委会也有过联系，当然，对于健身舞蹈队的发展来说，可能并没有像社区内的其他组织那么幸运而已。

健身舞蹈队成立之初，在杨女士的带领下大家只是在社区空地进行临时性的跳舞和学习，并没有很强烈的场地需求，因而并没有与居委会产生联系。后来，因为要参加老年节表演，需要舞蹈室进行排练，于是杨女士找到了当时的清塘居委会，由于居委会当时条件有限，并没有提供帮助。

  我曾经也去居委会反映过困难，但是他们那时条件也不是太好，他们没有条件，那我们就自己给自己创造条件，居委会平时也比较忙，我们也不想给他们带来难处。（访谈者：杨女士）

后来，杨女士从南京回到苏州以后，也去向居委会反映过组织遇到的困难，希望能够获得居委会的帮助，居委会书记给出的回复是以后社区有什么活动可以喊他们过来参加，而后的事情我们不得而知，不过通过以下对杨女士的访谈我们或许可以找到一点原因。

  那次我从南京回来以后去找居委会，书记对我还是蛮不错的，就说有什么活动一定喊我们参加，后来书记被调走了，我们自己在社区内也做了一次小宣传，就感觉没什么效果，自己也慢慢觉得再这样坚持下去也没有什么必要了，感觉始终在捆着自己做一些事情，虽然自己非常热爱舞蹈，也坚持去老年大学学习，就是觉着没有动力再去做这些事情了。（访谈者：杨女士）

（五）结果：政府无培育组织的困境

清塘健身舞蹈队与社区内其他大部分组织一样，由于大家有着共同的兴趣爱好，同时组织成立之初又有人站出来主动承担组织成本，因此这样的一个组织也就应运而生了，不过这支健身舞蹈队在发展过程中的确不像社区内其他组织那么幸运，但是在这支健身舞蹈队发展的背后，我们也可以找到部分理论用来解释为什么这支队伍会出现今天这样一个局面。

正如奥尔森所论证的"有理性、追求自我利益的个人不会采取行动来促成他们集体的或集团的利益"[1]，谢林将这个问题进一步解释为组织者的缺乏。因为最初选择合作的人其成本会大于收益，直到选择合作的人达到一定数量的时候，其收益才会大于成本。[2]就像最初这支健身舞蹈队的成立，在杨女士的带领下，由于大家有着共同的目标，不仅不在乎所付出的时间成本，而且在物质成本方面，大家也都愿意出钱平摊舞蹈房的租金费用。随着组织的人数慢慢增加，大家也都通过这个平台收获了很多舞蹈知识和技能。然而在组织者离开之后，队员们却都在等待别人站出来主动牵头这支健身舞蹈队。

就像郑琦所论证的在存在公共物品的地方，难免就会有"搭便车"的问题出现。[3]目前，社区的组织者都面临如何建立有效的激励机制去诱导不愿意为组织做贡献的参与者组织活动，因为长久以来组织者无法得到奖励，而参与者却得到了集体的利益，照这种情况发展下去就会形成，人人都想做参与者而不愿意做组织者的境况。

这也就解释了为什么2005年这支健身舞蹈队由于杨女士的牵头，组织得以良好发展，然而杨女士离开后，却没有一个像杨女士一样的组织者愿意牵头。没有人愿意主动出来承担组织成本，而都在等待着"搭便车"，其最终博弈的结果就是所有人都选择维持现状，最终导致大部分人的个人利益受损。

此外，缺乏行政合法性和社会合法性也是组织发展下滑的主要原因之一。

---

[1] 奥尔森. 集体行动的逻辑[M]. 陈郁, 郭宇峰, 李崇新, 译. 上海：上海三联书店, 上海人民出版社, 1995：6.
[2] 谢林. 微观动机与宏观行为[M]. 谢静, 邓子梁, 李天有, 译. 北京：中国人民大学出版社, 2005：6.
[3] 郑琦. 论公民共同体：共同体生成与政府培育作用研究[M]. 北京：中国社会出版社, 2011：81.

首先在组织成立初期，在杨女士的带领下，组织的目标是明确的，对于杨女士来说想带领出一支专业的健身舞蹈队，能够外出表演。对于组织成员来说，想通过舞蹈的学习使自己从中受益。因而，健身舞蹈队能够在短时间内形成一个25人左右的小集体。然而当杨女士离开后，组织成员的目标无法达成，组织成员的利益取向便开始慢慢分散，大家对组织失去了期待。因而，组织就逐渐失去了凝聚力。这也导致了组织社会合法性的缺失。其次，组织在发展过程中由于缺乏来自居委会的培育与扶持，导致了组织行政合法性的不足，同时居委会也没有帮助组织及时弥补其物质成本上的缺失。最后，我们不得不考虑一个现实问题：社会老龄化的加速。如果组织在发展过程中没有新鲜血液的注入，组织的发展同样也要面临着走下坡路的危险。

综上所述，组织在成立之初，如果有愿意承担组织成本的组织者出现，已经实属不易，如果在发展过程中，缺失社会合法性和行政合法性的话，那么组织的发展将很容易面临着解散的风险。

五、小结与思考

由于政府的选择性培育，对三个自发性群众体育组织采取不同的培育程度，使其分别获得了不同的成长效果。根据本书的理论模型，综合以上三个案例，如表5-7所示，可以反映不同案例中政府培育与自发性群众体育组织成立和发展的情况。

表5-7 政府培育对自发性群众体育组织的定性检验（三个案例的总结）

政府培育	二郎巷门球协会	金塘骑游队	清塘健身舞蹈队
资源性激励	投入大量资金 无偿帮助建立场地 提供专业体育指导人员	无资金投入 无偿提供会议场地，但分时间段，只提供裁判员	无资金投入 无场地支持
合法性激励	借用居委会的名义 居委会组织宣传 参加居委会和街道的活动	居委会组织宣传 参加居委会组织的活动	无

比较上述三个案例可得出以下结论。

（一）政府培育对于组织的成立具有重要的推动作用

对于二郎巷门球协会来说，成立期间政府通过资源性激励承担了组织部分成本，通过合法性激励使组织在社区广为人知，从而使组织获得了持续性大规模化发展。而金塘骑游队和清塘健身舞蹈队虽然成立之初没有政府参与，但是发展期政府培育程度的有无，导致了两种组织截然不同的发展路径。综合这三个组织后期发展所呈现的不同路径来看，更加从侧面验证了组织成立之初政府积极推动的重要性。

（二）组织的自治性与政府培育并无关联

无论是二郎巷门球队还是金塘骑游队，组织内部都具有较高的自治性，对于金塘骑游队来说，前期无政府参与，其自治性不强，反而在政府培育参与后获得了较高的自治性。而清塘健身舞蹈队虽然自始至终都没有政府培育参与，但是即使有政府培育参与，也不会影响组织内部的决策与行径。

（三）政府采取选择性培育策略，导致了不同的培育效果

政府对于二郎巷门球协会提供了较高程度的合法性激励与资源性激励，使组织自成立至今，获得了大规模、持续性的发展，实现了组织自治能力的增强。金塘骑游队主动靠拢政府，获得了部分合法性激励与资源性激励，形成了一个一般规模的组织，虽然也实现了组织自治能力的增强，但实际上其活动开展能力、募集资金及人力资源管理能力总体还是要弱于二郎巷门球协会的，更为重要的是，组织老龄化加剧，面临着走下坡路的危险。而对于清塘健身舞蹈队而言，由于缺乏来自政府的培育，没有及时弥补组织发展后期所缺失的物质成本，同时这一组织又面临着成员"搭便车"的问题及组织合法性的不足，使组织在经过短暂高峰期发展之后，快速走向下坡路，最后濒临解散。

（四）政府的选择性培育约束了部分组织的生成与发展

政府的选择性培育使不同的自发性群众体育组织在竞争中所处的地位发生变化，在客观上约束了部分未受培育或培育程度较低的组织的发展。由于政府的资源有限，不可能对所有的组织进行培育，选择性培育是政府有效利用公共资源的一种手段，但如何准确衡量不同组织的效用并进行有效的选择，是政府要面对的一个问题，也是研究者应关注的一个问题。

第六章

政府培育自发性群众体育组织的实践模式与地方个案

党的十九大报告将社会组织纳入中国特色社会主义事业"五位一体"的总布局，社会组织被视为全方位参与新时代国家建设和发展的重要力量，在国家治理体系中的主体地位和重要性进一步加强。党的二十大报告进一步明确要"健全共建共治共享的社会治理制度""建设人人有责、人人尽责、人人享有的社会治理共同体"①。社会组织既能够通过广泛吸纳公众参与公共事务来达成共治，又可通过提升各类公共服务可及性来实现共享，对于社会治理共同体的建设具有不可替代的作用。近年来，政府对各地及整个社会在社会组织培育方式的创新方面更加包容、支持，并进行了恰当的引导，鼓励社会组织培育方式的创新。一些发达地区的地方政府顺应这种新形势，调动各方主体的积极性，积极探索培育自发性群众体育组织的新方式并形成了一些具有特点的培育模式。

本章将对江苏和上海两地政府的典型培育模式进行专题研究，探讨不同模式的个性特点，进而反映政府培育政策和政府行为的共性规律。本书一方面选择了政府直接培育模式中的以奖代补、公益组织孵化器两种典型模式和政府间接培育模式中的公益创投、建立枢纽型体育社会组织两种典型模式来阐释政府直接培育模式与间接培育模式的特点及作用；另一方面通过对公益组织孵化器和公益创投两种培育模式的研究进一步解释对不同成长周期自发性群众体育组织培育的作用及特点，总结各地的创新经验及各模式的优点和不足，从实践中阐释政府如何培育。

第一节　政府直接培育模式（一）：以奖代补

全民健身活动站点是构建公共体育服务体系的重要组成部分。培育和发展基层活动站点对全民健身的高质量推进具有重要意义。近年来，江苏省体育局审时度势，不断创新培育基层群众体育组织的方式。在顶层设计上，不断出台新举措为基层群众体育组织提供政策和资金保障。在财政扶持上，创新性使用

---

① 习近平.高举中国特色社会主义伟大旗帜　为全面建设社会主义现代化国家而团结奋斗：在中国共产党第二十次全国代表大会上的报告[EB/OL].（2022-10-25）[2022-12-15].https://www.gov.cn/xinwen/2022-10/25/content_5721685.htm.

以奖代补的方式支持全民健身活动站点的发展，不断丰富以奖代补的内涵，使以奖代补的财政补贴方式多元化。本书将对以奖代补这种政府直接培育的模式进行探讨，同时针对江苏省培育全民健身站点及社会体育指导员以促进社区体育的做法，适时地将社区治理理念中"三社联动"模式引入社区体育发展，提出社区体育发展的"三社联动"模式，同时社区体育"三社联动"运行机制和实现方式进行了探讨。

全民健身活动站点作为植根于广大群众中最基层的群众体育组织，正以其自愿自治的组织形态、丰富多彩的体育项目、便捷简单的参与方式在全民健身浪潮中发挥越来越基础性及愈来愈重要的作用。建设全民健身活动站点已然成为各级体育行政部门做好群众体育活动的重要抓手。将建设全民健身活动站点纳入年度群众体育工作考核已经进入常态化，甚至有些省市出现全民健身工作评估中全民健身活动站点工作不达标的一票否决制。由此可见，随着社会发展及大众健康意识的提高，体育行政部门对这种最贴近民众的群众体育组织的重视程度也在逐步提高。

江苏省体育局特别重视全民健身活动站点的建设工作及其作用发挥，把全民健身活动站点作为体育公共服务体系的重要组成部分，通过全民健身活动站点组织群众参加健身活动、倡导文明健康生活方式、推动体育生活化进程、提高城乡居民身体素质。全民健身活动站点的建设在体育层面，极大地补齐了政府提供体育公共服务存在的短板，满足了人民群众多元化的体育需求；在社会管理层面，创新了社会管理方式，成为社会管理的新载体。

一、江苏省全民健身活动站点的发展现状

（一）总量及分布情况

江苏省体育局历来重视群众体育发展，近年来不断转变体育发展方式，推动群众体育健康有序发展，着力建设亲民、便民、利民的全民健身公共服务体系。截至2020年，江苏省共有全民健身活动站点57886个，平均每万人拥有7.1个，超过《江苏省全民健身实施计划（2016—2020年）》原定的5个以上的目标，无论是在总数上，还是在人均拥有量上，都位于全国领先水平。江苏省全民健身活动站点分布情况如表6-1所示。

表6-1 江苏省全民健身活动站点分布

地 市	常住人口/万人	全民健身活动站点/个	每万人拥有数量/个
南京	852.36	6272	7.36
无锡	619.15	4025	6.50
苏州	1071.80	7090	6.61
常州	473.60	4530	9.56
镇江	324.28	2445	7.50
南通	733.34	7662	10.40
扬州	452.12	3047	6.70
徐州	881.16	6383	7.20
连云港	447.05	3873	8.66
淮安	492.50	3524	7.15
盐城	722.30	5300	7.33
泰州	526.14	3735	7.10
宿迁	474.68	3253	6.80
合计	8070.48	61139	7.58

在江苏省13个地级市中，每个地级市的全民健身活动站点数都超过平均每万人拥有5个以上的目标，全省各地全民健身活动站点数量总体较为均衡。

任何社会组织的发展都离不开政府的扶持，全民健身活动站点在构建与完善全民健身公共服务体系中发挥着重要作用，也需得到政府部门的资金支持和政策扶持。[①]江苏省政府、江苏省体育局制定了一系列政策来扶持和引导全民健身活动站点的发展。

2000年11月16日，江苏省体育局下发了《江苏省全民健身晨（晚）练点管理暂行办法》，明确了全民健身活动站点需要达到的条件、须遵守的规定及违规的处罚措施。这个文件首次将建设全民健身活动站点纳入规范管理的轨道上来。

2001年8月9日，江苏省印发了《关于实施城乡全民健身服务体系"八个一工程"意见（试行）》，提出以城市社区和农村乡镇为重点，实施全民健身

---

① 杨光宇. 全民健身活动站点基本情况的研究[C]//刘国永，裴立新. 中国体育社会组织发展报告（2016）. 北京：社会科学文献出版社，2016：194-195.

服务体系"八个一工程",其中一个"一"就是要建设一批全民健身活动站点。之后,江苏省全民健身活动站点如雨后春笋般涌现。以常州市为例,2004年,常州市区的大中小型全民健身活动站点总计达到1150个。

2005年4月6日,江苏省体育局颁发了《关于进一步加强城乡晨(晚)健身点建设的通知》,从数量和质量上对全民健身活动站点的建设提出了新的目标与要求。

2012年10月15日,江苏省体育局出台了《江苏省社会体育指导员"十二五"发展规划》,这是一份专门针对社会体育指导员出台的发展规划。该规划明确指出:建立健全社会体育指导员群众性组织,完善社会体育指导员网络信息管理,加大经费投入,建立健全全省社会体育指导员工作表彰奖励制度。社会体育指导员是站点的"灵魂",召集组织群众、开展日常健身活动、管理维护设施器材、协调联络交流活动、学习并推广创新项目、宣传讲解健身知识等方面,都离不开社会体育指导员。[①]

2016年12月,江苏省政府发布《江苏省全民健身实施计划(2016—2020年)》,对"十三五"期间如何贯彻落实全面健身国家战略、提高人民群众的身体素质与健康水平做了战略部署。该计划指出:基本形成以健身俱乐部和晨晚练健身站点为点、体育社团为线的点线结合的公共体育服务网络,明确提出全省建设体育公园1000个,每万人拥有晨晚练健身站5个以上。这份文件进一步在数量上明确了建设具体要求,量化了"十三五"期间全民健身活动站点的发展目标。

任何社会组织的发展都离不开制度的支撑,自发性群众体育社会组织也是如此。制度具有约束性、指导性、奖励性、鞭策性及规范性,这些制度的出台为江苏省全民健身活动站点的建设指明了方向,构建了规范的框架,明确了奖惩机制,保障了站点有序健康发展。

(二)面临的问题

目前,我国处于社会发展转型期,社会诸多方面存在一定的过渡性与不成熟性,在这种社会背景下,江苏省全民健身活动站点在运行、发展及管理等方面还存在诸多问题。

1."身份"的合法性问题

虽然全民健身活动站点满足了人民群众对多元化体育的需要,其存在的合

---

① 潘明英,赵洪明.常州市全民健身站点建设的现状调查与发展对策[J].江苏理工学院学报,2015(2):95-100.

理性也被广泛认同,但因达不到民政部门登记注册的要求,并不具有社团的合法性。为此,江苏省依据《关于培育发展基层体育社会组织的指导意见》[①]实施了全民健身活动站点的备案管理制度,引导全民健身活动站点健康有序发展。备案制赋予了全民健身活动站点一定的合法性,但尚未从根本上解决其法律合法性问题,备案的全民健身活动站点的组织性质与自然人不同,因其未能取得法人资格,因此属于非法人组织[②],而目前针对体育社会组织的扶持与培育主要有公益创投、政府购买公共服务等方式,但无论是哪种培育扶持方式都要求对象具有独立的法人资格,这就直接导致了全民健身活动站点长期游离于这些重要扶持政策之外,出现了经费缺乏、活力不足、服务质量不高的问题。

2. 生存状态的不稳定问题

全民健身活动站点是典型的自发性群众体育组织。江苏省全民健身活动站点也普遍存在自身力量薄弱、建设不力、整体指导水平不高、活动较为松散的情况,容易导致站点发展无序。此外,全民健身活动站点布局分散,发展不平衡。由于缺失"合法性"身份的认证,导致全民健身活动站点的行动能力受限,无法获得政府支持与培育,存在着缺少工作指导、活动场地、资金匮乏的问题;导致其既不能充分发挥促进社会和谐稳定的作用,也无法做到自身的可持续发展,更无法成为政府体育部门的帮手。

3. 资源获取的"制约性"问题

我国体育资源的配置一直以竞技体育为优先,因此处于"边缘"地带的全民健身活动站点经费来源渠道单一。"自发性"与"群众性"的特点决定全民健身活动站点处于资源匮乏的低水平发展中。[③]政府是全民健身服务体系的主体,承担着扶持与培育全民健身活动站点发展的责任。目前,江苏省在公共资源配置方面,虽然已经明确了对发展成熟的全民健身活动站点给予一定经费的支持及场馆使用的优先权,为开展全民健身活动提供经费与物质保障,但在实际操作中,经费来源以及使用与监管、场馆的建设与利用仍面临着诸多问题。

---

① 江苏省体育局,江苏省民政厅.省体育局省民政厅联合出台培育发展基层体育社会组织指导意见[EB/OL].(2013-07-12)[2022-09-12].http://jsstyj.jiangsu.gov.cn/art/2013/7/12/art_79371_9396102.html.
② 杨光宇.全民健身活动站点基本情况的研究[C]//刘国永,裴立新.中国体育社会组织发展报告(2016).北京:社会科学文献出版社,2016:185.
③ 黄亚玲.自发性群众体育组织管理要创新[N].学习时报,2013-05-06.

二、全民健身活动站点的功能

（一）全民健身活动站点可以促进社会和谐稳定

目前，我国经济发展方式进入转变时期，社会转型使社会不稳定因素及不和谐因素增多。通过提供体育公共服务来改善民生，可以在很大程度上减少不稳定因素的产生，为经济社会发展创造良好的社会环境。和谐社会的建设围绕着人的自身和谐、人与人及人与社会之间的和谐展开。全民健身活动站点虽然是"草根组织"，但其意义远远超出了健身活动本身。全民健身活动站点通过组织群众开展活动，一方面丰富了人民群众的业余生活，可以缓解压力、排解不良情绪；另一方面促进了人与人之间的交流和交往，减少了人与人之间的陌生感，推动构建和谐社会。

（二）全民健身活动站点是加强和创新社会管理的有效载体

"加强和创新社会管理，根本目的是维护社会秩序、促进社会和谐、保障人民安居乐业，为党和国家事业发展营造良好社会环境"，我们要"引导各类社会组织加强自身建设、增强服务社会能力，支持人民团体参与社会管理和公共服务，发挥群众参与社会管理的基础作用"[1]。随着我国政治体制与经济体制改革的不断推进，社会组织管理体制正在发生深刻变革，"以人为本"的理念深入人心，在对社会事务的管理上，政府更加注重保护人民群众的切身利益，同时鼓励人民群众参与管理社会事务，以突出社会组织的作用。全民健身活动站点是公民社会组织的一种表现形式，增强了公民参与社区公共生活的意识，调动了公民参与社会活动的积极性，如果政府尊重、肯定其意愿，鼓励并培育其社会责任感，就能通过健身这一文化活动产生社会影响力，并逐渐渗透到全社会，促进公民社会组织的发展。

（三）全民健身活动站点是全民健身公共服务的重要补充

提高人民群众的身体素质和生活质量，促进人的全面发展，为社会进步、经济发展服务是我国体育事业的根本宗旨与根本目的。全民健身事业是我国社会主义建设事业的有机组成部分，必须学习、借鉴其他各项事业的发展思路和

---

[1] 胡锦涛在省部级主要领导干部社会管理及其创新专题研讨班开班式上的讲话[DB/OL].（2011-02-19）[2022-09-12].http://www.reformdata.org/2011/0219/13198.shtml.

途径；全民健身事业还是一项庞大的社会系统工程，不仅要大力推动各级政府切实履职尽责，还要充分依靠和调动全社会力量共同推进。因此，加强和创新社会管理引进全民健身事业，对形成共同推动全民健身事业发展的合力具有特殊意义和重要作用。体育部门要将发展全民健身活动站点作为新时期政府为民服务履职尽责，推动全民健身公共服务均等化的具体举措，使其承担一定的体育公共服务职能，有效促进政府职能的转变。

（四）全民健身活动站点是群众体育组织网络体系的重要组成部分

群众体育组织建设是全民健身公共服务体系的重要组成部分。随着全民健身组织形式的不断创新，目前已初步形成了政府领导、依托社会、覆盖面广的具有中国特色的全民健身组织网络体系。但是，在各类体育健身场地设施不断增加，群众体育活动蓬勃开展的同时，力量相对薄弱的群众体育组织逐渐成为阻碍全民健身事业持续发展的瓶颈，因此，加强群众体育组织建设是实现全民健身事业跨越式发展的重难点。国家体育总局关于加强群众体育组织建设的总体思路是：大力推动建立以社会体育指导员为骨干，以全民健身活动站点为阵地，以社区体育健身俱乐部和乡镇综合文化站为平台，以群众体育社团为纽带的群众体育组织网络及运行机制。全民健身活动站点与人民群众之间的联系是最直接、最密切的，是全民健身科学化的重要保障，是全民健身社会化的具体体现，也是全民健身生活化的有力依托。因此，加强全民健身活动站点的建设，不仅可以更好地满足广大人民群众体育健身的新需求，而且可以推动全民健身事业的发展。

（五）全民健身活动站点可以充分发挥社会体育指导员的作用

社会体育指导员不仅能使政府部门了解人民群众的体育诉求与意愿，而且能使人民群众清楚政府部门提供的公共体育服务。事实表明，具有一定影响力的全民健身活动站点一般都有一两位精通体育项目、经验丰富、声望较高的社会体育指导员。这些社会体育指导员具有"能招呼、能组织、能管理"的特征，是全民健身活动站点良性有序发展的关键。由社会体育指导员管理全民健身活动站点主要基于两个方面的考虑：首先，社会体育指导员自身掌握了一定的体育技术与技能，对于因共同的健身兴趣、爱好而结成的小群体而言，容易产生吸引力；其次，明确社会体育指导员为站点负责人，就是赋予其一定的权力，包括对健身活动的决策、指挥、协调等权力，同时也承担与这些权力相对应的严于律己、无私奉献、以身作则,以及凝聚大众、开展健身活动、促进交流等责任和义务。体育部门由直接管理向引导、服务管理的转变过程中,不断让渡一定的空间,使社会体育指导员发挥更大作用,是基层体育社会组织生存和发展的一种方式。

(六)全民健身活动站点可以促进社区建设

社区建设是指在党和政府的领导下,依靠社会力量,利用社区资源,强化社区功能,解决社区问题,促进社区政治、经济、文化、环境协调健康发展,不断提高社区居民生活水平与生活质量的过程。[①]社区部门是全民健身活动站点与社会体育指导员的保障者、支持者和推动者。良好的社区建设可以有效发挥社区公共服务平台的作用,整合、配置社区资源,支持、引导并监督全民健身活动站点与社会体育指导员开展联合服务,不断完善社区治理体系。

三、江苏省以奖代补政策措施的实施

以奖代补的应用范围很广,作为一种激励措施应用于很多领域。"奖",顾名思义是奖励。奖励是为了调动相关人员的积极性,最大限度地挖掘其潜力的管理方法。奖励分为物质奖励与精神奖励。"补",即补贴,是指政府或任何公共机构向某些企业或组织提供的资金支持。补贴的主体是政府或公共机构,补贴是政府行为、财政行为。而补贴的客体范围比较宽泛,可以是任何企业或组织。"以奖代补"是把专项经费集中起来重点使用,对政府要求的某个项目完成比较好的地区、单位或个体以奖励的方式给予补助的资金分配管理办法。[②]

(一)以奖代补措施出台的背景

2013年6月,江苏省民政厅、江苏省体育局印发的《关于培育发展基层体育社会组织的指导意见的通知》从重要意义、发展目标、基本原则、登记方法、监督管理、发展措施六个方面立体性地描绘了基层社会体育组织的发展蓝图,确定了基层体育社会组织登记、备案条件,简化程序,降低门槛的登记方法,指明了民政部门是城乡基层体育社会组织的登记管理机关,乡镇政府(街道办事处)、村(居)委会是备案登记的业务指导单位,城乡基层体育组织受县(市、

[①] 陆前安.社区体育俱乐部与政府、市场、社区关系研究[D].上海:上海体育学院,2010.
[②] 信桂新,李妍均.以奖代补:实施农村土地整治的新利器:以奖代补政策实践及对重庆市农村土地整治的启示[J].中国土地,2012(8):21-22.

区）体育局（文体局、教体局）的指导与监督。

在发展措施方面，江苏省民政厅、江苏省体育局印发的《关于培育发展基层体育社会组织的指导意见的通知》指出，各级体育部门应主动加强与财政部门沟通，支持培育发展城乡基层体育社会组织，指导已成立的体育社会组织，以自身的特点与资源优势为基础，积极参与公共体育服务，广泛开展就地就近、小型多样、深受广大人民喜爱的健身活动。这种发展举措具有重大意义，这是江苏省第一次在相关文件中明确指出体育部门与财政部门联合，培育与扶持基层体育社会组织。

全民健身活动站点立足于乡村社区等最基本的单元，发挥着巨大作用。基层社会体育组织是构建城乡全覆盖、较为完善的公共体育服务体系的一支最为关键的力量，它的存在直接满足基层群众的健身需求。在公共体育服务水平不高、服务力量不足的今天，这股社会力量直接提升基层公共体育服务能力和服务水平。在推动全民健身、提高基层民众身体素质、建设体育强省和实现体育现代化方面，基层体育社会组织都做出了重要贡献。但就目前的发展状况来看，江苏省全民健身活动站点仍存在着诸多问题，创新扶持举措势在必行，新的全民健身活动站点的扶持措施呼之欲出，"以奖代补"措施在这样的背景下诞生了。

（二）以奖代补的功能

1. 杠杆作用

经济杠杆是国家或经济组织利用价值规律和物质利益的影响调节控制经济活动的过程。以奖代补作为一种应用范围很广的常见手段，通常作为经济杠杆而存在。当政府需要扶持新的社会组织，而新的社会组织发展恰恰需要支持时，利用以奖代补这个经济杠杆就可以得到事半功倍的效果。

补贴作为一种资助手段，具有简单直接的特征。奖励则是一种特殊的补贴，面向特定对象，目的在于鼓励或支持某种问题的解决。目前，以奖代补应用于体育社会组织的案例不胜枚举。早在2013年，上海就开始了对发展较好、绩效优秀的体育社会组织实行以奖代补措施。《2017年上海市级体育类社会团体专项资金奖励意见》首次创新了体育社会组织管理的模式，即以奖代补，进一步推动了社会组织的规范化建设及构建社会组织枢纽式管理新格局。

体育社会组织作为全民健身的重要力量需要引导与扶持。而且作为全民健身活动站点，由于其参与群众基数大，作用更为基础与广泛，更需要政府的关注。对基层社会体育组织实施以奖代补，可以达到"花小钱办大事"的效果。

2. 引导功能

基层社会体育组织是体育社会组织的一种。无论是哪种社会组织，在发展过程中都会面临不同的问题，况且在我国基层社会体育组织处于快速发展期，发展矛盾较为尖锐，如合法性问题、健身站点界定问题、经费瓶颈问题、管理与扶持问题、设施短缺问题等。政府这个时候如果采用以奖代补的方式，事后通过科学合理的评估，对那些发展较好、绩优的站点通过奖励的方式予以补贴。这种做法有两大好处：一是让这些绩优的组织直接得到资金和精神上的支持，帮助这些优秀的组织进一步发展。二是有意识、有目的地奖励，这其实是传达一种政府导向，向其他体育社会组织传递一种信号：政府期望建设什么样的组织，目前期望组织重点关注哪方面问题。

（三）实施方案

江苏省体育局对奖励措施及时评估、不断调整，在不同的时间采取了不同的以奖代补方案。

1. 2011—2014年：江苏省体育局以奖代补方案

为了加强基层群众体育组织建设，江苏省体育局于2011年、2012年、2013年评选出1000个优秀全民健身站点，并且给予每个站点2000元的奖励；同时将全民健身活动站点分为四类，即广场活动站（点）、公园活动站（点）、住宅区活动站（点）、其他活动站点。在评比时，对活动站点的条件进行了严格界定，如2013年的《省体育局关于推荐评选全省优秀群众健身活动站（点）的通知》，对评选条件做了如下描述：

（一）在街道或社区登记注册，创建时间3年以上，建立了活动站（点）管理办法，有固定成员和健身活动站（点）的活动记事资料。

（二）有固定的健身活动场地，且活动场地必须安全、卫生、不扰民。

（三）达到各类活动站（点）规定的人数规模。

（四）常年坚持开展至少1项相对固定的健康的健身活动项目。

（五）具有至少1名一级或2名二级以上固定的社会体育指导员，且常年在一线指导。

（六）在常年开展健身活动的基础上，每年组织参加2次以上比赛和交流活动（须有比赛资料、图片记载）。

这种方法可以直接有效地激励表现优秀的全民健身活动站点，在一定程度上解决了这些站点由于资金匮乏引发的一些问题。目前，绝大多数全民健身活动站点都存在经费问题,全民健身活动站点可以利用这部分资金继续开展健身活动。同时,这部分奖励对于站点的所有人员来说是一种精神奖励,对于激发全体站员积极建设好站点有正向作用。但这种方法也存在一定的弊端——大多数站点管理体制混乱,人员复杂,不具备自我管理能力,往往依靠社会体育指导员的个人能力和个人威望维持站点运转。这些活动站点虽然在属地的社区居委会备案或登记,但是社区居委会并不拥有分配这部分奖励的权利,所以这部分奖励在使用上的民主性、公开性,以及透明度很难得到保证,最终导致这部分奖励在发挥正向激励作用上打了折扣。

同时,参与评选的方式是县市体育行政部门自我推荐本辖市区内的健身站点参与评比,省体育局并没有设立专门的第三方评估机构对站点的基本情况、活动质量及活动常态进行评估,评比表彰缺乏制度支撑。这就可能出现那些真正为全民健身做出贡献的站点没有得到应有的物质与精神表彰,大大挫败了这部分人的积极性。

2. 2015—2017年:江苏省体育局以奖代补方案

一线社会体育指导员是全民健身活动站点的核心,是保持活动站点生命力和吸引力的关键所在。江苏省体育局和下设市级体育局历来非常重视社会体育指导员的发展与培训工作。只有加强对社会体育指导员的发展与培训工作,才能更好地发展全民健身事业。2015年后,江苏省体育局改革以奖代补方案,开始以一线社会体育指导员为抓手,对那些由各级体育部门批准,并在全国社会体育指导员管理系统注册;经县级体育行政部门认定的,坚持每周在基层全民健身活动站点、社区体育健身俱乐部等非营利性组织开展社会体育指导工作3次以上,每月总时长20小时以上的社会体育指导员提供服装费,按照800元/(人·年)的标准,补助的比例按照一线社会体育指导员的30%来计算,每年花费约为4000万元;同时要求各级体育部门将体育服装纳入全民健身工作计划和经费预算中,统筹考虑。为提升一线社会体育指导员的风险保障水平,江苏省体育局开始为一线社会体育指导员购买保险。为了保障这项举措落地,在制度建设方面,江苏省体育局于2012年、2018年及2021年分别出台了《省体育局关于做好为活跃在一线社会体育指导员办理保险工作的通知》、《省体育局关于做好2018年度一线社会体育指导员保险工作的通知》和《省体育局关于做好2021年度一线社会体育指导员保险工作的通知》,从制度上保障保险制度规范化,真正做到让一线社会体育指导员放心。

这种从解决一线社会体育指导员切身利益问题入手的以奖代补方式真正体

现了体育行政部门以人为本、寓管理于服务的行政理念。人力资源在任何社会组织中都是最重要的资源，一个社会组织要想发展得好，人才是第一要素。江苏省体育局秉持以人为本，创新举措，抓住矛盾的主要方面，将有限的经费用在对一线社会体育指导员的资助上，这种做法值得推广与借鉴。这些措施可以大大提升一线社会体育指导员对工作服务的积极性，展现社会体育指导员的能力与风采，并且提升社会体育指导员的公信力。

四、小结与思考：政府直接培育模式——由以奖代补引发的思考

（一）以奖代补培育模式的优缺点

1. 以奖代补培育模式的优点

（1）突破瓶颈，高质量发展

目前，大多数基层社会体育组织都存在经费问题，经费来源问题已经成为制约基层体育社会组织发展的最大障碍。单一的经费来源渠道使基层体育社会组织的功能发挥受到遏制，服务能力大大降低。以奖代补举措缓解了部分优质基层社会体育组织的经费问题，在一定程度上促进其高质量健康快速发展。

（2）形式多样，适应性强

根据新形势不断改变以奖代补的具体举措。从直接资助到为一线社会体育指导员购买服装再到购买保险等具体举措，充分体现了政府在培育基层社会体育组织时与时俱进的工作思路。形式多样的以奖代补培育方式体现了其灵活性与较强的适应性。

（3）树立榜样，规范引导

以奖代补这种政府直接资助的方式，虽然程序简单，但是效果明显。其用意在于利用直接资助制度来为其他基层体育社会组织树立学习的榜样，帮助快速发展的基层体育社会组织厘清思路，暗示什么样的发展方向是目前值得倡导的，什么样的发展思路是符合大局的。

（4）直接培育，全面把控

在政府直接培育模式下，政府通过强有力的行政力量推动，高效完成了对全民健身活动站点和社会体育指导员的奖励，促进了全民健身站点和社会体育指导员队伍的发展。同时，由于政府直接培育，在一定程度上能够掌控全民健身活动站点的发展方向，确保风险可控、可防。在培育对象的选择上，政府有

选择地优先支持和重点培育优秀全民健身活动站点，通过对这些组织的培育激励其他全民健身活动站点的发展。

2. 以奖代补培育模式存在的问题

（1）涉及面窄，作用有限

以奖代补举措是事后奖励，奖励的面也限于那些在评选活动中表现较为突出的基层体育社会组织。以2013年为例，江苏省共有50000多个全民健身活动站点，而获得奖励资助的全民健身活动站点仅为1000个，奖励面不到2%。从这个方面来看，以奖代补存在涉及面窄、功能有限的问题。

（2）监管缺失，一奖即止

目前，大多数基层体育社会组织都存在管理体制不健全、自我管理能力差的问题，其往往依靠着社会体育指导员的个人能力和个人威望维持运转。奖励下发后如何使用及如何监管是影响该项举措的一个重要因素，这些活动站点虽然在属地的社区居委会备案或登记，但是社区居委会并不具备分配这部分奖励的权利，所以这部分奖励在使用上的民主性、公开性及透明度很难得到保证，最终导致这部分奖励没有充分发挥其正向激励作用。

（3）政策缺乏部门协调和长远规划

各级政府和职能部门在设计关于基层体育社会组织的关键制度时，大多缺乏长远思考。比如，江苏省在采用以奖代补方式时，大多是根据眼下自身业务的需求和工作目标的完成而提出相应的以奖代补措施，缺乏长远的可持续性发展，导致以奖代补的培育方式目前难以继续实施。

（4）政府直接培育模式仍然存在政府直接包办的行为

从培育主体上来看，政府仍然充当了培育的执行主体，既是教练员又是运动员，经费由政府投入，优秀全民健身活动站点由县市体育行政部门自我推荐，本质上仍然是政府直接包办社会事务，容易造成资源垄断、效率低下和分配不公等问题。

（二）研究设想：建立"三社联动"的社区体育治理模式与运行机制

江苏省体育局通过以奖代补的方式不仅扶持了全民健身活动站点的发展，还带动了社会体育指导员作用的发挥，促进了社区体育的发展，有利于社区的治理，这给本书提供了一个启示，即依据江苏省体育局《关于培育发展基层体育社会组织的指导意见的通知》要求在基层体育社会组织中形成"专职社工＋专业社会组织""专职社工＋义工志愿者"的工作模式，结合目前社区治理的

"三社联动"理念，本书提出在社区体育发展中建立"三社联动"模式。

1. 社区治理的"三社联动"理念

"三社"即社会工作者、社会组织、社区。"三社联动"是指在社区治理过程中，在政府主导下，以社区为平台、社会组织为载体、社会工作者为支撑，实现三者相互支持、相互支撑的互助合作机制。社区治理的三社联动理念是在加强国家治理体系实现治理能力现代化的背景下产生的。它的产生有利于发挥社区、社会工作者、社会组织三者间的特殊作用。"三社联动"作为创新基层社会治理的新模式，使中国社区治理焕发了新的活力。

"三社联动"可以有效地、系统地整合社区、社会工作者、社会组织这三者的力量，形成1+1+1>3的效果。"三社联动"以满足社区居民某种需求为导向，利用社会组织的外部资源与力量，通过社会工作者提供专业服务，在社区范围内化解各种矛盾，弥补了政府在社区治理上的不足，激发了社区居民自我管理的积极性。

2. "三社联动"理念引入社区体育的可行性

（1）植根于基层的土壤

全民健身活动站点与社区同属于基层社区，全民健身活动站点植根于广大基层的健身人群中，而社区也是目前最基础的行政单元，社区治理也是如此。有着同样的土壤，供应着相似的养分，两者在运行机制上也有很大的相似性。这为"三社联动"理论应用于全民健身活动站点的发展提供了可能性。

（2）性质类似

"三社联动"在社区治理中是指社区、社会组织及社会工作者。而在全民健身活动站点中，"三社联动"则是指社区、基层体育组织及社会体育指导员。社会工作者作为社会服务机构中从事专门性社会服务工作的专业技术人员与社会体育指导员虽无从属关系，但是都属于专业技术人员。目前，在我国，社会体育指导员是发展数量最多的群体，社会体育指导员有职业与业余之分，我国职业社会体育指导员57万余人，业余社会体育指导员200余万人。

（3）以人为本的出发点

无论是社区治理的"三社联动"理念，还是社区体育的"三社联动"理念，二者的出发点都是满足广大人民群众的需求。通过对国内一些经典"三社联动"理论应用案例的研究，发现其原动力都是居民的需求。例如，兰州市城关区为了满足老年人的需求，"三社联动"推动社区居家养老服务，其下辖的临夏路街道被评为"2019年全国智慧健康养老示范街道"。而全民健身活动站点建设的原始动力是居民日益增长的健身需求,在这种需求不断增强,公共体育服务明显滞后的情形下,草根体育社会组织、全民健身服务站点应运而生,二者都是践行以人为本的执政理念,以满足群众基本需求为己任。因此,总体来看,二者在出发点上都体现了以人为本的理念。

3. 构建社区体育的"三社联动"模式

构建以社区为基础、社会体育组织为载体、社会体育指导员为支撑的社区—社会体育组织—社会体育指导员"三社联动"的社区体育治理模式,增强自发性群众体育组织专业化,提高自发性群众体育组织服务群众的效率和质量。

社区体育的"三社联动"中社区、自发性群众体育组织、社会体育指导员协调互动,形成联动机制。在联动机制中,社区不仅是指社区居委会,也是一个平台,由地域范围内的各方力量与资源搭建而成。在整个机制运行中,社区居于主导地位,它既传达并落实上级体育行政部门的政策,又解决社区体育发展过程中的矛盾,在联动过程中负责统筹整合各种资源与力量。社区自发性群众体育组织是社区体育发展的主力军,是社区发展社区体育赖以生存的生力军,在联动中接受社区的领导,配合与支持社区组织的各种群众体育活动,站点健身活动的科学指导与业务支持都离不开社会体育指导员。形成一个以基层社区为细胞,由各级各类社会体育组织横向、纵向联络的全民健身网络,将全民健身有效地落到实处。自发性群众体育组织为社区居民提供各项社会服务,专业社会体育指导员通过社会组织提供专业服务,从而构建社区、社会体育组织、社会体育指导员联动运行的和谐社区体育治理,将是未来我国群众体育开展的重要模式,且这一模式不局限于社区内部,而应构建全国社区体育组织网络体系,并使其高效运作。[1]

第二节 政府直接培育模式(二):公益组织孵化器

公益组织孵化器是政社合作培育社会组织的一种新型模式。本节主要通过

---

[1] 向祖兵,汪流,李骁天,等."三社联动"视角下社区体育网络体系的模式与机制[J].西安体育学院学报,2017,34(5):546-551.

个案研究法、访谈法等，以张家港培育中心培育生态园跑步俱乐部（以下简称"生态园俱乐部"）为个案，对公益组织孵化器的发展背景、理论基础、作用机理进行阐述，对公益组织孵化器培育初创期自发性群众体育组织进行研究。首先，从初创期自发性群众体育组织面临的困境入手，阐述了资源困境与能力困境是当前的主要问题；其次，对自发性群众体育组织入驻孵化器的条件进行分析，同时分析了公益组织孵化器主要是通过协调自发性群众体育组织与政府、企业关系的作用机理及提升自发性群众体育组织自身能力的功能定位；最后，总结出公益组织孵化器培育自发性群众体育组织存在的问题，并提出建议。

一、公益组织孵化器的发展背景

社会组织是社会治理的重要组成部分，由于我国现有的全能型政府无法满足社会发展的需要，必须积极推动职能转变，建立新型的政社合作模式。公益组织孵化器作为承上启下的平台型组织，在社会组织培育孵化领域发挥重要的作用，受到政府高度重视。[1]1998年，我国首家社会组织能力建设的机构——NPO信息咨询中心成立，随后在上海、北京、广东等地区迅速发展，这种创新的社会管理模式受到政府的高度重视，截至2017年，全国已经建成1400家公益组织孵化器，并以每年15%的速度上升。公益组织孵化器的快速繁殖源于自身的社会价值，更离不开政府的支持与引导。[2]

（一）国家层面政策的推动

我国首次提出公益组织孵化器是民政部在《民政事业发展第十二个五年规划》中提出要推动建设各级社会组织孵化基地，为社会组织发展和发挥作用提供基本场地支持与指导服务，积极培育、扶持、孵化在经济、社会、文化等领域有发展潜力、社会急需的社会组织。[3]目前，我国初创期的自发性群众体育组织自身能力比较弱，因此，很有必要建立培育孵化制度，培育孵化自发性群众体育组织，促进其发展。[4]

我国将公益组织孵化器作为推动社会组织发展的重要方式。2016年8月，

---

[1] 吴刚.资源依赖视角下民间公益组织可持续发展研究[D].南宁：广西大学，2018.
[2] 黄晓勇.中国社会组织报告（2018）[M].北京：社会科学文献出版社，2018：97.
[3] 陆文荣.上海公益组织孵化器三种发展模式及启示[J].社会与公益，2019（4）：47-50.
[4] 惠霞.公益组织自我宣传策略研究：以甘肃省部分公益组织为例[J].新媒体研究，2019（2）：101-103.

中共中央办公厅、国务院办公厅发布《关于改革社会组织管理制度促进社会组织健康有序发展的意见》指出,鼓励并支持各地区建立社会组织孵化机制,设立孵化培育资金、建设孵化基地。该文件从国家层面支持了公益组织孵化器的发展,并强调公益组织孵化器的设立意义。

(二)地方政府的引进与支持

在中央政府的支持下,我国的公益组织孵化器如雨后春笋般成长起来,目前,除新疆外,我国所有的省份均建设了公益组织孵化器。自2012年起,我国广东、江苏、福建、湖北、河南、安徽、北京等省(直辖市)相继出台相关文件,提出在街道、社区建设公益组织孵化器,在部分省份甚至已经形成了省—市—区—街社会组织孵化网络。2012年,广东省汕头市民政局发布《关于推进建立全市基层社会组织孵化器的指导意见》,通过利用社区文化活动中心、公办学校等公共资源为基层社会组织提供场地、设施、咨询等方面的支持;2014年,青海省西宁市建设了公益社会组织孵化基地,贵州省建立了市级公益社会组织孵化基地,吉林省民政厅印发了《关于社会组织孵化中心建设的指导意见》;2015年,内蒙古自治区设立公益组织孵化基地;2016年,湖南省设立公益组织孵化基地,对社会组织进行管理、社会公益领域事业进行扶持;2017年,海南省设立了首家公益组织孵化基地,江苏省人民政府办公厅《关于改革社会组织管理制度促进社会组织健康有序发展的实施意见》提出:"到2020年,全省所有市、县、区和50%的街道、有条件的社区都要建立社会组织孵化培育基地,为社会组织提供有效服务和支撑载体。推动大众创业、万众创新。"至今,北京、上海、广东已经有100家以上的公益组织孵化器。①

江苏省综合经济实力一直处于中国前列。近年来,江苏省积极探索社会组织培育,2011年,江苏省委、省政府在《关于实施社会管理创新工程切实加强群众工作的意见》中提出实施"社会组织培育管理行动计划",要求"制定社会组织扶持发展政策,采取建立社会组织孵化基地等措施,扶持社会组织有序发展"。江苏省将社会组织孵化基地建设列入社会组织培育的重点项目,指导各级各地以"政府支持、民间兴办、专业管理"为创建模式,采用资金、项目、人才、场所等多元化扶持方式,大力推进社会组织孵化基地建设。②2011年9月,江苏省已建立社会组织孵化基地37个,其中市级11个、县级以下26个,已培

---

① 徐家良.中国社会组织评估发展报告(2018)[M].北京:社会科学文献出版社,2018.
② 陆文荣.上海公益组织孵化器三种发展模式及启示[J].社会与公益,2019(4):47-50.

育各类社会组织357个。各级资金投入金额约1010万元，办公用房总面积约10402平方米，现共有专职工作人员127人，兼职工作人员157人，招募志愿者约758人，聘请指导专家63人。[①]

在这样的大背景下，苏州市积极贯彻落实省政府的政策号召，积极建立公益组织孵化器培育社会组织，其中，张家港市在自发性群众体育组织培育路径上不断开拓创新，通过建立公益组织孵化器培育孵化初创期的自发性群众体育组织。本书依据公益组织孵化器的作用机理，以张家港公益组织培育中心培育生态园俱乐部为个案，探索自发性群众体育组织的培育路径，以期促进我国初创期自发性群众体育组织不断发展，满足人民日益增长的体育需求。

2011年，张家港公益组织孵化器在政府的支持下建立，在民政局正式注册登记，定性为公益性、服务性、非营利性的民办非企业，所有的建设资金、办公场地等硬件都由张家港市民政局出资支持；同时，张家港公益孵化组织由政府设立专职专岗，并由政府设立专属的资金进行运营，组织得到了政府的大力支持。张家港公益组织孵化基地是江苏省第一个设立每年100万元以上专项资金的孵化组织，也是苏州市第一个在政府政策引导下成立的公益社会孵化组织。张家港市政府通过发展张家港公益培育中心，为社会组织挖掘良好的土壤、探索并培育优良的"种子"，帮助优良的"种子"在本地生根发芽，茁壮成长，为社会提供优质的服务。

二、初创期自发性群众体育组织适应性发展模式——进入公益组织孵化器

（一）初创期自发性群众体育组织面临的困境

1. 资源困境

初创期自发性群众体育组织的资源困境是指其在发展壮大的过程中遇到的在制度、环境、资金、技术人员等方面的困难。合法性地位的缺失与内部资源的匮乏，是国内初创期自发性群众体育组织面临资源困境的主要原因。

2. 能力困境

初创期自发性群众体育组织的能力困境主要表现在组织自身能力不足与组织内部治理结构不完善。

[①] 谈婷婷. 在政府引导下的公益组织培育机制研究：以苏州公益组织孵化园为视角[J]. 法制与社会，2013（13）：234-235，271.

（二）入驻公益组织孵化器

我国初创期自发性群众体育组织成长中主要面临两大困境：资源困境和能力困境。这两大困境主要是其对于当下国内制度环境不适应的表现，为了克服这些困境，从而更好地适应所处环境，初创期自发性群众体育组织必须有合适的战略。公益组织孵化器是科技企业孵化器在第三部门的应用和延伸。公益组织孵化器是孵化器向专业化、多样化方向发展的产物，也是部门间学习借鉴的产物。公益组织孵化器有丰富的社会组织孵化经验、强大的资源动员能力和多方位的信息治理资源，其主要功能定位在以下几个方面：提供初创期社会组织的小额资助、办公场地；搭建起政府与社会组织和企业互动的桥梁；进行系列组织能力培育；为初创期社会组织营造一个和谐发展的环境，继承与传播公益组织的精神和文化。事实上，初创期自发性群众体育组织迫切需要这些资源，以更好地克服成长发展中的困境，所以进入公益组织孵化器进行孵化培育是初创期自发性群众体育组织成长发展的较好的适应性战略。

公益组织孵化器作为一个支持性组织入驻所具备的条件有：第一，申请组织可为民办非企业单位、社会团体或草根公益团队；第二，申请组织的服务业务具有公益性并为社会所急需；第三，申请组织具有一支团队，团队成员具有公益创业热情；第四，申请组织能参与中心能力建设培育服务；第五，申请组织具有长期稳定发展的意愿且愿意向专业化方向发展；第六，具有公益创业理想愿意投入公益服务领域的个人也可申请。

三、公益组织孵化器的理论基础与作用机理

公益组织孵化器是在社会发展到一定程度，在政府政策的引导和支持下，由政府和市场共同发起，为解决一定社会问题、培育社会组织、提供社会服务而提出的组织培育新方向。

关于公益组织孵化器起源方面的研究，学者们对公益组织孵化器的发端存在两种主要观点：一种认为公益组织孵化器由企业孵化器演变而来，另一种认为公益组织孵化器在支持型社会组织的基础上发展而来。王世强提出，在形式和功能上，非营利组织孵化器是企业孵化器和支持型组织相结合的产

物。[1]首先，是企业孵化器模式在第三部门的应用和延伸。[2]其次，是支持型组织发展到一定阶段的必然要求。吴津等认为，公益组织孵化器模式首先来源于社会组织支持型组织理论，是该理论在中国本土的一个重要发展和创新。[3]我国最早于2005年由中山大学公民与社会发展研究中心提出"NPO（Non-Profit Organization）孵化器"的概念。

与企业孵化器相比，公益组织孵化器由于无法为企业带来直接利益，更多的是提供社会服务，因此对公益组织孵化器的研究相对而言资料较少，对其概念的界定也众说纷纭，外界对其的理解为支持性组织、公益培育组织等。国外学术界对支持性组织的界定研究始于20世纪80年代末，研究的方向涉及支持性组织的概念、功能、特征、与政府和市场的功能等。[4]

王世强认为，公益组织孵化器是借助资金扶持、服务提供、特定的场所空间，对非营利组织在初创期进行扶持的一套系统。[5]

公益组织孵化器有多种称谓，如"支持型社会组织""社会组织培育中心""公益组织培育中心""枢纽型社会组织""非营利组织孵化器"等，这些称谓的差别只是强调了这类组织在某个方面的侧重点。[6]本书将以上多种称谓统称为"公益组织孵化器"。

（一）公益组织孵化器的相关理论

1. 组织生命周期理论

社会组织作为一个生命体，也存在成长、发展和消亡的过程，即社会组织的成长发展存在着生命周期。根据社会组织成长的规模特征，可将其划分为种子期、初创期、发展期、成熟期、更新期和衰退期。[7]初创期是指社会组织的初创阶段，在这一阶段，初创期社会组织的主要目标是解决其基本生存问题，其迫切需要政府提供资金、场地、人员、财务、资源、能力建设等条件。公益组织孵化器是以孵化初创期社会组织为主，对入驻孵化器的组织孵化器可给予资金、场地、人员、财务、资源、能力建设等条件。

---

[1] 王世强.非营利组织孵化器：一种重要的支持型组织[J].成都行政学院学报，2012（5）：83-88.
[2] 李倩.新媒体背景下民间公益组织筹资问题研究[D].开封：河南大学，2019.
[3] 吴津，毛力熊.公益组织培育新机制：公益组织孵化器研究[J].兰州学刊，2011（6）：46-53.
[4] 莫凯洋.草根公益组织合法性建构研究[D].南宁：广西大学，2019.
[5] 同[1].
[6] 龙玉婷.政府同公益组织合作治理的博弈模型及参与机制研究[D].成都：西南财经大学，2019.
[7] 赵黎明.科技企业孵化器系统研究[M].北京：中国经济出版社，2014：15-17.

自发性群众体育组织的政府培育
——理论探索与实践模式

2. 资源依赖理论

资源依赖理论启蒙于20世纪40年代，是组织行为学的重要理论流派，已发展成具有广泛影响的组织学理论。资源依赖理论的核心观点是组织的生存取决于能否从外部环境中取得关键资源。60年代以后，环境对组织的影响、组织与环境的关系成为组织研究的重要问题，资源依赖理论也在这个时候开始盛行。资源依赖理论的基本假设是，没有任何组织是自给自足的，所有组织都必须与环境中的其他要素进行交换。在资源依赖理论发展过程中，最具有代表性、权威性的著作是由美国学者菲佛与萨兰基克合作的《组织的外部控制：对组织资源依赖的分析》。该书对资源依赖理论提出了四个重要假设：第一，生存是组织最关注的事情；第二，组织需要通过获取环境中的资源来生存，没有任何组织可以自给自足；第三，组织会与其依赖环境中的要素产生互动；第四，组织的生存建立在控制与其他组织关系的能力的基础上。[①]组织赖以生存的资源，大体可以分为三类：一是基础资源，包括人、财、物、场地等；二是信息资源，包括制度、政策等；三是合法性资源，包括社会支持、政府许可等。菲佛与萨兰基克认为，有三个方面的因素决定了资源依赖的程度：首先，资源对维持组织运作具有重要作用；其次，组织对资源的分配与使用的控制程度；最后，可替代资源的获取程度。在社会领域中，任何一个组织都需要通过外部环境中的要素来获取生存所需的资源。

资源依赖理论被广泛运用于政社关系研究及社会组织培育研究中。随着自发性群众体育组织的数量逐渐增长，组织需要不断吸收外界环境中的资源才能生长。一般来说，政府掌握的资源是关键性资源，在组织发展不成熟、不完善的情况下，自发性群众体育组织的资源几乎来自政府，这些资源直接影响自发性群众体育组织的发展，因此自发性群众体育组织对政府资源的依赖性较高。在政府培育的作用下，自发性群众体育组织的发展更有资源保障，不仅如此，由于自发性群众体育组织具有非营利性，政府的资金支持在一定程度上缓解了自发性群众体育组织资金短缺的问题。依据资源依赖理论，就目前国内的发展环境而言，政府资源对自发性群众体育组织来说具有不可替代性。

3. 协同治理理论

协同治理理论是一门新兴学科，是协同学和治理学有机结合而产生的交叉学科。该理论的主要观点是将社会看作整个大系统，由许多不同的子系统构成，

---

① 菲佛，萨兰基克.组织的外部控制：对组织资源依赖的分析[M].闫蕊，译.北京：东方出版社，2006.

这些子系统既相互独立又相互作用，它们之间既有合作也有竞争。①协同治理的追求是促进各个子系统之间最优化合作，优化治理效果，从而发挥系统最大的功效。②政府负责建立公益组织孵化器，孵化器负责运营管理孵化社会组织，在政府与孵化器不断互动下初创期社会组织获得注册及相应的资源，这些都需要政府与社会组织一起协作治理。

4. 支持性组织理论

"支持性组织"最早是从斯特穆勒（Caroline Stremlau）提出的"协调团体"概念发展而来的，"协调团体"是实行会员制的一类组织，为社会组织提供一系列的服务及将捐赠的资金合理分配给社会组织，帮助社会组织更好地实施项目。③1990年，大卫·布朗首次正式提出"支持组织"的概念，进而逐渐发展为支持性组织理论。支持性组织理论认为，从根本上来讲支持性组织也是一个社会组织，但是具备向其他社会组织提供信息分享、交流互助平台、资源链接的功能。大卫·布朗还指出，向初创期社会组织提供服务不应该是它的全部功能，而面向所有发展阶段的社会组织提供服务也很有必要。目前，我国公民社会刚刚起步，社会组织还相当不成熟，当务之急需要一批支持性组织培育和扶持初创期社会组织。

（二）公益组织孵化器的作用机理

公益组织孵化器对社会组织的作用机理在很大程度上取决于对社会组织利益相关者的影响。社会组织利益相关者的界定较为复杂，一般来说，社会组织的利益相关者包括创办者、捐助人、管理者、内部员工、服务对象、政府、企业及其所在社区。在我国，政府和企业是社会组织最重要的利益相关者，它们之间存在的问题最多。因此，本书将着重从自发性群众体育组织与政府、企业的关系来探讨与其利益相关者的关系，以提升自发性群众体育组织的自身能力，改善自发性群众体育组织与政府、企业的关系，从而有利于实现自发性群众体育组织与各利益主体的理想关系。

1. 自发性群众体育组织与各利益主体之间的理想关系

（1）自发性群众体育组织与政府的理想关系

自发性群众体育组织与政府的理想关系应该是一种相互合作、相互补充的

---

① 李汉卿.协同治理理论探析[J].理论月刊，2014（1）：140-144.
② 徐嫣，宋世明.协同治理理论在中国的具体适用研究[J].天津社会科学，2016，207（2）：76-80.
③ 李远，崔月琴.公益组织参与农村公共性建构的内涵、困境与出路[J].江汉论坛，2019（11）：116-122.

自发性群众体育组织的政府培育
——理论探索与实践模式

关系,并且从我国现状来看应该是一种建设性的友伴关系,彼此需要在合作中相互促进和完善这种关系。同时,也应该看到彼此间在互动中存在摩擦和冲突。随着政府职能转变及建设服务型政府都需要自发性群众体育组织承担与补充政府这部分功能,满足群众多元化的体育需求。

因此,自发性群众体育组织要与政府建立合作、互补的理想关系,关键要处理好以下两个问题:一是自发性群众体育组织与政府之间有明确的界限。政府对自发性群众体育组织发展的培育和扶持,通常与政府的宏观政策目标密切相关联。一旦自发性群众体育组织的发展目标和方向与政府当下的目标相背离,那么两者之间的合作、伙伴关系就会随之产生分歧,伴随着的共生、互补的理想关系也将走向破裂。二是自发性群众体育组织与政府有一定的界限,因此不能要求自发性群众体育组织履行太多职责义务。例如,有学者提出自发性群众体育组织应该致力于提升国民的体质与身体健康。这显然是不合理的,因为提升国民的体质与身体健康,是政府职责的体现,将其转移到自发性群众体育组织的身上过于沉重,不仅让自发性群众体育组织在实际活动中大打折扣,而且在一定程度上逾越了政府权威的界限,从而破坏了自发性群众体育组织与政府之间的合作、互补的理想关系。

只有政府与自发性群众体育组织都意识到以上两个方面的问题,才能建立起建设性的友伴性关系。而这种理想关系主要包含以下两个方面内容:一是共同的目标,二是相互促进。在当前大背景下,必须充分发挥政府的主动性才能达到理想的友伴性关系,政府应积极主动地与自发性群众体育组织合作,把积极培育、合理规范、正确引导、依法管理等措施作为培育自发性群众体育组织的基本策略。

(2)自发性群众体育组织与企业的理想关系

自发性群众体育组织与企业的理想关系是一种共生、协作的关系,而这种理想关系基于它们内在的协作动机。相比社会组织而言,效率与利润是企业的根本追求。企业之所以效率与服务质量比较高,很大程度上得益于企业的管理得当。自发性群众体育组织也是利用社会资源提供体育公共服务的,那么当然也要考虑服务质量和工作效率,同时,加强组织内部的建设与管理。事实上,企业基于国家政策法规与社会舆论的压力及增强企业核心竞争力的利益驱使等影响下,加强与自发性群众体育组织建立合作,不仅可以提升企业形象和扩大自身社会影响力,而且有助于市场占有率的增长与销售业绩的提升。自发性群众体育组织可以和企业开展合作建立战略联盟,彼此达到共赢。常见的自发性群众体育组织与企业间的联盟有6种形式，即赞助、公益推广活动、公司慈善与基金、共同主题营销、许可协议、合资。事实上，在当今经济全球化、多元化大背景下，自发性群众体育组织与企业联盟，不仅是顺应国际变化的结果，更是在新环境中赢得更多机会、摆脱发展束缚的自然行为。可见，这种联盟与合作伙伴关系的建立，不仅可以提升自发性群众体育组织的公共意识，而且可以提升自发性群众体育组织内部治理的能力。企业也可以通过建立伙伴关系获得更多的市场占有率和经济效益的提高。

（3）自发性群众体育组织与公益组织孵化器的理想关系

自发性群众体育组织和公益组织孵化器都是社会组织的一种，都具有非营利性、非政府性、志愿性、独立性、公益性等社会组织的共性特征。自发性群众体育组织与公益组织孵化器应该是一种相互联系、相互影响的关系。自发性群众体育组织的成长和发展离不开公益组织孵化器的辅助与支持，公益组织孵化器通过各项资助和系列能力培训及搭建政府、企业沟通桥梁，可以提升初创期自发性群众体育组织的成活率和质量。同时，初创期自发性群众体育组织可以在孵化器的培育期间，增加自发性群众体育组织与其他类型的社会组织的交流，不仅可以学习其他组织的优点，而且可以让组织获取更多的资源。因而，自发性群众体育组织需要加强与公益组织孵化器之间的互动，并且积极参与公益组织孵化器的培育。

事实上，自发性群众体育组织也让公益组织孵化器获得和积累了丰富的成长经验。首先，公益组织孵化器是最近几年才开始建立的，其自身还在不断地成长和发展，也有许多方面需要探索和研究。通过培育孵化自发性群众体育组织可以让孵化器发现自身存在的问题与不足，积累更多的经验。其次，公益组织孵化器率先在公益慈善类社会组织领域进行培育，在公益慈善类社会组织的培育中已经积累了许多丰富的经验。然而，针对互益性的自发性群众体育组织领域培育刚刚开始，所以在自发性群众体育组织培育过程中仍有许多不足和问题，例如，缺少指导自发性群众体育组织的人才、缺乏相关专业知识等。所以，通过自发性群众体育组织的培育和孵化不仅让孵化器获取体育领域的经验，而且让孵化器自身能力得到一定的提升。

总体来讲，自发性群众体育组织与公益组织孵化器是一种相互联系、相互影响的关系。这两个组织之间是相互促进、相互提升的良性关系。

2. 公益组织孵化器协调自发性群众体育组织利益相关者关系的作用机理

（1）公益组织孵化器协调自发性群众体育组织与政府的关系

公益组织孵化器作为自发性群众体育组织的支持性组织，以及自发性群众体育组织与政府进行互动的平台，协调两者间的沟通，促进自发性群众体育组织和政府达成合作与协作的关系。公益组织孵化器之所以能够有效地发挥其支持性的功能，主要取决于自发性群众体育组织自身所处的大环境。如果自发性群众体育组织能够与政府充分沟通，那么该组织一定处于较自由的环境中，此时公益组织孵化器协调功能就比较弱；与此相反，当自发性群众体育组织在较为严格的环境中发展，则公益组织孵化器在其中的功能就体现得更明确。

公益组织孵化器一般通过以下三个方面协调自发性群众体育组织与政府之间的关系。

首先，搭建自发性群众体育组织与政府之间的沟通桥梁。公益组织孵化器的负责人一般是从事公益事业的资深人员，他们或具有较强的经济实力，或曾拥有政府相关背景，因此，公益组织孵化器的负责人可以凭借其自身资源和影响力取得与政府互动的机会，从而帮助自发性群众体育组织反映需求。事实上，我国的公益组织孵化器的建立模式一般都由政府主办。所以，政府与公益组织孵化器互动也比较多，公益组织孵化器作为桥梁能够获取自发性群众体育组织发展中存在的问题。

其次，提供自发性群众体育组织与政府合作的信息选择平台。公益组织孵化器作为发布信息平台，一方面，其拥有大量自发性群众体育组织的信息，包括自发性群众体育组织所能提供的服务类型及其受众群体；另一方面，其能够建立起信息平台的原因正是其可以快速与政府实现沟通，及时了解政府、社会公众的公共服务需求，有效实现资源最大优化与配置，针对组织的供给与政府的需求进行对接，实现资源交换、互补。

最后，为提高政府对自发性群众体育组织监管绩效提供机制保障。由于公益组织孵化器与自发性群众体育组织近距离接触，可以了解自发性群众体育组织开展活动内容的情况，通过定期活动报告与建立财务监督机制的方式，自发性群众体育组织的财务更加透明，对防止自发性群众体育组织中贪污腐败现象具有较好的效果。与此同时，这种机制可以有效地协助政府对自发性群众体育组织进行实时监管，从而提高政府对自发性群众体育组织监管的绩效。

（2）公益组织孵化器协调自发性群众体育组织与企业的关系

与协调自发性群众体育组织和政府的关系相比，公益组织孵化器在协调自发性群众体育组织与企业关系方面更能发挥其自身优势。自发性群众体育组织和企业拥有各自擅长且相互需要的能力与资源。但由于双方有时会存在信息不对称、自发性群众体育组织公信力缺乏等，两者合作不顺；因此，公益组织孵化器要协调两者关系，推动双方合作与共生就必须从以下两点入手。

首先，建立自发性群众体育组织公信力评价体系，向企业推销形象相适的自发性群众体育组织。面对众多自发性群众体育组织，企业在履行社会责任时往往难以选择，此时，公益组织孵化器作为比较客观的中介机构的作用就凸显出来，其建立的公信力评价体系或标准可以作为企业选择自发性群众体育组织时的重要参考。同时，建立自发性群众体育组织公信力评价体系，可以从外部规范和引导自发性群众体育组织从事良性的公益活动。

其次，构建自发性群众体育组织与企业的信息中介平台，促进两者携手合作。公益组织孵化器可以借助宣传交流会为自发性群众体育组织与企业打造信息中介平台，来实现相互交流与沟通。另外，为最大限度实现企业的社会效益，非营利组织孵化器可以作为帮助企业选择符合自身形象的自发性群众体育组织的咨询机构。图6-1为公益组织孵化器的作用机理。

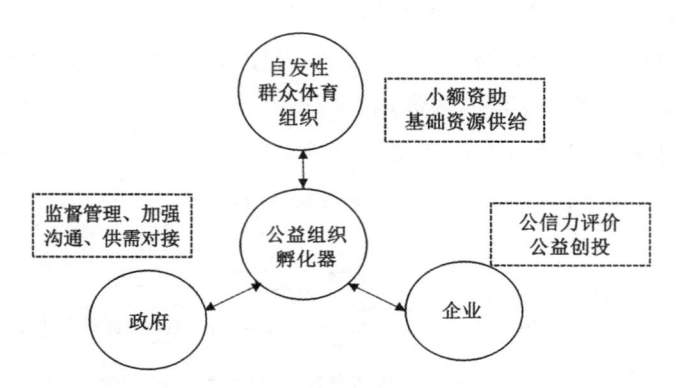

图6-1　公益组织孵化器的作用机理

四、公益组织孵化器的功能定位

（一）提高自发性群众体育组织自身能力

管理欠缺与资源匮乏是初创期阶段的自发性群众体育组织面临的最主要的问题。人力、场地、资金等组织资源缺乏导致自发性群众体育组织发展受限、提升困难。此时，公益组织孵化器就可以从能力培训体系建设、基础资源提供、激励机制等方面着手提高组织自身能力建设，具体方式如下：

1. 公益组织孵化器提供基本服务[①]

公益组织孵化器提供的基本服务不仅能够节省初创期自发性群众体育组织的固定资产投资和人员雇佣成本，还能够帮助自发性群众体育组织摆脱日常琐碎的行政管理事务，集中精力做好更关键的组织管理工作。这方面的基本服务包括：办公场地，例如办公楼、工作间、会议室、问讯处等；小额资金支持，对于初创期自发性群众体育组织来说，小金额的资助是相当宝贵的；保安、清洁绿化服务；收发文件和信件、复印报刊、订阅报刊等；公共场所，例如咖啡厅、茶室。

2. 公益组织孵化器帮助建设能力培训体系[②]

公益组织孵化器的能力建设培训体系，包括人力资源管理、信息管理、战略规划、项目管理、市场推广、组织领导力等方面的管理咨询和培训。公益组织孵化器通过能力培训体系将提高自发性群众体育组织的服务能力、资源整合能力等核心能力。自发性群众体育组织从中可以快速组织管理、推广项目，同时建设并完善组织机构，为组织的正规化与制度化奠定基础。

3. 形成自发性群众体育组织的激励机制

建立自发性群众体育组织的出壳机制，目的是激励自发性群众体育组织不断进步，保证孵化器资源的有效利用，使自发性群众体育组织不会对公益组织孵化器形成依赖，激发自发性群众体育组织向前进步的动力（见图6-2）。同时，对孵化器的资源形成高效利用，保证孵化的效率。

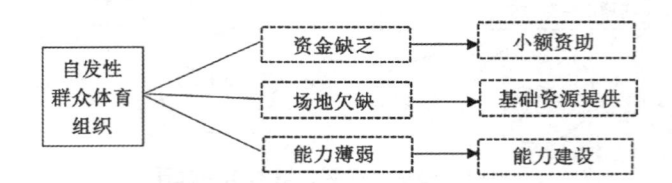

图6-2 公益组织孵化器提升自发性群众体育组织能力的路径

（二）改善自发性群众体育组织与政府的关系

目前，由于政府由全能型政府向服务型政府转型，其难以满足社会公众多元化的公共服务需求，面临着巨大的社会舆论压力；同时由于政府政策法规的

---

① 蔡宁，孙文文，江伶俐.非营利组织创业与发展：孵化器、跨部门合作与市场导向[M].北京：科学出版社，2014：67-68.

② 同①.

滞后和管理体制的落后，对提供这种公共服务的自发性群众体育组织产生了严格的政策限制，其面临的最大的问题就是自发性群众体育组织的公信力问题，归根结底是对自发性群众体育组织的评估和监督问题（见图6-3）。针对上述问题，公益组织孵化器可以发挥出自身社会资源的优势，从而改善自发性群众体育组织与政府的关系。

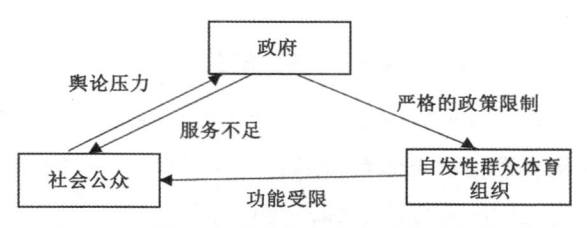

图6-3 政府和自发性群众体育组织面临的问题

1. 公益组织孵化器可以作为政府监督自发性群众体育组织的管理者

公益组织孵化器凭借了解自发性群众体育组织的优势，可以在政府管理和监督自发性群众体育组织的过程中起到辅助作用。此外，公益组织孵化器对自发性群众体育组织的能力培养，可有效地帮助自发性群众体育组织完善内部管理，朝正规化、制度化方向发展，从侧面来说更有利于公益组织孵化器对自发性群众体育组织进行监督。

2. 公益组织孵化器可以实现政府公共服务需求和自发性群众体育组织服务供给的对接

政府需要社会组织承担部分公共服务，而自发性群众体育组织正好具有这方面的能力。但是现实中种种原因导致需求与供给的对接较难实现。公益组织孵化器可以作为政府与自发性群众体育组织联系的纽带，一方面为政府在采购公共服务时提供自发性群众体育组织的相关信息，帮助政府选择合适且具有公信力的自发性群众体育组织；另一方面帮助自发性群众体育组织针对政府公共服务的相应需求提供专业能力上的支持，使自发性群众体育组织更具有竞争力。

3. 公益组织孵化器可以在自发性群众体育组织与政府之间扮演代言人的角色

由于我国初创期的自发性群众体育组织的力量还不强，出现问题后没有与政府进行沟通的渠道，其中大部分问题是由我国政策法律不完善引起的，如自发性群众体育组织注册问题等。自发性群众体育组织不能奢求政府迅速完善法律法规，但公益组织孵化器与政府有紧密的联系，甚至可以影响政府的决策，所以自发性群众体育组织通过公益组织孵化器与政府沟通不失为一个好的办法（见图6-4）。

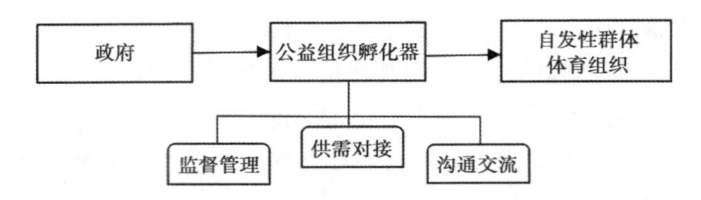

图6-4 公益组织孵化器改善自发性群众体育组织与政府关系的方式

(三)改善自发性群众体育组织与企业的关系

企业与自发性群众体育组织互相有对方需要的资源,这是两者合作的基础,但由于目前企业与自发性群众体育组织的信息不对称及自发性群众体育组织公信力缺乏等,两者之间的合作不尽如人意(见图6-5)。

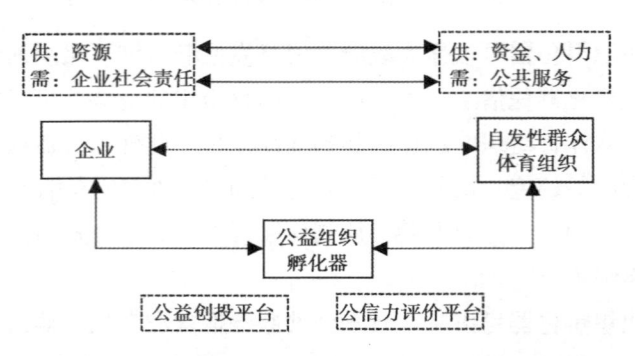

图6-5 公益组织孵化器改善自发性群众体育组织与企业关系的方式

1. 公益组织孵化器可以有效地帮助自发性群众体育组织树立公信力,促进企业与自发性群众体育组织的合作

首先,公益组织孵化器创建的出壳机制会对自发性群众体育组织进行严格把关,形成对自发性群众体育组织公信力的约束;其次,自发性群众体育组织在公益组织孵化器内进行全面的能力建设,保证了自发性群众体育组织具有完成组织使命的能力,从而使其具备建立公信力的基础。在一系列因素的作用下,企业可以参考自发性群众体育组织的公信力来进行合作。

2. 公益组织孵化器作为公司创投平台,通过把企业资源引入自发性群众体育组织,实现两者共赢

企业已经意识到履行社会责任对企业形象具有重要意义,但是很多企业没有进行筛选地履行社会责任,对企业的形象提升不大。公益组织孵化器具有相关信息,企业可以从公益组织孵化器得到有效的建议,避免履行社会责任时偏离原定目标。

公益组织孵化器借助公信力评价平台与公益创投平台，使自发性群众体育组织与企业信息不对称、供应与需求交换障碍等问题被解决，实现两者交流与合作的推进。

五、个案分析——张家港培育中心对生态园俱乐部的培育

（一）培育主体——张家港培育中心

张家港市历来重视社会组织的培育和发展，始终努力探索适合社会组织发展的路径，在发展过程中着重发展社会急需又有复制性的重点社会组织，为社会组织提供优化的发展环境，注重社会组织的能力建设和体制机制创新。同时，张家港市民政局第一个在江苏省将万人拥有社会组织作为现代化特色的指标，第一个设立每年100万元以上的社会组织发展专项资金；在苏州市第一个出台培育扶持公益慈善类社会组织的政策文件，第一个建立社会组织孵化器——张家港培育中心。

张家港市是江苏省苏州市下辖的一个县级市，凭借着强劲的经济实力常居全国百强县榜单的前列。近年来，随着经济发展水平的增长，社会需求不断呈现多样化，仅仅靠政府已经不能满足多样化的社会需求，而需要社会组织来承接政府职能，提供公共服务。因此，扶持和培育社会组织的发展成为时代之需，在这种情况下，张家港培育中心应运而生。

张家港市公益组织培育中心是2011年由张家港市民政局成立，张家港市社会工作者协会负责管理和运行，张家港市从事和关注社会工作的单位、取得职业资格的社会工作者、热心社会工作人士及社会公益民间组织自愿组成的，接受张家港市社会工作者队伍建设领导小组、张家港市民政局的指导和监督管理的专业性、非营利性的社会团体。到2020年，已有140多家社会组织入驻孵化，如微幸福社会工作服务站、城管志愿者协会垃圾分类团队、张家港最美家长读书会等。目前，也有多个自发性群众体育组织入驻孵化。这些组织有的属于体育社团，但大多数属于民办非企业单位。

（二）培育客体——生态园俱乐部

1. 生态园俱乐部成立背景

张家港市作为中国百强县之一，2019年常住人口125.25万人，在高速发

展经济的同时，人们有越来越多的空闲时间从事休闲体育，各项体育社团和组织如雨后春笋般涌现，体育类协会有22个，群众体育活动开展得如火如荼。2006年5月1日，在张家港市团委的牵头下，由爱心义工协会在张家港梁丰生态园组织群众进行各种跑步活动，在该协会的号召下人们参加跑步的热情高涨。2008年奥运会之际，全国人民对奥运会在中国举办热情高涨，张家港市在团委的号召下组织各种跑步俱乐部，呼吁大家走出家门，随后各种类型的跑步俱乐部如雨后春笋不断增加，民众对跑步这项运动的积极性较高。在这种背景下，跑步类的自发性群众体育组织数量不断增加。生态园俱乐部就是在这个背景下成立的。

2. 生态园俱乐部发展路径

2009年，张先生加入张家港市跑步俱乐部。张先生对各种马拉松跑比较感兴趣，所以利用自己的闲暇时间跑步，并通过建立QQ群线上约跑。考虑到场地有限和每个人的身体状况不同，他便组织跑步爱好者就近在公园集合开始两三公里的短距离跑。渐渐地，跑步爱好者由几个增加到几十个，后来张先生组织大家进行户外跑，从20公里半程马拉松开始向全程马拉松迈进，每个队推荐一名领跑者。尽管每周都会通过网络平台进行线上约跑、线下跑步，但大家都是以兼职的形式进行这项活动，领跑者张先生也是有正式工作的，闲暇时间组织约跑，以松散的形式进行着。张先生说："仅仅是热爱跑步这项运动，至于怎么组织和管理还不太清楚。"

由于精力和时间的不足，跑步缺乏系统的培训和指导。2012年，张先生组织了张家港市马拉松比赛，参赛人数有五六百人。紧接着，参与的人越来越多，网上各种跑步组织蜂拥而至，但没有统一的组织者、管理者。同年，张先生正式接受张家港市田径协会分会的邀请，管理张家港市跑步俱乐部，这段时间市内各种跑步俱乐部种类多、人数多。虽然张先生认为自己在领跑方面很有经验，但是确实不太懂如何管理，2013年初，张家港市跑步俱乐部正式解散。但是，还有很多跑步爱好者坚持跑步活动，2013年底大家推举张先生带领大家一起跑步，2014年1月1日成立了张家港市生态园俱乐部并成功注册。随后，张先生偶然间得知张家港培育中心孵化社会组织，便积极入驻培育中心。

我们张家港市生态园俱乐部，是体育类民办非企业单位、以举办各种类型的马拉松跑为主的自发性群众体育组织。生态园俱乐部正处于初创期，以松散的形式组织各种类型的马拉松活动，没有实行会员制，也没有会费，凭着大家对跑步的一腔热爱组织活动。组织内部工作人员都是兼职形式，生态园俱乐部于2014年1月1日进入孵化中心，经过一年的孵化培育后出壳，对组织的内部治理有了一定的认识和理解，于是，开始着手对组织进行内部建设；2015年，生态园俱乐部开始实行会员制，并收取会费，会员人数有70人（以普通会员为主）；2016年，逐渐增加生态园俱乐部的服务项目，从单纯地组织马拉松跑到增加一些有关跑步的健身指导及损伤处理的服务。普通会员有400个左右，500元/人的培训费即可成为普通会员，不再收取会费；VIP会员有60人左右，800元/年的会费，VIP会员可以享受生态园俱乐部提供的茶水、培训、跑步指导及参与生态园俱乐部的年度会议等服务。出壳后，生态园俱乐部通过企业赞助积极筹集资金，2015年生态园俱乐部收入18万元左右，支出23万元左右；2016年收入5万元，支出9万元，实现了生态园俱乐部由"被动输血"到"自身造血"的改变。同时，生态园俱乐部的成员架构也有明确的分工，包括全职工作人员1名，兼职工作人员8名（8名工作人员都有自己的正式工作，但闲暇的时间较多），志愿者300人，志愿者是由5个骨干发起并招募的。生态园俱乐部目前实现了良性的运行态势，这多亏了孵化中心对我们的指导和培育，但是出壳后，公益组织孵化器几乎与我们没有联系也没有提供后续的跟踪服务。（访谈人：张先生）

（三）培育过程

1. 入驻张家港培育中心条件及孵化流程——标准化的流程

入驻流程一般如下：

①向社会发布招募公告。公告发布时间在每年年初，公告的具体内容主要包括申请方式与申请条件。

②社会组织根据公告内容填写申请书并递交。

③社会组织提出申请后，非中心专家进行审核，然后中心专家进行二次审核。专家审核标准为：第一，必须是正在创建中或创建完成的民办非营利组织；第二，能够为社会提供专业化、宽领域的服务，具备公益属性；第三，组织目前处于初创阶段；第四，组织接受孵化培训后，参与社会组织工作的人员必须是全职人员；第五，组织在培育期间，有义务配合张家港培育中心的管理工作，需要向张家港培育中心公布其财务状况，接受张家港培育中心对其财务方面的考核监督，完成张家港培育中心的培育安排。张家港市公益组织孵化器孵化流程如图6-6所示。

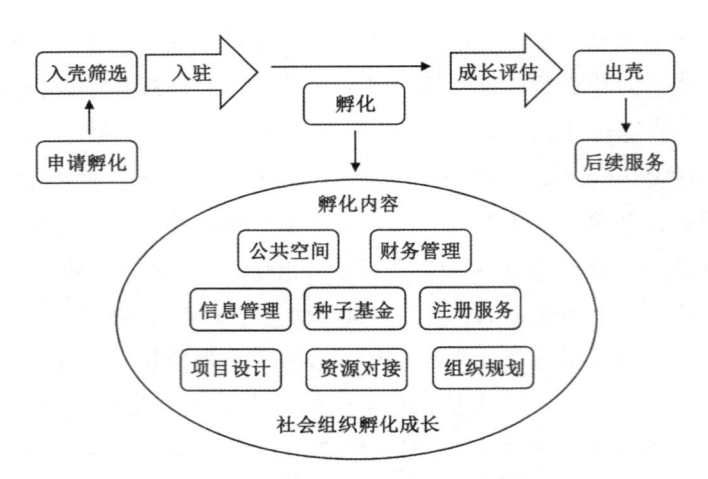

图6-6 张家港市公益组织孵化器孵化流程

2. 张家港培育中心对生态园俱乐部的作用机理分析

张家港培育中心对生态园俱乐部的作用机理主要表现在改善生态园俱乐部与政府的关系。张家港培育中心主要通过构建生态园俱乐部与政府沟通的桥梁，提供各种创投信息，积极搭建各种公益创投平台。

（1）张家港培育中心协调生态园俱乐部与政府的关系

第一，构建生态园俱乐部与政府沟通的桥梁。张家港培育中心积极有效地解决生态园俱乐部合法性注册的问题。生态园俱乐部在入驻张家港培育中心后，孵化器的主要负责人一直保持与政府部门的沟通，积极地搭建生态园俱乐部与张家港市民政局沟通的桥梁，反映生态园俱乐部所遇到的困难，其中反映最多的就是生态园俱乐部申请注册难度较大。生态园俱乐部从成立之初到正式注册成功辗转了好几年，入驻张家港培育中心后在孵化器与张家港市民政局有效互动下，于2014年1月1日成功注册，之前生态园俱乐部一直未能从法律的角度得到合法性地位，法律合法性的获得让生态园俱乐部负责人满怀信心，群众基于生态园俱乐部的合法注册，积极参与生态园俱乐部承办的各项赛事活动。第二，张家港培育中心提供各种信息平台，积极搭建各种公益创投平台，并积极协助组织参与创投，这给初创期社会组织极大的帮助，促使初创期社会组织获得更多的组织能力建设的能量。

（2）张家港培育中心帮助生态园俱乐部成长发展

生态园俱乐部进行全方位能力建设。生态园俱乐部入驻张家港培育中心后，进行了为期一年的室内孵化，张家港培育中心对初创期的生态园俱乐部提供了办公场地与小额资助，帮助促进生态园俱乐部成长。

政府出资建设孵化中心，提供孵化器资金和场地供给，这些硬件和资金的支持使孵化器获得源源不断的能量供应。生态园俱乐部成立初期没有固定的办公场所，入驻后张家港培育中心提供给生态园俱乐部一个固定的办公室，新入驻的各类型组织如养老类、青少年服务类、爱心义工类等公益慈善类组织齐聚张家港培育中心，增添了不少互动平台和交流机会，同时张家港培育中心还提供了一定的小额资助用于组织活动开展和办公用品的支出。在访谈中，生态园俱乐部负责人说："我们会员之间通常开会交流没有固定的地点，在入驻孵化器后给我们配备办公场地，同时孵化器的小额资助让我们的生态园俱乐部获得如打印机、纸张、电话等正常办公费用。"这些都给了初创期自发性群众体育组织极大的鼓舞，对组织的成长发展起到了重要的作用。张家港培育中心满足了初创期自发性群众体育组织的生存和发展的需要，因此，公益组织孵化器对初创期自发性群众体育组织培育和发展是必要的。

（四）培育结果

1. 组织公益精神得到提升

对社会组织公益精神、存在问题有了客观认识。生态园俱乐部在入驻张家港培育中心前对社会组织的认识仅仅停留在组织活动中，对于组织的性质及公益性缺乏深刻的认识。张家港培育中心由一批专业的团队管理，对入驻的组织进行系列培训，使生态园俱乐部更加深刻地认识到组织的性质、公益精神，从而更加坚定了组织发起人投身于社会组织工作的坚定信心；同时，对社会组织发展中存在的资源、能力困境进行讲解，让初创期社会组织对自身发展中的问题有了客观和理性的认识。

2. 组织能力得到提高

张家港培育中心对入驻的初创期自发性群众体育组织能力培育的内容主要包括战略管理能力、筹集资源能力、财务管理能力、人力资源管理能力、公益营销与公关能力、公信力提升能力等方面。通过张家港培育中心的培育课程，生态园俱乐部的能力有了较大的提升，开始独立举办大量体育赛事活动。2015年，生态园俱乐部与张家港市凤凰镇政府组织大型活动——凤凰七彩欢乐跑。张家港市凤凰镇政府委托生态园俱乐部承办大型的欢乐跑活动，凤凰镇政府出资30万元给生态园俱乐部组织筹办赛事。生态园俱乐部积极与中国电信合作，通过中国电信的独特优势积极宣传赛事活动，在活动开始前夕，中国电信以短信的形式发送给市民，不到10天的时间，活动报名人数达2万。在政府和企业的共同协调配合下，整个赛事有序并安全地进行，群众对此次赛事的积极性和满意度较高。2016年，生态园俱乐部携手张家港市杨舍镇政府组织"沙洲湖短程马拉松"活动。生态园俱乐部通过网上进行志愿者招募，志愿者的有效调动及杨舍镇政府、派出所和相关部门的共同协调让赛事顺利进行，市民参与的积极性也比较高。通过张家港培育中心的孵化，出壳后的生态园俱乐部的各项能力有了很大提升，包括动员政府资源、企业资源、志愿者资源的能力等。同时，生态园俱乐部在内部治理方面，如内部战略规划、筹集资源、财务管理、人力资源管理、公共营销与公关能力、公信力有了较大提升。

3. 自治性得到保持

在日常管理方面，生态园俱乐部具有高度的自治性。张先生在组建生态园俱乐部时，最初带领大家在户外进行各种马拉松跑，并给大家进行各种跑步培训和指导。因此，队员们自然推荐他为队长。随后，张先生便以全职人员的身份投入生态园俱乐部的管理工作，张先生每在一个公园建立生态园俱乐部后，就与队员一起商量选出一个队长，并固定两三名骨干，一同负责该公园生态园俱乐部的组织和后勤协调工作。而张先生作为生态园俱乐部会长是采用推举和协商的方式民主产生的，日常的运作是由张先生和各队的负责人协调的。队员之间呈现出一种横向互动的自我管理、自我运作的自治状态。生态园俱乐部的分工很明确，目前生态园俱乐部全职人员有1名，兼职人员有8名，这8名兼职人员也是之前生态园俱乐部的跑步爱好者，他们有自己的正式工作，利用闲暇时间参与生态园俱乐部的工作；志愿者有300名，大多由社会人士组成，是由5名骨干人员发起并采用网上征集的方式招募的。与此同时，出壳后的生态园俱乐部在梁丰生态园租了一间固定的办公室，定期召开会议，商讨出现的各种问题。因而，具有高度的自治性。

六、小结与思考：公益组织孵化器——初创期自发性群众体育组织适应性发展模式

（一）公益组织孵化器培育自发性群众体育组织的优点

1. 协调了自发性群众体育组织与政府之间的关系

当前，政府由全能型政府向服务型政府转型，难以满足社会公众多元化的公共服务需求，面临着巨大的社会舆论压力，同时由于政府政策法规的滞后和

管理体制的落后，对提供公共服务的自发性群众体育组织产生了严格的政策限制。公益组织孵化器利用自身社会资源优势，主要通过以下三个方面协调自发性群众体育组织与政府之间的关系：一是搭建自发性群众体育组织与政府之间的桥梁；二是提供自发性群众体育组织与政府合作的信息选择平台，搭建公益创投；三是辅助政府进行相关政策研究。

2. 提高了自发性群众体育组织自身能力

初创阶段的自发性群众体育组织存在组织管理能力不足及组织资源匮乏的问题。人力、场地、资金等组织资源缺乏导致自发性群众体育组织发展受限、提升困难。孵化器通过系列战略规划、内部治理、筹资管理、人力资源管理等培训，帮助自发性群众体育组织的成员学习如何管理与推广组织，并积极搭建创投平台，使自发性群众体育组织能够得到各类服务，提升各方面的能力。孵化器对推动初创期的自发性群众体育组织发展具有重要作用，帮助自发性群众体育组织提高了自身能力。

3. 改善了自发性群众体育组织与企业的关系

企业与自发性群众体育组织互相有对方需要的资源，这是两者合作的基础。但由于目前企业与自发性群众体育组织的信息不对称及自发性群众体育组织缺乏公信力等，两者之间的合作并不顺畅。公益组织孵化器通过帮助自发性群众体育组织树立公信力、引导企业资源流向自发性群众体育组织，解决了自发性群众体育组织与企业信息不对称、供应与需求交换障碍等问题，推动了自发性群众体育组织和企业两者间的交流与合作。

（二）公益组织孵化器培育自发性群众体育组织存在的问题

1. 公益组织孵化器培育模式单一，互益性的自发性群众体育组织难以进入孵化器

我国现存的公益组织孵化器中，绝大多数为政府出资主办或运营。在美国，大多数孵化器是由基金会和企业主办的，充分利用了民间资源发挥作用。我国的基金会和企业举办的孵化器较少，多数基金会的意识还停留在自己做项目阶段，没有意识到扶持民间公益力量的重要性，其成功经验和关系网络没有与草根组织分享，这种情况不利于我国公益产业链的营造。张家港市公益组织孵化器由张家港市民政局主办，社会工作者协会负责管理和运行。尽管公益组织孵化器发展很快，但难免带有行政色彩，政府在孵化对象的选择上处于强权地位，孵化器必须考虑政府的需求，这就限制了孵化器在各领域社会组织的自由选择

权。政府主导建立的孵化器模式，政府会优先选择公益类、慈善类的社会组织入驻，自发性群众体育组织大多属于互益性的社会组织，很难进入孵化器培育。因此，政府主导的孵化模式在一定程度上限制了自发性群众体育组织入驻培育。

2. 孵化器专业人才匮乏，难以满足自发性群众体育组织多方位需求

孵化器内部经理人才匮乏，其原因有两个。一是能力要求高。公益组织孵化器需要专职经理人担任组织评估、战略规划、管理咨询、公关营销、财税制度建设、团队建设、项目管理、人力资源管理和内部治理等多种工作，而像专职经理人这类高素质人才十分稀缺。二是薪资待遇不高。受行业标准、公众期待及资方认知等多方限制，公益行业孵化器经理层待遇不高，很难吸引高素质人才。在这种情况下，经理人才匮乏成为孵化器发展的短板，在一定程度上阻碍了自发性群众体育组织的培育效果。

孵化器内专业人才的匮乏导致公益组织孵化器专业细分不够。社会组织涵盖的领域非常广泛，既包括扶贫、教育、助残等公益组织，又包括行业协会、农村经济合作社等互益性组织。目前由于我国社会组织孵化器专业细分程度不够，不同的组织类型选择同样的孵化标准和方法，忽视了体育类组织的特殊性，张家港市社会组织培育中心缺乏与业务范围相当的体育专业技术人员，只能在组织共性上对自发性群众体育组织给予指导，难以给予专业服务。因而，公益组织孵化器难以满足自发性群众体育组织的多方位需求。

3. 孵化器缺乏与企业间进行有效的交流，难以搭建企业创投平台

自发性群众体育组织与企业的合作和联盟是顺应国际变化趋势，在新环境中赢得更多机会、摆脱发展束缚的自然行为。双方还可以通过相互学习在彼此交流信息、传达思想的过程中产生新知识，开创新方法。无论双方以何种方式开展合作，在现在的社会发展趋势下都是有利的。

然而，张家港市社会组织培育中心在发展过程中，孵化器与企业缺乏有效的交流，无法获得公司慈善、公司基金、企业赞助，以及与业务相关联的公益推广活动、共同主题营销、许可协议、合资等资源。而这些资源恰恰是自发性群众体育组织生存发展所需要的，通过企业赞助等资源，初创期的自发性群众体育组织可以获得更快的发展。

4. 孵化器后续跟踪服务缺失

自发性群众体育组织出壳后并不意味着双方终止联系。自发性群众体育组织出壳后还会遇到各种困难，然而孵化器跟踪服务几乎没有。在访谈中了解到，生态园俱乐部在张家港培育中心出壳后，与张家港培育中心的互动减少，至于

张家港培育中心的后续跟踪服务也是缺失的。因此，孵化器在今后的组织培育中应加强对组织的后续跟踪服务。

（三）发展策略

1. 鼓励建立多元化的孵化器运行模式

目前，我国的公益组织孵化器运行模式主要有政府主办、民间运行和政府主办、政府运行两种模式。政府应鼓励各种社会力量积极参与孵化器的建设，鼓励建立多元化孵化器运行模式。但在现实中，我国公益组织孵化器多为政府主办。为了调动社会资源参与，政府可以鼓励公募基金和非公募基金、社会团体、高校、研究机构兴办公益组织孵化器。第一，发挥基金会的作用。基金会在支持民间组织开展项目的同时，可以通过兴办孵化器的形式培育社会需要的社会组织。第二，发挥高等院校或科研机构的作用。高校建立的孵化器无论从数量上还是类型上都较多，公益组织孵化器可以学习并借鉴其积累的经验。高校应将产学研充分结合，利用自身的智力资源优势，建立高校企业孵化器或对公益组织孵化器进行支持，为创业项目的发展与公益人才的培养服务。

建立多元竞争体制。在积极发动社会力量建设孵化器的同时，建立公益组织孵化器的多元竞争体制。实现孵化器建设由单一主体向多元主体的转变，促进各类公益组织孵化器之间的平等竞争。这样才能加快社会组织的培育步伐，促进公益行业的快速健康发展。在孵化器发展初期，政府应当扮演引导者的角色。在社会积极性提高、多元主体模式建立以后，政府可制定相关法律法规发挥监管作用，采取经济和法律手段加速其发展进程。

通过吸引社会力量兴办公益组织孵化器，建立多元化的公益组织孵化器运行模式，从而减少政府对社会组织培育类型的干预，可以丰富培育社会组织的类型，在一定程度上增加了自发性群众体育组织培育的机会。

2. 大力培育孵化器专业人才，建立专业性孵化器

首先，孵化器专业人才尤其是有成熟经验的职业经理层人才十分匮乏。一要在现有人员的基础上，建立专业人才培养机构，培养熟悉公益行业、有多学科背景的复合型人才。二要主动发现和引进其他行业的高水平管理人才。三要推进孵化器与高等院校或科研机构合作。孵化器可以与高等院校中有体育专业的院系建立联系，借助高校中的人才资源支持，提升相关能力的建设水平，从而更好地培育孵化自发性群众体育组织。

其次，提高自发性群众体育组织服务专业化水平。一是建立更多的专业性孵化器。比如，在助残、青少年服务、老年服务、文体服务等各个领域建立专门的文体服务孵化器，针对自发性群众体育组织特点，采取合适的培育措施，这些孵化器不仅能对社会组织具有共性的问题进行指导，而且能引导其在具体体育业务领域的发展。政府可以鼓励现有的枢纽型民间组织和行业领先型民间组织，逐步开办孵化器项目服务。二是为社会组织提供更加全面系统的服务。扩展现有的服务项目和领域，在能力等方面为社会组织提供"一站式服务"，满足社会组织多层次和全方位的需求。

3. 运用市场化机制，激发和释放公益组织孵化器活力

市场经济的本质就是公平竞争。运用市场化机制是要克服目前公益组织孵化器发展中缺乏竞争和不公平的现象。无论体制内还是体制外，无论官办的还是社会力量办的，都要一视同仁，适用同样的规则同台竞争，以服务质量论英雄，以服务效果给待遇；引入公开、公平竞争机制，对公益组织孵化器的专项扶持资金全部实行绩效管理，引入第三方进行绩效评价，并向社会公开评价结果，形成一种公平竞争态势，充分激发和释放公益组织孵化器的活力；增加公益组织孵化器与企业的互动交流，加强公益组织孵化器与企业的合作平台建设，积极搭建企业创投平台；增加自发性群众体育组织参与企业创投的机会，促进自发性群众体育组织与企业间的交流，从而提升自发性群众体育组织自身能力。

4. 加强公益组织孵化器自身建设

公益组织孵化器对于后续跟踪服务缺失的问题，应不断建立和完善自己的业务。在公益组织孵化器快速发展的背景下3，提高自身能力和水平是非常紧迫的任务。公益组织孵化器加强自身建设的三个重要途径是：理顺治理机制和提高管理水平；健全理事会制度，理顺内部治理结构，实现组织扁平化和弹性化；提高管理人员领导能力，建立完善的管理机制，提升管理水平。公益组织孵化器通过自身能力的提升，不断完善自己的服务。

第三节　政府间接培育模式（一）：公益创投

公益创投是政社合作培育社会组织的另一种新型模式。本节采用个案研究法、深度访谈法等，结合公益创投对昆山市柔力球协会、苏州市姑苏区门球协

会、苏州市登山户外运动协会三个不同生长周期的培育案例，对公益创投的内涵、特征、运行模式进行解析，研究公益创投对自发性群众体育组织的培育方式，总结公益创投对不同生长周期的自发性群众体育组织培育的影响。首先，本书以政府和社会发展的需要为切入点，阐述自发性群众体育组织发展的社会价值，以及对自发性群众体育组织培育的意义。其次，通过对不同生长周期的自发性群众体育组织的发展现状进行研究，了解自发性群众体育组织发展中的困境和诉求。最后，结合公益创投对自发性群众体育组织培育的具体案例，总结公益创投对不同生长周期的自发性群众体育组织培育的影响。

一、公益创投的背景

公益创投是商业风险投资和政治推动相结合的产物，是指了解现有的社会中的问题，通过整合政府、市场、社会等各方资源，优化各方之间的关系，最大限度地推动社会公益组织的发展、开展公益性的社会活动、解决部分社会问题。公益创投的目的不在于创造利润和效益，而在于培育居民所需要的社会组织。[1]

公益创投起源于美国，盛行于欧洲，与私募基金会的发展紧密相连，在1969年由慈善家洛克菲勒三世首次提出[2]，洛克菲勒三世首次以私人基金会的形式对社会项目进行风险资助。随后，纽约的罗宾汉基金会和罗伯特流浪者经济发展基金会开始延伸这种风险资助模式，通过商业运行资助社会公益组织的发展。企业是引进公益创投的先驱者，企业将先进理念与创新技术运用在组织培育上，通过财务支持、人员培训、战略规划等方式帮助社会组织在短时间内提高运作效率。2006年，公益创投以陈宇廷创建的"公益伙伴"的身份首次亮相我国舞台，其宗旨为"助力中国社会创新，培育公益创业人才"，这是我国第一家公益创投机构。[3] 2007年，联想一期公益创投项目开启，共计募集创投资金300万元，资助了16家公益组织，社会反响良好，2009年再次投入300万元，进行了二期公益创投活动。南都集团也积极地参与到公益创投的活动中，其推行"新公民学校"计划，为新公民学校提供150万~200万元的种子基金，对农民工子弟学校进行改造。零点集团已经创立出一种类似于天使投资者的个

---

[1] 张凌竹.我国公益创投的本土化定位及法律实现[J].法学，2020（10）：144-159.
[2] BUSH L，DEKRO J. Social venture philanthropy[J]. Tikkun, 2002（2）：48.
[3] 闫婷，陈宇廷.做有智慧的公益组织[J].东方企业家，2008（2）：108-109.

人慈善形式。腾讯、海航、宜信集团等企业也纷纷投入公益创投活动。

政府的参与在我国的公益创投项目中占较大比例,扮演着重要角色,政府参与的公益创投优势是政策力度较大、资金充裕、覆盖领域较广、社会参与程度高。[①]2009年,上海市民政局开启了首届公益创投大赛,旨在改善社区服务,并从福利彩票中抽出资金帮助"扶老、助残、救孤、济困"等领域的公益组织,推动社会服务建设。从2012年开始,江苏省苏州市陆续投入3000万元资金开展了六届市级公益创投活动,资助组织近千家,江苏省其他城市也在逐渐投入资金加入公益创投活动。截至2016年1月,我国已经有85个地方层面的政府参与公益创投。

私募基金与非营利组织在我国开展的范围不广,代表性机构是爱佑慈善基金会,近年开启了"爱佑益+"项目转型公益创投,2016年,投入2500万元招募70家机构进行创投,极大地促进了公益创投的发展,为我国公益事业添砖加瓦。

公益创投在我国开展的时间较短,目前大部分由政府参与主导,企业资本注入尚未形成规模,在实践中还存在很多问题。公益创投因为由政府主导而染上行政色彩,造成一部分人会把公益创投与政府购买行为混淆,忽视了公益创投的初衷。吴新叶对当前各大城市在公益创投实施中的困境和问题进行分析研究,其中主要困境包括:第一,政府主导的角色出现固化,治理创新陷于被动,有些城市政府甚至成为唯一"投资"主体,在社会中并未形成良好的捐赠圈,企业、基金会、个人参与程度较低;第二,政府主导下的公益创投行政色彩较浓,无法确保公益组织的相对自主性;第三,绩效评估存在工具单一、指标模糊等弊端,没有更加科学合理的评估方式。[②]在运行过程中,政府是主要出资方,其对资金申请、审核过程十分严格,由于公益创投的制度冲突与实践难题、社会企业参与程度不高等问题,申请资金的过程十分烦琐,同时社会企业捐赠的气氛不浓,进一步加剧了政府主导的"一边倒"特征。[③]由于政府的高度参与,我国公益创投有些向政府购买方式靠近,但是公益创投的初衷是投资于"组织",更注重组织的发展;而政府购买投资于项目,专注于短期性的业务完成,对组织的长期发展提供的帮助甚微。

[①] 黄晓晓.苏州市社区社会组织实施公益创投项目的个案研究[D].苏州:苏州大学,2016.
[②] 吴新叶.政府主导下的大城市公益创投:运转困境及其解决[J].上海行政学院学报,2017,18(3):38-45.
[③] 魏晨.公益创投的实践成效与反思:以三省八市的公益创投为例[J].中国社会组织,2016(13):51-53.

公益创投在我国起步较晚，但是发展较快。在上海、深圳等地公益创投活动已经开展得如火如荼，社会组织能力建设已经展现出了良好的发展趋势。2009年，由上海市民政局举办的"上海社区公益创投大赛"是我国地方政府对公益创投的首次尝试。2012年，党的十八大对"创新社会治理"作出系统部署，对社会组织建设提出了新的管理体制改革，首次安排2亿元专项资金支持社会组织参与社会服务，公益创投在各个省市陆续开展。2014年，《国务院关于促进慈善事业健康发展的指导意见》提出"地方政府和社会力量可通过实施公益创投等多种方式，为初创期慈善组织提供资金支持和能力建设服务"。该意见是首个中央层面出台的相关文件，反映出国务院对公益创投的关注和支持，随后，上海、江苏、浙江、广东等地均出台相关政策支持公益创投的开展。

江苏省是首批开展公益创投活动的省份，2012年，公益创投进入江苏省，南京市作为首批公益创投试行点，江苏省政府、各市政府给予高度重视，发布《南京市公益创投实施意见（试行）》，政府提供1000万元开展第一届公益创投活动。苏州、无锡等地也同时出台相关政策，支持公益创投活动的开展。

二、公益创投各方理想关系及作用机理

（一）公益创投各方理想关系

公益创投各方有着多种关系，包括政府、市场、第三方公益组织、管理者、内部员工、服务对象等。其中，政府、市场、第三方公益组织与自发性群众体育组织之间的关系尤为重要，这三方的关系直接左右体育公共服务的生产与供给。因此，需明确公益创投是如何调节政府与自发性群众体育组织、市场与自发性群众体育组织之间的关系，从而提高体育社会组织发展能力。

1. 政府与自发性群众体育组织间的理想关系

政府是体育公共服务的购买者、自发性群众体育组织的管理者，现阶段我国主要体育公共服务由国家相关行政部门提供。政府既积极主动地帮助自发性群众体育组织发展，也在一定程度上制约了自发性群众体育组织。由于政府的单一管理，部分领域存在垄断体育服务供给的现象，从而限制了其发展。近年来，国家逐渐转变对社会组织的管理模式，政社分离体制的运行给予各行业社会组织更多的活力，但是由于自发性群众体育组织发展的基础比较薄弱，在政社合作中往往处于劣势，多是以服从者的身份参与。

自发性群众体育组织的政府培育
——理论探索与实践模式

良好的政府与自发性群众体育组织间的关系应是合作、平等、支持的关系，当前若要建立良好的平等合作关系，还有许多鸿沟需要跨越。

其一，政府掌控了自发性群众体育组织发展所需的重要资源，包括政策、资金、合法性等方面，造就了自发性群众体育组织对政府的过度依赖；其二，体育社会组织的发展目标需要与政策引导方向相契合，一旦自发性群众体育组织发展方向背离了政府的引导方向，双方之间的合作关系就会出现分歧，政府的主要目标是提高国民身体素质，自发性群众体育组织由于自身条件限制不可能完全满足政府的需求，体育社会组织可以作为提高全民健身水平的途径之一，但不能作为唯一途径。

政府和自发性群众体育组织在合作过程中应该意识到以上问题，合理地处理现存的问题，建立良好的政府和体育社会组织关系。首先，要建立共同的目标，双方的共同目标都是满足人民的体育需求，提高全民身体素质，体育社会组织除此还希望能够发展自身，提高组织的建设水平。在此情况下，由于政府掌握资金资源、政策等优势，在与自发性群众体育组织建立良好关系时应发挥其主动性，积极主动地引导、支持自发性群众体育组织发展，鼓励体育社会组织开拓服务范围、增加服务内容、提升服务质量，实现共同目标。政府应该重视体育社会组织的作用，通过购买体育服务、放宽组织的登记条件、积极制定政策引导等方法完善体育社会组织的培育模式，同时要严格监督体育社会组织的运行状况，铲除空壳组织，减少组织不作为、消极怠工等现象。体育社会组织也应积极主动地实现自我价值，长期扎根基层、面向群众，主动了解社会居民的体育需求，通过开展多种类、易参与、趣味性强的体育活动吸引群众参与，培养群众的体育兴趣，养成体育锻炼的习惯。

2. 市场与自发性群众体育组织的关系

市场的社会定位与政府相似，均是扮演自发性群众体育组织投资者、管理者和监督者的角色，但没有政府的行政职能，无法给予自发性群众体育组织合法性的支持。相对于政府而言，追求利益与价值回报是市场和企业的直接目标，因此，市场投资的投资回报和服务质量相对较高，得益于企业的严格要求和成熟的管理体系。自发性群众体育组织是由体育爱好者自发组建形成的，其中资金和管理经验是掣肘自发性群众体育组织发展的两大阻碍，因此向成熟的企业学习管理经验是自发性群众体育组织提高社会竞争力和自我建设的必经之路。

良好的市场和社会关系应该是相互合作、相互促进的关系。市场在经营、发展趋势良好的情况下，在政府的支持下，将富余的基金和管理技术提供给自发性群众体育组织，为体育社会组织创造良好的生长环境。

资金赞助是市场给予自发性群众体育组织最直接的支持。市场通过为自发性群众体育组织提供资金，从而在基层开展社会性活动，帮助自发性群众体育组织创造社会价值、提高社会影响、获得社会声誉。在开展活动的同时，自发性群众体育组织通过广告、宣传等活动提高社会企业的知名度，帮助企业扩大自身影响力，树立品牌形象和地位。

3. 第三方公益组织与自发性群众体育组织的关系

第三方公益组织负责每年公益创投的具体展开，具有非营利性、非政府性、公益性等特点。一方面，第三方公益组织在公益创投过程中扮演监督和培育体育社会组织的角色；另一方面，第三方公益组织与体育社会组织相互合作、相互沟通，共同为社会提供服务。因此，两者属于相互联系、相互合作、共同成长的关系。

第三方公益组织通过积极搭建与政府、企业、社会的桥梁，通过不同渠道获得资源资助体育社会组织发展，并提供人力、管理方面的培训，给予体育社会组织资金支持，构建系统科学的内部管理体系，培育专业的社会工作人员，从而提高体育社会组织的自我发展能力。第三方公益组织通过公益创投活动平台也主动召集不同类型、不同领域的各个组织之间进行交流和学习，共同沟通和学习不同组织的优点，为各个组织之间提供交流的机会。同时，体育社会组织的成长和发展对第三方公益组织也有积极影响。第一，公益创投活动在我国开展的时间较短，尚不足10年，通过帮助各类社会组织成长，也为公益创投在我国的发展累积了成功经验，使公益创投的开展方更有信心。第二，公益创投起源于欧美，由于社会体制的不同，欧美地区的公益创投模式并不完全适应于我国的发展模式，在培育各类组织的同时，也是在积极探索公益创投在我国的发展模式。第三，在国内，体育社会组织参与公益创投的数量较少，体育社会组织的成功发展也是为政府、第三方公益组织积累体育组织发展的经验，是公益创投向体育领域的延伸。

政府与第三方公益组织是委托代理的关系，政府将每年的公益创投项目委托给相关公益组织承办，并在一定程度上参与管理。因此，政府与第三方公益组织和社会组织是合作伙伴关系，三方共同参与项目的制定，共同参与活动的举办，政府作为监督和管理方负责宏观调控，而第三方公益组织负责深入社会组织参与项目的实施，双方是合作伙伴关系。政府与第三方公益组织的理想关系应是简单的、单纯的合作伙伴关系，由于政府是出资方，第三方公益组织是承办方，要杜绝两者之间可能会出现权钱交易的事件，例如，政府将某届公益创投给予公益组织承办，其附带条件是将与政府部门有利益相关的社会组织纳入当届公益创投项目。政府和第三方公益组织应相互监督，共同创建一个绿色的社会服务环境。

（二）公益创投的作用机理

1. 提高自发性群众体育组织的综合能力

自发性群众体育组织的自治性、非政府性、非营利性等特点决定着其在自我发展过程中面临许多困难。对于初创时期的自发性群众体育组织来说，资金、场地、人力资源、合法性缺失都是阻挡自发性群众体育组织发展的"大山"。

（1）公益创投为自发性群众体育组织提供资金

"创投资金"是公益创投资助自发性群众体育组织的核心内容，主要解决自发性群众体育组织发展过程中"无米下锅"的问题。组织合理使用资金用于购买体育器材、租借场地、举办活动。

（2）自发性群众体育组织在申请公益创投过程中获得过公益创投专家小组的专业培训

公益创投小组采用集中上课、一对一辅导的形式为各自发性群众体育组织梳理公益创投的申请流程，邀请相关专家为各组织解答申请、运行过程中的问题，使各组织能够系统地了解公益创投的运行，提高自发性群众体育组织的专业性。[①]

（3）自发性群众体育组织内部管理能力得到优化

自发性群众体育组织在公益创投项目执行过程中，通过公益小组的帮助可以建立健全行政部门、规范财务申报流程、提高社工的工作能力。公益创投还根据自发性群众体育组织的发展状况协助其制订发展规划。

（4）提高自发性群众体育组织社会公信度

申请公益创投的体育组织需要创新精神、系统的管理机制、长远的规划前景，并以严谨的态度和积极的公益精神带领组织发展。自发性群众体育组织在发展自身的同时需要为社会提供体育公益服务，举办公益性体育活动，在一定程度上宣传了组织声誉，提高了社会公信力。

---

① 杨敏.公益创投：社会组织发展的新模式[D].南京：南京工业大学，2017.

2. 改善自发性群众体育组织和政府的关系

公益创投帮助自发性群众体育组织改善和政府的关系。改革开放以来，在发达国家政府改革、推进社会福利的大背景下，我国政府也开始了渐进式改革。从原来计划经济全部承担服务和供给的方式，逐渐转变为服务型政府，按照社会分工的特点，将社会服务交给专业化的组织或机构，实现体育服务的提供与生产相分离。政府的职能也由体育服务的生产者转变为提供者，政府由大包大揽转变为决策、购买监督等职能。[①]公益创投小组作为政府和自发性群众体育组织的中间服务者，一方面缓解了政府人力资源不足的问题，帮助政府分担一部分工作和任务；另一方面鼓励并帮助社会组织了解社区居民体育刚需，优化政府与社会的供给，避免了政府直接提供体育公共服务的不及时、不到位、低效率和高花费等弊端，从而改善自发性群众体育组织与政府之间的关系。[②]

3. 改善自发性群众体育组织与市场的关系

通过公益创投项目，促进自发性群众体育组织与社会企业间的联系。自发性群众体育组织大多起源于基层，群众基础较好，但是与社会、市场间的交流较少，从而难以获得社会资源和支持。通过公益创投项目，自发性群众体育组织与企业进行交流，向企业和市场展示自身的服务水平、所能完成的社会服务，从而让企业和市场了解组织。社会企业有一定的社会责任和使命，通过举办公益创投大赛，了解社会中可以提供服务的自发性群众体育组织，进行资助、培育、监督，使之代替自己提供相应的社会服务。

三、个案分析

本书以江苏省苏州市为例，选取了三个处于不同生长周期的自发性群众体育组织获得公益创投培育的情况进行研究。

本书案例的选取依据组织生命周期理论，社会组织作为一个生命体，也存在成长、发展和消亡的过程，即社会组织的成长发展存在生命周期。根据社会组织成长的规模特征，可将其划分为种子期、初创期、发展期、成熟期、更新期和衰退期。[③]由于组织成长的每个阶段的划分没有明确的标准，要准确判定

[①] 胡科，虞重干.政府购买体育服务的个案考察与思考：以长沙市政府购买游泳服务为个案[J].武汉体育学院学报，2012，46（1）：43-51.
[②] 李健.公益创投SPPP模式研究[M].北京：中国社会出版社，2016：26-27.
[③] 赵黎明.科技企业孵化器系统研究[M].北京：中国经济出版社，2014：15-17.

自发性群众体育组织的政府培育
——理论探索与实践模式

一个组织目前处于哪个阶段是非常困难的，就目前我国自发性群众体育组织总体情况来看，难以达到成熟期这个阶段，本书将三个案例分别划分为初创期、发展期、成熟期，主要是参照组织成长阶段的划分并结合三个案例发展状况的比较所做的一个相对的判定。

案例一是由苏州昆山市政府举办、昆山市爱德社会组织培育中心承办的项目，其所培育的自发性群众体育组织是昆山市柔力球协会。当时柔力球协会正值初创时期，该组织只是由几个柔力球爱好者组成的团队，尚未形成规模，资金、合法性、场地、专业人才、管理经验的缺失是限制该组织发展的首要因素，因此，本书将其总结为"初创期"的自发性群众体育组织。

案例二是由苏州市政府举办、恩派公益组织承办的项目，其所培育的自发性群众体育组织是苏州市姑苏区门球协会。本书界定该组织为"发展期"的自发性群众体育组织。姑苏区门球协会在经历公益创投前自我发展了近10年，有一定的规模，该组织已经在民政局注册登记，但是组织内部比较松散、没有完整的组织结构、财务执行能力薄弱等是阻挡其进一步发展的"绊脚石"，因此该组织迫切需要管理能力、财务能力的培育。

案例三同样是由苏州市政府和恩派公益组织合作开展的公益创投项目，其培育自发性群体体育组织是苏州市登山户外运动协会，本书将该组织归纳为相对"成熟期"的自发性群众体育组织。苏州市登山户外运动协会有数年的发展历史，组织发展相对稳定，在民政局进行过注册登记，合法性完整，并且该组织在进行公益创投前多次进行政府购买活动，如分别以"户外环保培训""户外环保宣传""环护城河环保活动"为主题，接受过政府的购买服务，但是其组织的发展方向较为单一，后期环保协会基本代替了苏州市登山户外运动协会进行这些购买活动，该组织进入发展的"瓶颈期"，缺乏创新发展理念、科学的战略规划是其希望能够在公益创投的帮助下解决的问题。

（一）案例一——初创期的昆山市柔力球协会

1. 培育主体

（1）昆山市民政局

昆山市民政局是市政府主管社会行政事务的职能部门，其主要职责有：研究拟定昆山市民政事业中长期发展规划和年度工作计划，负责昆山市社团和市内跨行政区域社团的登记管理，负责对昆山市各类基金会的监督管理、监督社团活动、指导社会福利事业单位的管理等工作。政府通过开展公益创投活动，一方面履行政府职责，为社会提供一定的公益性体育社会活动；另一方面通过公益创投活动培育自发性群众体育组织。

（2）爱德社会组织培育中心

爱德社会组织培育中心源于爱德基金会，2009年，在政府的支持下，由爱德基金会发起成立的一家公益支持型社会公益组织。爱德社会组织培育中心以"促进社会组织发展，探索社会建设路径、推动公民社会的成长"为宗旨，希望能够壮大社会组织的发展，成为和谐社会建设的重要力量。[①]目前，爱德社会组织培育中心的业务领域分布在南京、昆山和南通地区，建立了南京市栖霞区社会组织培育中心、昆山市爱德社会组织培育中心和南通市崇川区社会组织公益创投园，现已培育超过200家社会组织和社会企业。

> 爱德社会组织培育中心成立后，发展的理念是为社会组织、社会服务人员提供全面系统的帮助，传播和引导社会公益精神，创建社会组织交流平台，推动社会创新、促进社会治理、加强社会服务。（访谈者：爱德社会组织培育中心陈先生）

2011年，昆山市爱德社会组织培育中心在昆山市政府的支持下成立，中心以培育能提供社会需求的社会组织为宗旨，为发展中的社会组织营造良好的社会环境加速其发展。公益创投通过筹集社会各方资源，为发展中的社会组织提供资金、管理、人力、场地等资源，帮助组织开展能力建设、社工能力培训，并建立监督和指导机制，积极引导社会组织成长。

2. 培育客体——昆山市柔力球协会

昆山市柔力球协会成立于2011年9月28日，其发展历史可追溯到2008年，陆家镇金副镇长、退休体育教师陈老师等人在昆山市长江街道西湾区的支持下，成立了柔力球爱好者学习交流队伍，当时在居委会的支持下借用社区的活动室开展柔力球的学习活动。随后，柔力球队伍的人数越来越多，2011年，在当地居委会的帮助下注册登记，成立昆山市柔力球协会，以柔力球运动为主，兼开展民间传统的空竹、秧歌、腰鼓、太极拳（剑）、民间舞等项目，成立时确立了发展使命：推广普及柔力球运动，使更多的人参与，并从中得到健康和快乐。

昆山市柔力球协会成立后面临着大部分草根社团共同经历的困境：缺乏资金、活动场地、办公场地、体育器材及教练员和办公人员，现有的场地不足以

---

① 王园园.培育机构在社区社会组织培育过程中的角色研究[D].南京：南京大学，2013.

支持居民开展训练活动。昆山市柔力球协会工作人员为解决问题向各方求助，恰逢爱德社会组织培育中心开展"公益孵化器"活动，便入驻爱德社会组织培育中心，在该中心的培育下迅速成长。爱德社会组织培育中心为柔力球协会首先解决的是办公场地的问题，如提供办公场所（会议室、培训室、接待室等）、办公用品等物资。除此之外，该中心还为组织提供人员培训、管理指导、机构设置建议等服务，昆山市柔力球协会在申请公益创投时也获得了中心专业的指导，因此连续获得了四届公益创投项目，为组织注入了大量启动和发展资金。

3. 公益创投对昆山市柔力球协会的培育过程

昆山市公益创投流程分为项目征集、项目审核、项目优化、能力培训、项目实施、项目监督、项目评价等部分。昆山市政府出资，每年从福利彩票中划出500万元作为创投资金，委托爱德社会组织培育中心、乐仁公益发展中心发起公益创投项目。项目周期为一年，给予每个项目不超过20万元的资助，通过发放调查问卷和网站征集的方式了解社会需求，再根据居民需求选择具有公益性、专业性、社会性、经济性的项目实施。

昆山市柔力球协会参加公益创投时正处于初期发展阶段，由政府和爱德社会组织培育中心组成的公益创投小组不仅给予昆山市柔力球协会培育和指导，也对其进行监督和管理。在项目执行过程中，组织每个月要向专家小组提供当月的财务报表、活动执行内容，在项目中期进行项目评估，核查组织是否按项目申报表执行内容、是否达到预期的执行效果。

昆山市柔力球协会是第一批参加昆山市公益创投的体育社会组织，也是参加公益创投次数最多的体育组织，自2012年起至2016年，共计参加四届公益创投项目，累计获得公益创投资金约61万元，开展活动数百场，直接受益人数超过1.9万人（见表6-2）。

> 通过公益创投活动，我们组织解决了发展资金的问题，爱德社会组织培育中心还给我们提供了办公场地，使我们协会成员增加了，在昆山知名度也提高了。2013年我们被评为"全国柔力球之乡"，参加我们活动的人数也越来越多。（访谈者：刘女士）

表6-2　昆山市柔力球协会参与四届公益创投项目简介

类别	第一届	第二届	第三届	第四届
经费/万元	17	19	13	12

续表

类别	第一届	第二届	第三届	第四届
项目主题	舞动柔力球，银龄康乐寿	舞动全民健身，弘扬民族文化	舞动人生，融合社会	繁荣社区建设，同铸善爱家园
项目周期	2012年7月1日—2013年6月30日	2013年8月1日—2014年7月30日	2014年7月1日—2015年6月30日	2015年7月1日—2016年6月30日
受益人群	在街道乡镇普及柔力球，培养柔力球骨干教师	昆山市中老年柔力球爱好者	向残疾人开展柔力球活动，在残疾人群中推广	周市镇3个社区残疾人开展柔力球活动
受益人数/人	约2800	约5000	约12000	约48

4. 培育方式

2012年，昆山市第一届公益创投在昆山市政府的支持下开展，现已开展九届。昆山市公益创投由民政局、财政部等部门共同发起，委托昆山市爱德社会组织培育中心承办，通过为自发性群众体育组织提供资金支持、技术支持、战略规划、综合能力建设，从而提高自发性群众体育组织的自我发展能力，为社会提供体育公共服务，满足群众的体育需求。

（1）提供资金支持

昆山市柔力球协会在第一届公益创投中，以"舞动柔力球，银龄康乐寿"为项目主题，获得创投资金17万元，利用创投资金举办乡镇农村、城市街道（社区）柔力球培训班，举行多层次的交流展示和比赛活动，经培训的1500人参与到体育活动中。柔力球协会在第二届公益创投期间以"舞动全民健身，弘扬民族文化"为主题，在昆山市内开展柔力球的宣传和推广活动，获得创投资金19万元。第三届公益创投和第四届公益创投针对的目标人群是残疾人，分别获得13万元、12万元的资金支持。

（2）提供场地、设施支持

昆山市柔力球协会是首批公益创投项目，也是首批入驻爱德社会组织培育中心的组织，爱德社会组织培育中心为柔力球协会提供了办公场地和配套设施，包括会议室、接待室等场所。在昆山市柔力球协会发展初期，爱德社会组织培育中心还帮助其寻找培训场地，为该协会的发展提供了诸多资源。

（3）提供管理能力培训

昆山市柔力球协会2011年才正式登记注册，由于是自发组成的团体，发展初期并没有系统的组织架构和专业人员，协会入驻爱德社会组织培育中心期间，中心为协会提供咨询服务，并帮助协会组建机构，培训社工的专业技术。在协会申请公益创投期间，中心还帮助协会进行调研、设计活动内容。

（4）通过媒体广泛宣传组织

爱德社会组织培育中心通过召开座谈会、网站宣传的方式向社区居民宣传柔力球协会，帮助大家了解柔力球的功能、训练方法，吸引居民参与到柔力球运动中。中心还帮助柔力球协会设计了自己的简报《昆山银龄》来宣传协会，帮助广大球友交流沟通。

5. 培育结果

（1）推广柔力球至全市范围

昆山市柔力球协会共经历四届创投，第一届公益创投目标是通过创投活动在街道推广柔力球活动、提高球员技术水平、培养一批骨干教师、将柔力球活动拓展到昆山市农村（社区）。第一届公益创投结束后效益良好，与各个乡镇的文体站合作，在每个乡镇成立分会（共成立10个分会），昆山市共组建队伍200多支，现在各个乡镇、街道社区都有柔力球队，参与的人数有3000多人。柔力球协会在第二届公益创投时，拥有团体会员46个，比2011年增加22倍；会员2996名，比2011年成立时增加了50多倍。骨干会员深入各个乡镇、社区，举办各类培训班、下基层辅导班62期，培训骨干1688人次。经过四届公益创投，柔力球健身运动在昆山市基本达到全面覆盖，在昆山市范围内建立了柔力球队208支，运动员2494人，加上尚未在组织登记的柔力球爱好者，柔力球运动人数已发展到6000多人。柔力球协会会员，在康教练、刘教练的带领下，举办乡镇农村组和城市街道组柔力球培训工作（乡镇农村1000人，街道社区500人）。

（2）提高了队员的技术水平

第一，协会组建了一支柔力球竞赛队伍。通过训练、培训队伍参加省市级和全国的比赛，并且组织队伍下基层进行教练、辅导，柔力球运动得到广泛的推广、发展。第二，培训骨干教练员、裁判员。采取"走出去、请进来"的方法，派队员去北京、广州等地参加柔力球教练员和裁判员的培训，聘请柔力球创始人白老师，全国著名教练员、裁判员沈老师、张老师来昆山讲课，培训人员126人次。经过专业的培训，队员的技术水平都得到了提高。第三，通过系统的、长期的培训，城乡运动员球艺提高较快，多次参加全国各地的柔力球比赛并获得优异成绩。柔力球协会派出队伍前往北京参加全国柔力球邀请赛，为组织斩获了两枚铜牌；参加"南翔杯"长三角地区柔力球邀请赛，获得了最佳风采奖和最佳风尚奖。此外，还举办了3次大型比赛展示活动，有57支柔力球队伍725人次运动员参加。

（3）组建了残疾人运动队伍

自第二届公益创投之后，柔力球协会的规模、数量、质量都得到了巨大提升，协会会员遍布昆山市。协会成立伊始，针对的是健康人员，有意无意中将身体残疾人员排除在柔力球活动之外，使那些有志于柔力球体育活动的残疾人员"望球兴叹"。自2014年开始，协会把三级、四级残疾人员作为培养对象，尽最大可能使三级、四级残疾人员参加到柔力球体育活动项目中。这也正符合公益创投发展的初衷，组织在创投中成长后，通过创投资金为社会中的残疾人群提供体育服务，满足他们的需求，从而弘扬公益精神。通过一年的推广活动，设立了青阳街道、朝阳街道、亭林街道、柏庐街道、娄江街道、陆家邵村社区、陆家育才社区、周市镇及爱心学校9个点，9个点的98名受益残疾人已经掌握了两套柔力球的健身套路。2015年5月15日，由昆山市残联主办、柔力球协会协办，在老干部礼堂举行昆山市首届残疾人柔力球比赛，有11支队伍87人参赛，评出1个一等奖、3个二等奖、5个三等奖。比赛结束后，市残联领导和柔协领导为获奖人员颁发了荣誉证书与奖品，参加比赛的残疾人兴高采烈，他们感受到了政府领导的关爱、社会的关心，以及柔力球活动带来的快乐和自信。

（4）规范了组织机制，提高了综合能力

在公益创投活动中，组织规范化了内部管理结构，设置了会长、副会长、宣传部部长、秘书、财务等职务，他们各司其职，将协会从一个爱好者组成的团队培育成在昆山市登记注册的体育社团。2013年，昆山市荣获"全国柔力球之乡"称号，成为全国柔力球发展知名地区，并且在协会成员积极的努力下，柔力球协会通过了上级有关部门的评估、考核，被评为"体育类社团3A级"单位。

（5）提升了组织合法性地位，改善了组织与政府间的关系

昆山市柔力球协会参与第一届公益创投时，在爱德社会组织培育中心的帮助下完善组织结构、建立健全组织体系，帮助组织顺利地在昆山民政局注册登记，成为政府认可、社会认可、群众信赖的自发性群众体育组织。公益创投小组帮助组织与政府"牵线搭桥"，协调两者的关系。

昆山市柔力球协会的公益创投项目包括开展群众体育活动，组织管理当地居民合理、合法地参与体育活动，缓解了政府治理的压力，发挥了组织协助政府治理的功能，从而使双方的关系缓解升温。

（二）案例二——发展期的姑苏区门球协会

1. 培育主体

（1）苏州市民政局

苏州市公益创投由苏州市民政局主办，旨在推动社会治理和社会创新，推动社会组织成长并满足社区居民不同的需求，引领公益事业的发展，进一步推动政府购买服务，增强政社合作、政社交流，鼓励社会组织承担社会责任、参与社会治理。在公益创投进入苏州后，不仅苏州市政府举办了市级公益创投大赛，苏州市姑苏区、吴江区、工业园区及昆山市等区级政府也积极地开展了公益创投活动，公益创投逐渐成为社会组织成长和社会治理的重要途径。

（2）恩派公益组织发展中心

2006年，恩派公益组织发展中心在上海市浦东新区成立，它在政府购买服务中成立并迅速发展，现已成为国内知名社会组织品牌，在全国各地拥有50多家办事处和项目点，服务领域覆盖了大部分一、二线城市。[①]早在2003年，上海市浦东新区社会发展局从企业孵化器中得到启示，希望能将这一理念复制到社会组织领域，成立一种社会组织扶持机制。2005年，浦东新区政府与恩派公益组织发展中心创始人吕朝进行了多次探讨，希望成立一个专业的，旨在为初创期和中小型民间公益组织提供切实帮助的支持性社会公益组织，从此恩派公益组织发展中心诞生了。[②]恩派公益组织发展中心发展初期的主营业务正是与政府发展理念相一致的"公益组织孵化器"，2007年4月，首个"公益孵化器"在上海成功运作后，恩派公益组织发展中心将其经验成功复制到北京、成都、深圳、苏州等地。

"公益孵化器"的成功实践给予恩派公益事业积极的反馈，为了加速社会组织发展、提高社会建设，恩派公益组织发展中心陆续开展了"公益创投""社会组织培育技术输出""社会组织等级评估""社会公益项目交流会"等多种项目，旨在为处于不同发展阶段、不同领域和不同类型的社会组织提供不同需求的服务，构建良好的社会组织可持续发展的专业支持体系，为政府、企业和社会组织的相互交流提供平台。（访谈者：恩派公益组织发展中心刘先生）

苏州市公益创投是在苏州市民政局的支持下，由恩派公益组织主持承办的

---

① 祝建兵.中国支持型社会组织发展研究[D].南京：南京师范大学，2016.
② 舒博.社会企业的崛起及在中国的发展[D].天津：南开大学，2010.

公益性活动。恩派公益组织自成立以来就秉持"助力社会创新，培育公益人才"的使命，在公益孵化、能力建设、社区服务、政府购买服务评估、社会企业投资等领域全力发展。

2. 培育客体——姑苏区门球协会

门球运动于1947年由日本人铃木二根据法国槌球运动发明的，是一种在平地或草坪上用木槌击球穿过铁环门的一种室外球类运动。1983年，门球传入中国，由于门球的运动负荷不大，不需要身体对抗和剧烈的跑动，并且可以通过走路和屈体击球等动作锻炼臀部、腿部及腰部，因此深受中老年人的喜爱。

苏州市门球活动1986年由上海传入，当时上海已经开展了门球培训班，苏州市某中学体育老师前往上海参加培训后，在苏州市的老年大学进行推广，由十几位离退休干部组建了第一支门球队伍。苏州市门球协会是苏州市姑苏区门球协会，苏州市门球协会最初是由何先生（苏州市门球队第一届队长）和几位门球爱好者共同组建成立的，由居委会牵头，在街道办事处和区级机关共同支持下迅速成长。

3. 公益创投对姑苏区门球协会的培育过程

（1）项目征集

苏州市政府、民政局、财政局等部门联合主办，委托恩派公益组织作为承办方，政府从苏州市福利彩票中划出500万元资金作为承办费用，公开向社会组织招标，社会组织准备材料参加竞标，姑苏区门球协会通过公开竞标的方式获得公益创投资金。姑苏区门球协会在申请公益创投项目申报之前做了充足的准备工作。

> 因为他们举办这个公益创投是为了给社区居民提供服务，我们要申请这个项目的前提是了解大家需要什么服务。首先，我们是在社区里面做访谈，了解大家的需求，想要什么样的服务；其次，我们召集社区中的居民代表开会，大家一起讨论，商谈哪些服务我们是可以提供的，可行性高不高；最后，我们将讨论的结果形成报告，加入项目的申请书中提交给专家小组。（访谈者：陈先生）

（2）组织申报

公益创投举办方对提交申报书的组织进行多层筛选，第一步是资历筛选：申请公益创投项目的基本条件是要在区级或以上的民政部门注册登记，在第三届公益创投中一共有近260家社会组织提交申请书，进行第一次筛选，其中有220家社会组织满足条件；然后对满足条件的社会组织进行第二次内容审查，由举办方和恩派公益组织发展中心共同成立的专家小组对申报的内容进行评审，对内容不满足民众需求或内容表述不详细的进行排除，专家打分后有120家满足条件；这120家组织还要再进行最后一步的面试，最终共79个项目获得资助。由此可见，举办方对各协会的审查十分严格。

提交了申请书之后，我们所有的组织要去培育中心（苏州公益园）开会，向专家们讲解我们开展活动的目的，开展哪些活动，提供哪些服务。第一次开会有120个组织通过筛选，专家们给我们120个组织提出意见，然后恩派小组的人帮助我们修改计划，半个月后再去开会，专家小组的人根据我们的内容再审查一次，最后选出获选组织。我们那一届有79个组织获得了公益创投项目。（访谈者：陈先生）

（3）项目优化

恩派公益组织发展中心对姑苏区门球协会的工作人员进行了两次能力培训。

第一次是规划资金管理的培训，帮助协会人员了解并合理地安排使用获得的资金，在运行过程中也同时监督协会有无按照申报书中的描述将资金运用到举办的活动中；第二次是开展活动的培训，我们协会之前没有举办大型活动的经验，因此恩派公益组织发展中心安排专家小组指导协会的社工如何安排活动，告诉我们活动安全的注意事项。我们举办了十几场活动，在满足了社会居民需求的同时，组织社工也提高了自发性群众体育组织的管理能力和执行力，给我们讲解了很多管理经验。（访谈者：史先生）

（4）项目实施

公益创投分三批向姑苏区门球协会提供资金，并进行监督和指导。在获得公益创投资金并进行能力培训后，姑苏区门球协会开始按照计划开展活动，在创投期间，通过创投的资金资助和人力资助，建立了专门的会议室，不仅新组建了4支门球队，而且帮助社区组建了乒乓球队和羽毛球队各一支，还组建了门球爱好者提高班、社区歌咏时装队、体育运动与养生保健班等。其间共举办了10项89次活动，包括初级门球入门培训、中级提高培训、门球裁判员考试培训等活动，同时为了丰富会员和社会老年人的业余生活，还举办了歌咏、服装表演等衍生活动，为社区居民带来了丰富多彩的体育活动，直接获益人数达千人。

在创投过程中，我们申请到了大约14万元，资金分三次分发给组织。第一次是签订项目的时候，我们先拿40%的资金，采购一批体育器材、服装开展初期的活动。恩派公益组织发展中心和政府对我们的活动进行考察，中期的时候进行一次评估，评估合格了再拿30%的资金。项目结束的时候进行结项考察，考察合格后我们获得最后30%的资金，用于付清举办活动中的欠款。（访谈者：陈先生）

（5）项目监督和评价

组织不仅在每月要向举办方报告财务花费、活动举办情况及组织发展现状，在项目结束时还要提交项目的所有资料，包括财务报表、活动举办情况满意度调查、结项报告。最后组织还要总结项目执行过程中的困难、不足及解决方案，由专家对项目管理、项目成效、财务工作、合作关系等方面进行综合评价。

我们协会在公益创投开展过程中非常认真，虽然工作量很大，内容也很烦琐，但是我们对自己要求很严格，在最终的结项评审过程中，协会获得了十佳项目的称号。大家都很满意我们的活动，我们组织也得到了发展，会员增多了，也有了新的办公场地。这说明我们的活动内容切合民众需求，我们的会员对组织的发展更有信心了。（访谈者：史先生）

4. 培育方式

（1）给予资金支持

资金是公益创投给予姑苏区门球协会最核心的资助，在第三届公益创投中，协会申请公益创投资金共13.9万元，解决了协会开展活动资金不足的问题。

门球协会在我们这边发展得不错，在没有公益创投之前，组织主要经费来源于政府部门的支持，大多是居委会提供一些资金用于协会举办小型活动，但是居委会没有能力提供更多的资助，协会其他的开支需要自己解决。公益创投提供的资金为我们举办了许多比赛，开展了裁判员的培训班，还购买了服装、球杆等体育器材。（访谈者：陈先生）

（2）提供组织能力培育

公益创投项目的实施对姑苏区门球协会来说是一个重大的契机，组织通过参与创投提高了团队的执行能力和管理能力，规范化了组织管理、系统化了组织结构。

（3）帮助制定战略规划、募集社会资源

社会组织的战略管理能力是指对组织活动和发展的总体管理能力，公益创投活动使门球协会深刻地认识到了树立长远目标的重要性，在恩派公益组织的帮助下，对组织的发展有了重新认识。从为协会会员提供服务转变为提出以为辖区内所有的老年人服务为目标，在整个姑苏区推广门球活动。此外，姑苏区门球协会已经具备承接政府购买的能力，今后可以通过承接政府购买服务来发展自身。

（4）通过媒介广泛宣传组织

在恩派公益组织和政府的支持下，姑苏区门球协会成立了自己的网站，通过网站留言的方式征集群众的意见和需求。在公益创投执行过程中，公益小组通过网站广泛宣传各优秀组织的项目，吸引更多的人加入，在创投结束时，门球协会被评选为十佳社团并作为优秀案例激励其他社会组织。

5. 培育结果

（1）扩大了组织规模，丰富了活动内容

姑苏区门球协会属于自发性群众体育组织，群众基础性较强，但是由于缺乏资金，两三个门球爱好者相约打球成为组织主要的活动形式，日积月累，组织的概念逐渐淡化，凝聚力降低。在公益创投活动中，组织利用创投资金开展了"宣传与招募"活动，通过印发传单和宣讲的方式，使社区老年人了解门球、舞蹈等文体活动，在社区中吸引了大批门球运动爱好者，新招了110名会员，扩大了组织会员数量。除了开展门球运动外，门球协会还根据社会居民和协会会员的兴趣爱好，新增了6支文体队伍，包括老年舞蹈队、歌咏队、模特表演队等，其间开展了大量的文体活动，召集会员和居民共同参加，提升了组织的凝聚力。

> 我们前期通过发放传单、走访宣传的形式吸引更多的社区居民参加门球组织。一共印发了100份宣传单，招募了110名会员，新增了6支文体队伍。（访谈者：陈先生）

（2）球员的技术水平得到提高

首先，通过邀请专家讲授的方式，培训协会新会员掌握门球的基本规则、基本技术、战术，使其达到参赛水平。分别在二郎巷社区门球场和桂花公园门球场共开展20次培训。通过培训，98%的球员门球水平达到良好，有7名球员通过考试并获得了国家三级裁判证书，有2名球员获得了国家二级裁判证书。其次，组织开展"拓展与交流"活动，在桂花公园每月举办一次"门球沙龙"活动，共计10次。针对有一定基础的门球会员，帮助他们提高门球技术和战术，协会邀请专家通过案例分析的方式为大家讲解战术，相互探讨并组织演练。最后，开展"竞技与演出"活动，检验会员的技术水平。门球协会在昆山市范围内举办了2次大型的门球交流比赛，参赛组织36家，二郎巷门球协会也在第二届姑苏区门球比赛中夺得桂冠。

(3)健全了组织管理体系

在以往的门球协会中没有完整的管理体系，多是"一兼多职"，财务管理也比较"随意"，在公益创投小组成员的帮助下，组织先后制定了考勤制度（签到表、活动记录、照片留存）、例会制度（每月22日召集团队人员、文体团队负责人、财会人员参加会议，总结每月的活动情况，审批报销各类发票），规范了财会审批制度，设立了经手人、验收人、审核人共同审批财务的方法，杜绝乱买东西、乱开发票的现象。

(4)增强了组织团队精神

公益创投小组帮助门球协会熟悉了公益创投的流程、积累了相关的经验，特别是举办活动和比赛的经验，提高了门球协会项目管理能力，为今后的公益创投项目开发和争取政府购买服务打下了基础。公益创投是一个系统的项目，需要团队之间密切合作，服从管理，遵守纪律，才能顺利地开展活动。通过公益创投活动提高了协会的凝聚力，增强了组织的团队精神。

(5)姑苏区门球协会保持高度的自治性

政府和恩派公益组织发展中心对门球协会的发展提供了至关重要的帮助，从第一块门球标准场地的申请，到后期体育局给予政策和资金帮助建设新的场地，以及在申请公益创投项目过程中都给予大力支持，并且政府、媒体给予姑苏区门球协会发展广泛的宣传，姑苏区门球协会举办邀请赛、交流赛多次登上苏州市的报纸。恩派公益组织发展中心、政府、街道与居委会并未对组织的日常管理和运行进行干预。因此，虽然通过公益创投项目，恩派公益组织发展中心和政府对姑苏区门球协会工作人员进行培训，使组织获得了成长，但是它依然保持高度的自治性。公益创投项目与姑苏区门球协会的自治性之间并无必然联系。

现在姑苏区门球协会会员众多，很多街道衍生了各个分会，每个分会的会长也是通过会员投票选举的，平时的训练、举办活动等主要通过开会协商的方式安排。

(6)提高了组织的公信力

姑苏区门球协会在公益创投项目期间，不仅扩大了组织规模，而且组建了社区歌咏队、乒乓球爱好小组、棋艺社团等老年人活动小组，积极地帮助居委会开展社区体育休闲活动、治理社区，不仅获得了居委会的认可，也大大提升了组织在居民心中的地位，推动了政社协同治理的开展。

(三)案例三——成熟期的苏州市登山户外运动协会

1. 培育主体

苏州市登山户外运动协会与姑苏区门球协会同一批次参与公益创投活动，该活动由苏州市民政局发起，恩派公益组织发展中心承办。

2. 培育客体——苏州市登山户外运动协会

2010年，苏州市登山爱好者陈先生与几位好友共同约登"灵白线"，在完成登山挑战后，几位爱好者商量着要不要成立一个登山爱好者团体，苏州市登山户外运动协会的"胚胎"就此诞生了。2014年，在孙会长的带领下，苏州市登山户外运动协会正式在民政局登记注册，标志着苏州市登山户外运动协会成为一个合法组织。协会建立初始确立了业务范围：对苏州市户外登山相关业务进行培训和指导，开展户外登山相关安全知识和专业技能的培训，向政府主管部门反馈户外登山相关爱好者的愿望和诉求，举办群众登山相关活动，开展国内外户外登山活动及相关组织间的相互交流与合作，协调、指导和促进苏州市户外登山俱乐部的发展，承办政府部门、社会企业等部门的业务。协会坚持"科学理念、安全户外、健康快乐、公益环保、尽享自然"的宗旨，不断创新，使登山运动更加安全和专业。

2016年，随着组织会员的不断增加，组织已经拥有了10余家团体会员，总人数达到200人。随着协会的不断扩大和发展，登山协会需要向更强的专业性发展。虽然组织发展相对成熟，但是组织会员的增加，需要不断提升组织的管理能力、规划发展战略、提高会员的专业水平，组织的管理者开始寻求突破的新方向。与此同时，苏州市公益创投活动的开展走入了孙会长的视野，他意识到这是组织发展的一个突破的契机。

3. 培育过程

随着社会的进步与发展，中老年人口增多，社会老龄化程度逐渐加深，老年人虽然有了锻炼的意识，逐渐参与到晨练、晚练中，但是老年人的安全知识匮乏，孙会长决定以"健康晚年"为主题申请本届公益创投活动，通过公益创投项目，组织以"课堂授课""户外培训""技能教学"等主题开展活动，帮助会员及附近居民掌握安全健康知识，提高专业技能。协会通过以下几个部分进行公益创投活动。

（1）项目征集

由苏州市民政局主办，恩派公益组织发展中心承办，政府从苏州市福利彩票中划出500万元资金作为承办费用，公开向社会组织招标，社会组织准备材料参与竞标，协会通过公开竞标的方式获得公益创投资金。

（2）组织申报

苏州市登山户外运动协会以"为老服务"为创投项目领域，撰写项目申请书，提出活动规划，向公益创投小组进行申请。

（3）项目优化

恩派公益组织发展中心对苏州市登山户外运动协会工作人员进行了两次能力培训。首先是进行项目优化，组织提出的活动有部分不满足公益创投项目开展的初衷——"公益性"，公益创投小组对苏州市登山户外运动协会的内容进行指导修改。其次是规划资金管理的培训，帮助协会人员了解并合理地安排、使用获得的资金，在运行过程中同时监督协会有无按照申报书中的描述将资金运用到活动中。

（4）项目实施

苏州市登山户外运动协会在通过申报后，可以获得共计15万元的创投资金，其间还获得了恩派公益组织发展中心的管理能力、财务能力的培训。在创投期间，通过创投的资金资助和人力资助，完善了组织的规章制度和发展规划，共计举办活动44次，参与人员达1000人。

（5）项目监督和评价

公益创投小组在自发性群众体育组织执行创投计划过程中不仅给予支持，也对其进行严格要求。其一，项目的执行过程要接受公益创投小组的监督，包括财务支出、活动举办等，监督其是否达到一定的规模和完成质量；其二，在项目结束时要提交项目的所有资料，包括财务报表、活动举办情况满意度调查、结项报告；其三，组织要总结项目执行过程中的困难、不足及解决方案，由专家对项目管理、项目成效、财务工作、合作关系等方面进行综合评价。

4. 培育方式

（1）给予资金支持

公益创投给予苏州市登山户外运动协会资金资助，在第三届公益创投中，协会共申请公益创投资金14.9万元，解决了协会开展活动资金不足的问题。协会利用资金开展活动、举办培训、开设安全讲座等。

（2）帮助制定战略规划

苏州市登山户外运动协会的业务主要包括组织安全员和教练员培训、业务咨询、组织比赛、技能训练等，自我发展能力较强，但是由于登山运动项目的特殊性，对会员的身体素质、专业技能知识要求较高，面对距离较远、海拔较高的活动，会员中的老年人无法参加，协会只能组织相对基础、简单的活动。在公益创投过程中，恩派公益组织发展中心帮助协会进行发展战略分析，进行专业的安全教育、技能培训，特别是"走进校园"，组织与苏州市中学合作，进校园进行攀岩、走扁带、户外拓展、定向等项目教学。一方面帮助组织找到了新的发展方向，制定了发展方针；另一方面引领组织进行公益事业，提供更多的社会效益。

（3）提高会员的知识、技能水平

协会在创投期间不仅利用资金和政府资源邀请医学专家对中老年会员进行健康知识、户外安全知识培训，还邀请专业教练员对会员的专业技术进行培训。

（4）通过媒介广泛宣传组织

在恩派公益组织和政府的支持下，苏州市登山户外运动协会建立了自己的公众号和网站，公益小组还通过网站广泛宣传各优秀组织的项目，吸引更多的人加入。

5. 培育结果

（1）扩大了体育组织社会影响力

苏州市登山户外运动协会经过公益创投，共计获得资金支持14.9万元，协会利用创投资金举办了数十场社会公益性活动，将受益群众从原来的协会会员扩大到社会大众，让社会登山爱好者，特别是年纪较大的登山爱好者也有机会获得专业登山技术技能的培训。

（2）提高了组织会员的专业技能水平

在创投期间，协会不仅对会员进行了专业技能的培训，也对群众进行安全知识的普及教育。在创投结束时，协会所有在册会员获得了红十字会颁发的急救证书，90%的会员掌握了心肺复苏技能，了解及掌握了专业的登山知识。

（3）提高了组织管理水平

在公益创投过程中，恩派公益组织发展中心对协会开展各项能力管理的培训，首先是举办大型活动的培训。由于协会没有举办大型活动的经验，因此恩派公益组织发展中心安排专家小组指导协会的社工如何安排活动，告知活动安全的注意事项。在举办了十几场活动后，满足社会居民需求的同时，组织社工提高了自发性群众体育组织的管理能力和执行力，获得了很多管理经验。其次是财务管理的培训。社工并非专业的财务管理人员，对于账目管理并非十分规范，公益组织发展中心开展了两次财务能力培训，大大提高了财务人员的专业水平。

（4）规划发展战略

由于组织在申请公益创投时处于相对成熟阶段，组织的运行状态良好，人员配备齐全，缺少的是对未来的发展规划。公益创投小组在对组织考察后，建议组织与学校对接，开展"登山知识进校园"活动，从中学开始传授学生专业的登山、安全、户外拓展的知识。组织与苏州市初级第一中学合作，共开展七次讲座培训，极大地吸引了中学生的学习兴趣。

（四）三个案例培育的总体情况

第一，对于初创时期的体育社会组织来说，资金匮乏、合法性缺失是其发展初期亟待解决的问题，公益创投对其培育的重点是资金、场地资源支持及帮助组织提升自身规范性。组织利用创投资金举办活动，吸引更多的组织成员，从而扩大了组织的规模，提高了组织的社会知名度；同时，规范组织结构，明晰了组织的社会责任，并成功在政府部门注册登记，成为合法的社会组织。

> 由于资金审批的烦琐，有时我们购买服装和器材时会垫付，我们教练员、社工的劳务都要拖欠到最后才能发放。（访谈者：苏州登山运动协会马主任）

> 我们一开始申请资金时没有考虑到出去参加培训时的交通费用，只能自己掏钱去承担这个费用。（访谈者：姑苏区门球协会陈先生）

> 我们之前没有申请过公益创投的经验，我们组织内没有专业的社会财务，所以我们申请书写了很多遍都不合格，最后还是在爱德组织的帮助下完成了申请书和报表。（访谈者：昆山市柔力球协会金先生）

> 我们第一年申请创投时，发展得还不错，街道里的舞蹈队听说了，也想申请创投，但他们是自发组织的社团，没有登记过，所以不符合申请要求。（访谈者：姑苏区门球协会方先生）

第二，发展期的自发性群众体育组织具有一定的发展基础。公益创投对其培育的重点是组织机构建设、财务管理培训、组织能力提升。门球协会通过创投完善了组织系统，利用创投资金举办比赛、聘请教练教学，从而提高了队员的运动技术水平。

第三，对于发展相对成熟的自发性群众体育组织来说，公益创投对其培育方式是：帮助协会创新发展战略，寻找新型的发展方向。苏州市登山户外运动协会通过公益创投开展了"登山运动进校园"项目，对学生进行安全教育、安全知识讲解、专业登山技术传授，激发学生兴趣，为组织发展储备后续力量。

第四，在关注培育客体的同时，也要重视培育主体。对于培育主体来说，存在缺乏专业人才、评估监督机制不完善等问题，需要加以重视。

我们组织一共有十几个人，每年的公益创投都会有100多个组织申请。我们在公益创投前需要宣传，调研居民的需求，也需要由专门的人员去批改申报组织申报书。对于一些能力不强的组织，我们还需要帮助他们修改。在执行过程中我们要对他们的服务进行指导、评价，确实需要更多的人员。（访谈者：爱德社会组织培育中心刘女士）

我们承办组织会对每一个执行组织的项目进行评价，但是由于每个组织类型不同，我们没有能力或没有专门的经费邀请各行各业的专家进行评估，这是一个问题，我们也在和政府协商解决。（访谈者：恩派公益组织发展中心杨先生）

四、小结与思考：公益创投——不同成长周期的自发性群众体育组织的生成需要

（一）公益创投的优点

1. 政策的引导与支持

通过社会组织整合社会个体和资源式发展，已经成为全球发展的趋势，但是我国面临着"强国家、弱社会"的现实让自发性群众体育组织发展陷入瓶颈，社会组织很难寻求自我发展的道路，然而政府管理的摊子太大，无法一一顾及，因此江苏省政府大力支持"公益创投"项目的开展，并鼓励各级地级及县级市县自我开展公益创投项目，一方面推动社会治理和公共服务的供给；另一方面通过公益创投帮助自发性群众体育组织提升自我发展能力，提高服务供给水平。

政府的参与在我国的公益创投项目中占较大比例，扮演着重要角色。政府参与的公益创投优势是政策力度较大、资金充裕、覆盖的领域较广、社会的参与程度高。2009年，上海市民政局开启了首届公益创投大赛，旨在改善社区服务，并从福利彩票中抽出资金帮助"扶老、助残、救孤、济困"等领域的公益组织，推动社会服务建设。从2012年开始，江苏省苏州市陆续投入3000万元资金开展了六届市级公益创投活动，资助组织近千家，江苏省其他城市也在逐渐投入资金加入公益创投活动中。截至2020年10月，我国已经有135个地方层面的政府参与了公益创投。案例中三个自发性群众体育组织参与的公益创投均是由当地政府发起投资的，因此，公益创投在我国发展具有巨大的前景。

2. 专业的团队运营

我国现阶段的公益创投大部分由政府投资，通过竞标的方式委托给当地的公益类组织承办，案例中的恩派、爱德两家机构均是发展良好、受到社会认可的公益支持性组织。恩派公益组织发展中心是中国领先的支持性公益组织、被民政部评定为AAAAA级社会组织和"全国先进社会组织"，其合作伙伴包括各级政府、基金会、世界五百强企业，在能力建设、社创空间运营、社会企业投资、社区服务、政府购买服务评估等事业方面刻苦钻研，成为全球知名品牌。至今，恩派公益组织发展中心已孵化超过1000家社会组织及社会企业，资助了其他公益机构达3000家，培育公益人数上万人。案例中自发性群众体育组织在恩派公益组织发展中心的帮助下不仅优秀地完成了当届公益创投项目，自身的发展能力也有了极大的提高。

爱德社会组织培育中心源于爱德基金会，该基金会于1985年成立，至今已有近40年的历史，目前发展项目覆盖20多个国家和地区，受益人口达千万，昆山市柔力球协会在爱德社会组织培育中心的帮助下获得了四届公益创投活动，项目运行均得到了社会和大众的认可。

3. 系统的培育

在对自发性群众体育组织提供资金支持的同时，更加注重对组织自身的能力建设，公益创投强调的不仅是项目运行本身，而且是自发性群众体育组织自身的运行能力和长期的生存能力，提高自发性群众体育组织的社会影响力和社会形象。

4. 标准化的流程

在对几家自发性群众体育组织的访谈中了解到，恩派公益组织发展中心和爱德社会组织培育中心对公益创投运行"十分专业"，最主要的体现是资金拨付准时、有效，只要社会组织完成既定目标，申请的资金就可以马上到账，这是许多项目无法达到的。同时，创投小组对组织进行实时监督考察，如果组织没有达成目标，或者项目执行没有达到预期效益，会停止对组织的一切资助。不仅如此，公益创投还有一套完整的退出机制，公益组织在确定了自发性群众体育组织完成目标后，还要判断组织的自我发展能力是否提高，从而对组织进行结项。

（二）公益创投存在的问题

1. 资金问题

（1）资金筹集渠道单一

公益创投是社会公益性活动，从调查中得知，当前我国公益创投主要发起者是政府，本书所调查的案例中公益创投均由当地政府部门发起，资金也是政府从福利彩票公益金中拨出，但并无明确的政策文件保证资金的长期、稳定性输出。企业和社会捐助所占比例较少，造成了公益创投的发展过于依赖政府，限制了公益创投的发展。

（2）资金批复过程烦琐

在调研的三个公益创投案例中发现，资金都是分前、中、后三批批复给各社会组织的，组织月初、月末都要递交财务报告，目的是保证资金使用的规范性，但是在一定程度上给组织提供服务方面增加了困难。

（3）资金预算不足

许多体育社会组织都是自下而上发起的草根组织，之前并没有运行公益创投的经验，申请资金有时会漏算、错算，导致申请资金时预算不足，后期举办活动受到限制。

2. 组织内部问题

（1）组织自身能力不足

许多组织内部缺乏专业的社工和运行经验，获取公益创投信息渠道窄、撰写申请书不专业、组织提供的服务范围小、缺乏举办大型活动的经验，在申请公益创投时缺乏竞争力；在项目执行过程中不规范，不能提供专业化的服务，或者提供的服务不能让服务对象（社区居民）和创投发起者（政府）满意。

（2）组织缺乏合法身份

申请公益创投时对申请主体有一定的要求，需要在当地政府部门登记并运行良好的主体，这在一定程度上限制了小型的体育社团、草根组织，组织只能依附其他机构申请创投。

3. 专业人才匮乏

由于各体育社会组织中缺乏专业的社工，组织在申请公益创投时需要花费更多的精力，加之承办组织也缺乏专业的工作人员，人员数量不足、实践经验较少等因素限制创投的运行，没有足够的人力资源宣传、调研、执行，不能使创投结果达到预期水平，许多时候需要从当地招聘志愿者协助工作，志愿者的专业水平不足进一步降低了承办组织的服务质量。

4. 评估监督机制不完善

（1）缺少专业评估人员

在公益创投项目运行过程中，政府和公益组织会成立专门的评估监督小组，小组由政府相关部门负责人，社会公益组织、基金会的负责人及优秀社会组织负责人组成，负责公益创投运行过程中的指导和监督。但是在评估各组织过程中，由于各组织类型不同、项目种类众多，缺少各行业的专业评估人员。例如，镇江市足球协会在进行评估时，评估小组并无专业的足球专家，甚至没有体育领域的评估者，对足球协会的评价结果缺乏说服力。

（2）评估机制不健全

公益创投中的评估机制大多依据各组织自我设定的创投目标进行评估，没有建立系统的评估标准，主观判断较多，缺乏评估依据。

第四节 政府间接培育模式（二）：建立枢纽型组织

本节主要采用访谈法、个案调查法等，以资源依赖理论和委托代理理论为研究的理论基础，结合政社合作培育模式下陆家嘴街道海派秧歌队的培育案例，对政府培育机制和枢纽型体育社会组织培育机制进行探析，总结政社合作培育模式对自发性群众体育组织的培育效果，提出政社合作培育模式的积极效果和存在的问题。首先，本书以政府、自发性群众体育组织和枢纽型体育社会组织发展的需要为切入点，阐释政社合作培育模式的意义。其次，通过对政府和枢纽型体育社会组织培育自发性群众体育组织现状进行研究，了解政府和枢纽型体育社会组织培育的具体内容。最后，结合政社合作培育模式对自发性群众体育组织的具体案例，总结政社合作培育模式下自发性群众体育组织的培育影响。

一、枢纽型体育社会组织发展的背景

体育社会组织作为社会组织的重要组成部分，是开展全民健身活动的重要载体，其发展程度是衡量一个国家和地区体育发展程度，体育社会化程度的重要标志。在体育社会组织大发展，协会与行政机关脱钩，充分发挥体育总会等

各级枢纽型体育社会组织业务指导功能的大背景下，枢纽型体育社会组织应运而生。枢纽型体育社会组织发展对于改革和创新我国体育管理体制，切实满足社会主要矛盾转变背景下人民群众对于多元化和个性化的健身需求，发展体育事业和体育产业，具有十分重要的战略意义。枢纽型体育社会组织培育自发性群众体育组织主要依据如下。

（一）政策依据

枢纽型体育社会组织的发展离不开政府政策方针为导向。2008年9月，北京市社会工作委员会率先提出"枢纽型社会组织"的概念，并对构建"枢纽型"社会组织工作体系制定了一系列措施。同年9月，《北京市加强社会建设实施纲要》明确提出，要努力探索中国特色社会组织管理模式，充分发挥人民团体等"枢纽型"社会组织在社会组织管理、发展和服务中的重要作用。2009年3月，北京市社会建设工作领导小组认定了市总工会、团市委、市文联、市妇联、市科协、市侨联、市红十字会、市社科联、市残联和市法学会10家人民团体为市级"枢纽型"社会组织。2009年11月，北京市社会建设领导小组办公室印发的《关于构建市级"枢纽型"社会组织工作体系的暂行办法》，进一步明确了"枢纽型"社会组织的主要职责，并以文件的形式提出了"枢纽型"社会组织的具体内涵。

在体育领域，国家体育总局群众体育司2014年印发的《体育总局关于加强和改进群众体育工作的意见》（体群字〔2014〕135号）提出，要充分激发和释放各级各类体育社会组织在推进全民健身事业发展中的活力，加强对各级各类体育社会组织的扶持培育，努力推动各级体育总会建设成为枢纽型体育社会组织。国务院印发的《全民健身计划（2016—2020年）》（国发〔2016〕37号）指出，要加强各级体育总会作为枢纽型体育社会组织的建设，带动各级各类单项、行业和人群体育组织开展全民健身活动，推进体育社会组织品牌化发展并在社区建设中发挥作用，形成架构清晰、类型多样、服务多元、竞争有序的现代体育社会组织发展新局面。[①]党的十九大报告中指出，广泛开展全民健身活动，加快推进体育强国建设，以社区治理体系建设推动社会治理重心下移，充分发挥社会组织作用，实现政府治理和社会调节、居民自治良性互动。[②]党的二十大报告强调"拓宽基层各类群体有序参与基层治理渠道，保障人民依法管理基

---

① 国务院.国务院关于印发《全民健身计划（2016—2020年）》[N].人民日报，2016-06-24（4）.
② 习近平.决胜全面建成小康社会　夺取新时代中国特色社会主义伟大胜利[N].人民日报，2017-10-28（1）.

层公共事务和公益事业"[①]。

（二）实践依据

社会组织的建设与管理关乎国计民生，建设枢纽型体育社会组织是"体育强国"战略决策的重要体现，各省市、地区根据实际情况积极实践，2003年，上海市普陀区成立民办非企业（社会服务机构）性质的社区民间组织服务中心，该中心成为枢纽型社会组织的雏形。2007年，上海市静安区率先成立了静安区社会组织联合会，形成了静安区"1+5+X"枢纽型社会组织服务管理模式（"1"即"区社联会"，"5"即5个街道，"X"即劳动、文化、教育等系统）；2017年，发展形成了"1+14+X"枢纽型社会组织服务管理模式，这种混合类枢纽型服务管理模式在全国属于首创。[②] 2008年9月，北京市社会建设大会上推出《关于加快推进社会组织改革与发展的意见》，提出如何构建"枢纽型"社会组织服务体系，标志着社会组织"枢纽式"管理的开始。相对北京而言，上海的枢纽型社会组织建设与管理工作更多是落实在街镇层面。

北京市《关于构建市级"枢纽型"社会组织工作体系的暂行办法》于2008年推出，2009年正式颁布，被誉为地方社会组织管理体制创新的重要举措。之后重庆、天津、宁波等市相继颁布关于构建枢纽型社会组织的办法，开始探索公共参与社会管理、公共服务模式。2010年，"北京市体育总会"被认定为市级枢纽型体育社会组织，成为我国枢纽型体育社会组织建设"破冰"之举，为我国体育管理改革提供了借鉴和参考。2011年初，天津滨海新区在新港街道率先开展社区枢纽型社会组织试点建设工作，其中也涵盖枢纽型体育社会组织的相关内容。目前，江苏省实现县级体育总会全面覆盖，乡镇体育单项协会、老年人体育协会和农民体育协会数量达6000个。安徽省体育总会在体育社会组织发展中充分体现"枢纽型"作用，2010年被民政部授予"全国先进社会组织"荣誉称号。

二、枢纽型体育社会组织培育功能的理论基础

2008年9月，北京市社会建设大会在《关于加快推进社会组织改革与发展

[①] 习近平.高举中国特色社会主义伟大旗帜 为全面建设社会主义现代化国家而团结奋斗：在中国共产党第二十次全国代表大会上的报告[EB/OL].（2022-10-25）[2022-12-15].https://www.gov.cn/xinwen/2022-10/25/content_5721685.htm.

[②] 胡蝶飞.上海静安探索枢纽型社会组织服务管理模式[EB/OL].（2017-02-15）[2020-12-08]. http://mobile.rmzxb.com.cn/c/2017-02-15/1343475.shtml.

自发性群众体育组织的政府培育
——理论探索与实践模式

的意见》中最早提出构建"枢纽型"社会组织工作体系的新思路，并于2009年在《关于构建市级"枢纽型"社会组织工作体系的暂行办法》中首次明确提出了"枢纽型"社会组织的概念。[1]《广东省社工委关于构建枢纽型组织体系的意见》《广东省总工会关于构建枢纽型社会组织工作体系的指导意见》提出，枢纽型社会组织是指通过政府部门认定的，在现有社会组织体系中处于枢纽地位，通过健全的组织系统和有效的服务支持，加强统筹协调与纽带联系，实现同类型、同性质、同领域社会组织的孵化培育、协调指导、合作发展、自治自律、集约服务、党团管理的联合性社会组织。崔玉开、杨丽、石晓天等认为枢纽型社会组织是由政府权威部门认定的，代替政府对同类别、同性质、同领域的社会组织行使管理、指导与服务等职能的联合性社会组织。[2][3][4]

各地官方文件及上述研究者从狭义的角度对枢纽型体育社会组织进行界定，侧重点在于政府相关部门的特定认定程序。本书对枢纽型社会组织采取广义的理解，广义的枢纽型社会组织是指在同类型社会组织发展过程中起到桥梁纽带和聚集服务功能的联合性（或综合性）社会组织。[5][6][7][8]

关于"枢纽型体育社会组织"的概念，相关研究较少，学术界至今还没有比较全面的界定。

徐玲等认为，"枢纽型体育社会组织"是由政府相关部门认定的联合性体育社会组织，重点在于组织的领导性、组织性、联合性和区域性，枢纽型体育社会组织的必备条件是政府权威部门的程序认定，这是狭义上的枢纽型体育社会组织。[9]熊飞从组织功能的角度出发，认为"枢纽型体育社会组织"是处于政府和体育社会组织之间，以联合性体育社会组织为存在形式，主要发挥"促进社会组织自主发展"与"加强政府对社会组织管理"这两个方面功能的体育社

---

[1] 北京市人民政府.关于构建市级"枢纽型"社会组织工作体系的暂行办法[EB/OL].（2019-05-22）[2022-09-12]. http://www.beijing.gov.cn/zhengce/zhengcefagui/201905/t20190522_56696.html.
[2] 崔玉开."枢纽型"社会组织：背景、概念与意义[J].甘肃理论学刊，2010：75-78.
[3] 杨丽."枢纽型"社会组织研究：以北京市为例[J].学会，2012：14-19.
[4] 石晓天.我国枢纽型社会组织的功能特征、建设现状及发展趋势：文献综述的视角[J].理论导刊，2015：85-88.
[5] 阮雪梅，杨毅，沈晓辉.培育枢纽型社会组织 构建社会治理新格局[J].世纪桥，2014（12）：77-78.
[6] 李芳.枢纽型社会组织与民间公益组织的培育[J].东方论坛，2014（4）：75-82.
[7] 刘轩.关于"枢纽型"社会组织建设的思考[J].学习与实践，2012（10）：104-108.
[8] 徐双敏，张景平.枢纽型社会组织参与政府购买服务的逻辑与路径：以共青团组织为例[J].中国行政管理，2014（9）：41-44.
[9] 徐玲，戴剑.枢纽型社会体育组织辨析及成因分析[J].南京体育学院学报（自然科学版），2016（15）：144-147.

会组织，这是广义上的枢纽型体育社会组织。[①]不管是狭义上还是广义上的枢纽型体育社会组织，其共性都是处于政府和其他一般性体育社会组织之间，有承接政府职能的功能，起到桥梁和纽带作用，能够对相关体育社会组织进行日常管理并提供服务。

综合枢纽型社会组织的概念和现有研究者对枢纽型体育社会组织的界定可以得出，枢纽型体育社会组织是介于政府与一般性体育社会组织之间的，对同领域、同性质、同类别的体育社会组织进行联系、服务和管理的联合性体育社会组织。在这一概念中，包含三个关键性要素。①培育主体：枢纽型体育社会组织，在本书陆家嘴街道海派秧歌队案例中，培育主体为上海市社区体育协会。②培育对象：自发性群众体育组织。③培育方式：多级管理服务方式（1+X+Y），其中"1"是一级枢纽，"X"是二级枢纽，"Y"是自发性群众体育组织。枢纽型体育社会组织结构如图6-7所示。

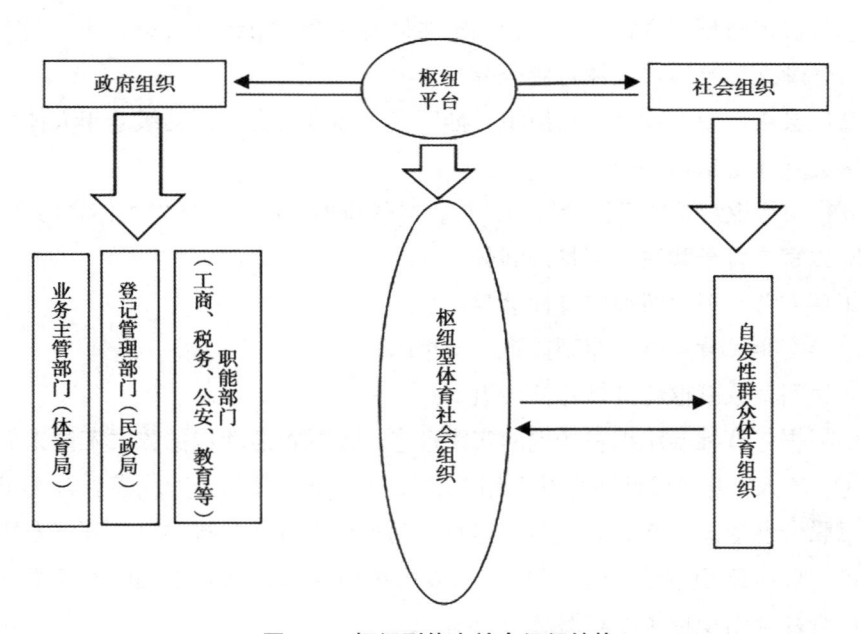

图6-7 枢纽型体育社会组织结构

（一）枢纽型体育社会组织的分类

我国现行法律法规将社会组织分为"社会团体"（简称"社团组织"）、"民

---

① 熊飞.体育总会枢纽型社会组织建设的探索：基于北京的实践与经验[J].体育文化导刊，2017（8）：28-32.

办非企业单位"（简称"民非组织"，2016年5月，"民办非企业单位"更名为"社会服务机构"）[1]和"基金会"三种类型。在体育领域，也沿用政府管理部门的这一分类标准，将体育社会组织分为"体育社会团体"、"体育民办非企业单位"（体育社会服务机构）和"体育基金会"三种类型。根据不同的分类标准，枢纽型体育社会组织分类如下。

1. 以发挥的功能来划分

①政治类枢纽型体育社会组织，如中国奥林匹克委员会、各级体育总会等。

②经济类枢纽型体育社会组织，如体育用品协会、体育场馆协会等。

③学术类枢纽型体育社会组织，如各级体育科学学会等。

④公益类枢纽型体育社会组织，如中国聋人体育协会、中国关心下一代健康体育基金会、老年人体育运动协会等。

2. 以行政层级来划分

①市级枢纽型体育社会组织，如市级体育总会、市级体育单项协会、市级体育科学学会、市级社区体育协会等。

②区县级枢纽型体育社会组织，如区县级体育总会、区县级老年人体育协会、区县级体育单项协会等。

③街镇级枢纽型体育社会组织，如社区健身俱乐部、社区农民体育协会等。

3. 以官方背景和民间背景来划分

①官方背景型枢纽型体育社会组织。

②半官半民背景型枢纽型体育社会组织。

③民间背景型枢纽型体育社会组织。[2]

4. 根据体育社会组织在各地的实践形态、发挥枢纽功能的方式不同来划分

①"属人"类枢纽型体育社会组织，以市区级体育总会为代表。该类组织通常以联合性形式存在，通过体育健身活动示范引领业务指导对象开展全民健身活动。此类组织按照"属人"的方式发挥枢纽作用，即对于人们发起举办的各类体育社会组织提供枢纽服务。

②"属业"类枢纽型体育社会组织，以各级单项体育协会为代表。各级单项体育协会具备枢纽型社会组织特征及功能，作为具有广泛代表性、专业性和

---

[1] 民政部.民政部就《民办非企业单位登记管理暂行条例（修订草案征求意见稿）》公开征求意见[EB/OL].（2016-05-26）[2022-09-12].http://www.gov.cn/xinwen/2016-05/26/content_5077073.htm.

[2] 范明林，茅燕菲，曾鸣.枢纽型社会组织与社区分层、分类治理研究：以上海市枢纽型社会组织为例[J].社会建设，2015，2（3）：11-19.

权威性的运动项目领域的社团法人，是管理运动项目普及与提高的自律机构，主要负责团结联系各级运动项目的组织及个人的力量，推广项目，制定行业标准，发展并完善运动项目竞赛体系，同时国家级单项体育协会也是代表中国参加国际单项体育组织的唯一合法机构。通过积极发挥单项体育协会在开展全民健身活动、提供专业指导服务等方面的龙头示范作用，按照其"属业"进行枢纽管理，即按照项目业务与相关体育社会组织建立关系。

③"属地化""基层化"枢纽型体育社会组织，以街道及乡镇层面的体育联合会或社区服务中心等为代表。全民健身活动主体在基层，组织基础亦在基层，但绝大多数由健身者自发成立的健身组织能力较弱，缺乏指导，自身合法权益亦难以保障。而基层枢纽型体育社会组织能够通过组织化、制度化的表达方式协调不同健身群体利益，推动公众健身活动行为规范有序，反映健身人群相关利益诉求，参与社会治理。

根据我国体育社会组织的发展特点和管理主体，相关研究者将体育社会组织分为内生性体育社会组织、共生性体育社会组织和自发性体育社会组织。其中，内生性体育社会组织的代表为枢纽型体育社会组织（包括体育总会、体育行业协会、体育人群协会等），即政府直接或间接创办的体育社会组织；共生性体育社会组织的代表是青少年体育服务中心、社区公益体育服务中心等，即政府与组织共同管理，且政府多以引导和支持的角色介入；自发性体育社会组织包括基层草根体育健身组织、体育志愿服务组织、基层业余体育赛事组织、基层体育活动健身站点、民间体育文化交流组织等。[①]

（二）枢纽型体育社会组织的功能

在枢纽型体育社会组织发展过程中，和一般体育社会组织相比较，它们是"兄弟"关系而不是"父子"关系，是"中间平台"关系而不是"瓶颈"关系，是"服务"关系而不是"管制"关系。建设枢纽型体育社会组织，要加强枢纽型体育社会组织能力建设，注重枢纽型体育社会组织的凝聚和联结作用，进一步强化其代表作用，从合法性激励和资源性激励两个方面进行培育与扶持枢纽型体育社会组织。[②]上海市社区体育协会建设枢纽型体育社会组织旨在提升社区体育社会组织能力建设，促进社区体育健身俱乐部规范化发展；指导社区体

[①] 孙哲，戴红磊，于文谦.我国体育社会组织培育路径研究：基于社会治理的视角[J].西安体育学院学报，2018，35（1）：43-47.
[②] 戴红磊.中国体育社会组织治理研究[D].大连：大连理工大学，2016.

育实践活动，推动社区体育联盟赛事有序开展；整合社会资源，完善公共体育服务配送等。[①]

（三）主要理论基础

包括前述资源依赖理论和委托代理理论。委托代理理论是经济学的重要理论，主要研究的委托代理关系是指一个或多个行为主体根据一种明示或隐含的契约，指定、雇佣另一些行为主体为其服务，同时授予后者一定的决策权利，并根据后者提供的服务数量和质量支付其相应的报酬。杰森等认为，委托代理关系是指"一个或多个行为主体雇佣另一些行为主体为其提供服务，并授予后者一定的决策权力，依据其提供服务的数量和质量支付相应的报酬"[②]，授权者是委托人，被授权者是代理人。委托代理理论从公共服务生产的角度明确了政府购买服务绩效的评价主体和评价对象，即政府对公共服务生产者（承接主体）的评价。

本书选择委托代理理论作为研究的理论工具原因有两点：一是政府通过购买枢纽型体育社会组织服务的方式为民众提供全民健身服务，存在委托—代理关系，政府是委托方，枢纽型体育社会组织是代理方；二是枢纽型体育社会组织在提供服务的时候，政府作为委托方，对承接主体（枢纽型体育社会组织）有权做出评估。

（四）枢纽型体育社会组织——理想型政社合作协同机制

针对我国目前各级各类体育社会组织注册门槛较高的现实困境，建立枢纽型体育社会组织——理想型政社合作协同机制（见图6-8）是未来体育治理现代化的应有之义。枢纽型体育社会组织能更好地协调政府主管部门和自发性群众体育组织之间的关系，既能对自发性群众体育组织起到培育和监管作用，又能减少政府行政部门工作压力，形成以"社"管"社"的社会组织治理格局。

---

① 赵蕊.社区体育枢纽式管理模式的研究：以上海市社区体育协会为例[J].体育成人教育学刊，2016，32（3）：65-68.
② JENSEN，MACKLING. Theory of the firm: managerial behavior, agency costs and ownership structure[J]. Journal of financial economics，1976（3）：308.

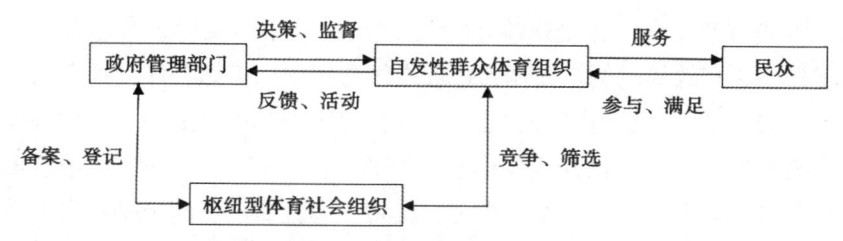

图6-8 政府、枢纽型体育社会组织和自发性群众体育组织结构示意

从业务指导来看，枢纽型体育社会组织将政府决策和方针落实到自发性群众体育组织中，体现其事务管理功能。政府赋予枢纽型体育社会组织权力，使其承接政府职能，对自发性群众体育组织进行业务指导，解决政府组织管理自发性群众体育组织的非专业性问题，对自发性群众体育组织的发展起到规范和引导作用，有利于破除政府主管部门"管不好"的局限性。

从组织作用发挥来看，枢纽型体育社会组织作为联合性组织，具有提供服务的功能。作为连接政府与自发性群众体育组织的"平台"和"纽带"，枢纽型体育社会组织发展的最终落脚点是为自发性群众体育组织和民众服务。枢纽型体育社会组织对不同的利益需求进行归纳整合向政府组织反馈，构建"自下而上"的表达机制和民主协商机制。政府组织通过枢纽型体育社会组织可以与自发性群众体育组织进行有效沟通，搭建了政府组织与自发性群众体育组织之间的平台，起到联系服务的作用。

从资源整合能力来看，体育社会组织的发展不仅需要多元的参与渠道，更需要社会资源配置机制的有效性。枢纽型体育社会组织相对于自发性群众体育组织更容易获得政府组织的信任，进而得到政府更多的培育与扶持。枢纽型体育社会组织自成立之后，改变了原来政府与自发性群众体育组织之间碎片化的资源供给方式。枢纽型体育社会组织以章程为纽带，将本辖区自发性群众体育组织按照专业性和地域性进行划分，为其提供业务服务，形成一般性体育社会组织交流沟通和资源共享的枢纽，帮助自发性群众体育组织通过政府和社会获得更多的资源信息，扩大同性质、同类别自发性群众体育组织之间的交流。枢纽型体育社会组织作为政府与自发性群众体育组织之间的纽带，有利于整合社会资源，形成资源共享、互利共赢的体育社会组织管理格局；有利于加强自发性群众体育组织相互之间的交流合作，提升各级各类体育社会组织的实践能力。

从基层治理能力来看，协同治理强调国家与社会的协同，已经成为政府和社会认可的有效手段。①枢纽型体育社会组织的产生与发展，为体育社会组织的治理提供了有效的范例。在体育社会组织管理中，枢纽型体育社会组织借助政府组织的力量，通过组织自发性群众体育组织进行体育活动，协调各体育社会组织之间的关系，为民众提供体育公共服务，发挥了"中介"作用。枢纽型体育社会组织作为体育管理主体之一，其将不同性质、不同类别的自发性群众体育组织和民众连接起来，统一于枢纽型体育社会组织，同时给予自发性群众体育组织自主性空间，促进自发性群众体育组织能力建设，促使民众更多参与自发性群众体育组织事务，增进民众间的交流沟通，缓解民众各类矛盾，促进社会和谐。

三、发展枢纽型体育社会组织的必要性

（一）政府职能转变和服务型政府建设的需要

政府在管理社会的过程中主要发挥政策制定和顶层设计的职能。政府职能即政府的职责和功能，其回答了政府是什么、政府该干什么、有什么作用、应该怎样干的问题。②政府职能转变自1984年被提出，其转变之路经历了近40年，党的十八届三中全会对其提出了更高要求，党的十九大报告更加明确了政府职能转变应该是深化简政放权，创新监管方式，增强政府公信力和执行力，建设人民满意的服务型政府的实践；③党的二十大报告进一步明确了转变政府职能，要优化政府职责体系和组织结构，④体育社会组织的建设是政府职能转变和服务型政府建设过程中的重要抓手。

作为政府与民众之间的中介组织，体育社会组织能够有组织地开展活动，使广大群众日益增长的体育需求能够得到保障，是体育社会组织发展过程中的重要作用。在政社分开的改革浪潮中，政府需要有领导能力、组织能力和社会公信力，向政府提出诉求，参与政府决策，整合资源，获得政府支持，在政府和自发性群众体育组织之间起到桥梁与纽带作用的体育社会组织。相比一般的体育社会组织，枢纽型体育社会组织在提供体育公共服务、表达诉求和规范行

---

① 张丙宣.支持型社会组织：社会协同与地方治理[J].浙江社会科学，2012（10）：42-52.
② 马凯.以转变政府职能为核心深化行政管理体制改革[J].国家行政学院学报，2008（5）：4-9.
③ 习近平.决胜全面建成小康社会 夺取新时代中国特色社会主义伟大胜利[N].人民日报，2017-10-28（1）.
④ 习近平.高举中国特色社会主义伟大旗帜 为全面建设社会主义现代化国家而团结奋斗：在中国共产党第二十次全国代表大会上的报告[EB/OL].（2022-10-25）[2022-12-15].https://www.gov.cn/xinwen/2022-10/25/content_5721685.htm.

为方面更加具有代表性，能够提高政府的工作效率，不用直接管理自发性群众体育组织。政府通过授权枢纽型体育社会组织从事基层自发性群众体育组织日常管理工作，避免政府职能转变和服务型政府建设过程中产生的社会管理与体育公共服务不足的问题，自发性群众体育组织通过枢纽型体育社会组织向政府反馈，促进形成政府和自发性群众体育组织良性互动机制。因此，政府的职能转变和服务型政府的建设催生了枢纽型体育社会组织的发展。

（二）自发性群众体育组织发展的需要

随着政府职能的转变和服务型政府建设力度的不断加大，我国体育社会组织发展迅速。目前，我国体育社会组织整体数量庞大，但在体育社会组织的发展过程中，还存在资金、场地匮乏，身份不合法，内外部管理机制不健全，相关立法滞后等诸多问题。[1][2]其中，多数自发性群众体育组织都是基于成员共同兴趣发起成立的，政府相关部门无法直接管理自发性群众体育组织，组织成员可以按照自身意愿自由加入和退出，组织意识相对薄弱，组织管理制度还不完善。自发性群众体育组织力量较小，需要集结成或依靠枢纽型体育社会组织与政府部门直接沟通，通过对话与互动以争取组织发展所需要的各种资源。枢纽型体育社会组织作为连接政府和自发性群众体育组织的"中介"或"枢纽"，能够将自发性群众体育组织发展过程中出现的问题及时反馈给相关部门，并为本领域同类自发性群众体育组织在项目、资金、科技、专业指导等方面提供支持和保障。

（三）枢纽型体育社会组织自身发展的需要

枢纽型体育社会组织在发展过程中需要社会资源的大力支持，但是枢纽型体育社会组织发展的大多数资源被政府部门把控，发展难度较大，亟须政府扶持和培育，导致枢纽型体育社会组织这个新生代组织发展还不成熟，其在服务提供、中介联系作用等方面还存在很强的"路径依赖"现象，组织能力与枢纽型体育社会组织要求还不匹配，其资金来源主要依靠政府拨款和补贴。

当前，国家大力支持市场资源、社会力量进入体育领域，枢纽型体育社会组织还存在市场经验和能力匮乏、对市场和服务对象不敏感、业务范围相对狭

---

[1] 杨志亭，孙建华，张铁民.社会转型期我国草根体育组织发展的困境与培育路径[J].沈阳体育学院学报，2016，35（2）：66-70.
[2] 张龙.当前我国体育社会组织的发展困境及对策[J].哈尔滨体育学院学报，2016，34（1）：57-62.

窄、枢纽功能发挥不明显的问题。[①]作为相对成熟的枢纽型体育社会组织，其发展有利于提供理性的参与平台；有利于政府连接自发性群众体育组织，达到管理指导的目的；有利于自发性群众体育组织与政府建立积极诉求反应机制，体现枢纽型体育社会组织的服务功能。

四、枢纽型体育社会组织培育案例：陆家嘴街道海派秧歌队

（一）培育主体

上海市政府与上海市社区体育协会共同承担对陆家嘴街道海派秧歌队的培育工作。

2004年1月，国家体育总局印发《关于开展创建社区体育健身俱乐部试点工作的通知》和《社区体育健身俱乐部试点工作方案》，发起创建国家级社区体育健身俱乐部试点工作。由于国家级社区体育健身俱乐部名额有限，上海市体育局结合实际，在积极开展创建国家级社区体育健身俱乐部试点工作的同时，制定并下发了创建上海市社区体育健身俱乐部试点工作的文件，明确了对创建市级俱乐部的申报条件和扶持政策。上海市社区体育健身俱乐部注册方式主要有"民办非企业单位"（社会服务机构）和"社会团体"两种，其中以民办非企业单位为主。上海市的"社区"是"大社区"的概念，采取的是一个街道或一个镇成立一个社区体育健身俱乐部。

经过14年的发展，上海市社区体育健身俱乐部创建数量持续增长（见图6-9），已经完成了10批市级社区体育健身俱乐部的创建工作。截至2018年底，上海市已完成178家社区体育健身俱乐部的创建，均具有法人资格，全市覆盖率达到80%。上海市社区体育健身俱乐部成立之初得力于政府的扶持帮助，但在发展过程中越来越依赖政府，行政色彩比较浓厚，不能为市民提供专业性的全民健身支持。因社区体育健身俱乐部具有较强的专业性，在承接政府职能部门业务指导的同时需要对辖区内的健身团队进行指导和管理，在社区健身俱乐部数量不断增加和政府管理工作难度较大的背景下，在上海市体育局的指导下成立了上海市社区体育协会。

[①] 熊飞.体育总会枢纽型社会组织建设的探索：基于北京的实践与经验[J].体育文化导刊，2017（8）：28-32.

资料来源：上海市社区体育协会年度资料汇编。

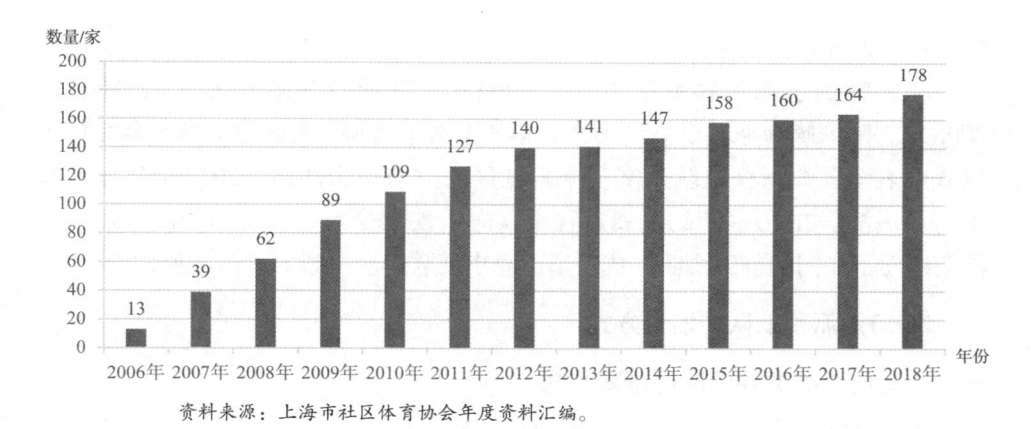

图6-9　上海市社区体育健身俱乐部增长数量趋势

2013年9月，以杨浦区四平社区体育健身俱乐部、浦东新区洋泾社区体育健身俱乐部、徐汇区徐家汇社区体育健身俱乐部和长宁区新泾镇社区体育健身俱乐部为发起单位联名向上海市体育局、上海市体育总会递交筹建上海市社区体育协会的请示。2014年2月18日，上海市体育局同意成立上海市社区体育协会。2014年9月4日，上海市民政局、上海市社会团体管理局下发《准予筹备社会团体决定书》。2014年10月28日，上海市社区体育协会在东方体育中心召开成立大会。2014年12月5日，上海市民政局、上海市社区团体管理局，决定准予上海市社区体育协会成立登记，下发《准予社会团体登记决定书》。

（二）培育客体

陆家嘴街道地处上海市浦东新区陆家嘴金融贸易区的中心区域，辖区东起源深路，西、北临黄浦江，南接张杨路，面积约6.89平方千米。截至2021年，辖区内人口约13.59万，其中户籍人口约11.72万，外来人口近4.87万。1998年，浦东区规划调整，原崂山西路街道、梅园新村街道和陆家嘴街道（部分）组建新的梅园新村街道。2006年7月，新的梅园新村街道更名为陆家嘴街道。近年来，陆家嘴街道紧紧围绕"服务金融中心、建设共同家园"的工作定位和建设"美丽、平安、人文、智慧、和谐"陆家嘴的工作目标，通过社会管理创新促进民生水平改善，其公共服务水平显著提升。其服务企业工作成效显著，总体始终保持全市第一。陆家嘴街道连续四次获得"全国文明单位"，以及"全国就业先进工作单位""全国社区侨务示范社区"等多项荣誉称号，在上海市中心城区市容环境市民满意度测评中始终位居前列。陆家嘴街道有良好的体育文化群众基础和特色品牌，目前已经形成四大体育品牌，即国际象棋、海派秧歌、射箭世界杯、垂直登高。

陆家嘴街道海派秧歌队成立于2002年，其前身为陆家嘴社区舞蹈队。2008年，陆家嘴海派秧歌队的海派秧歌《上海紫竹调》入选北京奥运会开幕式仪式前表演，海派秧歌队是唯一来自社区的群众业余团队，2010年参加上海世博会展演。在20多年的发展过程中，海派秧歌受到更广泛的关注，陆家嘴街道组建了专门的创编团队，成立了上海市秧歌协会，致力于海派秧歌的推广。

（三）海派秧歌队的培育方式

1. 政府对海派秧歌队的培育方式

（1）政策支持

2013年9月，国务院办公厅出台《关于政府向社会力量购买服务的指导意见》，明确要求加大政府购买公共服务力度，充分利用社会力量参与政府公共服务，至2020年形成相对完善的政府向社会力量购买服务机制。[1]在这一政策的引导下，上海市积极推广政府购买公共体育服务。2016年，上海市人民政府印发《上海市体育改革发展"十三五"规划》，指出要积极推进政社分开，完成由"伙计"到"伙伴"的关系转变。各级政府要通过政府购买服务的方式，将体育事务交给体育社会组织，发挥各级体育社会组织参与政府决策、标准制定、活动组织、调查研究、合作交流和宣传推广等方面的独特优势。[2]2016年，上海市人民政府印发的《上海市全民健身实施计划（2016—2020年）》指出，上海市到2020年形成各级体育总会、体育社团、体育社会服务机构和基层健身组织为支撑的上海市全民健身组织网络体系。上海市政府通过委托和购买服务等方式，向各级符合标准的体育社会组织购买服务，加大基层健身组织和健身活动的购买比重。以上海市社区体育协会为依托，深入实施"你点我送"社区体育配送服务，推进健身技能、健身讲座等服务项目配送范围。[3]2017年，上海市体育局出台了《2017年上海市市级体育类社会团体专项资金奖励意见》，通过以奖代补的形式，进一步完善体育管理架构，激发体育组织活力，逐步引导体育社会组织走向实体化、规范化、社会化、专业化和国际化。[4]

---

[1] 国务院办公厅.国务院办公厅关于政府向社会力量购买服务的指导意见[EB/OL].（2013-09-30）[2022-09-10].https://www.gov.cn/zhengce/zhengceku/2013-09/30/content_4032.htm.

[2] 上海市人民政府办公厅.市政府办公厅关于印发《上海市体育改革发展"十三五"规划》的通知[EB/OL].（2016-12-01）[2022-09-12].https://www.shanghai.gov.cn/nw39426/20200821/0001-39426_50389.html.

[3] 上海市人民政府.上海市人民政府关于印发《上海市全民健身实施计划（2016—2020年）》的通知[EB/OL].（2016-11-11）[2022-09-12].https://www.shanghai.gov.cn/nw41354/20200823/0001-41354_50496.html.

[4] 上海市体育局.上海市体育局关于印发《2017年上海市市级体育类社会团体专项资金奖励意见》的通知[EB/OL].（2017-11-16）[2022-09-12].https://www.shanghai.gov.cn/nw12344/20200814/0001-12344_54159.html.

第六章　政府培育自发性群众体育组织的实践模式与地方个案

（2）组织保障

为了打造海派秧歌项目的品牌和影响力，陆家嘴街道党政领导在海派秧歌的创建、培训和推广过程中，给予了政策和资金上的大力支持，并成立"海派秧歌"专业委员会，后发展为"上海海派秧歌协会"。陆家嘴街道领导高度重视"海派秧歌"课程的普及和教学，由街道群文科科长担任"海派秧歌专业委员会"会长，协会成员包括上海市浦东新区体育指导中心、上海市陆家嘴社区文化中心、上海东方明珠广播电视塔有限公司、上海市浦东新区文化艺术指导中心等单位领导和专业人员。除此之外，还包括上海市著名舞蹈家、上海市国家一级编导、音乐家协会成员和文艺骨干。强有力的组织和领导结构保证了"上海海派秧歌"的不断创新和发展。

（3）经济保障

上海市陆家嘴街道为推广"海派秧歌"项目，专门设立了《海派秧歌》创编及推广专项资金，包括创编资金、服装道具制作资金、团队扶持资金、宣传推广资金和奖励资金等，每年在"海派秧歌"项目上投入80万元以上，在海派秧歌创作推广过程中提供了持续的经济保障，促使海派秧歌作为街道的品牌项目持续运转。除此之外，陆家嘴街道还争取政府和社会两个层面的资金赞助，政府宣传部门的文化发展基金和赛事冠名权为海派秧歌的发展注入持续的动力。

（4）专业保障

自发性群众体育组织中专业人员数量少，而全民健身赛事的组织和管理工作比较烦琐，经常存在加班加点的现象，工作质量和效率无法保障。为推广上海海派秧歌，给陆家嘴海派秧歌队提供持续的专业支持，将海派秧歌打造成社区体育经久不衰的特色体育项目，上海市各级政府从以下三个方面做好专业保障：一是上海市各级政府邀请上海市和全国知名舞蹈专家组成海派秧歌顾问委员会，邀请知名健美操编导、艺术体操专家、国标舞专家等知名舞蹈专家组成专业创编团队指导海派秧歌创新发展；二是陆家嘴街道以节目创编为抓手，每年新创1~2套节目并编写课程大纲，形成"海派秧歌"系列课程，在上海市范围内推广；三是以抓教学培训和表演示范两个队伍建设为推广契机，提升海派秧歌专业保障能力。

（5）品牌打造

全民健身项目最终的落脚点是健身群众，海派秧歌作为新型的健身技能，上海市各级政府高度重视，以节目展演、海派秧歌学术研讨为契机，促进海派秧歌推广普及，将海派秧歌打造成全国健身名片。一是陆家嘴街道每年在全社区内都会举行海派秧歌比赛，陆家嘴海派秧歌队将代表社区参加上海市社区运动"汇"、一街（镇）一品展演等；二是在上海市各级政府部门的指导下，陆家嘴街道先后举办2003年全国秧歌比赛、2005年上海市海派秧歌比赛等，为广大海派秧歌爱好者搭建了一个互相交流、切磋的舞台；三是举办"海派秧歌"学术研讨会，既有全国性的研讨会，也有邻近省市的联合研讨会，众多舞蹈专家对海派秧歌给予高度评价。

  海派秧歌在短时间风行海内外，成为全民健身"热"项目，有它的"硬"道理。一是海派秧歌由大众舞蹈演变而来，有活力、音律轻松，适合现代都市人审美情趣；二是它受场地、服饰等硬件条件影响小，节目简单而有内涵，颇受大家喜欢。（访谈者：舞蹈专家唐女士）

2. 枢纽型体育社会组织对海派秧歌队的培育方式

（1）政治引领

"党建"引领"社建"是坚持党的宏观领导和体育社会组织依法自治的有机统一。上海市社区体育协会通过承接政府体育公共服务职能，以协调社区体育事务，组织社区体育赛事为协会任务，通过体育交流研究融入党建过程。上海市社区体育协会围绕社区体育发展开展党建工作，以培育社区体育创新精神、塑造社区体育文化凝聚全民健身力量。因此，上海市社区体育协会党支部把党建工作视为生命力工程，充分发挥五大引领作用，以党建创新引领全市社区体育创新发展。上海市社区体育协会负责人高先生对协会党建工作相关内容做了如下介绍。

  协会2015年10月成立党支部，是杨浦区社工委直属支部，2017年成立了工会，在一般的社会组织中，能有党支部的并不多，能有工会的少之又少。我们党支部党建引领有五大方面：一是政治引领，主要是通过俱乐部党组织联建共建学习促进发展；二是方向引领，帮助各个俱乐部找到发展方向；三是观念引领，主要包括社区调研、座谈会、专题教育等；四是文化引领，利用互联网平台开展工作；五是情感引领，围绕群众需求做好配送工作。（访谈者：上海市社区体育协会负责人高先生）

2016年初，上海市社区建设俱乐部达到158家，上海市社区体育协会以社区体育健身俱乐部为纽带，对上海市所有健身团队党建情况进行摸底调查，以社区体育健身俱乐部为单位开展党建联建活动，实现社区体育党建工作全覆盖。

2016年，上海市社区体育协会党支部与静安区临汾街道社区体育健身俱乐部、杨浦区五角场社区体育健身俱乐部开展"两学一做"联组学习，探讨党建工作引领社区体育健身俱乐部全民健身工作与社区如何同步发展。2018年9月，上海市社区体育协会与黄浦、静安、杨浦区部分社区体育俱乐部开展"看改革开放成就，以党建引领社区体育发展"党支部联组学习。

（2）业务指导

上海市社区体育协会作为连接体育行政部门和社区体育健身俱乐部、体育健身团队的桥梁，是上海市社区体育健身俱乐部的联合体，受上海市体育局的委托，履行对上海市社区体育健身俱乐部的业务指导、协调、服务和管理职责。其业务指导内容包括社区体育配送、社区赛事组织和社区品牌赛事建设等方面。

一是开展社区体育合作座谈。上海市社区体育协会每年2—3月邀约意向在社区内提供赛事服务、体育项目推广、社区体育管理服务系统开发、体卫结合服务等项目的公司召开"社区体育合作座谈会"。西可体育、尚体体育、五星体育等20个单位30余名企业/协会负责人参与座谈。上海市社区体育协会向相关单位介绍工作任务和整体思路，以及上海市社区体育的工作职责、存在的短板等方面的现实情况。各企业、组织向上海市社区体育协会介绍本单位专长、特色及希望与社区体育合作或推广的项目，协会整理部分与社区体育紧密相关的本土项目，编入《社区体育工作座谈会资料汇编》，将企业服务送入社区，并在上海市社区体育工作座谈会中进行推广。

二是组织社区体育工作座谈。上海市社区体育协会受上海市体育局委托，编制《社区体育工作座谈会资料汇编》和制定《上海市社区体育俱乐部（协会）工作规范（讨论稿）》，每年3月中旬至4月初，协会会长带领协会骨干，与协会专家组深入上海市17个区的体育健身俱乐部和社区文体中心开展调研工作。调研内容主要包括：学习贯彻当年上海市体育工作会议精神，区社区体育协会联络处工作交流，各个社区体育工作相关问题梳理与反馈，社区体育俱乐部（文体中心）工作交流及建议，社区健身团队建设摸底。协会通过调研，整合社区体育资源、社区体育存在的不足，促进社区体育工作常规开展，从而有利于社区体育联系市民需求及社会资源与社区体育资源对接。

三是开展社区体育评估、表彰。长期以来，我国体育社会组织的评估和表彰工作由民政部门或体育局、体育总会等业务主管部门负责，自上而下的行政管理评价机制会造成专业性欠缺、评估效率低下和客观性欠缺等问题，从而导致体育社会组织缺乏自主性，对政府的依赖性较强。随着上海市各级政府职能转移和服务型政府的构建，上海市体育局每年委托上海市社区体育协会对上海市社区体育健身俱乐部开展创建评估和年度工作评估，对社区体育工作总结和表彰大会进行意见反馈。

上海市社区体育协会为了提高年度评估效果，制定了《上海市社区体育工作表彰评比办法》，确保评优工作的透明性和公平性，每项评选办法都有相应的评价内容、评分细则和权重。基本内容包括：年度优秀社区体育健身俱乐部、社区体育工作先进个人、社区体育服务配送先进个人、社区体育服务配送优秀组织奖、社区体育服务配送组织奖、社区体育联盟赛优秀组织奖、社区体育联盟赛组织奖、社区体育优秀信息员、社区体育优秀先进工作者等9个项目。陆家嘴街道海派秧歌队荣获2017年上海市社区体育"一街（镇）一品"展演优秀组织奖。

四是社区"你点我送"配送机制。协同理论认为，组织管理与服务供给存在碎片化和分散化现象，需要对不同类型的社会组织、政府部门和市场资源进行整合，为服务对象提供整体性和一体化的服务，满足供给对象多样化、个性化的需求。上海市社区体育协会改变社区体育由政府包揽的传统模式，通过体育社会组织力量为上海市民提供多种层次、多种类型的社区体育服务。上海市社区体育协会整合体育资源，配送服务在库讲师和教练员达300人。上海市社区体育协会鼓励推荐社区优秀体育人才加入师资库，方便就近配送，提高配送效率，服务更多人群。涉及配送的所有费用，由政府（上海市体育局）打包购买。上海市社区体育服务配送组织架构如图6-10所示。关于配送费用的具体情况，上海市社区体育协会负责人高先生进行了简单介绍。

每个社区体育健身俱乐部的配送经费由上海市体育局按1万元/年配额，每次健身讲座配送费用800元，健身技能配送200元，超出年度配额的部分费用由俱乐部所在的街道补充支付。（访谈者：上海市社区体育协会负责人高先生）

社区体育配送项目以社区体育健身俱乐部或街（镇）为配送终端，为更好地完成体育配送服务，上海市社区体育协会创新"你点我送"配送供给制度，借助"互联网+"手段建立"上海市公共体育服务配送系统"（配送系统网址：http://oa.sccsa.org.cn/users/sign_in）。配送内容在"上海社区体育"网站（网址：http://www.sccsa.org.cn/）和"上海市社区体育"微信公众号同步更新。协

第六章 政府培育自发性群众体育组织的实践模式与地方个案

会为各社区体育健身俱乐部配备单独的配送账号，俱乐部根据社区健身团队需求通过配送系统登录网站，填写相关信息，点击申报即可（上海市社区体育服务配送流程如图6-11所示）。

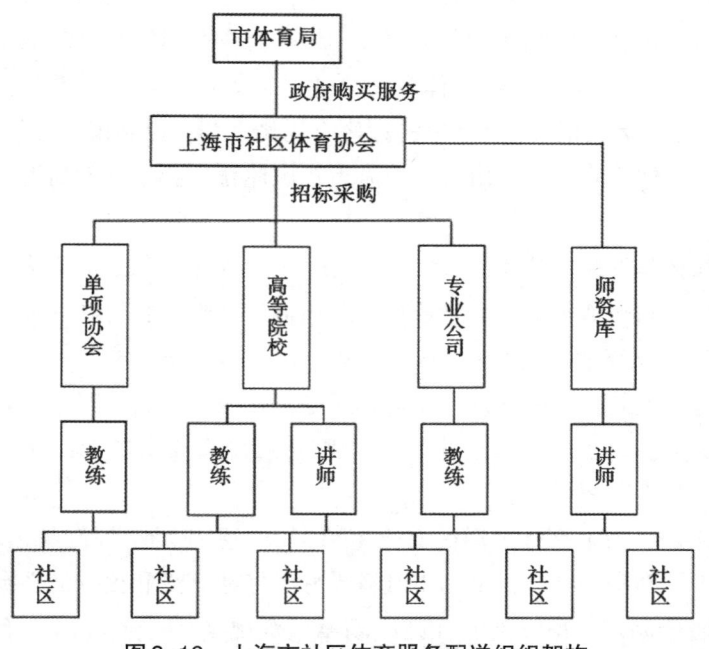

图6-10 上海市社区体育服务配送组织架构

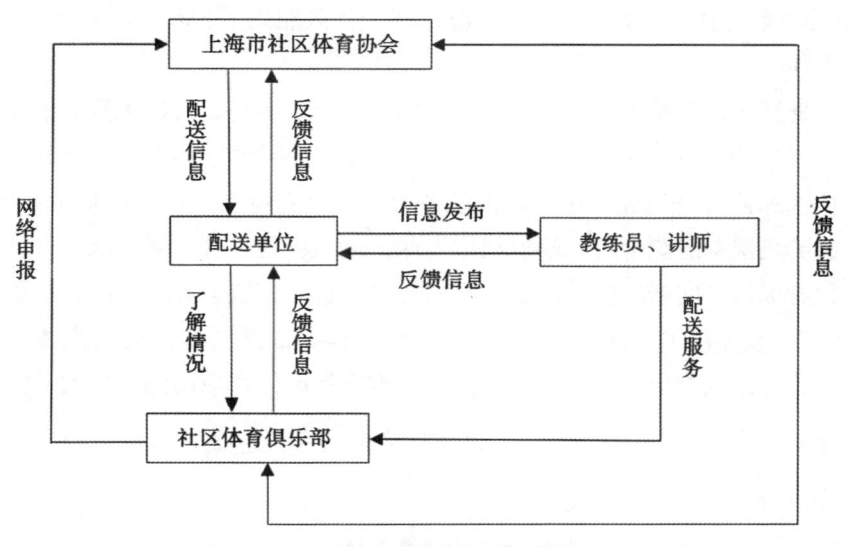

图6-11 上海市社区体育服务配送流程

自发性群众体育组织的政府培育
——理论探索与实践模式

配送项目包括：健身讲座，分为健身方法、健康生活、体育文化三大板块；健身技能培训；青少年体育培训；体育比赛和特色活动组织。

五是社区赛事组织。随着政府职能转变和服务型政府的建设，政府不再是社会管理公共事务和提供公共服务的唯一主体，越来越多的社会组织以自治的形式在各自领域开展组织活动。组织策划多类型全民健身赛事是推动社区体育发展的重要抓手。[1]上海市社区体育协会通过组织社区体育联盟赛、上海市市民运动会"社区运动汇"活动和上海社区广场舞大赛，提高市民参与度。

关于社区体育联盟赛的由来，上海市社区体育协会负责人高先生做了如下介绍：

> 社区体育联盟赛由1个社区或几个社区体育健身俱乐部承办，原来每个健身俱乐部都只是在自己的区域封闭办赛，现在我们要求每一场比赛至少有20支队伍参加，1个社区是组织不起来那么多参赛队伍的。这样赛事组织起来就是市区级别的了，促进了各个区的交流和提高了赛事负责人的沟通能力，这就是"上海社区联盟赛"的由来。（访谈者：上海市社区体育协会负责人高先生）

除此之外，为丰富社区居民文化生活，进一步推动全民健身运动的开展，增强市民科学健身理念，为上海市健身爱好者搭建交流和提升的平台，上海市社区体育协会制定《2017上海社区广场舞竞赛规则（试行）》，并承办了2017年"陆金所杯"社区广场舞系列赛。比赛于2017年5月12日开始，历时三个月，共30场海选比赛和1场总决赛。上海市各个社区组织了586支队伍1万余人参加了比赛。

六是社区体育品牌活动建设。社区体育品牌赛事是获得社区群众信任和推动社区体育持续健康发展的重要法宝[2]，上海市社区体育协会积极创建示范性体育社区和体育特色建设工作，围绕各个社区自身特点，打造体育运动品牌。主要做法是挖掘潜能项目，辐射周边地区；运用社区自身优势资源，以社区群众健身需求为导向开展赛事活动；巩固优势项目，拓展强势项目，打造精品项目——"一街（镇）一品"项目（见表6-3）。体育品牌活动建设以具体项目为依托，通过挖掘群众生活中的体育文化，丰富社区体育新内涵，扩大社区体育影响力。

---

[1] 张祥泰，于清华.上海市社区体育协会发展实录[J].体育科研，2017，38（3）：43-48.
[2] 刘国永，戴健.中国群众体育发展报告（2018）[M].北京：社会科学文献出版社，2018：216.

第六章 政府培育自发性群众体育组织的实践模式与地方个案

表6-3 2017年上海市社区体育"一街（镇）一品"展演目录

序号	项目名称	序号	项目名称
1	奉贤区柘林镇——滚灯	14	奉贤区南桥镇——排舞
2	普陀区宜川路街道——啦啦操	15	黄埔区南京东路街道——彩巾操
3	静安区芷江西路街道——广场舞	16	杨浦区五角场镇——健身操
4	虹口区嘉兴路街道——柔力球	17	黄埔区淮海中路街道——橡筋操
5	闵行区古美路街道——秧歌	18	长宁区华阳镇——抒怀剑
6	青浦区重固镇——健身操	19	浦东新区陆家嘴街道——海派秧歌
7	金山区亭林镇——腰鼓	20	金山区吕巷镇——舞龙
8	崇明区陈家镇——太极拳	21	长宁区仙霞街道——踢踏舞
9	普陀区桃浦镇——手杖操	22	嘉定区马陆镇——练功十八法
10	杨浦区江浦路街道——扯铃	23	静安区南京西路街道——太极拳
11	松江区九亭镇——橡筋操	24	徐汇区斜土路街道——筷子操
12	嘉定区安亭镇——气功	25	宝山区大场镇——健身气功
13	宝山区高境镇——羽毛球	26	青浦区朱家角镇——农具操

资料来源：根据上海市社区体育协会年度资料汇编整理所得。

陆家嘴海派秧歌队在各级政府部门支持下，聚集居民的特长和智慧，把源于北方的海派秧歌编舞等加入江南特色和海派元素，以表演形式创新为重点，逐步形成独具上海特色的海派秧歌。"海派秧歌——上海紫竹调"入选2008年北京奥运会开幕式前表演，现在陆家嘴社区海派秧歌已经名扬海内外，海派秧歌已被国家体育总局纳入全民健身推荐项目，陆家嘴社区体育健身俱乐部则承办从国家级到省市级再到社区级各级别的各类海派秧歌比赛。

（四）海派秧歌队的培育结果

1. 坚持党建引领，创新社区体育

"党建"引领"社建"是各级各类体育社会组织发展的必要条件。"党委领导"区别于传统意义上的领导，其注重引领方向，不插手各级各类体育社会组织内部事务。枢纽型体育社会通过党建引领自发性群众体育组织建设，使各自发性群众体育组织能及时了解党和政府的政策方针，增强党和政府与组织的凝聚力。加强体育社会组织党建工作，对于引领各级各类体育社会组织正确发展方向，促进体育社会组织在体育治理现代化进程中更好地发挥作用，激发组织活力，不断扩大党在体育社会组织的影响力，扩大党的群众基础，增强党的阶级基础，夯实党的执政基础具有重要意义。

上海市社区体育协会作为上海市社区体育团队的连接体，发挥政治引领的具体做法如下：2015年，上海市社区体育协会建立党支部，对全市158家社区体育健身俱乐部和社区健身团队摸底调查，探索俱乐部党组织联建共建，搭建协会党建平台，实现党建工作全覆盖。2016年，协会党支部与杨浦区五角场社区体育健身俱乐部、静安区临汾街道社区体育健身俱乐部开展"两学一做"联组学习，探讨党建工作引领社区体育健身俱乐部全民健身工作与社区如何同步发展。2018年9月，上海市社区体育协会与黄浦、静安、杨浦区部分社区体育俱乐部开展"看改革开放成就，以党建引领社区体育发展"党支部联组学习。

2. 重塑社区体育政社关系，团队活动能力逐步提升

在体育社会组织大发展，协会与行政机关脱钩，充分发挥体育总会等各级枢纽型体育社会组织业务指导功能的大背景下，上海市社区体育协会成为连接上海市社区体育健身团队的纽带和桥梁。一是将上海市社区体育协会建设成社区枢纽型体育社会组织，降低了体育行政部门可能引发的管理失控风险，为社区体育政社关系重塑提供了参考。二是上海市社区体育协会承担业务指导职能，各类自发性群众体育组织定位更加清晰，团队活动能力逐步提升（2016—2019年陆家嘴街道海派秧歌队获奖情况如表6-4所示）。

> 在打造奥运会三分钟的时候，总导演选中了我们节目，他说你们的秧歌非常好，形成了一个秧歌的新的流派。海派秧歌作为上海唯一入选的文艺节目，我们亮相北京奥运会，还参加了世博会的表演。（访谈者：海派秧歌创始人魏女士）

表6-4　2016—2019年陆家嘴街道海派秧歌队获奖一览表

年份	奖 项	获奖等级
2016	浦东新区"金杨杯"社区广场舞复赛	一等奖
	浦东新区"沪东杯"健身秧歌比赛	一等奖
	"多力杯"上海市第二届广场舞大赛总决赛	一等奖
	浦东新区体育特色项目展演	一等奖
	"舞艺非凡、自在人生"第一届"自在卡杯"全国广场舞总决赛	亚军
2017	舞动申城——2017第一届"跳跳舞杯"广场舞大赛总决赛	一等奖
	2017上海金山·全国秧歌舞蹈大会	一等奖
	2017年上海市社区体育"一街（镇）一品"展演	优秀团队
2018	上海市第四届广场舞大赛北片区复赛	一等奖
	上海市第四届广场舞大赛总决赛	二等奖
2019	2019年全国健身秧歌（鼓）大赛	冠军、最佳创意奖

3. 海派秧歌队伍组织能力建设逐步提升

海派秧歌队主管部门和业务指导单位在充分考虑受众面的实情后，合理把握难易尺度，兼顾广场体育健身和舞台舞蹈表演之功用，多方位满足舞蹈者的需求，尽可能地提升作品的适用性、实用性，为社区群众文化活动多做贡献。首先，在进行海派秧歌创编时，明晰健身秧歌的功能定位，遵循国家体育总局制定的编排原理和创编规则；其次，通过多样化步伐创新和秧歌动作相结合，明确符合运动科学规律、人体生理结构、神经控制等专业性要求，要求编排合理有序，满足科学健身需求。

> 海派秧歌在继承传统秧歌的基础上进行了大胆创新，我们保留了传统秧歌的基础动作，并借鉴多种舞蹈语汇和舞蹈形式，形成了"海派特色"的海派秧歌。它是我们在继承与创新、民族与世界、健身娱乐与展演相结合的大胆探索和尝试。（访谈者：海派秧歌创编团队成员赵女士）

为促进海派秧歌的推广普及，街道每年举行各种形式的海派秧歌比赛，先后承办了上海市秧歌大赛、多届全国秧歌邀请赛、国际民间民俗舞蹈大会等大型活动，为广大海派秧歌的爱好者搭建了一个互相交流、切磋的舞台。街道将遵循"文化育人、文化兴区"的指导思想，坚持先进文化的发展方向和"海纳百川、追求卓越"的上海精神，与时俱进、创新发展，创编更多更好的海派秧歌作品，提升海派秧歌的舞蹈水平，为塑造城市精神、提高市民素质、丰富群众的文化体育生活，为社区精神文明建设和社区文化建设做更大的贡献。

目前，在海派秧歌队主管部门和业务指导单位的指导下，海派秧歌先后创编《茉莉飘香》《太湖春韵》《紫竹聆风》《金凤蝶韵》《超级舞林》等8套节目。2017年，海派秧歌市民剧《阿拉女人》以陆家嘴海派秧歌第1—6套规定套路节选为基础，辅以诗歌、杂技、说唱、舞蹈、音乐等多种表演形式，由50多名陆家嘴海派秧歌队队员和社区爱好者担任表演者在上海市进行展演，充分体现海派秧歌在社区之间良好的群众基础。

4. 海派秧歌成为全国全民健身品牌

海派秧歌在推动全民健身活动中充分发挥作用，2004年被正式列为上海市体育健身普及推广项目，2006年成为上海市运动会群众体育单项比赛项目。海派秧歌的推出，不但受到群众广泛欢迎和认可，还得到了各级文化体育部门及社会各界的关注和肯定。随后，海派秧歌被上海市妇联、上海市体育局特别推荐，参加了第二、第三届全国亿万妇女风采展示大赛，并先后获得金奖，同时在2006年山东枣庄及2007年浙江杭州举办的两次全国健身秧歌比赛中获得第一名的好成绩。目前,海派秧歌已被国家体育总局纳入全民健身推荐项目。

> 我一来就是跟着他们打比赛,我自己也搞不清楚拿了多少奖,真的很好。自从4年前加入了陆家嘴海派秧歌队,经常比工作的丈夫忙得更晚。虽然队员平均年龄都超过50岁,可个个身姿挺拔,舞蹈中流露出浓浓的喜悦之情。(访谈者:海派秧歌创编团队成员张女士)

> 姑娘的时候喜欢跳舞,退了休觉得有个地方既可以发挥我们的余热,又能锻炼身体,大家就走到了一块儿。(访谈者:海派秧歌队负责人申女士)

近年来,海派秧歌不断被各方邀请参加各类文化体育活动的交流演出和展示。2004年,海派秧歌舞蹈队赴日本参加中日韩三国民间艺术节演出。此后,日本民间团体还专程派队伍来陆家嘴参观学习。陆家嘴社区先后举办了上海市和全国相关地区学员参加的培训班100余期,有近万人次参加了海派秧歌第1—3套的培训。近年来,海派秧歌舞蹈队也不断派出老师到江苏、江西、福建、广东等多个省市开展辅导培训。

五、小结与思考:枢纽型体育社会组织培育模式的优点及存在的问题

(一)优点

通过对政府和枢纽型体育社会组织参与自发性群众体育组织培育的分析可以看出,在政社合作培育模式下,自发性群众体育组织培育主体呈现多元化,通过政府和枢纽型体育社会组织共同培育形成的合力产生了积极效果。在这一模式下,政府职能部门和枢纽型体育社会组织各有分工,政府部门通过建立枢纽型体育社会组织这一"桥梁"或"纽带",并在政策和资源获取方面提供支持;枢纽型体育社会组织则为自发性群众体育组织提供专业化、系统化的技术支持;被培育的自发性群众体育组织则需在政府和枢纽型体育社会组织的双重支持下,明确组织发展目标,提升活动能力。在实践中,政社合作培育的自发性群众体育组织取得了良好的培育效果。具体表现如下:

1. 从政治意义角度来看,通过枢纽型体育社会组织形成的政社合作培育成为体育治理现代化的新支撑

全民健身是全体人民增强体魄、健康生活的基础和保障。[1]体育社会组织

---

[1] 柳鸣毅.国家体育治理体系和治理能力现代化的思考[J].国家治理,2016(22):34-40.

从"管理"到"治理"过程的转变，是政府主办向政府主导、部门协同和社会共同参与转变。历史经验启示我们，政府承担过多的管理职能，且政府职能部门通常不具备承担专业体育公共服务的能力，会阻碍体育社会组织发展；并且我国基层存在大量活跃的，不具备登记、注册能力的自发性群众体育组织，政府无法直接为其提供正确的业务指导。在健康中国战略、体育强国战略等建设的大背景下，政社合作培育模式肩负促进全民健身事业发展，推动新时代从全面建成小康社会到实现社会主义现代化的重要责任。在政社合作培育模式下，通过枢纽型体育社会组织这一中间载体，以及政府和枢纽型体育社会组织的委托代理关系，解决资源依赖困境，双方各司其职发挥各自资源优势和能力优势，共同培育各级各类体育社会组织，从而促进我国体育治理现代化的实现。

2. 从资源募集能力来看，通过枢纽型体育社会组织形成的政社合作培育促进体育社会组织资源整合

在政社合作培育过程中，政府通过购买枢纽型体育社会组织服务或设立专项培育资金等方式，直接或间接为体育社会组织提供资金支持。一方面，枢纽型体育社会组织能充分运用体制资源，将政府资源和自发性体育社会组织对接，促使政府资源配置的合理利用；另一方面，枢纽型体育社会组织能更好地整合政府以外的资源，包括来自赛事赞助企业等其他社会力量的支持，解决自发性群众体育社会组织发展过程中存在的资源匮乏问题。例如，上海市社区体育协会经费来源主要包括政府购买服务费用、会员收费、以奖代补奖金、赛事赞助经费、课题经费等。其中，政府购买服务费用为协会管理费，40万元/年。会员收费按照一个社区体育健身俱乐部2000元/年的标准收取。以奖代补奖金根据每年情况不同有所差异，2017年，协会获得体育社会组织新兴组织奖，奖金20万元；2018年，协会获得创新突破奖，奖金30万元；2017年初，协会承担国家体育总局课题"新形势下城市社区体育健身俱乐部发展与建设——以上海市为例"，课题经费20万元。

3. 从组织发展角度来看，通过枢纽型体育社会组织形成的政社合作培育促进体育社会组织数量持续增长、质量不断提升

长期以来，我国体育社会组织发展是在政府部门的推动下建立的，虽有部分"名不副实"的体育社会组织，但也真正培育产生了一批能承担社会服务功能、能独立承担政府转移职能的体育社会组织。在政府和枢纽型体育社会组织的共同培育下，自发性群众体育组织的数量持续增长。例如2019年底，上海市共有在册体育健身团队53888个，其中社区体育健身团队41184个、学生体育社团12704个。每1000人平均拥有固定健身团队2.22个，健身团队数量近五年年均增长8.4%。

在政社合作培育模式下，满足市民多元化的健身需求，让体育社会组织在社会中发挥最大作用是具有战略意义的现实问题。枢纽型体育社会组织通过承接政府购买服务对自发性群众体育组织进行培育，将培育客体能力建设作为必备条件，枢纽型体育社会组织和自发性群众体育组织发展质量均得到有效提升。例如上海市社区体育协会培育成立178家社区体育建设俱乐部，通过"五大引领"开展上海市社区体育党建活动，海派秧歌队多次获得国家级、省市级展演奖励。

4. 从培育效果来看，政社合作培育模式促进体育社会组织专业性、自主性发展

自发性群众体育组织培育是一项专业性工作，行业专业知识、专业指导能力、把握体育社会组织成长规律能力是培育主体的基本能力，只有专业的团队才能培育具备专业性的自发性群众体育组织。专业人才队伍建设是卓越工作团队的基础，也是各级各类体育社会组织，特别是活跃在基层的自发性群众体育组织开展活动和维持生存与发展的基本动力及手段。例如上海市社区体育协会除了有协会的专职人员外，还吸纳了上海市部分高校体育专业学生到协会从事服务工作，协会建立了以上海市体育院校和各大学体育部师生、医务工作者、市级体育单项协会教练和裁判员、部分经营性健身机构和体育爱好者为主体的师资库，负责社区体育讲座和技能配送，在库讲师和教练员达300人。在培育过程中，枢纽型体育社会组织能运用专业方法对民众健身需求、组织能力建设、健身项目实施与科学方法指引给予全程指导；政府部门是枢纽型体育社会组织培育的购买方，政府委托的枢纽型体育社会组织均是具备独立法人资格的体育社会组织，其对下级体育社会组织进行业务指导具备独立性，组织决策机制具备完全独立性，政府通过赋予培育权利、业务指导和第三方评估表彰等，确保组织独立自主开展活动。

（二）存在的问题

1. 效果问题：基本形成市、区两级枢纽型体育社会组织，但整体作用发挥不足

根据上海市社区体育实践探索，从基本数据来看，上海市社区体育初步形成"1+178+N"两级社区体育枢纽式治理格局（其中，"1"代表上海市社区体育协会，"178"代表178个社区体育健身俱乐部，"N"代表上海市社区健身团队）。

从体育社会组织治理结构来看，部分街道健身俱乐部虽结构完整，但存在工作任务临时性、顺带性特点，运行机制较为传统化和行政化，难以充分发挥枢纽型体育社会组织的作用，对自发性群众体育组织的培育力度不够，导致培育成效不足。

2. 资金问题：资金渠道单一，限制了枢纽型体育社会组织的可持续发展

当前，枢纽型体育社会组织的活动资金主要是政府购买服务方式提供支持和单位会员会费收入，自创收入及接受捐赠的比例寥寥无几。然而，政府在购买枢纽型体育社会组织服务中存在诸多问题，例如，购买的费用额度较小，政府支付的购买费用往往与枢纽型体育社会组织提供的劳动不对等（如政府常常在一项服务完成后，再支付剩余的购买费用，那么在这之前，部分枢纽组织不得不垫付一些资金），即购买费用的支付方式影响了各级枢纽型体育社会组织的正常运行等。

此外，公共体育服务购买的内容以政府主管部门内部决策为主，缺乏一定的调研，自下而上地听取民众意见不足，存在政府购买的体育服务与民众体育需求相违背的现象。这使枢纽型体育社会组织大多数时间只是在完成政府的任务，而不是提供民众需要的体育公共服务，从而影响枢纽型体育社会组织的影响力和号召力。

3. 党建问题：党建引领作用还未完全发挥

我国正处于全面深化改革的关键时期，党建工作成为全面从严治党背景下加强基层社会组织的重要部署。枢纽型体育社会组织作为推进体育治理现代化的重要力量，其党建工作对于引领体育社会组织正确发展方向，激发体育社会组织活力有重要意义。[①]枢纽型体育社会组织党建引领作用未完全发挥，主要体现在三个方面：一是组织党员人数达不到成立党组织的基本条件；二是自发性群众体育组织多数为非正式组织，组织成员多为退休职工，其党组织关系多在社区街道，健身团队不具备党建条件；三是党组织的党建引领作用不明显，党建活动常以走访慰问、交流座谈和组织学习为主，不能为枢纽型体育社会组织和自发性群众体育组织带来很大效益。

4. 边界问题：政社分开仍未有效解决

我国社会组织治理的关键是加快推进政社分开。枢纽型体育社会组织应当发挥业务指导职能，与政府明确分工后，两者之间通过建立互利共赢、相互合

---

① 中共中央办公厅.中共中央办公厅印发《关于加强社会组织党的建设工作的意见（试行）》[EB/OL].（2015-09-28）[2022-09-12]. http://www.gov.cn/xinwen/2015-09/28/content_2939936.htm.

作的伙伴关系共同管理体育事务，在政府监督下形成"以社管社"的现代化体育治理格局。随着政府职能的转变和服务型政府的构建实践，枢纽型体育社会组织建设与发展是政社分开迈出的一大步，但在实际管理过程中，政社分开还未有效解决。例如各级体育总会和体育局还是"两块牌子一套班子"，体育总会的机构设置仍保留在事业单位序列中，体育总会常设办事机构秘书处仍然是体育局的下属单位，体育总会部分职能与体育局群体部门职能重合。如上海市社区体育协会由杨浦区四平社区体育健身俱乐部、浦东新区洋泾社区体育俱乐部等4个社区体育健身俱乐部联合发起成立，其成立方式虽为"自下而上"，但协会相关经费并不能独立使用，须经市体育局群体处秘书长审批之后方可使用。

此外，枢纽型体育社会组织工作方式行政化问题未完全解决，工作内容仍以政府主导为主，存在机构履职模糊、人员职责不清晰等问题。此种政社不分的管理局面导致政府部门与枢纽型体育社会组织边界模糊，同时限制了枢纽型体育社会组织的自主发展空间，与社会组织独立的原则相违背。长此以往，会导致枢纽型体育社会组织的职能不能完全发挥，发展路径易导致组织自身功能的"错位"。

第七章

政府培育自发性群众体育组织的政策建议与实践方略

自发性群众体育组织的政府培育
——理论探索与实践模式

党的十九大和十九届四中全会对社会组织的责任与使命进行了明确的阐述，强调发挥社会组织的作用，推动社会治理重心向基层下移，打造共建共治共享的新型社会治理格局。[①]党的二十大报告中进一步强调了基层社会组织的重要性，明确提出要"健全城乡社区治理体系，及时把矛盾纠纷化解在基层、化解在萌芽状态"[②]。

自发性群众体育组织如果能够在政府的培育下健康有序地发展，为广大群众提供质量更高的体育公共产品及服务，满足人民日益增长的多元化体育需求，这将对推动社会治理重心向基层下移，打造共建共治共享的新型社会治理格局具有重要意义。本章将从培育原则、政府培育主体、自发性群众体育组织培育客体三个层面解释政府培育自发性群众体育组织的方式。

第一节 政府培育自发性群众体育组织的基本原则

一、培育首位原则

服务型政府的建设，明确了自发性群众体育组织与政府之间不是附属关系，政府不是管制自发性群众体育组织，而是要为自发性群众体育组织服务。长期以来，我国在自发性群众体育组织管理机制上表现出的限制约束机制较强，而培育扶持机制较弱，我国相关政策法规的重心都在于规范和约束社会组织的登记行为与日常活动，而对于社会组织政策支持、税收制度、社会保障等核心内容很少涉及。[③]因此，政府培育自发性群众体育组织，首先，需要使自发性群

---

① 习近平.决胜全面建成小康社会 夺取新时代中国特色社会主义伟大胜利：在中国共产党第十九次全国代表大会上的报告[EB/OL].(2017-10-27)[2022-09-12].https://www.mca.gov.cn/n152/n162/c82901/content.html.
② 习近平.高举中国特色社会主义伟大旗帜 为全面建设社会主义现代化国家而团结奋斗：在中国共产党第二十次全国代表大会上的报告[EB/OL].(2022-10-25)[2022-12-15].https://www.gov.cn/xinwen/2022-10/25/content_5721685.htm.
③ 汪流，李捷.北京市体育社会组织发展现状与对策[J].体育文化导刊，2010(8)：4.

众体育组织具有独立性，改变过去一直以来对自发性群众体育组织的约束；其次，要把培育自发性群众体育组织作为加强自发性群众体育组织建设工作的首要任务，指导和监督自发性群众体育组织的建设，使自发性群众体育组织建设走上规范化的道路；最后，有针对性或有倾向性地（如降低登记要求、给予备案、以奖代补等）出台一些促进自发性群众体育组织发展的政策和规定。

二、重点培育原则

自发性群众体育组织的种类较多，而政府管理的资源有限，社会需求的强弱程度有差别，因此不可能对自发性群众体育组织所有类型都采取政府培育的政策措施，只能根据轻重缓急，分门别类和有重点地培育。

这一点在涉及自发性群众体育组织发展的一些政府文件中表达得非常明确。例如，1986年，国家体委发布的《关于体育体制改革的决定》提出的"恢复、发展行业体协和基层体协，放手发动全社会办体育"；1993年，《国家体委关于深化体育改革的意见》提出加快运动项目协会实体化步伐，建立具有中国特色的协会制，充分发挥协会的作用，积极推动建立基层体育组织，鼓励社会各界兴办群众性的体育组织。由此可见，行业体协、基层体协、群众性体育俱乐部等群众体育组织的培育得到了政府的重视。此后，2009年，国务院颁布的《全民健身条例》以立法形式将培育发展群众体育组织作为一项权利向全民提供，"国家推动基层文化体育组织建设，鼓励体育类社会团体、体育类民办非企业单位等群众性体育组织开展全民健身活动"，体育类民办非企业单位、基层体育组织成为这个时期的培育重点。2011年，国务院颁布实施的《全民健身计划（2011—2015年）》要求市（地）、县（区）普遍建有体育总会，单项体育协会，行业体育协会及老年人、残疾人、少数民族、农民、学生等体育协会，促使社区体育俱乐部、青少年体育俱乐部、妇女健身站（点）有了较大发展。2012年，国务院颁布的《国家基本公共服务体系"十二五"规划》中把"健全基层全民健身组织服务体系，扶持社区体育俱乐部、青少年体育俱乐部和体育健身站（点）等建设"确定为"十二五"期间发展群众体育的重点任务，再次强调了对各类体育协会、基层体育组织的培育。2016年，国务院颁布的全民健身计划（2016—2020年）要求"加强对基层文化体育组织的指导服务，重点培育发展在基层开展体育活动的城乡社区服务类社会组织，鼓励基层文化体育组织依法依规进行登记"，在基层开展体育活动的城乡社区服务类社会组织成为培育重点。2019年，党的十九届四中全会做出了"坚持和完善共建共治共享的社会治理制度"，"构建基层社会治理新格局"的重要战略决策，作为中国特色社会主义制度建设的重要内容，重点培育和扶持基层自发性群众体育组织又有了新的政策依据。2021年7月，国务院最新颁布的《全民健身计划（2021—2025年）》再次强调要"重点加强基层体育组织建设"，"对队伍稳定、组织活跃、专业素养高的'三大球'、乒乓球、羽毛球、骑行、跑步等自发性全民健身社会组织给予场地、教练、培训、等级评定等支持"[1]，特别提出了对"自发性全民健身社会组织"的支持。在基层自发性群众体育组织中，未登记的组织数量最多，应"重点培育发展城乡基层社区未登记体育社会组织，这类组织数量最多作用最直接，最需要关注扶持"[2]。2022年，党的二十大报告明确提出"健全城乡社区治理体系，及时把矛盾纠纷化解在基层、化解在萌芽状态"[3]，进一步为政府重点培育和扶持基层自发性群众体育组织提供了依据。

重点培育一些符合社会急需的自发性群众体育组织，可以节省政府的培育成本，提高自发性群众体育组织发展的效率，同时使自发性群众体育组织最大限度地获得社会公众的认可，取得更广泛的社会支持。

三、培育管理与指导监督相结合的原则

社会组织管理的两个主要任务是培育与监督，因此在培育自发性群众体育组织的工作中，要坚持培育管理与指导监督相结合的原则，完善培育扶持和依法管理自发性群众体育组织的政策。一方面，要培育发展自发性群众体育组织，鼓励社会力量兴办体育类民办非企业单位；发挥各类自发性群众体育协会、群众性体育俱乐部等体育社团的社会功能，为经济社会发展服务；鼓励和发展公

---

[1] 国务院.国务院关于印发全民健身计划（2021—2025年）的通知[EB/OL].（2021-08-03）[2022-09-12]. http://www.gov.cn/zhengce/zhengceku/2021-08/03/content_5629218.htm.
[2] 刘国永,裴立新.中国体育社会组织发展报告（2016）[M].北京：社会科学文献出版社,2016.
[3] 习近平.高举中国特色社会主义伟大旗帜　为全面建设社会主义现代化国家而团结奋斗：在中国共产党第二十次全国代表大会上的报告[EB/OL].（2022-10-25）[2022-12-15].https://www.gov.cn/xinwen/2022-10/25/content_5721685.htm

益性的自发性群众体育组织，促进体育公益事业的发展；发挥社区全民健身站（点）等基层自发性群众体育组织在社区建设中的积极作用。另一方面，要对自发性群众体育组织进行管理监督，引导各类自发性群众体育组织加强自身建设，提高自律性和诚信度，不断提升自发性群众体育组织的公信力。对正式的自发性群众体育组织可以通过年度检查、章程监督、财务审查、税务审查、评估监督、内部管理监督、行政处罚等途径进行监督管理，通过对违法违规自发性群众体育组织的惩罚，减少自发性群众体育组织的违法行为；对非正式的自发性群众体育组织推行备案制度，使大量活跃于社区、为基层群众服务但又不具备法人条件的组织能够取得合法地位并进入政府的管理视野。

四、依法自治和有序发展的原则

由于现阶段我国的自发性群众体育组织尚处于形成和发展的初期，组织内部的治理机制并不完善，政府的培育可以在一定程度上帮助组织建立起民主的治理结构，从而有利于更好地实现其自治性。[①]政府在培育自发性群众体育组织的过程中，一方面需要重视增强自发性群众体育组织的自治能力，另一方面需要引导自发性群众体育组织健康发展。

依法自治要求自发性群众体育组织在法律法规范围内按照章程规定的治理结构独立运作，按照依法核准的业务范围开展活动，实行自我管理、自我发展、自我服务。自发性群众体育组织的自治要完善内部治理结构，增强自发性群众体育组织运转的高效性；完善会员（代表）大会、理事会、监事会制度，实行决策、执行、监督分离；建立民主选举、民主决策、民主管理、民主监督的自治机制；坚持非营利性原则，确保社会组织依照宗旨在核准的业务范围内开展活动；坚持公益性原则，建立自发性群众体育组织信息披露制度，推行服务承诺制，增强诚信和守法意识，自觉接受社会监督，提高社会公信力；坚持公正性原则，公平公正地提供服务、履行职能，规范各类服务收费、发牌认证、评比表彰、颁奖命名等活动；制定行业规范，开展行业自律，加强诚信建设，倡导合法经营，维护市场秩序。

有序发展要求对自发性群众体育组织实行分类指导，重点培育，坚持引导

---

① 郑琦.论公民共同体：共同体生成与政府培育作用研究[M].北京：中国社会出版社，2011：122.

扶持。对自发性群众体育组织登记放宽条件，降低门槛，进一步简化自发性群众体育组织登记程序。遵循自发性群众体育组织发展的特点和规律，尊重参与者意愿，引导自发性群众体育组织为群众提供多层次的体育服务，扶持发展社会急需、群众参与性高的自发性群众体育组织。按照社会组织自治的要求，引导自发性群众体育组织健康发展。

五、简化程序原则

我国现行的适用于自发性群众体育组织的三部行政法规《社会团体登记管理条例》《民办非企业单位登记管理暂行条例》《基金会管理条例》和两个部门规章《民办非企业单位登记暂行办法》《体育类民办非企业单位登记审查与管理暂行办法》对自发性群众体育组织的管理都有严格规定，准入门槛较高，很多基层自发性群众体育组织达不到条例规定的成立登记条件，难以取得合法身份。[1]

为了大力培育扶持社会组织发展，国务院提出四类社会组织可以直接向民政部门依法申请登记，不再需要业务主管单位审查同意，[2]因此，为了满足体育发展的需求，在重点培育自发性群众体育组织过程中，有必要在遵守条例基本精神的前提下，根据国家有关政策的规定采取降低门槛、简化程序的办法，使重点培育的自发性群众体育组织能够较好地接受政府的服务，解决自发性群众体育组织发展中所遇到的困难。对不具备法人资格的自发性群众体育组织，可采取街道、乡镇备案的方法，允许这些自发性群众体育组织开展活动，满足当地人民群众对体育发展的需要。

六、单一培育与复合培育相结合原则

由于自发性群众体育组织的培育，从政府管理部门来看，不仅与业务主管单位、登记管理机关有关，而且与监察、宣传、税务、财政、审计、公安、物价、技术监管、工商管理等部门有关，还会涉及各类市场组织和其他社会组织，

---

[1] 周结友.体育社会组织承接政府职能转移中存在的问题及对策[J].体育学刊，2014，21（5）：36.
[2] 国务院.关于国务院机构改革和职能转变方案的说明[EB/OL].(2013-03-10)[2022-09-12].http://www.gov.cn/2013lh/content_2350848.htm.

因此，培育自发性群众体育组织时，在依靠政府单一部门培育的基础上，各管理部门和各社会力量联合培育，使培育自发性群众体育组织的政策措施有一定的系统性和合作性。同时，政府还要与其他社会组织和企业一起合作培育自发性群众体育组织，使政府单一培育与复合培育有机结合，保证培育措施切实可行。

第二节 政府培育自发性群众体育组织的政策建议

一、理念层面

（一）政府要切实转变对自发性群众体育组织的观念和心态，重视对自下而上的民间体育力量的培育

思想是行为的先导，观念决定行动，如何看待和认识自发性群众体育组织，是政府采取措施和行动的前提。生成路径、发育程度和运作模式的不同，在很大程度上决定了自发性群众体育组织所承载的功能、所发挥的作用不同。自上而下的体制内体育社会组织的发生背景和独特的演化路径，决定了其与自下而上的体制外自发性群众体育组织不同的特性。虽然我国各级各类体制内体育社会组织在章程中明确自己在政府、社会、个人之间起桥梁和纽带作用，但这个桥梁往往是单向的。长期以来的"官本位"思维，影响了它们组织目标的应然方向。组织目标的偏离决定了其在很大程度上忽视了人们的现实体育需求。[1]群众体育日益多元化的发展需求及自发性群众体育组织贴近群众现实生活的基本特征，要求我们重视自下而上的民间力量，政府部门应从治理体系建设的高度充分认可自发性群众体育组织在体育发展中的价值及公共体育服务体系中的重要地位，把自发性群众体育组织看作治理体系中不可或缺的重要主体，看作

---

[1] 汪流，李捷.社区草根体育组织：生存境遇及未来发展[J].武汉体育学院学报，2011，45（2）：17-21.

自发性群众体育组织的政府培育
——理论探索与实践模式

政府开展合作、提供服务的重要依托，看作需要培育扶持的重要对象。有了这样的理念和认识，政府才能更好地采取有力有效的措施培育扶持自发性群众体育组织的发展。

自发性群众体育组织的蓬勃发展是中国公民社会发展壮大、社会活动自组织能力提升和政治改革、经济转型的结果。尽管自发性群众体育组织在发展过程中也会存在一些消极作用，但其具有的积极作用是主要的。同时，很多自发性群众体育组织虽然不具有法律合法性，但是它们具有社会合法性、政治合法性，部分该类组织具有行政合法性，[①]然而一些政府部门脱离公民社会的发展趋势，没有看到或不愿正视这些具有一定自主性的公民社会组织的迅速崛起。改革开放以来对社会组织的三次清理整顿，造成了政府中的一些人对社会组织产生了根深蒂固的负面认识，使社会组织的发展受到"怕、阻、压、限"等防控思维的不当影响。由于对社会组织发展及对社会组织培育的认识不足，我国社会组织在制定培育政策、落实工作方面相对薄弱。因此，增强自发性群众体育组织的主体地位要求政府部门牢固树立治理理念，坚决摒弃"高人一等"的观念，改变"不承认、不干预、不取缔"的"三不"态度，认识到政府与社会的合作关系，以及自发性群众体育组织所拥有的独特优势，从而更加重视、信任、支持自发性群众体育组织的发展，采取多种政策工具做好自发性群众体育组织的培育工作。同时，要提升信任厚度。体育行政部门工作人员需要正确理解自发性群众体育组织的功能与内涵，深刻认识自发性群众体育组织的"安全阀"作用，破除"社会组织恐惧症"，以更加开放的心态，主动加强与自发性群众体育组织的互动与协商，通过沟通交流化解矛盾与误解，塑造信任关系，增进合作与互惠。

（二）大力培育自发性群众体育组织，与政府建立平等的合作型关系

我国自发性群众体育组织与政府的关系将由控制型关系—依附型关系—政府主导下的合作型关系，最终走向平等的合作型关系。

从路径依赖的角度来看，目前，我国自发性群众体育组织依然需要依附政府的资源发展，而政府也需要通过培育自发性群众体育组织参与公共体育事业来实现政府职能改革与转变，但这种依附型关系会随着政府职能转移的加快与社会体制改革的深化及自发性群众体育组织的成长而变化，并经历由政府主导

[①] 张金桥.我国自发性体育社会组织的合法性及其发展中的政府职责[J].天津体育学院学报，2013，28（3）：213-218.

下的合作型关系到平等的合作型关系的转变。

自发性群众体育组织与政府之间的合作应该是基于双方相对独立、互动互补的基础上。如果自发性群众体育组织缺乏独立性，那么其在与政府的合作中会受到束缚和限制，这偏离了真正意义上的合作轨道；相反，如果自发性群众体育组织不承担或只承担政府的部分社会责任，那么在政府部分退出社会领域时，社会会因出现空缺而失去平衡。因此，只有政府与自发性群众体育组织之间建立起相对独立的互动合作关系，双方才能实现共赢，进而促进构建公民社会，形成共建共治共享的新型社会治理格局。

因此，政府要把自发性群众体育组织看作平等的合作伙伴、对等的合作主体，而不是呼来喝去的伙计。在合作过程中，政府对待自发性群众体育组织的态度应是尊重、支持的，并逐渐与自发性群众体育组织形成同向、同心、同利的合作关系。风险共担型的合作关系是未来的主流管理模式，在这种模式下，合作伙伴比较重视成功、成效及解决问题的方法。[①]因为真正的合作伙伴关系，不仅可以帮助政府，而且作用也会更加明显，这也与正在形成中的治理体系和管理模式相符合。

这一关系的形成，离不开政府对自发性群众体育组织的培育，但政府培育的力度将会逐渐发生改变，从近期的加强政府培育，到中期的转向政府支持，最终"培育"逐渐淡化，自发性群众体育组织的自我发展能力形成，与政府建立起平等的合作型关系。

二、制度层面

（一）积极探索新的培育制度

1. 探索建立自发性群众体育组织培育孵化制度

近年来，政府对各地及整个社会在社会组织培育方式的创新方面更加包容和支持。大多数社会组织的能力较弱，难以充分发挥其积极作用，面对这种困境，2011年，《民政事业发展第十二个五年规划》首次提出要推动各级社会组织孵化基地的建立，为社会组织的发展及其积极作用的发挥提供场地支持和指导服务，积极培育、扶持、孵化在各个领域中有发展潜力并且社会需要的社会组织。2016年8月，中共中央办公厅指出，鼓励并支持各地区建立社会组织孵

---

① 戈德史密斯. 网络化治理：公共部门的新形态[M]. 孙迎春，译. 北京：北京大学出版社，2008：13.

自发性群众体育组织的政府培育
——理论探索与实践模式

化机制，设立孵化培育资金，建设孵化基地，再次强调了建立社会组织孵化制度的重要性。①本书案例研究结果也证明，公益组织孵化器对于初创期的自发性群众体育组织发展具有重要的推动作用。截至2017年，全国已经建成1400家公益组织孵化器，并以每年15%的速度增加。公益组织孵化器的快速繁殖源于自身的社会价值，更离不开政府的支持与引导。②但目前我国公益组织孵化器主要由民政部门建立，培育对象是各类社会组织，自发性群众体育组织能够进入孵化器进行培育的机会很少，相比于其他类别的社会组织，自发性群众体育组织自身能力较弱，更需要建立培育孵化制度。因此，各级体育部门可利用体育场馆的附属设施，主导建立集孵化培育、资源共享、公共服务、诉求表达等功能于一体的体育社会组织综合服务平台。其主要目的是培育能力较弱、尚处于起步阶段的公益型、服务型的自发性群众体育组织，通过人员培训、战略规划、政策引导、能力建设、项目引介、委托承接等方式方法及专项服务，积极构建创投平台，解决资金、场地与政策等方面的难题，孵化培育自发性群众体育组织，推动自发性群众体育组织的发展。

2. 建立健全政府购买体育公共服务制度

政府购买体育公共服务作为政府培育体育社会组织的一种有效制度，现阶段已屡见不鲜。政府购买体育公共服务制度是根据政府采购法的规定，政府在将部分公共职能外包给体育社会组织时，通过合同形式确定政府和体育社会组织之间的关系，由后者按照约定的特定对象提供公共服务，而由政府去买单的活动。但政府购买服务也是有条件的。自发性群众体育组织获得政府购买的机会非常少，一方面，尽管其数量在不断地增加，但多数自发性群众体育组织缺乏专业的技术、人才、经费，造成承接政府购买服务的能力不足而难以满足政府购买的条件。另一方面，政府在购买过程中，倾向于与有"官方"背景的体育社会组织进行合作。此外，政府部门还倾向于寻找自己"圈内"熟悉或有稳定联系的体育社会组织购买公共服务，原因是多数购买服务的政府部门在管理与监管方面能力不足，为了确保购买服务的质量，通常需要有固定联系的社会组织。③因此，政府应建立健全体育公共服务购买制度，把建立体育公共服务

---

① 中共中央办公厅，国务院办公厅. 中共中央办公厅 国务院办公厅印发《关于改革社会组织管理制度促进社会组织健康有序发展的意见》[EB/OL]. (2016-08-21) [2022-09-12]. http://www.gov.cn/xinwen/2016-08/21/content_5101125.htm.
② 黄晓勇. 中国社会组织报告（2018）[M]. 北京：社会科学文献出版社，2018：97.
③ 黄晓春. 中国社会组织成长条件的再思考：一个总体性理论视角[J]. 社会学研究，2017，32（1）：101-124.

购买制度作为构建完善的公共体育服务体系和促进政府职能转变的重要举措加以推进；尽量为那些具备为社会提供公共服务能力的自发性群众体育组织提供机会，通过购买公共服务的方式，扶持、资助自发性群众体育组织。自发性群众体育组织应该积极联系有关政府部门，充分发挥自身在群众性体育活动的组织与实施、群众体育竞赛组织与管理、健身技能再培训、国民体质测试及指导服务等方面的优势，把握住政府购买体育公共服务的机会，力争成为政府购买体育公共服务的对象。

3. 探索公益创投的社会投资方式

公益创投是社会资本从事公益事业的新渠道。2014年，《国务院关于促进慈善事业健康发展的指导意见》明确规定"地方政府和社会力量可通过实施公益创投等多种方式，为初创期慈善组织提供支持"，随后，上海、江苏、浙江、广东等地均出台相关政策支持公益创投的开展。公益创投是指公益机构与公益社会组织合作，通过为其提供管理和技术支持，促进公益社会组织发展的一种社会投资方式。近年来，许多一线城市开始举办市级、区级公益创投大赛，市级政府拨给公益创投比赛的资金也越来越多，公益创投通过项目运作、创意投标及第三方评估等方式，培育公益性社会组织，促进公益性社会组织规范治理，提升公益性社会组织的服务能力，推动社会发育与成长。公益创投与政府购买有共性特征，但也具有差异性，政府购买的实施主体是政府，而公益创投的投资者包括政府、企业、基金会和私募公司等。本书关于公益创投模式培育不同成长周期中自发性群众体育组织的研究案例结果也证明，公益创投通过给予自发性群众体育组织资金、能力培育、战略规划、宣传等方面的支持，组织获得了不同程度的能力提升。同样，目前我国公益创投也主要是由民政部门发起的，因此各级体育部门也可采用公益创投的方式，与公益机构合作，吸纳社会资金，设立专门的支持体育社会组织发展的公益创投资金和项目来培育自发性群众体育组织。在政府资金来源方面，如政府可创新、延伸体育彩票公益金使用方式，利用"体育彩票公益金"作为种子基金，通过公益创投的方式培育自发性群众体育组织，提高体育彩票公益金使用效率，扩大社会影响力，提升体育彩票公益形象；同时也可推动政府购买公共服务理念的提升，建立政府和社会组织合作共赢的新机制，创新社会管理。

4. 重视制定实施扶持政策

重视政策支持，降低自发性群众体育组织准入门槛。对在城乡社区开展全民健身活动的自发性群众体育组织，采取降低准入门槛的办法，支持鼓励其发展。对符合登记条件的自发性群众体育组织,优化服务,加快审核办理程序,并简化登记程序。重点培育城乡基层社区未登记自发性群众体育组织,对达不到登记条件的自发性群众体育组织,探索协同民政及基层组织实行未登记自发性群众体育组织备案制管理办法;协同乡(镇、街道)尝试将基层未登记自发性群众体育组织纳入城乡社区管理和公共服务的综合性平台,探索建立以社区服务中心、乡镇综合文化站为自发性群众体育组织依托平台的运行管理机制;建立社会体育指导员进站点指导体育活动的制度,引导城乡健身站点以团体会员身份参加单项体育协会和人群体育协会。

重视资金支持。各级体育部门应当积极探索利用本级体育彩票公益金或推动财政资金建立体育社会组织专项资金和体育社会组织公益项目创投基金,切实加大扶持力度。购买体育公共服务并不是政府唯一支持体育社会组织的方式。因为购买体育公共服务对体育社会组织的资质有很高要求,当前许多自发性群众体育组织并不具备承担购买体育公共服务的资质和能力,所以应当建立一种扶持资金资助制度,其主要目的是促进自发性群众体育组织自身的能力建设和发展。如运用以奖代补的方式,既可以对社会服务、人才培育、管理规范和优秀赛事等方面表现突出的正式的自发性群众体育组织进行奖励,[1]也可以对非正式的自发性群众体育组织和优秀体育活动站点进行奖励。财政资金或彩票公益金应该协调兼顾公共体育服务购买和对自发性群众体育组织资助两者间的关系。应该重视加强对自发性群众体育组织人才队伍建设的政策制定,改善自发性群众体育组织的人员待遇,与相关部门协同落实公益性捐赠及对社会组织自身收入免税等政策。

(二)综合运用多种政策工具对自发性群众体育组织进行整体培育

政府不能过于依赖某种单一化的政策工具,而应该有大量政策工具及多种选择来发展和培育自发性群众体育组织。更加具有针对性、个性化的政策工具组合应该取代单一化的政策工具。政府可以拨款或补贴从事公共服务活动的私人或非营利组织,也可以全部或部分支持那些有益于社区,但地方政府基于种种原因无法亲自进行的活动。[2]

---

[1] 上海市体育局.上海市体育局关于印发《2017年上海市市级体育类社会团体专项资金奖励意见》的通知[EB/OL].(2017-11-16)[2022-09-12].https://www.shanghai.gov.cn/nw12344/20200814/0001-12344_54159.html.

[2] 罗伯特·登哈特,珍妮特·登哈特.公共行政:一门行动的学问[M].谭功荣,译.北京:北京大学出版社,2013:91.

第七章　政府培育自发性群众体育组织的政策建议与实践方略

培育扶持自发性群众体育组织的大政策目标需要细化为小的、更具有操作性和阶段性的目标，并且需要采取具有很强针对性和有效性的政策工具推动落实。例如，可以根据自发性群众体育组织的不同阶段，采取针对该阶段更适合其发展的政策工具。在自发性群众体育组织孕育和初创阶段，可以更多采取孵化和补贴措施，这在本书中关于公益组织孵化器培育初创期自发性群众体育组织的案例中可以反映出其有效性；在自发性群众体育组织成长发展阶段，可以采取补贴和扶持等措施，如案例中利用公益创投培育扶持自发性群众体育组织的研究；在自发性群众体育组织相对成熟独立阶段，可以更多采取购买服务和扶持等措施。同时，对于未登记的自发性群众体育组织进行备案管理，可以采取补贴和奖励等措施，如案例中江苏省体育局采用以奖代补培育健身活动站点的研究，对自发性群众体育组织的培育模式进行创新；对处于初创期、孵化期、成长期和成熟期不同发展阶段的自发性群众体育组织采取更有效、更具有针对性的政策工具，建构起一个完整的、梯级差异化的培育体系。

政府也可以根据自发性群众体育组织的专业性及与自身发展目标的一致性情况来考虑多种类型的政策工具。对不同的自发性群众体育组织采取不同的政策工具，比如，对于可以帮助政府实现发展目标并且自身比较规范的自发性群众体育组织，可以采取合作型、扶持性的政策工具；对于与政府发展目标不太一致并且自身不够规范的自发性群众体育组织，可以采取监管性、规范性的政策工具；对于还未获得合法身份的全民健身基层组织，在多年来一些地方探索和推行基层社会组织"备案制"的基础上，要推进社会组织登记管理创新，推行社区社会组织备案制度。当然，奖励、监管、信息公开、引用与名声等培育政策工具是在自发性群众体育组织所有发展阶段都可以采取的培育扶持政策。自发性群众体育组织可以通过信息公开、奖励性引导、提升性监管等措施提升自身的规范性与专业性。

只有整合不同政策工具对自发性群众体育组织进行培育扶持，协同配置相关政策工具，才能实现自发性群众体育组织发展体系的不断健全和完善。自发性群众体育组织不仅需要资金支持，还需要空间、平台、资源、环境等方面的支持；既需要提供帮助渡过生存难关的孵化器，也需要提供成长发展的催化剂，更需要得到合法性认可，这些目标都需要综合运用多种政策工具来培育自发性群众体育组织，形成全新的政策工具组合和培育扶持政策系统。

三、措施层面

（一）将自发性群众体育组织的培育纳入街道社区综合支持体系和社区服务平台

不管是哪一政府层级推动的体育公共服务项目，还是哪一类体育社会组织承担的服务项目，最终大多要在社区落地。从本书的案例中也可反映出，无论是枢纽型体育社会组织的培育模式还是以奖代补的培育模式，最后的自发性群众体育组织的活动都要在社区落地，即便是主要依靠网络形成的"脱域健身共同体"，其线下组织的活动也不可能完全脱离物理意义上的地域而存在，[①]但目前在社区体育活动的各类自发性群众体育组织普遍面临资源不足、场地缺乏、身份缺乏等制约问题。因此，在街道社区构建具有整合性功能的社区体育服务平台，建立"三社联动"的社区体育治理模式与运行机制，充分发挥街道、社区居委会的基础作用和协调作用，可以更好地聚集资源与组织力量，形成解决社会问题和满足社会需求的合力。

1. 构建具有整合性功能的社区体育服务平台

目前，政府部门正在努力构建街道社区综合支持体系与社区服务平台，搭建起一个类型多样、社会组织共同参与的公共服务网络，将自发性群众体育组织纳入街道社区综合支持体系和社区服务平台。

政府利用综合支持体系和社区服务平台为自发性群众体育组织提供场地、资源支持，集促进者、监管者、协调者、支持者、培育者等多种身份于一体。政府只有通过与自发性群众体育组织合作，才能形成供给服务的合力，建立服务执行网络；才能实现信息共享，形成信息传播网络；才会形成问题解决的合力；才有助于社区培育发展社会资本，构建社区建设网络。[②]

目前，国内有很多地方已经建立了社区综合服务中心，在体育场地提供、资源支持、合作交流、培育孵化方面发挥了较好的作用。还有的地方逐步培育社区公益基金会，把基金会作为培育发展社区社会组织的新平台和总阀门。但是国内很多社区服务中心场地有限，没有考虑自发性群众体育组织的活动空间与场地。今后，条件允许的地方可以适度规划新建或充分利用原有公共设施设

[①] 汪流，高宣.脱域健身共同体的形成与应对[J].西安体育学院学报，2018，35（2）：173-178.
[②] 戈德史密斯.网络化治理：公共部门的新形态[M].孙迎春，译.北京：北京大学出版社，2008：14-17.

立社区综合服务中心，还可以建立专门的社区体育服务综合体，为自发性群众体育组织和社区居民提供活动场所，为社区建设、社区服务、社区活动提供便利的场地设施和活动空间。

近年来，国家颁布的一系列政策正持续推动社区体育综合体的建设。2016年10月，国务院办公厅印发的文件中提出"鼓励健身休闲设施与住宅、文化、商业、娱乐等综合开发，打造健身休闲服务综合体"[①]。《体育强国建设纲要》中提出要统筹建设全民健身场地设施，与住宅、商业、文化、娱乐等建设项目综合开发和改造相结合。目前，江苏、广西、重庆等部分省、自治区、直辖市启动了体育综合体的评定工作，认定了一批体育综合体。2020年12月，国家体育总局公示的49个综合体典型案例中，有部分综合体是依托社区而建立的，如宝山区三邻桥体育文化园、杭州市西湖区文体中心等。[②]体育综合体是以体育设施为基础，突出体育服务的主要功能，融合体育、教育、健康、文化、休闲、娱乐、商业、旅游等多种服务功能为一体，业态多元、功能集约、充满活力、满足群众一站式多元服务需求的休闲生活中心。从总体上来看，虽然我国综合体的发展已经取得了一些成效，但是整体上仍然处于起步阶段，我国大部分体育综合体都是依托公共体育场馆建设的，场馆运营管理机构多为事业单位，长期以来，我国场馆规划多数仅考虑服务大型赛事，与城市发展规划脱节，更没有与社区建设相适应。一大批自发性群众体育组织服务在社区、融合在社区、参与在社区、发展在社区，社区需要为社会组织参与治理、提供服务、开展活动提供空间、平台和场地。如果能结合社区治理的需要，建立更多的社区体育综合体和社区综合服务平台，那么既有利于自发性群众体育组织提供服务、开展活动，也有利于不同类型的社会组织之间的交流协作、互相促进，培育各类社会组织发展共同体，形成社区发展伙伴网络。

2. 建立"三社联动"的社区体育治理模式与运行机制，激发自发性群众体育组织的活力

借鉴社区治理中的"三社联动"（社区—社会组织—社会工作者）模式，构建满足居民健身活动的"三社联动"（社区—社会体育组织—社会体育指导

---

① 国务院办公厅. 国务院办公厅印发《关于加快发展健身休闲产业的指导意见》[EB/OL].（2016-10-28）[2022-09-12]. http://www.gov.cn/xinwen/2016-10/28/content_5125602.htm.
② 体育总局办公厅. 体育总局办公厅关于体育服务综合体典型案例遴选结果的通知[EB/OL].（2020-11-25）[2022-09-12]. http://www.sport.gov.cn/jjs/n5032/c970889/content.html.

员)的社区体育治理模式与运行机制,加强对自发性群众体育组织的培育。

　　传统意义上的社区已经分崩离析,任何单一的服务主体都无法应对越来越多元的社区需求,社区、社会组织和社会工作专业人才是社会治理的三大主体,近年来,各级地方政府积极探索建立以社区为平台、社会组织为载体、社会工作专业人才为支撑的"三社联动"的新型社区服务管理机制。其中,居委会作为自治协商平台、社会组织作为项目运作载体、社会工作者提供专业服务,三者之间均存在双向互动关系。"联动"意味着要为社会释放社区管理空间,发展社会组织,建设社会工作人才队伍,强化社会福利制度。

　　社区治理中的"三社联动"管理机制为我国社区体育组织管理中的"三社联动"的形成提供了参考。社区、自发性群众体育组织、社会体育指导员是我国社区体育活动中的三大主体,随着我国经济、社会的发展,社区体育逐渐成为群众体育的重要组织形式。社区这一人们日常生活的重要场所已成为体育生活的承载地,大多数自发性群众体育组织如社区体育健身站(点)、体育俱乐部、基层体育社团、民办非企业单位等都产生于基层社区,它们是社区体育活动开展的最主要的组织形式。我国拥有两类不同性质的社会体育指导员队伍,即职业型社会体育指导员和公益型(志愿服务型)社会体育指导员,截至2019年底,我国职业型社会体育指导员已达57万人[①],公益型社会体育指导员总体数量已超过200万人。其中,公益型社会体育指导员大多活跃在社区体育指导活动中,尽管他们不属于社会工作职业人员,但从社会治理的角度来看,社会体育指导员可以看作业余的社会工作者,是体育行业内的社会工作者。建立"三社联动"的社区体育治理模式与运行机制,将政府的行政力量与自发性群众体育组织的专业力量相结合,将外部的专业支持与内在的资源有机结合,共同推动自发性群众体育组织与社区、社会体育指导员互动机制建设的工作模式,形成以社区为资源配置平台,以自发性群众体育组织为组织载体,以社会体育指导员人才队伍为专业支持,优化配置三方资源,培育自发性群众体育组织,发展社会体育指导员,促进社区参与的"三社联动"格局,形成社区治理新模式,并且这一模式不能仅局限于某一社区内部,而应构建全国社区体育组织网络体系,并使其高效运作。

---

① 刘昕彤.《社会体育指导员国家职业技能标准(修订版)》《游泳救生员国家职业技能标准(修订版)》颁布实施[EB/OL].(2020-04-23)[2022-09-12]. https://www.sport.gov.cn/n20001280/n20745751/n20767239/c21477303/content.html.

"三社联动"的社区体育治理模式，可以使自发性群众体育组织更加专业化，提高其服务群众的效率和质量。实施中可采取以下措施：一是完善社区基础设施建设，运用大数据、互联网等技术搭建社区社会组织服务平台，对社区自发性群众体育组织进行备案，尝试推行社区负责制，形成长效的培育和监管机制，整合梳理社区自发性群众体育组织资源，并及时进行动态更新，最大限度地提高自发性群众体育组织参与社区治理的效能；二是建立必要的吸纳、管理和激励机制，吸引社会体育指导员等体育骨干人员、体育爱好者、体育志愿者，以社会体育指导员队伍为支撑，满足社区居民的个性化体育需求，提高自发性群众体育组织的体育公共服务供给与需求的匹配程度，促进自发性群众体育组织发展的专业化程度；三是促进社区、自发性群众体育组织、社会体育指导员有机配合，通过"三社联动"这一模式和机制，动员社会公众参与社会治理。加强自发性群众体育组织的建设工作，鼓励自发性群众体育组织参与社区服务，开展专业化、组织化的社会工作。

（二）政府应促成自发性群众体育组织培育和扶持工作多方参与局面的实现

1. 促成政府内部的跨部门合作

培育与扶持是政府各部门的共同工作，因此需要政府各部门之间进行合作。这种多方参与首先应体现在政府内部的跨部门合作。目前，从各地的实践情况来看，培育与扶持自发性群众体育组织的工作主要由民政部门、体育部门及街道居委会负责，另外也涉及税务、财政、城建等其他部门，如果仅仅依靠某一部门的力量，那么政府对社会组织的培育力度会十分有限。单单依靠民政部门，许多政策很难落到实处，比如，税收减免、自发性群众体育组织人才队伍建设、政府购买体育公共服务的规模扩大等政策。同理，仅仅依靠体育部门或街道社区也是远远不够的。

例如，在培育和扶持一个基层自发性群众体育组织过程中，民政部门可降低准入门槛，放宽登记条件，简化登记程序；体育行政部门要及时给予业务指导；财政部门可为新成立基层自发性群众体育组织提供相应的启动资金；金融部门为运作规范、有发展前景的基层自发性群众体育组织提供一定额度的贴息贷款；税务部门落实基层自发性群众体育组织的税收优惠政策；人事、劳动和社会保障部门在员工社会保障及维护协会相应权益等方面提供优惠政策；城建、规划、国土资源等部门对基层自发性群众体育组织自建办公用房的应简化审批手续，减免有关费用；新闻媒体应加强对基层自发性群众体育组织活动的宣传，减免公益性广告费；相关部门应鼓励企业优先购买基层自发性群众体育组织的服务。

在我国政府体育职能转变与社会建设加强的情况下，培育与扶持自发性群众体育组织是重要任务之一，而培育与扶持自发性群众体育组织需要政府内部多部门联动合作。为了实现这样的联动，政府需要就加强各部门之间的横向联系，多部门联合制定并出台一些综合性强、实效性强的培育扶持政策，这样才能将政府培育与扶持自发性群众体育组织的工作落到实处。县、乡基层政府应尽其所能地加强基层自发性群众体育组织负责人的教育和培育；街道居委会对达不到注册登记要求的自发性群众体育组织开展备案和活动指导监督，推行社区负责制；基层干部要自觉成为基层自发性群众体育组织的倡导者、组织者和参与者等，形成培育部门协同培育和扶持。

2. 形成政府、市场和社会的跨界合作

除了要实现政府内部的跨部门合作外，政府也要积极调动社会力量和社会资源的参与，而不要由自己来包揽培育和扶持自发性群众体育组织的所有工作，即形成政府、市场、社会三者之间的跨界合作。

政府要想运转良好，就需要各种合作伙伴。[①]随着政府职能的转变及社会问题的日益复杂化，政府与各种社会力量合作势在必行，政府应该加大与社会力量的合作力度，扩大合作范围，探索多样化的合作途径。"针对社会需求及国家问题的日益复杂化，公共部门和私人部门之间的联结关系是必要的，也是合乎人心的。"[②]政府只有通过不断加强与各种社会力量的合作，才能形成真正的治理关系，才能充分激发社会的创造力和活力。"合作可以为创新提供更好的支持，合作始终是创造性的源泉。"对于社会组织来说，政府能够提供的帮助越多，对政府本身越有益。

近年来，社会上越来越认可与接受支持公益、参与公益的理念。除了政府购买服务之外，许多慈善公益性基金会、社会责任感较强的企业，也都在用实际行动帮助我国社会组织发展，包括自发性群众体育组织的发展，从本书的研究案例中便可充分反映出和社会力量合作的重要性，如公益创投培育自发性群众体育组织研究案例中的恩派、爱德基金会，公益组织孵化器培育自发性群众

---

① 戈德史密斯.网络化治理：公共部门的新形态[M].孙迎春，译.北京：北京大学出版社，2008：6-7.
② 凯特尔.权力共享：公共治理与私人市场[M].孙迎春，译.北京：北京大学出版社，2009：54.

第七章 政府培育自发性群众体育组织的政策建议与实践方略

体育组织研究案例中的张家港培育中心，上海市枢纽型体育社会组织研究案例中的社区体育协会等，这些社会组织对自发性群众体育组织的发展都起到了重要的推动作用。尽管这些力量还无法与政府的扶持和培育力度相媲美，却是我国未来自发性群众体育组织发展的重要生命力来源之一。尽管企业的力量在这些案例研究中还没有充分体现出来，但是相信通过政府和社会力量的培育，自发性群众体育组织的能力及与企业的交流都会增强，社会企业对社会有一定的责任和使命，自发性群众体育组织通过向企业和市场展示自身的服务水平及所能完成的社会服务，让市场了解组织，吸引市场进行资助、培育、监督。因此，鼓励和引导这些企业与基金会参与进来，将这些企业与基金会的资源和力量聚集起来，为自发性群众体育组织提供资源，提高自发性群众体育组织的公信力，这既是政府培育自发性群众体育组织的基础工作，也是政府对自发性群众体育组织发展的长远规划。

　　市场与社会的跨界合作不仅需要营造良好的合作环境，而且需要采取激励引导性措施。政府应从合作项目、组织结构等方面入手，构造更加持久健康的合作交流机制与工作关系，可以采用多种引导合作策略和奖励机制，鼓励自发性群众体育组织规范发展。合作是自下而上的发展，而不是自上而下的控制。只有不断努力，创造出更好的合作环境，才能收获合作的果实。在创造良好环境的同时，"通过富有激励性的交往，如参与、友谊和奖赏，才能促成创造性的合作"[①]。政府与社会组织的合作不能只局限于当下，要放眼于未来，创造更有利于合作的法律政策环境，设计更有利于合作的政策工具，建立起持久性强、更加健康的合作关系。政府发展并运用与市场和社会的合作关系，有助于在保持自身机构不变的情况下灵活应对，"利用外部伙伴提供一项服务或完成一项任务，管理者可以在很短的时间内增加、减少或改变资源"[②]。

---

① 诺瓦克，海菲尔德.超级合作者[M].龙志勇，魏薇，译.杭州：浙江人民出版社，2013：334.
② 戈德史密斯.网络化治理：公共部门的新形态[M].孙迎春，译.北京：北京大学出版社，2008：34.

第三节　自发性群众体育组织健康持续发展的实践方略

一、自发性群众体育组织应积极投身我国体育事业的发展大局

目前，国家逐渐为社会组织的发展提供宽松的政策环境，如直接登记、备案制等准入制度，公益组织孵化器、政府购买服务等扶持培育方式。国家经济社会发展各方面的变化，既为自发性群众体育组织提供了各种各样的发展机会，也意味着有更多的体育社会问题需要自发性群众体育组织发挥自身优势去探索解决，有更多的体育服务需求需要自发性群众体育组织与政府合作一起去提供，弥补政府的不足，满足人们的体育需求。自发性群众体育组织要秉承开放精神和探索心态，发挥身处一线、植根社会、善于创新的独特优势，积极主动地参与体育事业发展大局。

在国家治理体系和治理能力现代化改革总目标的背景下，自发性群众体育组织的发展与国家治理体系和体育治理能力现代化有着密切的关系，国家治理体系和体育治理能力现代化单靠、只靠政府的力量既不可能，也不现实。现代化的治理必须是政府、市场、体育社会组织、公民个人等多元合作的协作治理，其中，自发性群众体育组织就是体育社会组织这一主体中的重要组成部分。因此自发性群众体育组织应积极投身我国体育事业的发展大局，为贯彻落实全民健身和健康中国国家战略，实现2035年建成体育强国的目标，充分发挥自己独特的作用。

二、牢牢遵守法律底线、价值底线、专业底线三重底线标准

自发性群众体育组织对个人、社会、政治、市场具有重要的正功能，但不可否认，自发性群众体育组织也存在违法、失范方面的负功能。我国自发性群众体育组织数量众多，易出现监管的盲区，正因如此，自发性群众体育组织更应遵循法律底线、价值底线、专业底线三重底线标准，充分发挥正功能的积极

第七章　政府培育自发性群众体育组织的政策建议与实践方略

作用，避免负功能的消极作用。

法律底线是自发性群众体育组织必须遵守的最低底线标准。当前社会组织的法律法规体系日益健全，政府依照法律管理，社会依照法律监督，自发性群众体育组织必须遵守法律要求、依照法律行动。法律底线是自发性群众体育组织今后的生存线，是能否继续生存的基本衡量标准。因此，自发性群众体育组织应服从政府的监管，加强内部建设，健全自律与财务监管机制，在合法的范围内行分内之事。从主管部门最近几年查处的社会组织违法违规案例来看，主管部门在监管执法方面更加积极主动，多个非法体育社会组织被取缔。[1]

价值底线是自发性群众体育组织存在的意义和自身发展的动力。自发性群众体育组织存在的目标不是追求利润，而是坚持其非营利性的特性，坚持服务居民、激发人民锻炼热情和表达公民诉求的价值追求。这种意义在某种程度上不亚于金钱的价值。自发性群众体育组织不能违背价值底线，成为谋取私利的工具和追求利润最大化的借口。因此，自发性群众体育组织应通过与政府和企业的合作，拓宽筹资渠道，摆脱只注重于组织生存的尴尬局面，使组织专注于服务和进一步发展；健全与完善内部的监督机制，对外接受政府、公民、媒体和第三方机构的监督；吸纳更多热衷服务的会员，形成良好的组织内部氛围。

专业底线是自发性群众体育组织持续健康发展的底线。如果没有专业化的能力，仅仅靠使命支撑，一方面会削弱自发性群众体育组织的服务能力，另一方面自发性群众体育组织的自身发展难以持久。因此，自发性群众体育组织应明确自身定位，不断提高自身专业能力，为社会提供更高水平的专业服务。

三、保持自发性群众体育组织的自主性和独立性

政府部门为了影响自发性群众体育组织的行为，配合政府工作，可能会通过培育自发性群众体育组织的某一方面资源，改变自发性群众体育组织的内部治理结构，使自发性群众体育组织的活动完全按照有关政府部门的安排进行，失去了自主性和独立性。目前，自发性群众体育组织与政府更多的还是一种依附关系，在强调政府培育作用的同时，自发性群众体育组织应努力保持自身的自主性与独立性，尽管非常困难，也需不断努力。

首先，在培育过程中不改变自发性群众体育组织所确定的宗旨和目标。自

---

[1] 黄晓勇.中国社会组织报告（2016—2017）[M].北京：社会科学文献出版社，2017：68-69.

发性群众体育组织不能为了获得相应的培育资源而改变章程所规定的宗旨，违背自发性群众体育组织的使命，任意改变自发性群众体育组织所确立的目标，要使会员需求和组织需求得到保障，以保持自发性群众体育组织的自主性和独立性。

其次，要保障自发性群众体育组织对政府的监督，体现自主性和独立性。作为群众体育公益利益和互益利益的代表之一，自发性群众体育组织参与政府决策，对政策决策行为表达会员意见和行业意见，提高决策的科学化和民主化水平。因此，要避免为了接受政府的培育资源放弃或减少对政府的合法监督，否则无法正常地履行自发性群众体育组织的监督功能，从而失去自主性与独立性。

最后，自发性群众体育组织要加强自身能力建设，充分发挥其在促进全民健身事业发展、参与公共体育治理、提供体育公共服务中的作用，使之成为推动体育事业发展的重要主体和力量，尤其是城乡基层未登记自发性群众体育组织，要充分发挥其在广泛开展丰富多彩的全民健身活动中不可替代的作用，成为基层体育治理的重要依托和组织基础，保持自发性群众体育组织的自主性和独立性。

四、通过规范化、透明化、专业化水平提高自身发展能力

目前，不断涌现的大量资源和机会，既为自发性群众体育组织发展提供了宝贵的支持，也为自发性群众体育组织提出了更高的要求。自发性群众体育组织要想获取更多的资源和机会，就必须不断提高自身的规范化、透明化和专业化水平。

规范化主要是指自发性群众体育组织的工作程序、业务流程、行为标准等方面有明确具体的依据，透明化主要是指自发性群众体育组织的基本信息、服务项目、运作过程等重要内容的公开化程度，专业化主要是指人才队伍、服务能力、运行管理具有较高的专业水准。

自发性群众体育组织的规范化、透明化和专业化水平是决定其能力高低的核心要素，也是决定其与政府合作关系的关键变量。当自发性群众体育组织规范化、透明化和专业化能力较强时，自身独立生存和发展能力都会较强，生存发展空间也会更大，获取各类资源的机会也会比较多。

自发性群众体育组织应通过规范化、透明化、专业化的发展，提高自身的

第七章　政府培育自发性群众体育组织的政策建议与实践方略

生存能力和竞争能力。专业化能力和规范化、透明化运作有助于自发性群众体育组织拓展自身的资金来源与发展空间，达到政府补助资金、服务收费资金和社会捐助资金的平衡，此外，也有助于自发性群众体育组织争取更多的专业志愿者和更加多样化的实物资源支持，建立一个专业团队、志愿者和捐赠者之间的良性互动关系。

首先，自发性群众体育组织应秉持"以人为本"的理念，总体规划自身的业务流程，明确工作内容，对成员进行明确的分工；对自身开展的活动进行精密的筹划、反思和总结；制定行为规范准则，明确组织的努力方向，在讲求工作质量和效率的同时也要兼顾服务的各个群体的利益。

其次，自发性群众体育组织应进行自评、他评，从以往的结果性评估转向过程性评估；积极参与体育类社团的评估，得到政府的肯定；自觉接受捐赠者和公众的监督，通过微博、微信、报纸或是邀请媒体报道，提高基本信息、服务项目、运作过程等重要内容的公开化程度，提升社会公信力。

最后，自发性群众体育组织应调研了解周围居民对体育的需求，有针对性地提供服务；通过聘请或邀请体育专业学生、社会体育指导员、退役运动员和体育行政部门退休人员进入组织内部兼职、任职；寻找途径对组织内部人员进行管理、服务等方面的培训，重培训的同时也要重考核机制，充分挖掘自身潜力。

五、加强内部治理结构，提升管理能力

自发性群众体育组织发展过程中始终存在一些认识误区，把自身发展主要寄托于外部环境的改善，而忽视自身内部治理结构的完善和治理能力的提升。譬如，认为只要外部法律政策体系健全了，自发性群众体育组织发展就一切都好了；认为外部资金支持充裕了，自发性群众体育组织发展就一切都不成问题了；等等。这些错误认识没有看到，不管法律政策多么健全、资金多么充裕，不管外部环境如何变化，总会有一些自发性群众体育组织获得更多的机会、更多的资源，取得更快的发展，也总会有不少自发性群众体育组织丧失发展机遇甚至失去存在价值。在相同的外部环境面前，自发性群众体育组织自身的内部治理结构和管理能力就是决定其能否健康发展的主导性因素。

因此，自发性群众体育组织应加强内部治理结构的建设，刚性和柔性治理并重。

· 291 ·

首先，应明确制定组织内部的规章制度。正式的自发性群众体育组织应效仿企业规制法人治理制度，推动代表大会、活动总结常态化；形成民主选举、决策、管理、监督治理框架，给予组织成员平等表达自己看法与意见的机会，于上对管理者进行制约，于下对成员进行激励。体量较小的自发性群众体育组织也应做到民主决策，避免"一言堂"现象的出现，改变仅由某个人或某几个人决策的现象。

其次，健全自发性群众体育组织的财务管理机制。除政府给予的扶持资金及会员交纳的会费外，还应拓宽资金来源渠道，通过高质量的服务得到捐赠者的信任，积极参与政府购买服务和采购招标；合理、高效地使用资金，明晰资金来源与去向，避免贪污、腐败现象的出现。

最后，健全自发性群众体育组织的内部监督机制，鼓励成员自行监督组织内其他成员。设立专门的监事会机构，对组织成员进行监督；定期进行内部财务公开与审查，由组织成员作为审核主体，加强对收据等支出证明的审核；不断明确组织的使命，从思想上做到自律。

在效仿政府的管理制度和企业的法人治理制度的同时，不应忽视自发性群众体育组织是扎根于基层的，乡土文化、风俗习惯也应得到保留，在组织体量较小、发展初期，组织内部的"不成文的规定"往往可以建立信任机制，为组织拓展生存空间。因此，自发性群众体育组织既应制定正式制度，也应保留非正式制度。

六、提高与政府、企业及社会组织等各类主体的合作能力

合作能力是今后自发性群众体育组织持续健康发展的重要能力。目前，自发性群众组织内部生态体系与外部生态系统正在逐步形成，来自自发性群众体育组织自身及政府、企业和其他社会组织的各类资源日益增多，自发性群众体育组织要适应这种快速发展变化的环境和发展机遇的来临，不能被动地等待这些机会自动落在自己头上，而应对自身进行调整转变，主动积极地加强与政府、企业及自发性群众体育组织体系内部的合作，培育与政府、企业及其他社会组织共同合作的能力。

自发性群众体育组织与政府的合作至关重要。因为自发性群众体育组织在体育基础设施的使用、人员培训和举办赛事等方面受到多重限制，政府的帮助可以在一定程度上解决自发性群众体育组织的困难，而政府提供服务也需要自

发性群众体育组织的帮助，自发性群众体育组织应积极地在政社互动过程中与政府建立起一种合作关系。但自发性群众体育组织在合作的过程中也应注意保持自身的独立性，依靠政府提供的资源壮大组织，不能异化为政府行政化的工具。

与企业的合作也是今后自发性群众体育组织合作发展的重要增长点。自发性群众体育组织可以借鉴企业的商业理性和商业模式，来提高自身的运行效率和服务水平，改进自身的治理能力和服务效果，以更低的成本提供更高质量的服务。此外，自发性群众体育组织也要更好地动员和利用企业的资源，拓宽资源渠道，争取更多的资源支持。

自发性群众体育组织之间的内部合作及与其他社会组织的共同合作，有助于更好地利用社会资源，有利于专业分工，促进形成合作关系网络，对加快自发性群众体育组织内部的合理布局和生态链条分工极为重要，也是衡量自发性群众体育组织体系是否健全的一项重要标准。因此，自发性群众体育组织可借助人缘、地缘的优势，与同一个社区内的组织、周围社区的组织协同开展活动，同时也多与其他公益性组织合作开展一些公益性的活动，既满足了组织内部人员的锻炼需求，也践行了自身成立时的公益性、非营利性的宗旨。

参考文献

[1] 刘国永,裴立新.中国体育社会组织发展报告(2016)[M].北京:社会科学文献出版社,2016.

[2] 中共中央办公厅,国务院办公厅.中共中央办公厅 国务院办公厅印发《关于改革社会组织管理制度促进社会组织健康有序发展的意见》[EB/OL].(2016-08-21)[2022-09-12].https://www.gov.cn/xinwen/2016-08/21/content_5101125.htm.

[3] 刘国永,戴健.中国群众体育发展报告(2018)[M].北京:社会科学文献出版社,2018.

[4] 习近平.决胜全面建成小康社会 夺取新时代中国特色社会主义伟大胜利 在中国共产党第十九次全国代表大会上的报告[EB/OL].(2017-10-27)[2022-09-12].https://www.mca.gov.cn/n152/n162/c82901/content.html.

[5] 习近平.高举中国特色社会主义伟大旗帜 为全面建设社会主义现代化国家而团结奋斗:在中国共产党第二十次全国代表大会上的报告[EB/OL].(2022-10-25)[2022-12-15].https://www.gov.cn/xinwen/2022-10/25/content_5721685.htm.

[6] 孟凡强.自发性群众体育组织成因的理论探讨:兼论后继实证研究面临的主要课题[J].体育学刊,2006,13(2):58-61.

[7] 刘建中.协同学与社区自发性群众体育组织形成与发展机制[J].体育学刊,2009,16(8):40-43.

[8] 宋雅琦.我国城市社区自发性群众体育组织研究:以回龙观足球联赛为例[D].北京:北京体育大学,2016.

[9] 黄亚玲.论中国体育社团[D].北京:北京体育大学,2003.

[10] 崔丽丽,叶加宝,苏连勇.全国性体育社团现状分析[J].天津体育学院学报,2002(4):1-5.

[11] 修琪.公民社会视野下自发性群众体育组织研究[D].北京：北京体育大学，2013.

[12] 孟凡强.自发性群众体育组织成因的社会心理学诠释[J].乌鲁木齐成人教育学院学报，2008，16（4）：104-108.

[13] 李宏印.自发性群众体育组织兴起的社会背景[J].搏击（武术科学），2011，8（7）：106-108.

[14] 晁铭鑫.自发性群众体育组织的形成与发展探究[J].当代体育科技，2014，4（26）：112-113.

[15] 中国群众体育现状调查课题组.中国群众体育现状调查与研究[M].北京：北京体育大学出版社，1998.

[16] 中国群众体育现状调查课题组.中国群众体育现状调查与研究[M].北京：北京体育大学出版社，2005.

[17] 黄晓勇.中国民间组织报告（2008）[M].北京：社会科学文献出版社，2008.

[18] 杨帆.北京市区公园内自发性群众体育组织发展状况调查[D].北京：北京体育大学，2009.

[19] 邱先丽.武汉城市社区体育草根组织生存环境调查研究[D].武汉：武汉体育学院，2011.

[20] 施大伟，张雪莲，王威，等.石家庄市自发性群众体育组织发展现状及影响因素研究[J].湖北体育科技，2012，31（5）：509-511.

[21] 王厚雷，张怡，王强，等.新疆多民族地区群众体育政策导向及组织开展现状[J].首都体育学院学报，2013，25（3）：214-218.

[22] 刘路，马永明.不同地域农村体育发展现状的对比研究：以江苏、河南两省为例[J].沈阳体育学院学报，2012，31（2）：31-34.

[23] 黄亚玲，郭静.基层体育社会组织：自发性健身活动站点的发展[J].北京体育大学学报，2014，37（9）：10-16.

[24] 赵少聪，王凯珍.北京市六城区体育健身团队负责人的特征研究[J].首都体育学院学报，2019，31（1）：22-27.

[25] 李凤成，赵少聪.体育健身团队负责人胜任力水平影响因素分析[J].福建师大福清分校学报，2019（5）：96-103.

[26] 张铁明，谭延敏，刘志红，等.农村非正式结构体育社团的发展研究[J].体育科学，2009，29（11）：23-40.

[27] 谭延敏，张铁明，金宁，等.非正式结构体育社团成员社会资本与群体凝聚力关系的实证研究[J].北京体育大学学报，2019，42（5）：109-119.

[28] 刘瑞军.太原市公园内自发性群众体育组织现状调查及发展对策研究[D].太原：山西师范大学，2015.

[29] 贺晓燕.城市自发性群众体育组织的发展困境与应对措施[D].成都：成都体育学院，2016.

[30] 蒋博.自发性群众体育组织现状调查及对策研究：以郑州金水区为例[D].新乡：河南师范大学，2014.

[31] MAZODIER M，PLEWA C. Grassroots sports: Achieving corporate social responsibility through sponsorship[M]//Chadwick S，Chanavat N，Desbordes M. handbook of sports marketing.London：Routledge，2015.

[32] 国家体育总局政策法规司.他山之石：国外、境外体育考察报告选编[C].北京：国家体育总局政策法规司，2000.

[33] 谢宇，谢建社.政府培育发展和规范管理社会组织研究[J].城市观察，2012（2）：55-61.

[34] 邱梦华.制约与培育：农村基层社会组织的制度环境[J].云南行政学院学报，2013，15（3）：55-59.

[35] 林丽芳.转型期我国社会组织的培育与发展对策探析[J].求实，2012（S2）：201-203.

[36] 陈友华，祝西冰.中国的社会组织培育：必然、应然与实然[J].江苏社会科学，2014（3）：90-95.

[37] 张有.兰州市城市社区体育组织研究[D].北京：北京体育大学，2008.

[38] 戚小倩.政府科学培育社会组织的对策研究[D].上海：华东理工大学，2012.

[39] 姜海宏，宋琳璘.政府培育社会组织的新路径：基于威海市社会组织孵化园的个案观察[J].城市学刊，2015，36（2）：26-29.

[40] 徐永光.中国第三部门的现实处境及我们的任务[J].中国青年科技，1999（3）：7-10.

[41] 胡晓.合作与制衡：非政府组织与政府良性互动关系研究[J].理论研究，2011（2）：41-43.

[42] 田凯.非协调约束与组织运作：中国慈善组织与政府关系的个案研究[M].北京：商务印书馆，2004.

[43] 郁建兴，滕红燕.政府培育社会组织的模式选择：一个分析框架[J].政

治学研究，2018（6）：42-52.

[44] 吴素雄，杨华. 政府对社区社会组织培育的制度结构与政策选择：以浙江省杭州市为表述对象[J]. 湖北行政学院学报，2012（2）：92-96.

[45] 邓国胜. 慈善组织培育与发展的政策思考[J]. 社会科学研究，2006（5）：119-123.

[46] 叶小瑜，李海. 德、澳、英三国政府培育体育社会组织的特征及启示[J]. 体育文化导刊，2018（9）：33-37.

[47] 黄建. 河南社区社会组织培育和发展研究[M]. 郑州：郑州大学出版社，2019.

[48] 王雪婷. 浅析我国社区组织存在的问题及其对策[J]. 福建论坛（社科教育版），2010（6）：61-62.

[49] 王名. 社会组织论纲[M]. 北京：社会科学文献出版社，2013.

[50] 彭忠益，粟多树. 组织意识培育：城市社区社会组织发展的有效路径[J]. 长白学刊，2015（6）：99-104.

[51] 陈志卫，赵军，张志勤. 城乡社区社会组织实用工作手册[M]. 北京：中国社会出版社，2010.

[52] 葛道顺. 中国社会组织发展：从社会主体到国家意识：公民社会组织发展及其对意识形态构建的影响[J]. 江苏社会科学，2011（3）：19-28.

[53] 朱振淮. 培育和发展社会组织的思路与对策[J]. 唯实（现代管理），2012（10）：29-31.

[54] 孙录宝. 关于鼓励扶持社会组织参与社会管理创新的若干思考[J]. 山东社会科学，2012（9）：60-63.

[55] 程静婷. 城市社区社会组织培育路径研究[D]. 重庆：重庆工商大学，2019.

[56] 王园园. 培育机构在社区社会组织培育过程中的角色研究[D]. 南京：南京大学，2013.

[57] 马福云. 社会组织发展需培育与监管并重[J]. 中国党政干部论坛，2017（3）：87-90.

[58] 易轩宇. 社会组织参与社会治理的机制创新研究[D]. 湘潭：湘潭大学，2015.

[59] 张丽，徐永峰，于超. "健康广西"背景下自发性群众体育组织培育研究[J]. 大连大学学报，2020，41（6）：59-63.

[60] 金余囡. 老龄化背景下自发性群众体育组织的培育机制研究[J]. 浙江体育科学，2016，38（3）：17-19.

[61] 黄彦军，徐凤琴. 国家体育行政部门培育发展民间体育社团运作机制研

究[J].体育科学研究,2007,11(2):1-3.

[62] 张宏.政府如何培育体育社团：来自广东的调研[J].成都体育学院学报,2014,40(11):16-21.

[63] 梁枢.市场化转型背景下体育社会组织改革研究[J].体育与科学,2015,36(1):108-112.

[64] 张立波.苏州市社区体育俱乐部政府培育的研究[D].苏州：苏州大学,2016.

[65] 萨拉蒙.公共服务中的伙伴：现代福利国家中政府与非营利组织的关系[M].田凯,译.北京：商务印书馆,2008.

[66] 陆明远.培育与规制：中国政府的社会组织管理模式研究[M].天津：天津人民出版社,2010.

[67] 周秀平,刘求实.以社管社：创新社会组织管理制度[J].中国非营利评论,2011,7(1):55-70.

[68] CLARKE L, ESTES C L. Sociological and economic theories of markets and nonprofits: Evidence from home health organizations[J]. American journal of sociology, 1992, 97(4): 945-969.

[69] BROWN L D, KALEGAONKAR A. Support organizations and the evolution of the NGO sector[J]. Nonprofit and voluntary sector quarterly, 2002, 31(2): 231-258.

[70] CONNOR J A, KADEL-TARAS S, VINOKUR-KAPLAN D. The role of nonprofit management support organizations in sustaining community collaborations[J]. Nonprofit management and leadership, 1999, 10(2): 127-136.

[71] SALAMON L M, SOKOLOWSKI S W, HADDOCK M A. Explaining civil society development: A social origins approach[M]. Baltimore: JHU Press, 2017.

[72] 萨拉蒙.全球公民社会：非营利部门视界[M].贾西津,等译.北京：社会科学文献出版社,2007.

[73] SHEA J. Taking nonprofit intermediaries seriously: A middle-range theory for implementation research[J]. Public administration review, 2011, 71(1): 57-66.

[74] 王浦劬,萨拉蒙,等.政府向社会组织购买公共服务研究：中国与全球经验分析[M].北京：北京大学出版社,2010.

[75] SALAMON L M. Of market failure, voluntary failure, and third-party government: Toward a theory of government-nonprofit relations in the modern welfare state[J]. Journal of voluntary action research, 1987, 16(1-2): 29-49.

[76] 黑格尔.法哲学原理[M].范扬,张企泰,译.北京:商务印书馆,2017.

[77] 费希尔.NGO与第三世界的政治发展[M].邓国胜,赵秀梅,译.北京:社会科学文献出版社,2008.

[78] 廖鸿,石国亮,朱晓红.国外非营利组织管理创新与启示[M].北京:中国言实出版社,2011.

[79] 李璐.社会组织培育机制研究[J].合作经济与科技,2017(22):130-133.

[80] 徐通,孙永生,张博.英国"社会投资型国家"体育政策研究[J].沈阳体育学院学报,2008(5):28-30.

[81] European Union Committee. Funding and supporting grassroots sports[EB/OL].(2011-03-29)[2022-09-12]. https://publications.parliament.uk/pa/ld201011/ldselect/ldeucom/130/13007.htm.

[82] 黄亚玲.群众体育社会组织建设[C]//中国体育科学学会.第三届全民健身科学大会论文集.北京:中国体育科学学会,2014.

[83] 国务院.全民健身条例[EB/OL].(2009-09-07)[2022-09-12]. https://www.sport.gov.cn/n315/n331/n400/c573856/content_3.html.

[84] 唐新发.对我国自发性群众体育组织的再认识[J].当代体育科技,2019,9(11):189-190.

[85] 韩军.我国自发性群众体育组织发展对策研究[J].吉林体育学院学报,2009,25(4):139-141.

[86] 王凯珍,汪流,戴俭慧.体育社会组织建设与管理[M].北京:高等教育出版社,2016.

[87] 郑琦.论公民共同体:共同体生成与政府培育作用研究[M].北京:中国社会出版社,2011.

[88] 周春元.中国大百科全书网络版:政治卷[M].北京:中国大百科全书出版社,1992.

[89] 蔡陈聪.腐败定义及其类型[J].中国青年政治学院学报,2001(2):47-51.

[90] 赵志,孙先伟,栗长江.我国非政府组织存在的问题及对策:以维护国

家安全和社会稳定为主要视角[J].江南社会学院学报,2011,13(4):11-14.

[91] 冯炎红,张昕.城市自发性群众体育组织形成与发展特点[J].辽宁体育科技,2007,29(3):21-22.

[92] 帕特南.使民主运转起来[M].王列,赖海榕,译.南昌:江西人民出版社,2001.

[93] 郭修金,戴健.政府购买体育社会组织公共体育服务的实践、问题与措施:以上海市、广东省为例[J].上海体育学院学报,2014,38(3):7-12.

[94] 黄晓勇.中国社会组织报告(2020)[M].北京:社会科学文献出版社,2020.

[95] 跑团说:作为中国12万跑团的一份子,我们的跑团该何去何从?[EB/OL].(2018-07-03)[2022-09-12].https://www.sohu.com/a/239066440_551555.

[96] 北京市民政局.关于印发《北京市城乡社区社会组织备案工作规则(试行)》的通知[EB/OL].(2009-12-08)[2022-09-12].https://mzj.beijing.gov.cn/art/2009/12/8/art_9368_22934.html.

[97] 中国互联网络信息中心.第42次《中国互联网络发展状况统计报告》[EB/OL].(2018-08-20)[2022-09-12].https://www.cac.gov.cn/2018-08/20/c_1123296882.htm.

[98] 北京市体育局,北京市体育总会.北京市体育局 北京市体育总会关于健身组织备案工作的指导意见[EB/OL].(2017-06-20)[2022-09-12].http://tyj.beijing.gov.cn/bjsports/zcfg15/fgwj/dffg/1508606/index.html.

[99] 金锦萍,葛云松.外国非营利组织法译汇[M].北京:北京大学出版社,2006.

[100] 黄晓勇.中国社会组织报告(2019)[M].北京:社会科学文献出版社,2019.

[101] 鲁可荣.城乡基层社会组织发展管理中存在的问题分析与政策建议[J].武汉科技大学学报(社会科学版),2012,14(3):281-285.

[102] 国务院.社会团体登记管理条例[EB/OL].(2016-02-06)[2022-09-12].https://flk.npc.gov.cn/detail2.html?ZmY4MDgwODE2ZjNjYmIzYzAxNmY0MGVlZDI3ZjBjMTk.

[103] 黄亚玲.自发性群众体育组织管理要创新[N].学习时报,2013-05-06.

[104] 汪流,李捷.社区草根体育组织:生存境遇及未来发展[J].武汉体育学院学报,2011,45(2):17-21.

[105] 安儒亮,郑文海,曾玉华,等.陕西省草根体育组织发展现状与管理创

新研究[J].西安体育学院学报，2017，34（4）：447-452.

[106] 肖玉华，王凯珍，汪流.当前社区草根体育健身团队发展面临的新问题及原因分析：基于丁市806位体育健身团队负责人的调查[J].西安体育学院学报，2018，35（5）：548-553.

[107] 马龙润.我国乡镇基层政府对农村自发性群众体育组织培育现状研究：以凤阳县乡镇基层政府为例[D].苏州：苏州大学，2018.

[108] 孙立海，吕万刚，罗元翔，等.机会与约束：我国社区体育非盈利组织发展的条件分析[J].当代体育科技，2013，3（29）：10-11.

[109] 汪流.草根体育组织与政府关系向度研究[J].西安体育学院学报，2014，31（1）：6-11.

[110] 胡科.社会精英、民间组织、政府之于群众体育运行研究[D].上海：上海体育学院，2012.

[111] 付兴文.南京市城市社区自发性群众体育组织运行机制研究[D].南京：南京师范大学，2016.

[112] 陈丛刊，纪彦伶.体育社会组织多元治理的现实困境与推进路径[J].湖北体育科技，2019，38（12）：1035-1038.

[113] 冯晓丽，李秀云.新媒体时代草根体育组织发展的困境与路径选择：以"黎明脚步组织"为例[J].上海体育学院学报，2015，39（2）：36-39.

[114] 蔡潇彬.中国社会组织高质量发展：困境与路径[J].新视野，2020（3）：101-106.

[115] 陈丛刊，肖磊.草根体育组织参与社区治理的动因、困境与突破[J].南京体育学院学报，2020，19（5）：20-25.

[116] 郑柏武，钟兆祥，林丽芳.乡村精英与农村草根体育组织的建设研究[J].河北体育学院学报，2016，30（6）：45-53.

[117] 付建军，高奇琦.政府职能转型与社会组织培育：政治嵌入与个案经验的双重路径[J].理论与现代化，2012（2）：108-114.

[118] 陈天祥，徐于琳.游走于国家与社会之间：草根志愿组织的行动策略：以广州启智队为例[J].中山大学学报（社会科学版），2011，51（1）：155-168.

[119] 郑超.服务·治理·协商：中央财政支持社会组织履行三大职能[J].中国社会组织，2015（7）：8-21.

[120] 彭少峰.依附式合作：政府与社会组织关系转型的新特征[J].社会主义

研究，2017（5）：112-118.

[121] 傅砚农.中国体育通史：第5卷[M].北京：人民体育出版社，2008.

[122] 李培林.我国社会组织体制的改革和未来[J].社会，2013，33（3）：1-10.

[123] 何艳玲，周晓锋，张鹏举.边缘草根组织的行动策略及其解释[J].公共管理学报，2009，6（1）：48-54.

[124] PARK H H, RETHEMEYER R K. The politics of connections: assessing the determinants of social structure in policy networks[J]. Narnia, 2014, 24(2): 349-379.

[125] 乔松，王乐芝.中国草根组织与政府关系模式的探讨[J].吉林建筑大学学报，2009，26（4）：114-116.

[126] 敬乂嘉.从购买服务到合作治理：政社合作的形态与发展[J].中国行政管理，2014（7）：54-59.

[127] 陈丛刊，肖磊.资源依赖关系下政府培育新兴体育社会组织的路径探索[J].四川体育科学，2021，40（4）：79-82.

[128] 许芸.社会治理视角下的社会组织培育与发展研究[D].南京：南京大学，2015.

[129] 张金桥.我国自发性体育社会组织的合法性及其发展中的政府职责[J].天津体育学院学报，2013，28（3）：213-218.

[130] 黄晓春.中国社会组织成长条件的再思考：一个总体性理论视角[J].社会学研究，2017，32（1）：101-124.

[131] 中共中央关于坚持和完善中国特色社会主义制度 推进国家治理体系和治理能力现代化若干重大问题的决定[EB/OL].（2019-11-05）[2022-09-12].http://www.gov.cn/zhengce/2019-11/05/content_5449023.htm.

[132] 徐家良.社会团体导论[M].北京：中国社会出版社，2011.

[133] 吕万刚，孙立海.我国社区体育非营利组织建设与发展研究[M].北京：北京体育大学出版社，2015.

[134] 卫兴华，洪银兴，魏杰.经济运行机制概论[M].北京：人民出版社，1989.

[135] 中共中央关于制定国民经济和社会发展第十四个五年规划和二〇三五年远景目标的建议[EB/OL].（2020-11-03）[2022-09-12].http://www.gov.cn/zhengce/2020-11/03/content_5556991.htm.

[136] 玉苗.中国草根公益组织培育机制研究[M].武汉：武汉大学出版社，2017.

[137] 国务院.关于国务院机构改革和职能转变方案的说明[EB/OL].（2013-03-10）[2022-09-12].http://www.gov.cn/2013lh/content_2350848.htm.

[138] 丰霏. 论法律制度激励功能的分析模式[J]. 北方法学, 2010, 4（4）: 108-116.

[139] 李克武, 聂圣. 论我国公租房使用退出激励机制的立法构建[J]. 华中师范大学学报（人文社会科学版）, 2021, 60（2）: 71-81.

[140] 诺思. 经济史中的结构与变迁[M]. 陈郁, 罗华平, 等译. 上海: 上海三联书店, 上海人民出版社, 1994.

[141] 奥斯特罗姆, 施罗德, 温. 制度激励与可持续发展[M]. 陈幽泓, 谢明, 任睿, 译. 上海: 上海三联书店, 2000.

[142] 王怀勇, 邓若翰. 后脱贫时代社会参与扶贫的法律激励机制[J]. 西北农林科技大学学报（社会科学版）, 2020, 20（4）: 1-10.

[143] 祝红艺. 开放科学视角下图情机构与智库组织合作机制研究[J]. 图书馆, 2020（12）: 14-19.

[144] 张康之. 合作的社会及其治理[M]. 上海: 上海人民出版社, 2014.

[145] 民政部办公厅. 民政部办公厅关于调整优化有关监管措施支持全国性社会组织有效应对疫情平稳健康运行的通知[EB/OL].（2020-04-02）[2021-04-03]. https://www.mca.gov.cn/n152/n165/c39108/content.html.

[146] 王晴. 从"教化"到"培育": 中国重教传统的演变及当代困境[D]. 上海: 华东师范大学, 2011.

[147] 卢文云. 改革开放40年中国群众体育发展成就与经验[J]. 体育文化导刊, 2019（3）: 23-28.

[148] 杜晓旭. 公共体育服务视角下我国社会体育组织培育及管理研究[J]. 湖北体育科技, 2018, 37（3）: 193-197.

[149] 李长文. 非营利组织能力建设的几个基本问题探讨[J]. 青海社会科学, 2014（2）: 84-89.

[150] 李良玉. 新疆民间非营利组织人才队伍建设研究[D]. 乌鲁木齐: 新疆大学, 2017.

[151] 傅晓. 上海市徐汇区社区社会组织培育机制研究[D]. 上海: 上海师范大学, 2014.

[152] 习近平谈治国理政[M]. 北京: 外文出版社, 2014.

[153] 董红刚, 易剑东. 体育治理主体: 域外经验与中国镜鉴[J]. 上海体育学院学报, 2016, 40（04）: 1-8.

[154] 董红刚, 易剑东. 体育治理评价: 英美比较与中国关注[J]. 武汉体育学

院学报，2016，50（2）：25-31.

[155] 张琴，易剑东.体育治理结构的域外经验与中国镜鉴[J].体育学刊，2017，24（5）：41-47.

[156] 陈丛刊，魏文.我国体育社会组织治理方式分析与启示[J].体育文化导刊，2018（4）：10-14.

[157] 郑琦，乔昆.论社区共同体生成的政府培育主导路径[J].北京社会科学，2010（6）：55-58.

[158] JIA X J. An analysis of NGO avenues for civil participation in China[J]. Social sciences in China，2007，28（2）：137-146.

[159] 郭月楠.中国非政府组织自主性研究：基于非政府组织与政府关系的分析[D].西安：西北大学，2008.

[160] 王凯珍，汪流，黄亚玲，等.全国性体育社团改革与发展研究：基于学理层面的思考[J].天津体育学院学报，2010，25（1）:6-9.

[161] 赵黎明.科技企业孵化器系统研究[M].北京：中国经济出版社，2012.

[162] 柯武刚，史漫飞.制度经济学：社会秩序与公共政策[M].韩朝华，译.北京：商务印书馆，2008.

[163] 丁煌，黄志球.海上搜救的"诺斯悖论"及其破解：基于公共选择理论的分析[J].甘肃社会科学，2015（3）：186-190.

[164] 韩松.我国草根体育NPO发展困境及出路的探析[D].北京：北京体育大学，2010.

[165] 郑琦.政府激励与公民共同体的形成：以北京市朝阳区为例[C]//王名.中国非营利评论：第六卷.北京：社会科学文献出版社，2010.

[166] 修琪.公民社会视野下自发性群众体育组织研究[M].济南：山东大学出版社，2015.

[167] 杨志亭，孙建华，张铁民.社会转型期我国草根体育组织发展的困境与培育路径[J].沈阳体育学院学报，2016，35（2）：66-70.

[168] 王劲颖.政府如何培育发展民间组织[J].社会科学，2001，21（8）：67-70.

[169] 谭日辉，罗军.管理创新与政策选择政府培育扶持社区社会组织的研究[M].北京：中国社会科学出版社，2014.

[170] 奥尔森.集体行动的逻辑[M].陈郁，郭宇峰，李崇新，译.上海：上海人民出版社，1995.

[171] 谢林.微观动机与宏观行为[M].谢静,邓子梁,李天有,译.北京:中国人民大学出版社,2005.

[172] 杨光宇.全民健身活动站点基本情况的研究[C]//刘国永,裴立新.中国体育社会组织发展报告(2016).北京:社会科学文献出版社,2016.

[173] 潘明英,赵洪明.常州市全民健身站点建设的现状调查与发展对策[J].江苏理工学院学报,2015(2):95-100.

[174] 陆前安.社区体育俱乐部与政府、市场、社区关系研究[D].上海:上海体育学院,2010.

[175] 信桂新,李妍均.以奖代补:实施农村土地整治的新利器:以奖代补政策实践及对重庆市农村土地整治的启示[J].中国土地,2012(8):21-22.

[176] 黄晓勇.中国社会组织报告(2018)[M].北京:社会科学文献出版社,2018.

[177] 谈婷婷.在政府引导下的公益组织培育机制研究:以苏州公益组织孵化园为视角[J].法制与社会,2013(13):234-235,271.

[178] 王世强.非营利组织孵化器:一种重要的支持型组织[J].成都行政学院学报,2012(5):83-88.

[179] 吴津,毛力熊.公益组织培育新机制:公益组织孵化器研究[J].兰州学刊,2011(6):46-53.

[180] 菲佛,萨兰基克.组织的外部控制:对组织资源依赖的分析[M].闫蕊,译.北京:东方出版社,2006.

[181] 李汉卿.协同治理理论探析[J].理论月刊,2014(1):140-144.

[182] 徐嫣,宋世明.协同治理理论在中国的具体适用研究[J].天津社会科学,2016,207(2):76-80.

[183] 蔡宁,孙文文,江伶俐.非营利组织创业与发展:孵化器、跨部门合作与市场导向[M].北京:科学出版社,2014.

[184] 闫婷.陈宇廷:做有智慧的公益组织[J].东方企业家,2008(2):108-109.

[185] 黄晓晓.苏州市社区社会组织实施公益创投项目的个案研究[D].苏州:苏州大学,2016.

[186] 吴新叶.政府主导下的大城市公益创投:运转困境及其解决[J].上海行政学院学报,2017,18(3):38-45.

[187] 魏晨.公益创投的实践成效与反思:以三省八市的公益创投为例[J].中

国社会组织，2016（13）：51-53.

[188] 杨敏. 公益创投：社会组织发展的新模式[D]. 南京：南京工业大学，2017.

[189] 胡科，虞重干. 政府购买体育服务的个案考察与思考：以长沙市政府购买游泳服务为个案[J]. 武汉体育学院学报，2012，46（1）：43-51.

[190] 李健. 公益创投SPPP模式研究[M]. 北京：中国社会出版社，2016.

[191] 祝建兵. 中国支持型社会组织发展研究[D]. 南京：南京师范大学，2016.

[192] 舒博. 社会企业的崛起及在中国的发展[D]. 天津：南开大学，2010.

[193] 国务院. 全民健身计划（2016—2020年）[N]. 人民日报，2016-06-24（4）.

[194] 习近平. 决胜全面建成小康社会 夺取新时代中国特色社会主义伟大胜利[N]. 人民日报，2017-10-28（1）.

[195] 崔玉开. "枢纽型"社会组织：背景、概念与意义[J]. 甘肃理论学刊，2010（5）：75-78.

[196] 杨丽. "枢纽型"社会组织研究：以北京市为例[J]. 学会，2012（3）：14-19.

[197] 石晓天. 我国枢纽型社会组织的功能特征、建设现状及发展趋势：文献综述的视角[J]. 理论导刊，2015（5）：85-88.

[198] 阮雪梅，杨毅，沈晓辉. 培育枢纽型社会组织构建社会治理新格局[J]. 世纪桥，2014（12）：77-78.

[199] 李芳. 枢纽型社会组织与民间公益组织的培育[J]. 东方论坛，2014（4）：75-82.

[200] 刘轩. 关于"枢纽型"社会组织建设的思考[J]. 学习与实践，2012（10）：104-108.

[201] 徐双敏，张景平. 枢纽型社会组织参与政府购买服务的逻辑与路径：以共青团组织为例[J]. 中国行政管理，2014（9）：41-44.

[202] 徐玲，戴剑. 枢纽型社会体育组织辨析及成因分析[J]. 南京体育学院学报（自然科学版），2016，15（1）：144-147.

[203] 熊飞. 体育总会枢纽型社会组织建设的探索：基于北京的实践与经验[J]. 体育文化导刊，2017（8）：28-32.

[204] 民政部. 民政部就《民办非企业单位登记管理暂行条例（修订草案征求意见稿）》公开征求意见[EB/OL].（2016-05-26）[2022-09-12]. http://

www.gov.cn/xinwen/2016-05/26/content_5077073.htm.

[205] 范明林, 茅燕菲, 曾鸣. 枢纽型社会组织与社区分层、分类治理研究：以上海市枢纽型社会组织为例[J]. 社会建设, 2015, 2（3）: 11-19.

[206] 孙哲, 戴红磊, 于文谦. 我国体育社会组织培育路径研究：基于社会治理的视角[J]. 西安体育学院学报, 2018, 35（1）: 43-47.

[207] 戴红磊. 中国体育社会组织治理研究[D]. 大连：大连理工大学, 2016.

[208] 赵蕊. 社区体育枢纽式管理模式的研究：以上海市社区体育协会为例[J]. 体育成人教育学刊, 2016, 32（3）: 65-68.

[209] JENSEN, MACKLING. Theory of the firm: Managerial behavior, agency costs and ownership structure [J]. Journal of financial economics, 1976, 3（4）: 305-360.

[210] 张丙宣. 支持型社会组织：社会协同与地方治理[J]. 浙江社会科学, 2012（10）: 45-50.

[211] 马凯. 以转变政府职能为核心深化行政管理体制改革[J]. 国家行政学院学报, 2008（5）: 4-9.

[212] 张龙. 当前我国体育社会组织的发展困境及对策[J]. 哈尔滨体育学院学报, 2016, 34（1）: 57-62.

[213] 国务院办公厅. 关于政府向社会力量购买服务的指导意见[EB/OL].（2013-09-30）[2022-09-12]. https://www.gov.cn/zhengce/zhengceku/2013-09/30/content_4032.htm.

[214] 上海市人民政府. 市政府办公厅关于印发《上海市体育改革发展"十三五"规划》的通知[EB/OL].（2016-12-01）[2022-09-12]. https://www.shanghai.gov.cn/nw39426/20200821/0001-39426_50389.html.

[215] 上海市体育局. 上海市体育局关于印发《2017年上海市市级体育类社会团体专项资金奖励意见》的通知[EB/OL].（2017-11-16）[2022-09-12]. https://www.shanghai.gov.cn/nw12344/20200814/0001-12344_54159.html.

[216] 张祥泰, 于清华. 上海市社区体育协会发展实录[J]. 体育科研, 2017, 38（3）: 43-48.

[217] 汪流, 李捷. 北京市体育社会组织发展现状与对策[J]. 体育文化导刊, 2010（8）: 4.

[218] 周结友. 体育社会组织承接政府职能转移中存在的问题及对策[J]. 体育

学刊，2014，21（5）：36-42.

[219] 戈德史密斯.网络化治理：公共部门的新形态[M].孙迎春，译.北京：北京大学出版社，2008.

[220] 罗伯特·登哈特，珍妮特·登哈特.公共行政：一门行动的学问[M].谭功荣，译.北京：北京大学出版社，2013.

[221] 汪流，高宣.脱域健身共同体的形成与应对[J].西安体育学院学报，2018，35（2）：173-178.

[222] 国务院办公厅.国务院办公厅印发《关于加快发展健身休闲产业的指导意见》[EB/OL].（2016-10-28）[2022-09-12].http://www.gov.cn/xinwen/2016-10/28/content_5125602.htm.

[223] 体育总局办公厅.体育总局办公厅关于体育服务综合体典型案例遴选结果的通知[EB/OL].（2020-11-25）[2022-09-12].http://www.sport.gov.cn/jjs/n5032/c970889/content.html.

[224] 刘昕彤.《社会体育指导员国家职业技能标准（修订版）》《游泳救生员国家职业技能标准（修订版）》颁布实施[EB/OL].（2020-04-26）[2022-09-12].https://www.sport.gov.cn/n20001280/n20745751/n20767239/c21477303/content.html.

[225] 凯特尔.权力共享：公共治理与私人市场[M].孙迎春，译.北京：北京大学出版社，2009.

[226] 诺瓦克，海菲尔德.超级合作者[M].龙志勇，魏薇，译.杭州：浙江人民出版社，2013.

[227] 黄晓勇.中国社会组织报告（2016—2017）[M].北京：社会科学文献出版社，2017.

后 记

作为国家社会科学基金项目"我国自发性群众体育组织的政府培育研究"（项目批准号：16BTY033）的最终成果，《自发性群众体育组织的政府培育——理论探索与实践模式》一书终于脱稿了。2021年，虽然项目顺利地结了题，但是项目完成时间比原计划推迟了近两年，分析其中缘由，有诸如工作太忙、缺少资料、健康状况不太好等客观原因，但最重要的原因是自己曾经缺乏完成这个课题的信心，面对研究中碰到的一个个难题，总是感到力不从心，担心在允许的时间范围内无法完成课题的研究任务。其中，导致我缺乏信心的最大原因是难以找到有特点、值得研究和借鉴的政府培育自发性群众体育组织的案例，这与当时我国政府培育自发性群众体育组织的工作还处于摸索阶段有关，加之关于政府培育体育社会组织理论的缺乏，常有一种无米下炊的感觉。

本课题历时近五年时间，值得庆幸的是，在这期间，我国的体育事业发生了深刻的变化，国家层面出台了一系列有关"全民健身""全民健康""健康中国建设""体育强国建设"的政策，"全民健身"作为国家战略，使自发性群众体育组织的发展得到了很大重视，各级地方政府不断探索出各种培育自发性群众体育组织的模式，为本课题提供了丰富的案例，让我重拾起继续研究的信心，加之有众多专家、学者的指引，有诸多师友的鼎力相助，有课题组成员的艰辛努力，有不断出现的新研究成果的支撑，终于解决了一个个难题，才有了今天呈现给读者的这部成果。尽管成果还存在诸多不尽如人意之处，但自己总算可以稍缓一口气了。

课题研究近五年的时间内，我们调查了多个地方的体育行政部门、民政部门、基层政府、社会组织和自发性群众体育组织，为了能够参与政府培育自发性群众体育组织的实践工作，获得第一手资料，我的两位硕士研究生在张家港市体育局实习了一年，一位硕士研究生在苏州市体育局实习了一年。有六位研究生专注于本课题的研究工作，相继完成了各自的学位论文。

自发性群众体育组织的政府培育
——理论探索与实践模式

  在本书即将付梓之际，回首项目的研究过程和点点滴滴，心头涌动的是内心深处那些感谢之言。

  感谢王凯珍教授的学术指导和鼓励，她是本书定稿的最早的一位读者，并欣然为本书作序，这是她第二次为笔者的书稿作序。感谢她长期以来对笔者的支持和帮助，让我更加坚定地在体育社会组织研究领域探索拓展！

  感谢调研过程中给予我们帮助的人们。本项目在实地考察、访谈过程中得到了江苏省体育局、上海市体育局、苏州市体育局、苏州市民政局、张家港市体育局、张家港市民政局、昆山市文体广电及文化和旅游局等政府部门领导与相关工作人员的大力支持和帮助，他们为本书研究提供了许多有价值的资料。尤其要感谢苏州市体育局和张家港市体育局为调研的研究生提供的实习机会！

  感谢上海市社区体育协会、苏州市体育总会、苏州市恩派社会组织培育中心、张家港培育中心、昆山市爱德社会组织培育中心、上海市陆家嘴街道海派秧歌队、苏州市登山户外运动协会、姑苏区门球协会、昆山市柔力球协会、苏州市双塔街道二郎巷社区门球队、吴门桥街道金塘骑游队及虎丘街道健身舞蹈队等各类社会组织负责人的热心帮助，为本书的研究案例提供了众多原始素材，让本书研究内容更加贴近实际。

  同时感谢山东体育学院的王玉珠教授、湖州师范学院的冯火红教授、上海昔今体育管理有限公司由会贞博士对本书结构谋划、章节布局、问卷信度检验、调研工作等方面提供的无私帮助，感谢我的研究生申玲、董行、沈德欢、王应完成了部分案例的调研、数据分析和初稿的撰写，感谢我的研究生杨景凝、彭响、桑学慧、董宇、彭秋林、徐金金、刘帅帅、干政等在资料收集、书稿撰写、文稿整理、排版校对等方面给予的帮助，感谢他们为本书投入的时间、精力和热情，感谢他们经常陪我在办公室熬夜工作，是他们的帮助和陪伴，支撑了本书理论观点的提出和研究任务的完成。

  还要感谢我们参阅过的所有书籍、论文的作者，是你们的智慧和研究积累，为我们奠定了研究的基础，开启了我们对研究政府培育自发性群众体育组织的探索。对于我国刚刚开始的政府培育自发性群众体育组织的实践，作为国内第一本从政府角度研究我国自发性群众体育组织培育的专著，尽管我们想把本书做到尽量完美，也为之做出了不懈努力，但我们知道，由于可借鉴的成果非常少，加之学识和水平有限，本书中仍然存在很多不足甚至是错误的地方，真诚地希望得到您的批评和指正，以使其日臻完善。

后　记

　　最后要感谢的是我的家人，学术研究从来都不是一个人的事，我的先生程红义、我的爱女程安心，你们永远是我努力的原动力和最坚强的后盾！

戴俭慧

2023 年 1 月于苏州大学